Jean-Claude Kaufmann
Mit Leib und Seele

édition discours

Klassische und zeitgenössische Texte
der französischsprachigen Humanwissenschaften

Herausgegeben von Franz Schultheis
und Louis Pinto

Band 15

Jean-Claude Kaufmann

Mit Leib und Seele
Theorie der Haushaltstätigkeit

*Aus dem Französischen übersetzt
von Daniela Böhmler*

UVK Universitätsverlag Konstanz GmbH

Veröffentlicht mit Unterstützung des Französischen Ministeriums für Kultur –
Centre National du Livre

Die Deutsche Bibliothek – CIP-Einheitsaufnahme

Kaufmann, Jean-Claude:
Mit Leib und Seele : Theorie der Haushaltstätigkeit / Jean-Claude Kaufmann.
Aus dem Franz. von Daniela Böhmler. –
Konstanz : UVK, Univ.-Verl. Konstanz, 1999
  (Edition discours ; Bd. 15)
  ISBN 3-87940-613-8

ISSN 0943-9021
ISBN 3-87940-613-8

Titel der Originalausgabe:
Le cœur à l'ouvrage. Théorie de l'action ménagère
© Editions Nathan, Paris 1997

© Deutsche Ausgabe: UVK Universitätsverlag Konstanz GmbH,
  Konstanz 1999
Satz: Claudia Wild, Konstanz
Einbandentwurf: Riester & Sieber, Konstanz
Druck: Konkordia Druck GmbH, Bühl/Baden

UVK Universitätsverlag Konstanz GmbH
Schützenstr. 24 · D-78462 Konstanz
Tel. 0 75 31-90 53-0 · Fax 0 75 31-90 53-98
www.uvk.de

Inhalt

Danksagungen	11
Einleitung	12

Erster Teil
Der Tanz mit den Dingen

I. **Die ursprünglichen Gesten** 19
  Die Ordnung der Dinge 19
  Die Kindheit der Welt 20
  Das Reine und das Unreine 22
  Des Menschen Ordnung und Sauberkeit 24
  Das Ancien Regime der Gesten 25
  Der neue Modus der Weitergabe von Verhaltensstandards 27
  Die Wissenschaft des Häuslichen 30
  Die richtige Verfahrensweise 32
  Die grenzenlose Vielfalt der Verfahrensweisen
  und Gewohnheiten 35
  Die Suche nach dem Normalen 38

II. **Die Gesellschaft der Dinge** 42
  Das Schweigen der Dinge 42
  Die umgekehrte Pyramide 43
  Schutzbarrieren des Selbst 45
  Aus der Sicht des Gegenstands 47
  Gesellschaftliches und individuelles Gedächtnis 49
  Die geistige Gewöhnung 50
  Die körperliche Gewöhnung 52
  Aneignen, Abtasten, Einverleiben 54
  Die Rivalität zwischen Körper und Geist 54
  Wege und Territorien des Selbst 56

III. **Menschen und Dinge** 60
  Die Konkurrenz 60
  Die respektierte Hierarchie 61
  Die Familie als Vorwand 63
  Die individuelle Produktion des Familialen 66

Inhalt

IV.	**Der Haushaltszyklus**	69
	Was ist eine Familie?	69
	Die Objektivierung des Paares	72
	Der Haushaltswahn	73
	Der Haushalt und das Kind	75
	Die Demobilisierung	78
	Das leere Nest	80
	Die einsame Begegnung	84
	Sich an Menschen gewöhnen wie an Dinge	85
V.	**Rhythmen und Zeiten**	88
	Ein angespannter Arbeitsrhythmus und ein mörderisches Tempo	88
	Das Sandkorn im Getriebe	90
	Tempowechsel	92
	Leerlauf und ein zäher Rhythmus	94
	Die Organisation der Freizeit	99
	Die Zeit zu Hause, die einem selbst gehört	100
	Das Problem der Freizeit	104

Zweiter Teil
Familienarbeit delegieren

VI.	**Warum wird so wenig häusliche Arbeit abgegeben?**	109
	Die familiale Mobilmachung	109
	Die Hausfrau	113
	Seine hausfräuliche Seele verlieren	114
	»Das ist normal«	116
	Die Scham, in einem schlechten Licht dazustehen	119
	Die Organisation	120
	Das Intime und das Persönliche	123
	Der Preis	125
VII.	**Die Entscheidung**	128
	Die Abneigung	128
	Die passende Gelegenheit	129
	Die Krisen	131
	Wegbereitende Träume	132
	Ein bißchen, viel, alles	135

Inhalt

VIII. Die Haushaltshilfe 138
    Ein Blick in die Geschichte 138
    Die »jungen Mädchen« 140
    Die unsichtbare Delegation 141
    Uneinigkeit und Eifersucht 142
    Unterschiedliche Gewohnheiten 144
    Die ungebremste Kritik 147
    Jemanden bitten, den man gut kennt? 149
    Zwischen Nähe und Anonymität 150
    Jemanden aus der Familie bezahlen? 152
    Scham und Schweigen 155

Dritter Teil
Die emotionale Arbeit

IX. Der innere Handlungsantrieb 159
    »Das muß eben einfach gemacht werden« 159
    Die Macht des Blicks 161
    Die Macht der Vorstellung 163
    Ein Mechanismus des Augenblicks 165
    Verinnerlichte Selbstverständlichkeiten und
    äußere Verpflichtungen 166
    Normen und Gewohnheiten 172

X. Die Gewohnheit 175
    Eine kleine Geschichte des Konzepts 175
    Die Gewohnheit als Modell 177
    Die Etablierung von Gewohnheiten 180
    Die Handlungsketten 182
    Variationen und Änderungen von Gewohnheiten 185
    Das persönliche System von Gewohnheiten 188
    Eröffnungsrituale 190
    Stützen für das Handeln 191

XI. Die Empfindungen: Schmerz und Pein 195
    Müdigkeit und Schmerzen 195
    Ekelerregende Berührungen 197
    Der paradoxe Widerwille 198
    Das Prinzip der doppelten Einheit 201
    Die zwiespältigen Taktiken der Hausfee 205

Inhalt

Dissonante Gewohnheiten	209
Das latente Abwägen	210
Fensterputzen	212
Bügeln	215

XII. Die Empfindungen: Zufriedenheit und Vergnügen — 217
- Die Belohnung — 217
- Der Stolz — 221
- Die Nostalgie — 222
- Das Selbst und die Dinge — 224
- Die Sinnlichkeit — 228
- Die Haushaltskunst — 230
- Die Kontrolle über das Vergnügen — 233

XIII. Die Ökonomie der Empfindungen — 236
- Der vorbereitende Ärger — 236
- Die widersprüchliche Aversion — 238
- Das Crescendo des Ärgers — 240
- Die Tricks des Vergnügens — 242
- Der spontane Impuls — 244
- Die Lust — 247
- Die Alchimie der Empfindungen — 248

Vierter Teil
Was bleibt vom rationalen Subjekt noch übrig?

XIV. Die diffuse Rationalität — 253
- Sozialwissenschaften und Rationalität — 254
- Episoden einer Geschichte — 256
- Schwache Strategien — 258
- Körper und Geist — 263
- Die Verwirrung der Gefühle — 264
- Die Dualität des inneren Miniaturkinos — 267
- Verkettungen und Brüche — 269
- Der Kern des Selbst — 270

XV. Die Emanzipation des Sinnlichen — 272
- Der Boomerang-Effekt — 272
- Das Baby und der Experte — 274
- Elliots endlose Welt — 275

Inhalt

Die Kultur der Emotionen 277
Und morgen das Irrationale? 279
Die Fundamente der Pyramide 281
Der Kreislauf der Empfindungen 282

Schlußfolgerungen 284
Theoretische Schlußfolgerung 285
Praktische Schlußfolgerung 290
Zur Methode 294

Literatur 303

Danksagungen

Rituale haben für gewöhnlich das Schicksal, früher oder später zu reinen Leerformeln zu werden, obwohl sie doch einmal aus einem wirklichen Anliegen geboren wurden. Ich möchte deshalb hier betonen, daß diese Dankeszeremonie nach wie vor von Herzen kommt und durch und durch aufrichtig gemeint ist. Mein Dank gilt:

François de Singly für die außergewöhnliche Qualität seiner editorischen Tätigkeit sowie Françoise Juhel, Jean-Christophe Saladin und Bertrand Dreyfuss für ihre Professionalität und ihr Durchhaltevermögen bei der Ausarbeitung des Manuskripts.

Christine Coupée und Sabrina Lunel, die mit Fingerspitzengefühl die Interviews geführt haben; Jacques Cochin, der beim Aufbau der Forschungsgruppe mitgeholfen hat; Michèle Cassin und Anne-Marie Houillère, die für die logistische Unterstützung gesorgt haben.

Der Planungsgruppe »Bauwesen und Architektur« (Michel Bonnet und Olivier Piron) und der Gewerkschaft für personenbezogene Dienstleistungen (Georges Drouin und Christophe Salmon), die zur Finanzierung der diesem Buch zugrundeliegenden Forschungsarbeiten beigetragen haben.

Den Zeitschriften Ethnologie française und Sociétés contemporaines (1. Teil, Kapitel 2: »Die Gesellschaft der Dinge«), die einige Seiten dieses Buches vorab veröffentlicht haben (hier gilt mein besonderer Dank Michèle Ferrand, Martine Segalen und Christian Bromberger).

Irène Théry und Franz Schultheis für ihre wertvollen Informationen.

Den befragten Personen. Den Büglerinnen, die mir geschrieben haben und denen ich leider nicht einzeln antworten konnte. Das Buch ist ihnen und allen Hausfrauen gewidmet – denen, die es wider Willen sind und denen, die stolz darauf sind, es zu sein.

Einleitung

So merkwürdig das auch scheinen mag: der *homo domesticus* ist und bleibt ein unbekanntes Wesen. Da waschen und scheuern wir ohne Unterlaß, räumen auf und bewegen uns pausenlos von einer Ecke unseres Hauses zur anderen – und wissen doch fast gar nichts oder nur Oberflächliches über dieses Treiben; die wirklichen Prinzipien der Hausarbeit kennen wir nicht. Durch welches Mysterium wird gerade das, was uns am nächsten und alltäglichsten ist, zu dem, was wir am wenigsten kennen? Die Antwort gibt bereits einen Vorgeschmack auf die Tragweite dieser Frage: weil gerade dieses Naheliegende und Alltägliche die Grundlage des Lebens bildet. Es wäre ein großer Fehler, es sich leicht und bequem zu machen, indem man einfach simplizistische Klassifizierungen übernimmt und davon ausgeht, der Besen sei nun einmal ein lächerlich unbedeutender Gegenstand und führe uns deshalb ganz gewiß nicht zu irgendwelchen grundlegenden Fragen. Man sollte vorsichtig sein, mit dem Besen. Er hat ebenso sehr uns im Griff wie wir ihn. Er birgt seine Geheimnisse und wahre Schätze an Klugheit und Einsicht.

Dieses Buch bietet deshalb eine Reise in dieses unbekannte und doch auch so vertraute Land an. Auf dieser Reise kann sich der Leser verhalten wie ein normaler Tourist: fremde (häusliche) Zivilisationen entdecken, charakteristische Landschaften bewundern und hinterher Anekdoten von seiner Expedition erzählen, die einen Hauch von Exotik haben. Er kann aber auch arbeitend lesen, den verschiedenen Argumentationspfaden folgen und so versuchen, zu einem Verständnis der Funktionsweise von Hausarbeit zu gelangen. Das ist ein entscheidender Punkt, denn wenn er diesen Weg einschlägt, wird er feststellen, daß ihm Haushalt, Besen und andere Putzutensilien einen Zugang zu größeren Horizonten eröffnen. Denn die Welt des Haushalts ist keine Welt für sich. Das Räderwerk des heimlichen Mechanismus, der sie antreibt, dreht sich auch an vielen anderen Orten, nämlich überall dort, wo sich einfache Gesten aneinanderreihen und sich das Alltagsleben entfaltet.

Das, worum es vor allem geht, ist das Verstehen. Die Handgriffe, die wir beobachtet haben, und die Geschichten, die uns erzählt wurden, dienen uns immer nur zu diesem Zweck: sie sind Werk-

Einleitung

zeuge des Verstehens. Deshalb wird man in diesem Buch auch keine systematischen Beschreibungen finden; es werden nicht alle Haushaltstätigkeiten darin behandelt und nicht alle auf die gleiche Weise. Mit einigen werden wir uns ausgiebig beschäftigen, weil sie sich als besonders nützliche Werkzeuge erwiesen haben. Dies gilt insbesondere für das Bügeln, das für unsere Untersuchung wertvolle Trümpfe vorzuweisen hat. So ist es beispielsweise ganz besonders variationsreich. Es gibt keine zwei Personen, die genau dieselben Sachen auf genau dieselbe Weise bügeln. Im Bügeln fließen auf erstaunlich vielfältige Weise extreme Gefühle zusammen: Ärger, Mühsal und Vergnügen (wir werden noch sehen, daß das keine Zufall ist). Und schließlich bietet es einen idealen Kontext für die Analyse einer zentralen Frage: dem Treffen von Entscheidungen. Warum bügelt man zu einem bestimmten Zeitpunkt und nicht zu einem anderen? Wie kommt es dazu, daß eine Entscheidung getroffen wird?

Die alltäglichen Gegenstände – ein unglaubliches Kunterbunt – fließen zu einem Strom zusammen, von dem wir getragen und mitgezogen werden. Ausgehend von diesem Rhythmus und diesen Bewegungen, diesen sich ständig wiederholenden und doch auch immer wieder neu erfundenen Tanzschritten, dieser hautnahen emotionalen Berührung mit den Dingen, nimmt das Alltagsleben seinen Lauf. In diesem Strom, den wir zu kontrollieren glauben, sind wir gefangen wie winzige Strohhalme in einem Fluß, der aus der Tiefe der Zeit fließt. Es ist unmöglich, sich dem zu widersetzen; man kann nur mit der Strömung schwimmen.

Der erste Teil dieses Buches nimmt den Leser hinein in diese Welt, die so bedeutungsvoll ist. Sie lediglich als reines Dekor zu betrachten, wäre ein großer Fehler. Denn sie ist in uns, und wir sind in ihr; sie macht das aus uns, was wir sind. Im zweiten Teil werden dann weitere Akteure mit in die Analyse hineingenommen. Warum und wie lassen wir bestimmte Haushaltsaufgaben von anderen erledigen? Was geschieht dann mit dem Teil unseres Selbst, der *in* den Gegenständen ist? Welche Auswirkungen hat das auf die familiäre Welt?

Doch damit ist noch längst nicht alles gesagt. Man mag zwar kaum gegen die Strömung ankommen, aber dennoch werden pausenlos irgendwelche Manöver vorgenommen. Was macht es schon, daß es da oft nur um winzige Details geht – wenn sich eines ans andere reiht, können sie mit Hilfe von Erfindungsreichtum und

Einleitung

Mut ein Leben ändern. Auch wenn wir vom Strom des Flusses mitgerissen werden, kann doch ein jeder sein Schifflein nach seinem Belieben lenken und sich ein Leben schaffen, das nur ihm allein gehört und sich von allen anderen unterscheidet. Und wie? Das ist die Frage, mit der sich der dritte Teil dieses Buches beschäftigt.

Wer die häusliche Welt zu kennen glaubt (also jeder von uns), hat darauf sicherlich bereits eine Antwort parat: Man muß es einfach nur wollen, sich einen Plan zurechtlegen, Strategien entwickeln. Wir werden sehen, daß es so nicht funktioniert, oder nur sehr begrenzt. Das Zentrum, von dem Neuerungen ausgehen können, liegt woanders, weniger in der Rationalität des Geistes als vielmehr in der Sensibilität des Körpers. In diesem Zusammenhang werden wir die enorme Arbeit kennenlernen, die die Emotionen leisten. Denn das ist das Erstaunlichste daran: die Emotionen arbeiten. Sie stehen weder der Welt der Vernunft noch der der Arbeit entgegen. Im Gegenteil: Tag für Tag, selbst in den undankbarsten Aufgaben, sind sie am Werk – mit Leib und Seele bei der Sache. Dieser Leib und diese Seele entwickeln eine Schlauheit und Intelligenz, die wir kaum für möglich gehalten hätten. Mehr noch: sie folgen den Prinzipien einer genau festgelegten Funktionsweise und beugen sich strenger Disziplin. Sind sie also doch nicht der Sitz unserer wildesten Gefühlsausbrüche und wahnwitzigsten Leidenschaften? Doch, natürlich, aber wir werden überrascht feststellen, daß diese Leidenschaften selbst genau geregelt sind, daß eine jede von ihnen an ihrem Platz und auf ihre ganz spezielle Art in die Mechanik des Handelns eingreift.

»Mit Leib und Seele« ist eine dieser alten Redewendungen, die von Generation zu Generation weitergegeben wurden und die in unseren Ohren so vertraut klingen. Doch wurde ihr tieferer Sinn jemals wirklich verstanden und formuliert? Das kann niemand sagen, aber die Menschen müssen wohl intuitiv den versteckten tieferen Reichtum dieser Redewendung gespürt und deshalb immer wieder auf ihn zurückgegriffen haben, so daß er nicht verloren gehen konnte. Mit Leib und Seele an eine Sache heranzugehen, bedeutet, dort, wo der Elan verloren gegangen ist, mit Hilfe einer inneren Regung und nicht aufgrund einer bewußten Entscheidung oder einer willentlichen Anstrengung zu neuem Antrieb zu finden. Eine ähnliche Redewendung spricht davon, eine Sache »mit ganzem Herzen« zu tun – und sie hat Recht. Daß etwas wieder in Be-

Einleitung

wegung gerät, ist meistens einer emotionalen Arbeit zu verdanken. Dies ist gleichzeitig die einfachste und die Hauptarbeit des Herzens. Es hat noch viele andere, raffiniertere und komplexere Aufgaben, wie zum Beispiel den geschickten Umgang mit negativen Gefühlen oder die Begrenzung der Entscheidungsmöglichkeiten. All das werden wir noch genauer betrachten.

Ist es also das Herz, das alles lenkt? Das habe ich nie behauptet. Ich habe lediglich gesagt, daß es im Zentrum der »Erfindung« des Menschlichen selbst am Werk ist. Die enorme Arbeit der Emotionen läßt durchaus noch Platz für die Vernunft. Aber dieser Platz ist nicht derjenige, den man sich im allgemeinen für sie vorstellt. Sie sitzt nicht in ihrem Elfenbeinturm und thront über allem. Sie arrangiert sich mit dem Herzen und mit dem Körper, mit Leib und Seele, und auch sie ist in diesen Tanz mit den Dingen hineingezogen, in dieses Nebulöse, diesen Reigen undeutlicher Bilder und Gedanken im Reigen der Gesten und Gegenstände. Dies wird die letzte Etappe (und der vierte Teil) unserer Reise sein, eine soziologische Führung ins Land der Träume und Ideen.

Erster Teil
Der Tanz mit den Dingen

I. Die ursprünglichen Gesten

Die Ordnung der Dinge

Jeden Morgen beginnt er von neuem, dieser Tanz der ursprünglichen Gesten, der Millionen Menschen dazu bringt, eine Bewegung an die andere zu reihen, über deren Beweggründe sie sich so gut wie nicht bewußt sind. Diese Gesten sind so tief in unsere Körper eingeschrieben, daß der alltägliche Mensch kaum einen Gedanken an sie verschwendet. Bestensfalls erscheinen sie ihm banal und unbedeutend. Wer könnte da schon auf die Idee kommen, sich fürs Töpfescheuern und Scheuerlappen-Auswringen zu interessieren und gar noch die Seiten eines ganzen Buches damit zu füllen? Ist das nicht das Trivialste – um nicht zu sagen Vulgärste –, das man sich vorstellen kann? Die These dieses Buches behauptet das genaue Gegenteil: nämlich daß es vielleicht nichts Wichtigeres gibt als diesen Haushaltskleinkram, mit dem wir Tag für Tag beschäftigt sind. Jeden Morgen, wenn der gewöhnliche Mensch seine Tasse in den Abguß stellt, in seine Unterwäsche schlüpft, dann die restliche Kleidung überzieht, seinen Arm in einer komplexen Bewegung hebt, um mit Hilfe eines Utensils namens »Kamm« seine Haare in die richtige Form zu bringen, wenn er mit der Hand über die Tischdecke streift, um die Krümel vom Frühstück zu entfernen, mit einem Besen auch noch diejenigen wegkehrt, die auf den Boden gefallen sind, die Krümel auf eine Kehrschaufel schiebt und dann in einen kleinen Mülleimer verfrachtet, dessen Inhalt er später in in eine Mülltonne kippt (welche dann die Müllabfuhr leeren wird, sofern die Tonne am richtigen Tag an den richtigen Ort gestellt wurde) – Tag für Tag erschaffen sich Menschen mit diesen und tausend anderen Gesten aufs neue die Grundlagen eines Systems von ungeheurer Komplexität, ein Ordnungs- und Klassifikationssystem, das jedem Ding seinen genauen Platz innerhalb einer größeren Ordnung zuweist, die, trotz ihrer scheinbar geringen Bedeutung, die Grundlage jeder Zivilisation bildet.

Die größte Schwierigkeit ergibt sich daraus, daß die jeweiligen Plätze der Gegenstände nicht fix sind. Die Tasse hat zwar einen festen Platz im Schrank, aber erst wenn sie unters Wasser gehalten, abgerieben und anschließend mit einem Geschirrtuch abgetrocknet worden ist. Sie ungespült in den Schrank zu stellen, wäre ein unverzeihlicher Fehler, der in einem Haushalt alles durcheinander bringen könnte (sie in den Schrank zu stellen, bevor sie abgetrocknet wurde, wäre für manche auch ein großer Fehler, für andere nicht: das jeweilige System ist persönlich und von einem Haushalt zum anderen verschieden). Kurz nach dem Aufstehen muß die Tasse aus dem Schrank genommen und an die übliche Stelle auf dem Tisch gestellt werden. Für kurze Zeit ist das ihr neuer Platz, doch sobald sie gefüllt und dann wieder geleert worden ist, begibt sie sich erneut auf die Reise zum Abguß. Die Reise der Tasse ist relativ einfach. Zur gleichen Zeit zirkulieren aber noch tausend andere Gegenstände auf oft gewundeneren und ungewisseren Wegen. Das Hemd beispielsweise durchquert, je nachdem, ob es sauber, schmutzig, in der Waschmaschine, aufgehängt, bei der Bügelwäsche oder gebügelt und aufgeräumt ist, verschiedene Zimmer der Wohnung.

Der gewöhnliche Mensch, der jeden Morgen aufs neue seinen Tanz mit den tausend Dingen beginnt, die sich in seiner Wohnung befinden und sein vertrautes Universum bilden, ist sich nicht bewußt, daß er immer wieder die Grundlagen eines Ordnungssystems neu erschafft, ohne das er nicht existieren könnte. Er versucht schlicht und einfach, problemlos zu leben und sich von den einfachen Gesten tragen zu lassen, ohne groß darüber nachzudenken. Beim Management dieser scheinbar immer gleichen, sich in Wirklichkeit aber auf subtile Weise verändernden Bewegungen könnte ihn auch der leistungsfähigste Computer nicht ersetzen. Es gelingt ihm nur, indem er dank seines Körpergedächtnisses Komplexität reduziert, und dieses Körpergedächtnis bringt etwas zuwege, was ein Computer nicht leisten kann: es selektiert. Es macht das Leben leichter und das Gehirn für andere Gedanken frei.

Die Kindheit der Welt

Diese raffinierte Funktionsweise, die selbst den Computer übertrifft, ist erstaunlicherweise der direkte Nachfolger eines der ältesten Aspekte des Menschseins, nur ein wenig an die Bedingungen der Modernität angepaßt. Der Reinlichkeitstanz ist tief in den Körper eingeschrieben. Seine lebensnotwendige Bedeutung verbirgt sich hinter der Banalität seiner Automatismen, aber seine Wurzeln

Die ursprünglichen Gesten

reichen weit in die Geschichte zurück. Mit diesen elementaren und ursprünglichen Gesten hat das Menschsein begonnen. Zunächst gab es nur erste Vorrichtungen, wo man Schutz vor Gefahren und einen friedlichen Schlaf finden konnte. Zugleich waren dies aber auch die Orte, wo Materialien und Gegenstände bearbeitet wurden, was bereits zur Herausbildung eines rudimentären Klassifikations- und Denksystems führte: Hand und Hirn verbündeten sich, um den Dingen einen Platz zuzuweisen. Dies geschah nicht auf statische und rigide Weise. André Leroi-Gourhan (1987) weist im Gegenteil darauf hin, daß der Übergang von reinen Schutzvorrichtungen zu den ersten richtigen Hütten, die unterhalten und gepflegt wurden, mit dem Aufkommen rhythmischer Repräsentationen zusammenfällt, welche die Begriffe von Zeit und Raum entstehen ließen. Diese »sozialisierenden Rhythmen« (S. 388), das koordinierte Inbewegungversetzen des Körpers, der Dinge und des entstehenden Denkens, diese ersten rhythmischen Schritte der Menschheit waren Teil eines Geschehens rund um das Heim. Es ist wohl kaum übertrieben zu sagen, daß die Menschheit aus der häuslichen Reinlichkeit geboren ist.

Der Neandertaler war noch grobschlächtig und lebte inmitten seiner abgenagten Knochen, die er allenfalls ein wenig nach außen schob. Ungefähr 30 000 Jahre vor unserer Zeit vollzog sich dann mit dem Aufbewahren der Abfälle außerhalb der Behausung ein beträchtlicher qualitativer Sprung, eine wirkliche Revolution. Der Raum des Zuhauses wurde radikal vom Müll getrennt. Zu behaupten, die Menschheit hätte mit der Erfindung des prähistorischen Mülleimers einen entscheidenden Entwicklungssprung gemacht, könnte einigen, die zu sehr daran gewöhnt sind, Haushaltsgesten als etwas Farbloses und zu Vernachlässigendes zu betrachten, bilderstürmerisch erscheinen. Und doch brachte diese Geste tatsächlich eine bemerkenswerte Erweiterung des Ordnungssystems und damit verknüpft eine Verfeinerung und Ausdifferenzierung des Denkens mit sich. In den verschiedenen Etappen der Geschichte hat das Prinzip der Vergesellschaftung immer darin bestanden, »im umgebenden Universum von einem Punkt her eine Ordnung zu schaffen« (Leroi-Gourhan, 1987, S. 397). Der Ausgangspunkt für dieses eroberungslustige Ordnungschaffen war das Haus, seine Sauberkeit und die Ordnung der Dinge darin. Um diesen zentralen Kern herum bildeten sich immer größere Kreise: Industrien, das Transportwesen, die Bildübertragung, die Anhäufung von Daten etc., jedoch ohne daß die ursprünglichen Gesten jemals verloren gegangen wären. Die Eroberung neuer Territorien hat die alten nicht zum Verschwinden gebracht (höchstens werden einige von ihnen neu formuliert). Und auch die neuen Kategorisierungen ersetzen nur selten und dann langsam die alten, die sich als erstaunlich widerstandsfähig erweisen. Intellektuell gesehen sind wir noch die direkten Erben unseres Vorfahren, der seinen Abfall nach draußen gebracht hat. Auch die Formen des Denkens lagern sich übereinander, ohne daß mit der Vergangenheit tabula rasa gemacht wird. An der Spitze der Pyramide steht der rationale Mensch, leuchtend vor Effizienz und Vernunftskraft. Doch dieses Leuchten und Strahlen macht ihn blind dafür, daß die Spitze nur sehr klein ist und die pure Rationalität verglichen mit den tieferen Schichten des Denkens nur einen winzig kleinen Teil ausmacht. Der gewöhnliche Mensch schöpft sehr viel öfter aus den tieferen Etagen der Pyramide, bei den archaischen Formen des Denkens. Diese historische Schichtung erklärt, weshalb wir den ersten Menschen so nah und zugleich so fern sind. Wer das Augenmerk nur auf die Nähe oder nur auf die Ferne legt, verurteilt sich dazu, nichts zu verstehen. Die Kunst des Menschseins liegt darin, das Neue aus dem Alten zu erschaffen.

Das Reine und das Unreine

Die historische Entwicklung des Denkens war eng verknüpft mit den Bewegungen des Körpers, insbesondere der Hand, deren Umgang mit vertrauten Gegenständen eine wesentliche Rolle spielte. Doch mit der Zeit erlangten die Gedanken eine immer größere Autonomie und begannen, von selbst zu fließen. Noch lange aber sollten sie von dem Grundprinzip beherrscht bleiben, daß einem jeden Menschen und einem jeden Ding sein Platz im Gesamtsystem zugewiesen werden mußte. Hierbei spielte das Konzept der Reinheit eine zentrale Rolle. Es ist in allen Religionen zu finden, die einen ersten kulturellen Rahmen für Gesellschaften abgaben. Der reine Mensch ist derjenige, der die Regeln beachtet und verbotene Kontakte meidet; das reine Tier oder Ding ist dasjenige, das sich an seinem richtigen Platz befindet und ohne jede Zweideutigkeit in eine bestimmte Ordnung eingegliedert werden kann. Im Reinigungsritus zeigt sich eine bestimmte Vorstellung von der ge-

Die ursprünglichen Gesten

sellschaftlichen Ordnung. Die Tatsache, daß immer mehr Menschen, Tiere und Dinge eine eindeutige Zuschreibung und eine klare Platzzuweisung erhielten, erlaubte es, die Umwelt zu rastern, sich zurechtzufinden und Stück für Stück die Kontrolle über die unbekannte Welt zu gewinnen. Inbesondere in Indien entwickelte sich ein höchst ausgefeiltes System, das auf einer wahren Obsession für die Reinheit und der Furcht vor Vermischungen beruht (Dumont, 1967). Für den modernen Westen mögen viele Wahrnehmungskategorien, die noch vor nicht allzu langer Zeit für die Inder Gültigkeit hatten, überraschend sein, wie etwa (um ein extremes Beispiel zu nehmen) der Brauch, sich Unreinheiten mit einem Kuhfladen abzuwaschen (Douglas, 1987). Jeder betrachtet den anderen mit seiner eigenen konzeptuellen Brille. Wir beurteilen und klassifizieren auf der Grundlage eines spezifischen Hygienebegriffs, ohne uns bewußt zu sein, daß er eine historische Neuheit und noch instabil und zerbrechlich ist. Für ihn stellt Sich-Waschen einen Akt dar, der nur mit Wasser und Seife ausgeübt werden kann, und zwar mit dem Ziel, Keime abzutöten und gut zu riechen. Kaum einer ist sich im klaren darüber, daß diese Vorstellung erst mit Pasteur aufgekommen ist, daß außerdem das unangenehme Gefühl, das mit schlechten Gerüchen verbunden ist, eine Tochter der Modernität ist (Corbin, 1995) und daß die guten Sitten in Europa noch im 18. Jahrhundert forderten, sich ohne Wasser zu waschen (Vigarello, 1992) – es trennt uns gar nicht so viel von Indien und seinen seltsamen Klassifizierungen.

In den meisten alten Kulturen war das Waschen vor allem eine Reinigung, ein religiöser Akt der Erlösung und Klassifizierung, ein Wiedergutmachungsritual nach verbotenen Berührungen, und weniger eine Geste aus Hygienegründen. Viele Gegenstände, Tiere und Personen, die als unrein betrachtet wurden, wie die Erde und ihr Gewürm oder Frauen während ihrer Periode, durften nur unter der Bedingung berührt werden, daß danach eine Reinigung die Ordnung der Welt und das richtige Zusammenspiel zwischen den Lebewesen und den Dingen wiederherstellte (Douglas, 1987). Die engsten Kontakte waren die gefährlichsten, somit also diejenigen, bei denen Körperflüssigkeiten wie Blut, Speichel oder Sperma fließen, und diejenigen, bei denen in Köperöffnungen eingedrungen wird, also Sexualität und Nahrungsaufnahme. Die Unterscheidung von reinen und unreinen Nahrungsmitteln war deshalb von zentraler Bedeutung. Mary Douglas hat beispielsweise die erstaunlich

Der Tanz mit den Dingen

präzisen Klassifikationsregeln im Buch Levitikus des Alten Testaments analysiert. So ist dort etwa nur erlaubt, Tiere zu essen, die gespaltene Klauen haben, Paarzeher sind und wiederkäuen. Das Kamel ist also unrein, weil es zwar wiederkäut, aber keine gespaltenen Klauen hat; ebenso das Schwein, das zwar gespaltene Klauen hat, aber nicht wiederkäut. Der moderne Mensch sollte sich über derlei Einteilungen nicht lustig machen. Er glaubt, nur von seinen persönlichen Vorlieben und Abneigungen geleitet zu sein. Doch letztere sind die Erben unzähliger Kategorisierungen, die von Generation zu Generation weitergegeben worden sind. Warum ißt er Wachteln, aber keine Schleiereulen? Warum Weinbergschnecken, aber keine Nacktschnecken, Rinderhirn, aber keine Rinderaugen? Der Ekel angesichts des Gedankens an dieses oder jenes Lebensmittel hat eine lange Geschichte, eine Geschichte des Einteilens und Einordnens, um für jedes Ding seinen richtigen Platz zu finden und die einzelnen Elemente in dieser enormen Ordnung der Welt, die es pausenlos zu konstruieren und zu rekonstruieren gilt, ins richtige Verhältnis zu rücken. Die Basis dieses komplexen geistigen Gebäudes, den Sockel dieser Konstruktion von Wirklichkeit, bilden die elementaren Gesten der Sauberkeit und Ordnung. Wenn sich unser Körper in den Reinheitstanz hineinbegibt und wir die uns vertrauten Gegenstände an ihren Ort zurückstellen, dann sind das die Grundfesten der symbolischen Struktur einer Gesellschaft, die Millionen von Individuen, ohne es zu wissen, Tag für Tag neu errichten.

Des Menschen Ordnung und Sauberkeit

Die Welt wird aus der Vorstellung von Sauberkeit und Ordnung geboren; die erste Lektion, die das Kind lernt, ist die der Reinlichkeit; die Gesten, die täglich aufs neue Zivilisation stiften, sind das Sichwaschen und das Ordnungmachen. Rein zu sein bedeutet, mit sich im reinen zu sein, sich selbst zu sein, klar von der Verschmutzung und vom Nicht-Ich getrennt. Sich vom Schmutz zu befreien, zieht eine wesentliche Grenzlinie.

Der ewige Tanz der Sauberkeit wurde seit seinen ersten Schritten nie wieder unterbrochen. Immer mehr Menschen, die in immer umfassenderen und komplexeren Choreographien ihren Part übernehmen, beginnen ihn jeden Morgen aufs neue. Viele Gesten sind

Die ursprünglichen Gesten

denen des Anfangs noch sehr ähnlich: das Wasser auf der Haut mit dem Gefühl des Neugeborenwerdens, der Rhythmus bei der Zubereitung von Mahlzeiten, das Prinzip der Müllbeseitigung etc. Und doch ist diese Geschichte kein ruhiger Fluß. Kriege, Seuchen, neue Ideen und technische Neuerungen haben die Tanzschritte und die Klassifizierungen verändert, und bevor sich für eine gewisse Zeit neue Selbstverständlichkeiten durchsetzen konnten, haben heftige Definitionskonflikte getobt (wie zum Beispiel im Mittelalter, als sich die Ärzte gegen den Gebrauch von Wasser aussprachen und sich dann für eine gewisse Zeit die »Trockentoilette« durchgesetzt hat; Vigarello, 1992). Die Vergangenheit, auch die fernste, bleibt in inkorporierter Form präsent und aktiv. Aber wir lassen das nicht einfach passiv über uns ergehen, im Gegenteil: Die Vergangenheit wird pausenlos auf der Grundlage der Kategorien der Gegenwart überarbeitet. Manche althergebrachten Schemata werden beibehalten und von einer Generation an die nächste weitergegeben, manche werden für eine gewisse Zeit in einen schlafenden Zustand versetzt, andere reaktiviert, wenn die Umstände das erforderlich machen. Als man im Europa des 19. Jahrhunderts glaubte, die Gebrauchsweisen von Wasser (entsprechend den Lehren der Hygieniker) zu erfinden, war das in Wirklichkeit eine Rückkehr zu den Automatismen zahlreicher Reinigungsrituale, die man schon vergessen geglaubt hatte. Es kann auch vorkommen, daß sich bestimmte Kategorien verändern, obwohl sie den Anschein erwekken, immer dieselben zu bleiben. So schleichen sich beispielsweise in moslemischen Ländern auf subtile Weise bestimmte Hygienekonzepte in religiöse Reinigungsrituale ein (Bekkar, 1995).

Das Ancien Regime der Gesten

Die Bewegungen des Körpers im Alltag und die Ordnung der häuslichen Dinge haben zahlreiche, oft einschneidende Veränderungen erfahren. Außerdem wurden sie säkularisiert. Das normale Leben hat sich schrittweise vom religiösen gelöst und Autonomie erlangt. Dank eines leistungsfähigen Regulationsmechanismus, der auf der kollektiven Kontrolle über die Definition und Weitergabe der Kategorien beruht, ging dies alles jedoch ohne größere Störungen vonstatten. Guy Thuillier hat diesen Mechanismus, den er »das Ancien Regime der Gesten« nennt, für die Gesellschaft des 19. Jahrhunderts

Der Tanz mit den Dingen

untersucht. Dieses Ancien Regime war in den dörflichen Gemeinschaften gut verankert, weil die Leitlinien für das Handeln gleichzeitig internalisiert und von der Gemeinschaft in Form unantastbarer, »unveränderlicher, ritueller, quasi-religiöser säkularer« Gesetze vorgegeben waren (1977, S. 164). Innerhalb eines solchen Systems hängen alle Elemente zusammen; die individuelle Verinnerlichung steht unter dem Einfluß des Kollektivs. Da es ausschließlich diese Handlungsanleitungen gibt, stehen klare und eindeutige Orientierungspunkte zur Verfügung, und die immer wiederkehrende Weitergabe dieser Handungsanleitungen erleichtert den Lernprozeß. Hinzu kommt die Ritualisierung der Gesten – eine Art Brücke zwischen Seele und äußerer Welt und lebendiger Ausdruck der gesellschaftlichen Ordnung: »In einem allgemeingültigen Ritual erkennt die Gesellschaft sich selbst als einen einzigen gewaltigen Körper wieder« (Schmitt, 1990, S. 19). Dieses Ancien Regime der Gesten ist heute fast vollständig verschwunden. Die Revolution, durch die es gestürzt wurde, begann Guy Thuillier zufolge mit der Einführung der Schulpflicht, die zur Verbreitung eines Wissens führte, welches den dörflichen Gemeinschaften fremd war, und den traditionellen Formen der Weitergabe von Wissen mit dem Lehrer, dem Aufklärer der Moderne, der die alte Ordnung durchlöcherte, eine neue Form der Wissensvermittlung an die Seite stellte.

Zunächst schienen die Folgen für den Alltag eher gering. Es sah ganz so aus, als sei die Welt der Schule einfach dem Ancien Regime der Gesten, welches seine vorrangige Bedeutung aufrecht erhalten konnte, aufgepfropft worden. In Wahrheit jedoch wurde die Auflösung des Systems, die dann in der Zwischenkriegszeit so richtig in Gang kam, an den Tafeln der Klassenzimmer und auf den Schulhöfen schon längst und von langer Hand vorbereitet. Die Lehrer beschränkten ihren Unterricht damals nicht auf die gängigen Hauptfächer. 1882 machte Jules Ferry den Hygieneunterricht unter dem Namen »Sachkunde und erste wissenschaftliche Begrifflichkeiten« zur Pflicht. Handbücher bestimmten die korrekten Gesten, und die Schulordnung empfahl den Lehrern, jeden Morgen bei jedem Schüler eine »Sauberkeitsvisite« durchzuführen (Goubert, 1986). Im Unterricht flossen die Unterweisung in guten Manieren und die in Grammatik, Moral und Konjugationen so stark ineinander, als seien sie ein und dasselbe. Alles kreiste um einen zentralen Begriff: die Ordnung der Dinge und der Welt. Das folgende Beispiel eines Diktats spiegelt die damalige Atmosphäre sehr gut wider:

Die ursprünglichen Gesten

»Die Sauberkeit. Ich kenne einen netten, fleißigen Jungen, den ich sehr mag. Doch das arme Kind hat einen scheußlichen Makel: es ist schmutzig. Immer hat es ganz schwarze Hände. Die Hefte und Bücher des Jungen sind mit Flecken übersät. Er wäscht sich weder das Gesicht noch den Hals noch die Ohren. Seine Haare sind immer durcheinander. Deshalb ekeln sich seine Schulkameraden vor ihm.«

»Übungen: Warum ist dieser kleine Junge nicht beliebt? Wie geht er mit seinen Heften und Büchern um? Pflegt er seine Haare? Was ist ein fleißiges Kind? Unterstreicht die Hauptwörter, die in der Mehrzahl stehen. Konjugiere: Ich kenne meine Pflicht. Ich wasche mir die Hände. Ich putze und poliere den Kupferkessel.« (Zitiert nach Goubert, 1986, S. 150–151).

Der neue Modus der Weitergabe von Verhaltensstandards

Scheinbar vermittelte die Schule zunächst den Eindruck, sie sei bei der Weitergabe der richtigen Gesten und guten Manieren lediglich eine Ergänzung, höchstens aber eine Konkurrenz zur dörflichen Gemeinschaft. Die Akteure des schulischen Aufbruchs jedoch waren aufrichtig davon überzeugt, daß das Wissen, über das sie verfügten, von universeller Bedeutung und absoluter Geltung war. Und unbewußt trugen sie zur Verbreitung einer revolutionären Idee bei, die nicht nur das Ancien Regime der Gesten definitiv ins Wanken brachte, sondern auch an den Grundfesten der Schule selbst rüttelte: die Idee der Demokratie im Alltag, der Autonomie des Individuums, das frei ist, über seine moralischen Regeln und Verhaltensnormen selbst zu bestimmen. Heute geht dieser unlösbare Widerspruch mitten durch das Herz der Schule: Wie kann man ein Wissen, das ein kollektives Erbe darstellt, vermitteln und gleichzeitig den Erfindungsreichtum eines jeden einzelnen respektieren? Eine der möglichen Lösungen besteht darin, daß die Schule ihre Rolle auf den klassischen Unterricht beschränkt, der kollektiv kontrolliert und relativ einheitlich ist. Alltagsgesten sind kaum mehr Gegenstand des Unterrichts, zumindest nicht in den offiziellen Lehrplänen.

Und dabei hat das Erlernen von alltagsbezogenen Verhaltens- und Verfahrensweisen einen beträchtlichen Bedeutungszuwachs erlebt: Die Zahl der Techniken, Regeln und Gesten, die ein Kind

Der Tanz mit den Dingen

verarbeiten muß, ist heute ungleich größer als noch vor hundert Jahren.

Wer sorgt dann für die Erziehung und Ausbildung in dieser neuen Komplexität? Ein klein wenig die Schule. In hohem Maße die Familie, die mit demselben Widerspruch konfrontiert ist und versucht, zwischen der Weitergabe nach dem alten Modell und dem Respekt vor der Autonomie des Kindes zu vermitteln (de Singly, 1996). Vor allem aber der Rest der Gesellschaft, und zwar über das Fernsehen, das Kino, Zeitschriften, Computernetze, Szenen, die auf der Straße beobachtet werden, oder Gespräche unter Freunden. Dies alles bietet Tag für Tag eine Vielzahl von Modellen an. Insbesondere das Fernsehen ist nicht einfach nur ein Freizeitvergnügen, sondern spielt für die Fortbildung im Bereich des Alltagslebens eine wesentliche Rolle – eine Funktion, die die Bildungseinrichtungen nicht erfüllen können.

Man kann heute den Eindruck gewinnen, daß die neuen Medien inzwischen alle Bereiche erobert haben. Denn sie haben einen bedeutsamen Aufstieg erlebt, dessen ungebremste Fortführung darüber hinaus durch die wachsende Kompetenz des Auges begünstigt wird, das inzwischen fähig ist, ein Bild sehr schnell zu erfassen und eine handlungsanleitende Information daraus zu ziehen (Sauvageot, 1994). Gleichzeitig ist dieser Eindruck aber nur oberflächlich richtig. In dem Moment, in dem ein Individuum ein Problem zu lösen hat, können sich ihm zwar zweifellos zahllose Bilder, die es in den unterschiedlichsten Kontexten gesehen hat, als Modell anbieten. Aber dieses Individuum hat auch eine Geschichte, eine Vergangenheit, die es in sich trägt und die seit Jahrtausenden von Generation zu Generation weitergetragen wurde. Diese Vergangenheit entfaltet ihre Wirkung aus dem Innersten seines Körpers heraus und bringt es dazu, unabhängig von den vorbeiziehenden Bildern in einer bestimmten Weise zu handeln.

Nur selten treten verinnerlichte Schemata und von außen herangetragene Modelle wirklich in Konkurrenz. Meistens kommt es vielmehr zu ihrer Vermischung, einer subtilen Kombination, die das inkorporierte Erbe mit einigen ausgewählten Modellen verknüpft. Gebügelt wird im Stehen, wie bei Mama (es ist den Fabrikanten von Bügelbrettern nicht gelungen, die Sitzposition durchzusetzen), im Wohnzimmer, vor dem Fernseher. Das feuchte Bügeltuch wird jedoch durch das Dampfbügeleisen ersetzt. Der neue Modus der Tradierung von Verhaltensstandards erlaubt es in

Die ursprünglichen Gesten

der Regel, den Vorrat an verinnerlichten, von der Geschichte ererbten Schemata der aktuellen Situation anzupassen und zu aktualisieren. Er wird entsprechend dem aktuellen Geschmack korrigiert und im Hinblick auf die neuesten Apparaturen und die gerade angesagten Gesten neu definiert. Dabei lassen sich jedoch die alten Gegenstände und Gesten nicht einfach so ersetzen, sondern verfolgen hartnäckig weiter ihren Weg – die Weitergabe nach dem Prinzip des Ancien Regime der Gesten vollzieht sich zwar bruchstückhaft und in beinahe vollkommener Heimlichkeit, aber sie bleibt dennoch nicht weniger wirksam. So hat beispielsweise Sylvette Denèfle (1992) in einer Untersuchung festgestellt, daß das feuchte Bügeltuch und die Bügelstärke in den französischen Regionen Loire-Atlantique und Finistère noch immer in großem Stil im Einsatz sind. Und auch in den Briefen[1] (von Frauen, die eine leidenschaftliche Liebe zum Bügeln hegen), die wir im Laufe dieser Untersuchung gesammelt haben, ist immer wieder von ganz traditionellen Produkten die Rede: von verdünntem Wasserstoffperoxyd, um Spuren des Vergilbens zu entfernen, Essig etc. – vor allem aber vom feuchten Bügeltuch. Letzteres diente als eine Art Indikator für den hohen Grad an Kompetenz, den eine Büglerin erreicht hat: Es markiert den Gipfel dieser Kunst, die so voller subtiler, raffinierter Variationen ist, wenn es um die Technik des Wäschebefeuchtens geht. Als dann das Dampfbügeleisen auf den Markt kam, war das für die Frauen des Ancien Regime der Gesten des Bügelns eine wirkliche Tragödie. Die Kompetentesten unter ihnen und diejenigen, die die ausgeprägteste Bügelleidenschaft hegten, klammerten sich an ihr Wissen, und paradoxerweise riskierten sie im Namen von Qualität und Kompetenz, gerade im Hinblick auf diese beiden Aspekte von anderen Frauen in den Schatten gestellt zu werden – noch dazu von Frauen, die weniger hohe Ansprüche an das Bügelergebnis stellten.

Doch von noch größerer Bedeutung war die Folge dieser Entwicklung: eine Autonomisierung der Akteure – während die Weitergabe von Wissen früher immer vorausgesetzt hatte, daß Gesten durch ältere Generationen, Stammesälteste oder sonstige übergeordnete Personen auferlegt wurden. Denn dadurch, daß immer mehr Verhaltensmodelle von außen an das Individuum herangetragen werden und immer mehr Kombinationen mit verinnerlichten Schemata möglich werden, vergrößert sich die Bandbreite der

---

1 Siehe Anhang: »Über die Methode«.

Der Tanz mit den Dingen

Wahlmöglichkeiten. Durch seine Geschichte, die es verinnerlicht hat, und den Kontext, in dem es sich befindet, ist dem Individuum zwar ein gewisser Rahmen vorgegeben, aber innerhalb dieses Bereichs des Möglichen wird es selbst immer mehr zum zentralen Vollstrecker der Transmission. Auch wenn ihm das Material, mit dem er dabei arbeitet, von der Gesellschaft vorgegeben ist, entscheidet das Individuum doch selbst über die endgültige und genaue Form, die es diesem Material geben will. Seine Freiheit beruht in hohem Maße auf den unzähligen Mikroentscheidungen des Alltags, auf winzigen Detailstrategien.

Die Wissenschaft des Häuslichen

Was die Alltagsgesten und den Modus ihrer Weitergabe angeht, ist die Geschichte der letzten fünfhundert Jahre extrem reichhaltig und vielfältig. Im 19. Jahrhundert erlebte die Fortschrittsideologie und die positive Wissenschaft ihre Blüte. Man meinte, alles könne auf exakte und widerspruchsfreie Weise festgelegt werden – der Umgang mit Intimbereichen ebenso wie die Art und Weise, sich zu waschen. In Handbüchern wurden Regeln veröffentlicht, die haargenau zu befolgen waren, während die Hygieniker allzeit in Alarmbereitschaft waren, um gegen die kleinsten Abweichungen in die Schlacht zu ziehen. Selbst die Utopisten formulierten ihre Alternativen, indem sie Verhaltensweisen systematisch und bis ins Detail genau festlegten.

Im häuslichen Universum entbrannte ein heftiger Kampf im Namen der Wissenschaft. Im Gegensatz zum anarchischen Savoir-Faire innerhalb der Familien, mußte der jeweils richtige Handgriff genau definiert und gelehrt werden, was auch der Ausgangspunkt für die Entstehung von Haushaltsschulen war. Dank ihres neuen wissenschaftlichen Inhalts konnten die Handlungsanweisungen noch strenger und bindender formuliert werden als in den alten Handbüchern des guten Benehmens (Heller, 1979). Obwohl sie sich kaum verändert hatten, wurden die Gesten im Haushalt nun nicht mehr als einfache Handgriffe beschrieben, sondern als komplexe Techniken, die in expliziter Form weitergegeben und Gegenstand des schulischen Lehrens und Lernens sein konnten. So zum Beispiel das Bügeln. Bügeln wurde zu einer bis in die kleinsten Details genau geregelten Prozedur, die zwar einerseits kaum vom alten Sa-

Die ursprünglichen Gesten

voir-Faire abwich, sich aber gleichzeitig mit einer neuen technisch-wissenschaftlichen Legitimität ausstattete. Dies führte zu folgendem Paradox: Während sich die Praxis einerseits einheitlicher und geregelter gab als in der Vergangenheit, beschleunigte andererseits die schulische Distanz den Untergang des Ancien Regimes der Gesten und öffnete den Weg für eine komplexere, wenn nicht gar konfusere Form der Weitergabe. Die Schülerinnen im Haushaltsunterricht waren sich dieser Entwicklung nicht bewußt. Sie hatten im Gegenteil die Illusion, die Selbstverständlichkeit und Legitimität des Bügelns würde dank der Vervielfachung und akademischen Verfeinerung der Details dieser Prozedur noch gestärkt. Madame T.[2] erinnert sich noch an die kleinsten Details: »Regel eins dieser Methode: die Bügelwäsche (Baumwolle oder Leinen) befeuchten, natürlich nicht zu viel und nicht zu wenig. Ich erinnere mich, daß wir zu diesem Zweck eine kleine Emailschale voll Wasser hatten. Darin befeuchtete man die Finger, um die Bügelwäsche je nach Ermessen der Aufseherin ein oder mehrmals zu bespritzen. Dann rollte man das Wäschestück zusammen, damit sich die Feuchtigkeit gleichmäßig verteilte. Währenddessen wurde das Bügeleisen auf dem Holzofen heiß gemacht. Wenn man dann die ganze Wäsche befeuchtet hatte, konnte man im Prinzip damit beginnen, das erste befeuchtete Wäschestück zu bügeln ... das war schön! Ein geschultes Urteil und Erfahrung stellten sich mit der Zeit ganz von selbst ein. Die Unterlage, auf der man bügelte, legte man erst nach dem Befeuchten der Wäsche auf den Tisch, sonst hätte man während des Befeuchtens die Arbeitsoberfläche naß gemacht, was dem Erfolg des Bügelns geschadet hätte, weil die Wäsche dadurch völlig unnötigerweise noch einmal befeuchtet worden wäre. Man breitete also auf einem großen Tisch eine mindestens zweimal gefaltete Decke aus, legte ein Molton darauf und ganz oben ein schön sauberes, altes Leintuch, das regelmäßig gewechselt oder gewaschen wurde.«

Die szientistische Illusion hielt sich nur einige Jahrzehnte. Der Haushaltsunterricht (der im übrigen zu stark auf eine traditionelle weibliche Rolle fixiert war) verlor schnell wieder an Bedeutung

---

2   Vornamen verweisen auf Personen, die im Rahmen von Interviews von uns befragt wurden, Initialen auf einen Korpus an Briefen, die wir für unsere Untersuchung verwendet haben (siehe Anhang: »Über die Methode«).

und wurde auf einen marginalen Platz verwiesen; in seiner Funktion für das Erlernen der richtigen Verfahrensweisen wurde er von den Frauenzeitschriften abgelöst. Dieses flexible und vielseitige Medium erwies sich als besser geeignet, um der Vervielfachung der Verhaltensmodelle und ihrer Personalisierung angesichts der Auflösung des Ancien Regimes der Gesten Rechnung zu tragen. In einer ersten Phase jedoch (ungefähr bis in die fünfziger Jahre) führten die Zeitschriften den bisherigen Modus der Weitergabe fort und vermittelten ihren Leserinnen lediglich ein Rezeptwissen großmütterlicher Art. Doch dann bahnte sich ein neues Haushaltswissen seinen Weg, das auf technischen Neuerungen, Werbung und avantgardistischen Verhaltensweisen basierte, die perfekt zu dem Verbreitungsmedium Zeitschrift paßten. Die alten Ratschläge und Grundsätze, die in den Haushaltsschulen weitergegeben worden waren, erschienen nun überholt.

Heute scheint die Zeit der Haushaltsschulen längst der Vergangenheit anzugehören. Und doch hat sie in der Schicht der elementaren Handlungsweisen tiefe Spuren hinterlassen. Sie war der Auslöser dafür, daß die Ansprüche an Qualität und Arbeitsumfang hochgeschraubt wurden, und diese Ansprüche schlichen sich unmerklich in die individuellen Automatismen ein. Viele der elementarsten Gesten haben dort ihre Wurzeln: Das Lüften des Bettzeugs, das nasse Aufwischen des Bodens oder das Abstauben der Möbel mit einem Baumwolltuch haben sich seither kaum verändert. Die gesellschaftliche Mobilisierung im Kontext einer Wissenschaft des Häuslichen ist gemessen an ihrem Ziel zwar verpufft, aber auf der Ebene der Festschreibung bestimmter Haushaltsgesten hat sie eine wichtige historische Rolle gespielt.

Die richtige Verfahrensweise

Indem sich die Wissenschaft des Häuslichen in körperliche Routinen eingeschrieben hat, hinterließ sie den Frauen von heute ein wertvolles Gut. Denn die individuelle Autonomisierung, die mit der immer größeren Zahl von möglichen Orientierungspunkten für das Handeln einhergeht, stellt heute eines der größten Probleme dar. Es gibt nicht mehr die eine richtige Verfahrensweise, sondern eine unendliche Vielzahl von Möglichkeiten. Angesichts dieser verunsichernden Vielfalt muß jeder Mittel und Wege finden,

Die ursprünglichen Gesten

um dennoch so gut wie möglich mit seiner persönlichen Art und Weise, etwas zu tun, zu verschmelzen (diese wird dann in der Regel zu »der« Verfahrensweise schlechthin, zu der »richtigen« Verfahrensweise). Denjenigen, die den szientistischen Universalismus noch erlebt haben, kann er als Absicherung ihrer persönlichen Verhaltensweisen dienen oder sich sogar als allgemeines Vorbild gebärden; von jüngeren Frauen werden diese Verfahren eher als persönliche Optionen empfunden.

Die meisten der Briefe, die wir für unsere Untersuchung verwendet haben, sind wahre Liebesbriefe an das Bügeln; sie tragen die Spuren dieser Epoche, die die Wiege ihrer Kindheit war. Deshalb ist es auch kein Zufall, daß oft ein oberlehrerhafter, ja sogar moralisierender Tonfall anschlagen wird: »Man muß«, »Man sollte« – die Sätze beginnen mit solchen zwingenden Geboten. »Man muß einen Stoff immer in Laufrichtung des Fadens bügeln«, doziert Frau M. Und laut Frau T. ist die Reihenfolge beim Bügeln »eine Sache des gesunden Menschenverstandes«: erst die Unterwäsche, dann Oberbekleidung und schließlich die Haushaltswäsche. Doch hinsichtlich der richtigen Reihenfolge sind auch noch andere, ganz andere Spielarten des »gesunden Menschenverstandes« im Umlauf: von den einfachen und geraden Wäschestücken zu den komplexeren; von leicht zu bügelnder zu schwerer zu bügelnder Wäsche; oder umgekehrt vom Schwierigen zum Einfachen. Oder aber entsprechend der zufälligen Reihenfolge im Wäschekorb. Auch das Prinzip des Sammelns der Wäsche im Wäschekorb »gebietet« ihrer Meinung nach »der gesunde Menschenverstand«. Beinahe ebenso wichtig ist die Kunst des provisorischen Zusammenlegens, bei der die Kleidungsstücke glatt gezogen werden, um später das Bügeln zu erleichtern. Es gibt aber durchaus auch Frauen, die die Kleidungsstücke im Wäschekorb sammeln ohne sie vorher zusammenzulegen, weil sie das für Zeitverschwendung halten. Doch Frau T. ist von ihrer persönlichen Welt und ihrem (enormen) Wissen über Wäsche so sehr eingenommen, daß sie sich dessen nicht bewußt sein kann und will. Über viele Briefseiten hinweg erteilt sie ihre Bügel-Lektionen: Deckchen »müssen« sehr heiß, aber links gebügelt werden; Stickereien, damit sie ihr Relief bewahren, auf einer weichen Unterlage; Seide muß vor dem Bügeln mit einer Essiglösung stark befeuchtet, Puffärmel mit einem festen Geschirrtuch ausgestopft werden und so weiter. Am Ende kommt Frau T. zu ihrer Meisterlektion: dem Hemd, Gipfel der

Der Tanz mit den Dingen

Bügelkunst – »daran sehen Sie sofort, was Sie von einer Hausfrau zu halten haben«.

»Man beginnt immer mit dem Kragen, und zwar zunächst links herum und von außen her in Richtung Kragenansatz; sollte es doch einmal ungewollte Bügelfalten geben, dann bilden sie sich dort und man sieht sie nicht. Dann die Vorderseite des Kragens. Das gleiche gilt für die Manschetten: erst links herum, von außen in Richtung der kleinen Ärmelfalten, dann rechts herum. Dann faltet man den Ärmel entlang der Naht, die von der Manschette zur Achselhöhle verläuft, und beginnt mit dem Bügeln, und zwar zuerst die kleinen Fältchen an den Manschetten; die Spitze des Bügeleisens muß dabei in Richtung der bereits gebügelten Aufschläge zeigen. Dabei muß man genau aufpassen, daß man ja keine falsche Falte hineinbügelt, weder auf der Seite, die man gerade bügelt, noch auf der darunterliegenden. Dann dreht man das Bügeleisen um, also die Spitze zur Naht zwischen Ärmel und Schulter, und bügelt den Ärmel fertig. Das gleiche mit dem anderen Ärmel. Dann macht man die Vorderseiten und schließlich die Rückseite. Das heißt also, man fängt mit dem Schwierigsten an und hört mit dem Einfachsten auf. Während dieser ganzen Zeit gilt es, äußerst vorsichtig mit dem Hemd umzugehen, sonst zerknittert man seine Arbeit. Ist das Hemd dann gebügelt, muß man es zusammenlegen. Auch hier müssen klare Regeln befolgt werden, weil sonst die ganze bisherige Mühe ›für die Katz‹ war. Man hat das Hemd vor sich liegen und macht zunächst den Knopf oben am Kragen zu, dann jeden zweiten weiteren Knopf. Dann dreht man das Hemd vorsichtig um, so daß die Rückseite nach oben zeigt und die Knopfreihe horizontal vor einem liegt. Anschließend faltet man einen Ärmel auf den Rücken und achtet dabei genau darauf, daß die Falte sich in der Mitte der Schulterbreite befindet und von dort vollkommen parallel zur Knopfleiste verläuft, die sich zwar auf der Unterseite befindet, die man aber trotzdem sieht. Die Manschetten faltet man nach innen, auf die Ärmel, und die Faltkante muß sich auf der Höhe der kleinen Fältchen befinden. Dann dasselbe mit dem anderen Ärmel. Dann noch einmal kurz mit dem Bügeleisen darüber, damit die Falten sauber liegen. Schließlich faltet man das Hemd noch einmal, und zwar die Kragenseite über die Unterseite des Hemdes. Man dreht es um, so daß man den Kragen vor sich liegen hat – und fertig. Tiptop.«

Das Hemd ist ein ideales Beispiel und ganz besonders gut geeignet, eine Art technischer Evidenz aufzuzeigen. Doch dieses »man

Die ursprünglichen Gesten

muß« und »man sollte« beschränkt sich nicht auf komplexe Handlungsabläufe, die kodifiziert werden können. Die Büglerinnen alter Schule sind imstande, auch noch das kleinste Verfahrensdetail als allgemeines Modell hinzustellen. Frau C. bügelt nur den oberen Teil der Leintücher: »bei einem Leintuch muß der obere Teil gebügelt sein, der auf die Decke umgeschlagen wird« (während andere ihre Leintücher vollständig bügeln und wieder andere nur die Kanten etc.). Frau L. gibt praktische Tips: »Wenn man die Bügelzeit verkürzen will, sollte man die Wäsche zuallererst Stück für Stück sauber ausbreiten. Man fährt mit der Hand kurz darüber und nimmt die Wäschestücke weg, bei denen das schon genügt. Ihre Wäsche kann jetzt warten, bis Sie Zeit für sie haben. Und noch etwas: Alles, was über einen Kleiderbügel gehängt werden kann, kann im Badezimmer aufgehängt werden.« Frau J. beginnt im selben Tonfall: »Die Wäsche grob zusammengelegt in einen Weidenkorb legen – das erleichtert der Hausfrau ihre Arbeit. Die Wäsche unter Berücksichtigung der Materialien ordnen, um das ständige Jonglieren mit der Temperatureinstellung des Bügeleisens zu vermeiden.« An diesem Punkt ihrer Beschreibung scheint sie plötzlich die Schwierigkeit zu verspüren, die darin liegt, sich selbst als Universalmodell zu präsentieren, denn beinahe unmerklich wechselt sie vom Infinitiv zum Passiv und von Geboten zu mehrdeutigeren Beschreibungen: »Es wird immer mit den synthetischen Materialien begonnen, und am Ende macht man die Leintücher und Kissenbezüge. Die gebügelten Wäschestücke werden in der Reihenfolge vom größten zum kleinsten zusammengelegt. Die Wäsche wird dann zwei bis zweieinhalb Stunden auf das Bett gelegt, damit sie abkühlen kann, bevor man sie in den Schrank legt.« Nach und nach wurde ihr bewußt, daß sie nur von sich selbst sprach, und andere diese Regeln ablehnen könnten. Die Zeit der Benimmbücher ist nun einmal vorbei.

Die grenzenlose Vielfalt der Verfahrensweisen und Gewohnheiten

Man könnte meinen, beim Bügeln würden sich alle einer relativ einheitlichen Technik bedienen. Weit gefehlt. Das Bügeln eines Hemdes ist zwar an Regeln gebunden, die noch weitgehend in Kraft sind, wenn auch in abgeschwächter Form, und auch die Örtlichkeiten und Gegenstände, die beim Bügeln eine Rolle spielen, ähneln sich von einem Haushalt zum anderen: das Bügelbrett im Wohnzimmer oder einem anderen großen Raum, vor dem Fernseher, in der Nähe eines Fensters. Aber hinter diesen trügerischen Äußerlichkeiten verbirgt sich eine enorme Vielfalt der Gesten, die noch dazu immer größer wird. Diese Vielfalt ist zunächst quantitativer Art: Die Zeit, die für das Bügeln aufgewendet wird, ist höchst variabel und reicht von wenigen Minuten pro Woche (oder überhaupt keiner), wie bei Raphaël, bis zu sechs oder sieben Stunden im Fall von Rénata. Unnötig zu sagen, daß die an diesen beiden Extrempolen angesiedelten Haushalte zwei einander völlig fremden Wäschewelten angehören, zwei völlig unterschiedlichen Werte- und Gestensystemen. David bügelt nur seine Hemden (»Aber ich ziehe selten welche an«), was für ihn aber bereits eine so unangenehme Fronarbeit ist, daß er seine Bügelzeit mit der Stoppuhr mißt, um das Ganze möglichst in immer kürzerer Zeit hinter sich zu bringen. »Ich wüßte nicht, was es sonst noch zu bügeln gäbe. Es gibt Leute, die bügeln Bettücher! Das ist unglaublich! Das ist doch vollkommen verrückt!« Das ist die Welt der Opposition gegen die Hausarbeit, und sie findet besonders bei jungen Leuten regen Anklang. Der Widerstand dieser Welt richtet sich besonders vehement gegen das Aufräumen und das Bügeln. Dabei handelt es sich keineswegs um eine zur Tugend gewordene Not, sondern im Gegenteil um eine Selbstbestätigung, die auf der erklärten Überzeugung beruht, dies sei das »richtige Leben« und es sei besser, »ein lebendiges Haus« zu haben als diese altmodischen Manien etablierter Haushalte zu übernehmen. Frau V. erinnert sich, daß sie, als sie jung verheiratet war, auch nur »den Kragen, die Manschetten und die Vorderseite der Hemden meines Mannes« bügelte (heute wendet sie für das Bügeln fünf Stunden pro Woche auf). Ihr Brief ist kurz, aber darum bemüht, ihre Sichtweise deutlich zum Ausdruck zu bringen: »Es ist reine Zeitverschwendung, Dinge zu bügeln, die nach wenigen Stunden Gebrauch schon wieder zerknittert sind. Man sollte jede unnötige Zeit- und Energieverschwendung vermeiden. Es gibt so viele wichtigere Dinge im Leben.«

Solche Äußerungen sind für die andere Bügelwelt völlig unverständlich und können Frauen, die stolz auf ihre Arbeit sind, gleichzeitig aber auch spüren, daß der Sockel der Selbstverständlichkeit, auf dem ihre Welt steht, Risse bekommen könnte, ernsthaft wütend machen. Frau N. ärgert sich, wenn sie jemanden sagen hört,

Die ursprünglichen Gesten

auch ohne zu bügeln könne man ganz normal leben: »Die- oder derjenige, der behauptet, Bügeln sei unnötig, soll mir das erstmal beweisen!« In ihrer Welt, der Welt eines kleinen Lebensmittelladens auf dem Land, heißt es: »Wenn Vertreter in meinen Laden kommen, gilt mein erster Blick ihrem Hemd«. Frau M. hat denselben inquisitorischen Blick: »Ich finde das, bildlich gesprochen, erschütternd, wenn ich einen Mann sehe, auf dessen Hose drei oder vier Knitterfalten prangen oder dessen Hemdkragen nur aus Knitterfalten besteht.« Auch Frau R. findet es »vulgär, ungebügelte Kleidung zu tragen«, und es kann ihr durchaus passieren, daß sie den Bus verpaßt, weil sie noch schnell »ein T-Shirt bügeln muß, das vom Zusammenlegen und vom Liegen im Schrank eine Falte bekommen hat«. Sie erklärt, sie sei bereit, »wirklich gegen jede Knitterfalte vorzugehen, wenn es sein muß auch morgens um sechs oder abends um acht«.

Doch noch unterschiedlicher als der Zeitaufwand fürs Bügeln sind die jeweiligen Verfahrensweisen. Selbst bei genau gleichem Zeitaufwand bestehen Unterschiede im Hinblick darauf, was und wie gebügelt wird. Frau P. bügelt nur Hemden und Männertaschentücher. Frau M. bügelt »alles«, »sogar Geschirrtücher«, nur keine Leintücher. Frau D. liegt nur eine einzige Sache am Herzen: die kunstvolle Perfektion ihrer »sauberen und ordentlichen« Wäschestapel. So ist es auch bei Yolande, die ihre Geschirrtücher nur aus diesem einen Grund bügelt: »Ich mache das nicht wegen des Bügelns, sondern wegen der Ordnung. Meine Schränke müssen ordentlich aufgeräumt sein!« Jede hat also ihre ganz persönliche Welt aus Techniken und Verfahrensweisen, die den Alltagsrhythmus umso mehr strukturieren, als sie unhinterfragbar sind. Lola ist 22 Jahre alt und noch nicht sehr weit in dieses Haushaltsuniversum vorgedrungen. Das Bügeln ist bei ihr also, scheinbar logischerweise, eher eine Nebensache: »Ich bügle fast nichts.« Die Liste der Wäschestücke, die in diesem »fast nichts« enthalten sind, mag dann aber doch überraschen, zählt sie doch in dem ruhigen Tonfall verinnerlichter Selbstverständlichkeit auf: »Taschentücher, Geschirrtücher, Hemden. Das ist alles.« Über die Selbstverständlichkeit des Bügelns von Hemden scheint allgemeiner Konsens zu bestehen, doch Taschentücher und Geschirrtücher konnten nur aufgrund einer ganz besonderen Geschichte auf diesen privilegierten Platz rücken. Was die Taschentücher angeht (»die echten, die aus Stoff«), hat das sicherlich mit ihrem chronischen Schnupfen zu

37

Der Tanz mit den Dingen

tun, den sie seit ihrer Kindheit mit sich herumschleppt. »Ich habe sehr viele Taschentücher, so um die hundert, weil ich Probleme mit der Nase habe. Und wenn man in der Öffentlichkeit so ein völlig zerknautschtes Taschentuch aus der Tasche zieht, ist das nicht gerade ... na ja ...« Bei den Geschirrtüchern hat wohl allein die implizite Weitergabe einer mütterlichen Gewohnheit eine Rolle gespielt. Sie macht es so, wie sie es als Kind gesehen hat, auch wenn das nicht so richtig in ihr übriges Haushaltsleben paßt. Sie spürt jedoch, daß diese Gewohnheit fragiler ist, Zweifel kommen auf: »Natürlich könnte man sich fragen: Warum muß das gebügelt werden?« Doch diese Frage kommt vermutlich ein wenig zu spät. Wäre sie früher gestellt worden, hätte dies vielleicht dazu geführt, mit dem Bügeln der Geschirrtücher aufzuhören. Doch Lola befindet sich bereits im Sog einer Entwicklung, die in die Perfektionierung ihrer Hausarbeit mündet. Deshalb ist eher anzunehmen, daß die Geschirrtücher zu einer Referenz für die weitere Entwicklung werden und das Bügeln ausgehend davon intensiviert wird.

Die Suche nach dem Normalen

Das Ende des Ancien Regime der Gesten hat theoretisch zu einer unendlichen Vielfalt möglicher Orientierungspunkte für das Handeln geführt. Jeder müßte nun eigentlich seine persönlichen Verfahrensweisen und Gewohnheiten entwickeln können, indem er ein bestimmtes inkorporiertes Schema (unter vielen anderen) reaktiviert oder sich ein Bild (unter vielen, die sich ihm anbieten) herausgreift. Doch in Wirklichkeit findet parallel zur Erweiterung der Bandbreite des Möglichen ein Kontroll- und Begrenzungsprozeß statt, der dazu tendiert, die Freiräume einzuengen.

Diese Kontrolle und Begrenzung des Möglichen kommt einerseits »von oben«, was allseits bekannt ist: Institutionen und Medien setzen Stereotypen und eine Vereinheitlichung der Verhaltensmodelle durch. Aber sie kommt auch »von unten«, von den Menschen selbst. Ich habe diesen Mechanismus im Rahmen einer Forschung beobachtet (Kaufmann, 1996), die mich an Badestrände geführt hat, also an Orte, wo es kaum explizite Verhaltensregeln gibt. Jeder sollte sich dort frei fühlen, zu tun und zu lassen, wozu er Lust hat. Die Untersuchung hat jedoch gezeigt, daß es an den Stränden nicht nur sehr präzise und strenge Regeln gibt, sondern

Die ursprünglichen Gesten

daß sie außerdem von genau den Personen formuliert werden, die ihren Wunsch nach Freiheit verkünden. Das hat einen einfachen Grund: Je offener ein Ort und je größer die dort herrschende Freiheit ist, umso dringender wird das Bedürfnis verspürt, sich zu verorten, und umso notwendiger wird es, strengere Verhaltensregeln zu formulieren. Das ist das Paradox der Moderne: die (wachsende) Toleranz gegenüber Verschiedenheit führt dazu, daß die Normalität (zunehmend) zur fixen Idee wird.

In der häuslichen Welt, wo man das Glück hat, vor Blicken ein wenig geschützt zu sein, ist diese fixe Idee nicht ganz so ausgeprägt, und die Normalisierung läßt mehr Spielraum. Jeder kann seine kleinen Verrücktheiten für sich pflegen und die Dinge auch einmal ganz nach dem eigenen Kopf machen. Aber immer unter der Bedingung, daß die Abweichung diskret bleibt und nicht übertrieben wird. Auch wenn Haushaltsmanien eher toleriert werden als öffentliches abweichendes Verhalten, haben auch sie ihre Grenzen: Die Gesellschaft wacht darüber, daß nicht allzusehr über die Stränge geschlagen wird. Während der Interviews konnte ich bei meinen Interviewpartnern immer wieder denselben Reflex beobachten: Sie erzählten mir in aller Ruhe und ohne Hintergedanken davon, wie sie ihre Wäsche zusammenlegen oder wie sie auskehren. Plötzlich spürten sie meine Überraschung. Ich hatte überhaupt nichts gesagt, aber mein erstauntes Schweigen war verstanden worden. Ich war das Auge der Gesellschaft, das über sie urteilte. Und sofort änderten sie ihr Verhalten, versuchten, sich zu rechtfertigen und führten immer neue Gründe für eine Praxis an, die sie vor sich selbst nicht mehr rechtfertigen mußten. Aber in diesem Moment waren sie von der Anomalität ihrer Vorgehensweise überzeugt.

Solche Gesten, die für denjenigen, der sie ausführt, völlig normal sind, unter den Blicken anderer jedoch »bizarr« werden, gibt es viele. Sie stellen die instabile Grenze der Normalität dar, die unter diesen Blicken Gestalt annimmt. Zur Illustration möchte ich im folgenden eine zufällige Auswahl einiger ganz normaler »Merkwürdigkeiten« präsentieren, auf die ich im Zusammenhang mit der Frage nach dem Geschirr gestoßen bin. Da ist zum Beispiel Augustine. Statt das Geschirr zu spülen, kocht sie es in Chlorwasser ab: »Das desinfiziert«. Oder Marcel. Er glaubt von sich, daß er »den Weltrekord aufgestellt hat«: Für ein bis über den Rand gefülltes Spülbecken (mit dem Geschirr mehrerer Tage) hat er weniger als fünf Minuten gebraucht. Sein totales Gegenstück in der »Weltre-

Der Tanz mit den Dingen

kord-Perspektive« ist Blanche, die für sechs Gedecke zwei Stunden aufwendet. Sie geht immer auf dieselbe Weise vor: Zuerst reibt sie Teller und Besteck mit Zeitungspapier ab. Dann spült sie alles unter fließendem, lauwarmem Wasser ab. Jetzt erst beginnt die eigentliche Zeremonie: Beim Abwaschen gibt es für alles das passende Werkzeug: für die Gabeln eine spezielle Bürste, für die Teller einen weichen Schwamm, für die Töpfe Scheuerschwämme in verschiedenen Varianten. Die Gläser, das Herz des Rituals, werden getrennt von den anderen Sachen und mit einem ganz speziellen Reinigungsmittel gespült. Für das Abtrocknen benutzt Blanche ungefähr zehn verschiedene Geschirrtücher, von denen jedes ganz spezielle Eigenschaften hat. Die Geschirrtücher, die für die Gläser verwendet werden, sind garantiert »fusselfrei«. Doch da könnten auch noch andere Spuren zurückbleiben. Deshalb hält sie die Gläser lange prüfend gegen das Licht. Blanche lädt nur ungern Freunde zu sich ein. Sie hat Angst vor der Vorstellung, sie könnten ihr nach dem Essen anbieten, den Abwasch zu machen. Und noch ungerner läßt sie sich einladen. Es kostet sie große Überwindung, aus Tellern zu essen, die sie nicht gespült hat. Bei solchen Gelegenheiten fragt sie sich dann doch manchmal, ob sie »nicht ein wenig verrückt« ist (aber sonst bereiten diese vier Stunden Abwasch täglich ihr immer großes Vergnügen).

Jedes Individuum hat ein ihm eigenes System von Gesten. Zwar kann es dieses theoretisch frei nach seinem Geschmack erfinden, doch der Blick der anderen gibt ihm Aufschluß über die geltenden Normen und die Grenzen, die es nicht zu überschreiten gilt. Das Risiko, wenn man sich zu weit vom geraden Weg der Normalität entfernt, besteht darin, mit einem Etikett versehen zu werden. Das Auge der Gesellschaft urteilt sehr schnell, was auch zu vorschnellen Vereinfachungen führen kann. Da wird nicht versucht, Gesten im Hinblick auf ihre kulturelle Besonderheit und Vielfalt zu verstehen. Sie werden lediglich auf einer Skala plaziert, die vom Allersaubersten zum Allerunordentlichsten reicht.

Das ist die Tragödie der Armen. Für sie ist der Reinlichkeitstanz lebensentscheidend, die Eintrittskarte zur normalen Gesellschaft. Sind die Bedingungen der sozialen Ausgrenzung besonders hart, erreichen sie dieses Ziel nur schwer. Sobald aber ein Minimum (etwa ein eigener Raum) vorhanden ist, wird im allgemeinen sofort ein bestimmtes Ordnungssystem eingeführt. Ein System, das jedoch von einem externen Beobachter, der sich keine Mühe gibt, es

Die ursprünglichen Gesten

zu verstehen, mißverstanden und mißachtet wird, weil er darin lediglich ein Durcheinander und ein »undurchschaubares Kunterbunt« erkennen kann (Moreau de Bellaing, 1988, S. 37). Der Ort in der gesellschaftlichen Landschaft, wo die Normalität herrscht, ist kein beliebiger: Das richtige Savoir-Faire geht mit dem rechten Savoir-Vivre Hand in Hand.

II. Die Gesellschaft der Dinge

Das Schweigen der Dinge

Die Welt der Dinge ist eine von der Soziologie vergessene Welt (Kellerhals, 1995; Semprini, 1995). Die Anthropologie scheint ihr zwar ein besseres Schicksal zu bereiten (Warnier, 1994; Segalen, Bromberger, 1996), aber auch nur dann, wenn es um die Erforschung exotischer, außergewöhnlicher oder altertümlicher Gesellschaften geht. Was zeitgenössische Gesellschaften betrifft, schenkt auch die Anthropologie den Alltagsgegenständen wenig Beachtung. Und dabei haben sie doch einen maßgeblichen Anteil an dem, was unsere Existenz ausmacht, und bilden in gleichem Maße wie die Menschen den aktiven und engeren Rahmen für unser Handeln (Douglas, Isherwood, 1979).

Woher kommt dieses Vergessen und Unterschätzen? Bruno Latour (1995) hat dazu eine verlockende Antwort parat: Weil sich das moderne Denken (in überzogener Weise) auf der Grundlage der Trennung (und Hierarchisierung) von Menschen und Dingen strukturiert hat. Statt dessen müßten, so Latour, die Dinge wieder als Teil von Interaktionsvernetzungen gesehen werden, die sowohl menschliche als auch nicht-menschlichen Abläufe umfassen (Latour, 1993). Auch eine wachsende Zahl von Fachkollegen ist von der Notwendigkeit überzeugt, die Dinge zu rehabilitieren und ihnen ihren verdienten Platz in den Sozialwissenschaften zuzuerkennen. Doch diese Überzeugung, die sich zu verbreiten scheint, zieht bisher kaum konkrete Konsequenzen nach sich. Entsprechende empirische Untersuchungen sind oft platt und enttäuschend – es ist schwer, Gegenstände zum Sprechen zu bringen.

Wie also bringt man einen Gegenstand zum Reden? Wie haucht man diesem kalten und unbeweglichen Wesen Leben ein? An diesem Punkt wird die radikale Position Bruno Latours zum Hindernis. Denn obwohl die Dinge nicht, wie Jean Baudrillard (1991) beschreibt, eine Welt für sich bilden, und obwohl sie im Rahmen der Austauschbeziehungen, die das Gesellschaftliche konstruieren, an die Seite der Menschen gestellt werden müssen, können sie doch auch nicht mit ihnen gleichgestellt werden. Im Gegenteil. Nur wenn wir ihre Besonderheit verstehen, wird es uns gelingen, sie

Die Gesellschaft der Dinge

zum Sprechen zu bringen. Auch wenn sie mitunter so wichtig sind wie die Personen, spielen sie in den Interaktionen doch nicht die gleiche Rolle.

Die umgekehrte Pyramide

Um hier zu einem besseren Verständnis zu gelangen, bedient sich André Leroi-Gourhan (1987) eines interessanten Bildes, das der umgekehrten Pyramide. Seit den ersten Wirbeltieren vollzog sich die psychomotorische Entwicklung in Form eines schrittweisen Hinzukommens immer neuer Schichten von kognitiven Schemata, die »den vorangegangenen ihre funktionelle Bdeutung nicht nahmen, sondern in den höheren Funktionen stets tiefer eingebettet aufhoben« (S. 490). »Manche meiner Gene sind 500 Millionen Jahre alt, andere 3 Millionen, andere 100000 Jahre und meine Gewohnheiten staffeln sich von einigen Tagen zu einigen Tausenden von Jahren« (Latour, 1995, S. 103). Der rationale, vernunftorientierte Mensch der Moderne ist nur die Spitze dieses Gebäudes. Wenn er nach Maßgabe seiner Verdauung zu ganz bestimmten Stunden Nahrung zu sich nimmt oder wie ein Schaf im Gleichschritt der Herde mitmarschiert, dann steigt er weit hinab in die tiefsten und ältesten Gedächtnisschichten, die er in sich trägt, bis hin zur Animalität der physiologischen Maschine (Leroi-Gourhan, 1987, S. 352 ff.).

»An der Stelle, an der die primitiven Anthropinen stehen, sieht es so aus, als entwickelte sich auf der tierischen Pyramide, die der Sockel allen menschlichen Verhaltens bleibt, die Spitze einer anderen, umgekehrten (und nach Teilhards Bild ›reflektierten‹) Pyramide, die immer gigantischere Ausmaße annimmt und von dem gesamten, in der Kultur exteriorisierten Apparat gebildet wird« (S. 490f.). Das ist der menschlichste Aspekt der Evolution: Es ist dem Menschen gelungen, »sein Gedächtnis aus sich heraus in den sozialen Organismus zu verlegen« (S. 295). In jüngster Zeit sind hierfür die enormen Speichermöglichkeiten der elektronischen Datenverarbeitung bezeichnend. Doch auch in dieser zweiten Pyramide können die neusten Entwicklungen die darunterliegenden Schichten nicht unsichtbar machen, dieses Heer von Räumen, Apparaten und anderen Gegenständen, in denen das Gedächtnis der Menschheit gelagert ist.

Der Tanz mit den Dingen

Das häusliche Universum besteht aus einer Unmenge unterschiedlichster Gegenstände, einem wahren »Dschungel von Dingen, Teilen, Sachen und Maschinen« (Löfgren, 1996). Diese bilden die konkrete Gebärmutter jeder Kultur (Douglas, Isherwood, 1979) auf ihren verschiedenen Verflechtungsebenen: der familialen, regionalen, nationalen (Pezeu-Massabuau, 1983). Und in ihnen ist das menschliche Gedächtnis auf eine jeweils spezifische Weise gespeichert. Der Fön, die Seife, der Vorhang, der Nußknacker, der Kalender – sie alle tragen ein über eine lange Zeit von der Geschichte akkumuliertes Wissen in sich und bewirken, daß das Individuum auf eine bestimmte Art und Weise handelt und denkt, wenn es sie betrachtet oder berührt. Das in den Dingen gespeicherte Gedächtnis kann vielerlei Formen haben; es kann ein technisches, ein gesellschaftliches oder ein kulturelles Gedächtnis sein, ein Familiengedächtnis oder, wenn es sich um sehr persönliche Dinge handelt, ein individuelles Gedächtnis. Und es ist ein leistungsfähiges Gedächtnis, das nicht dieselben Verluste hinnehmen muß wie das in unserem Bewußtsein abgespeicherte (Norman, 1993). Im übrigen wird nur ein Teil dieses Gedächtnisses reaktiviert. Gegenstände, die vor allem technischer Natur sind, behalten die Geheimnisse ihrer Funktionsweise für sich (Javeau, 1992) – wen interessiert es schon, warum der Glühdraht des Föns zu glühen beginnt. Gegenstände, die eine besonders lange gesellschaftliche Geschichte haben, verschweigen diese inkorporierte Vergangenheit – warum sich noch einmal mit dieser ganzen Geschichte befassen, die zu den Sauberkeitskonventionen geführt hat, auf denen die Verwendung von Seife beruht? Dies alles bleibt in einem weit hinter dem Gegenstand liegenden Hintergrund, und die Portion Wissen, die dann tatsächlich reaktiviert wird, ist eng mit den Notwendigkeiten des aktuellen Handelns verknüpft. Gegenstände erfüllen die Funktion von Anhaltspunkten für die gewohnten Handlungsabläufe, Wege und Rhythmen, einfacher Anhaltspunkte, die jedoch dem Handeln seinen Sinn verleihen. Die Gegenstände sind voller impliziter Bedeutungen.

Doch bevor es soweit ist, daß die Gegenstände nur noch simple Anhaltspunkte sind, ist oft eine lange Lehrzeit des Umgangs mit ihnen nötig – selbst bei den einfachsten Alltagsgegenständen. Diese Lehrzeit wird insbesondere während der Kindheit absolviert. Man denke da nur an ein so elementares Werkzeug wie den Löffel. Jahre des praktischen Übens und kulturellen Einprägens sind nötig, bis

Die Gesellschaft der Dinge

er endlich richtig gehalten wird, und erst recht, bis dieser Lernprozeß gar zu seiner Vollendung gelangt, nämlich dem Vergessen der Lehrzeit (Boullier, 1992). Während dieser Lernphase kann es auch dazu kommen, daß das in dem Gegenstand gespeicherte Wissen explizit zur Sprache gebracht wird, etwa wenn die Eltern Gründe dafür angeben, daß der Löffel genau so und nicht anders gehalten werden muß. Natürlich hinterläßt dieser Zeitabschnitt seine Spuren im Bewußtsein, aber sie werden nur dann reaktiviert, wenn es die Situation erfordert. Normalerweise wird der Gegenstand so gut es geht banalisiert, um das Bewußtsein zu entlasten und das Leben zu erleichtern. Die Elemente, die allein in Sachen Haushalt im Gedächtnis gespeichert werden müssen, sind so zahlreich, daß »[sie], würde man sie in einem psychologischen Experiment verwenden, wahrscheinlich nicht zu bewältigen wären« (Norman, 1993, S. 17). Denn sie würden im bewußten Gedächtnis, das seine Grenzen hat, zu viel Speicherplatz beanspruchen. Deshalb können sie nur durch Gewöhnung angeeignet werden, also dank des scheinbaren Vergessens des Wissens nach der Phase des Erlernens. Dieser Prozeß benötigt jedoch viel Zeit. Die Zeit, die dafür nötig ist, ein Kind soweit zu sozialisieren, daß es in der Lage ist, das notwendige Wissen über sämtliche Alltagsgegenstände erst zu erlernen und dann wieder zu vergessen, schätzt Donald Norman (1993) auf fünfzehn bis zwanzig Jahre. Die Alltagsgegenstände werden jedoch immer zahlreicher und immer komplexer, was durchaus in einem Zusammenhang stehen könnte mit der Verlängerung der Jugendphase und dem Hinausschieben des Übergangs ins Erwachsenendasein, das allseits beobachtet wird.

Schutzbarrieren des Selbst

Wie Norbert Elias gezeigt hat, ist die Vorstellung von einem autonomen und homogenen Selbst eine historische Erfindung. Nicht immer hatten die Menschen diese Repräsentation ihrer selbst. Heute wird diese Vorstellung durch die Forschung in Frage gestellt, und an ihre Stelle tritt das Konzept eines multiplen, fragmentierten und instabilen Selbst (Elster, 1985; Douglas, 1990). Im Inneren eines einzigen Individuums finden sich mehr Unterschiede als zwischen zwei Personen aus dem gleichen Kulturkreis (Mach, 1996). Manche Strömungen innerhalb der Kognitionswissenschaft be-

Der Tanz mit den Dingen

zweifeln sogar, daß es eine Art »Identitätszentrum« gibt, und gehen statt dessen davon aus, daß das Bewußtsein eher wie eine Art Galaxie aus konkurrierenden Netzwerken funktioniert (Varela, Thompson, Rosch, 1993). Angesichts dieses chaotischen Innenlebens und dieser divergierenden Kohärenzmodelle schafft es das Individuum nach Ansicht Arnold Gehlens (1986) allein mittels Prothesen, zu Einheit und Stabilität zu gelangen. Hierbei entlastet es sich durch den Rückgriff auf ein Äußeres, welches zwingenden Charakter annimmt und zu einer Art umrahmendem Kosmos wird.

In diesem Prozeß spielen Gegenstände eine ganz zentrale Rolle. Indem sich die Person selbst in ihre materielle Umgebung auslagert, erlangt sie Festigkeit und Stabilität. Die Aufrechterhaltung und Konstanz des Individuums, die man eigentlich für dessen ureigenste Qualitäten hält, sind also nichts anderes als Folgen seiner Externalisierung und seines Sichablagerns in vertrauten Dingen (Thévenot, 1994). Die Alltagsgegenstände haben den Vorzug der Dauerhaftigkeit, welche das Konkrete hervorbringt und das Vagabundieren der Identität unter Kontrolle hält. Diese Gegenstände des Alltags spielen die Rolle von Schutzbarrieren des Selbst: »Im Schrank lebt ein Ordnungszentrum, welches das ganze Haus gegen eine grenzenlose Unordnung schützt« (Bachelard, 1975, S. 109).

Deshalb neigen wir dazu, immer noch mehr Dinge um uns herum anzuhäufen. Manche von ihnen überdauern »ganz wie archäologische Ablagerungen vergangener Epochen« (Löfgren, 1996). Und ganz wie bei Pyramiden werden auch hier die untersten Schichten nur selten preisgegeben. Die alten Gegenstände überdauern bis an die Grenze des Tolerierbaren. Zwar treten sie gegenüber Neuankömmlingen etwas in den Hintergrund, aber sie klammern sich mit aller Kraft daran, ihren Platz in der Welt der vertrauten Dinge zu bewahren. Wenn man dann irgendwann die Augen nicht mehr davor verschließen kann, daß ihre Zeit unweigerlich abgelaufen ist, fehlt einem dennoch oft der Mut, sich endgültig von ihnen zu trennen. Also werden sie auf dem Dachboden eingelagert. »Man sagt sich, daß sie ja vielleicht irgendwann noch für irgendetwas gut sein könnten, aber sie werden nie wieder gebraucht. Sie sind lediglich dazu da, alles vollzustellen.« Irénée versteht nicht so recht, warum es ihr so schwer fällt, sich von den alten Sachen zu trennen: »Das ist wirklich immer eine schreckliche Arbeit, es fällt mir immer total schwer, mich zu einer Entscheidung durchzuringen, das bereitet mir wirklich Kopfzerbrechen. Und

Die Gesellschaft der Dinge

dann nehme ich eins ums andere in die Hand, und schon fallen mir die ganzen Geschichten dazu ein.« Daß die Trennung so problematisch ist, liegt daran, daß dieser alte Gegenstand einen Teil unseres Selbst in sich trägt – und es ist ja nur selbstverständlich, daß es einem schwerfällt, sich von sich selbst zu trennen. Das Ausmisten vertrauter Dinge verweist auf ein identitäres Sortieren, was erklärt, warum es eine solche mentale Schwerstarbeit darstellt.

Das Akkumulieren von Gegenständen stabilisiert die Identität, aber es kann umgekehrt auch erdrückend wirken und das Individuum in einer Routine gefangen halten, die auf ihm lastet. So können manchmal im Namen der Freiheit und eines neuen Lebens, in dem man noch einmal völlig von vorne anfangen möchte, wahre Revolutionen gegen die vertrauten Dinge zum Ausbruch kommen – große Revolutionen, wie der Verzicht auf ein Familienerbe (Gotman, 1995), und kleine, vorsichtige Revolten, ängstliche, partielle Befreiungen von der Kontinuität des Selbst, punktuelle Opfer im Zuge einer großen Aufräumaktion, kontrollierte Wegwerfwut anläßlich eines Umzugs (Kaufmann, 1996c). Viele Ereignisse könnten unter diesem Blickwinkel des Anhäufens (oder umgekehrt des Sichtrennens) von Gegenständen analysiert werden. Beispielsweise die Paarbeziehung – wir werden darauf noch zurückkommen. Oder die Ferien, dieses periodisch wiederkehrende Befreiungsritual. Die Hauptmotivation dafür, von zu Hause wegzufahren, ist der Wunsch, sich anders zu fühlen, freier, lockerer. Und diese Metamorphose vollzieht sich eben genau durch die Trennung von der Welt der vertrauten Dinge. Beim Camping kommt zum reinen Ortswechsel dann noch die (mehr oder weniger bewußte) Suche nach Einfachheit, die Umkehrung des gewohnten Komforts hinzu. Doch sehr schnell nimmt die Logik der Akkumulation erneut ihren Lauf. Der Camper richtet sich nicht einfach nur ein, sondern versucht, die Bedingungen seiner gewohnten Welt zu reproduzieren: Auf Zeltdächern recken sich Fernsehantennen empor und Wohnwagen schlagen Wurzeln zwischen Blumentöpfen und falschen Kaminen (Stassen, 1995).

Aus der Sicht des Gegenstands

Um dies alles besser zu verstehen, könnte der Versuch hilfreich sein, einmal in die Haut eines Gegenstands zu schlüpfen. Igor Kopitoff (1986) hat sich mit der Biographie von Dingen beschäftigt. Er hat beobachtet, daß diese Biographien zwischen zwei Polen verlaufen: einerseits jenem der Gewöhnung, wenn die Menschen sich die Gegenstände nach ihren Vorstellungen zurecht machen, und andererseits jenem des Warencharakters, wenn sie im Kreislauf monetarisierter Austauschbeziehungen normalisiert werden. Diese Reisen sind jedoch eher das Produkt der Menschen, die mit den Gegenständen umgehen, als der Dinge selbst, die doch auf eine sehr spezielle Art und Weise auf der Welt sind. Ihr erster Vorzug ist ihre Unbeweglichkeit, der Garant für identitäre Stabilität. Sie bleiben dort, wo man sie hingestellt oder -gelegt hat. Ihr zweiter Vorzug ist ihre extreme Geduld. Noch nach Jahren oder gar Jahrhunderten des Vergessens, die sie in aller Ruhe mit Warten verbracht haben, können sie wiederbelebt werden und zu uns sprechen. Und ihr dritter Vorzug schließlich ist ihr Schweigen: Sie können in endloser Zahl angehäuft werden, ohne uns zu ermüden, weil sie nur dann zu uns sprechen, wenn wir sie zum Sprechen bringen. Die Dinge umgeben uns »wie eine stumme und unbewegliche Gesellschaft« (Halbwachs, 1985, S. 128).

Will man der Rolle der Dinge innerhalb von Interaktionen wirklich auf die Spur kommen, gilt es zunächst, ein Verständnis für die Besonderheiten ihrer Existenz zu entwickeln. Natürlich darf es dabei zu keiner übertriebenen Personalisierung kommen: Dinge sind keine Personen. Im übrigen unterscheiden sie sich gerade im Hinblick auf ihre Vorzüge von letzteren; nur durch die Menschen, die sie beleben, kommt Leben in die Dinge. Das sedimentierte Gedächtnis befindet sich nicht wirklich im Gegenstand selbst, sondern in der Beziehung zum Gegenstand. Dies erklärt auch, warum Dinge Existenzen so stark mitprägen und warum sie, wie wir im folgenden Kapitel sehen werden, sogar mit Leichtigkeit die gleiche Rolle spielen können wie Menschen. Denn das Wesentliche liegt in der Beziehung: die Begriffe sind – egal, ob es sich um Personen oder um Dinge handelt – nur Ankerpunkte (Varela, Thompson, Rosch, 1993).

Es führt zu überhaupt nichts, wie Jean Baudrillard nach einer Black Box zu suchen, in der das veräußerlichte Gedächtnis gelagert wäre. Denn letzteres ist räumlich und zeitlich innerhalb eines komplexen, sich ständig verändernden Beziehungsgewirrs unterwegs. Daß ein Gegenstand wiederbelebt werden und das in ihm gelagerte Wissen vermitteln kann, ist nur möglich, weil er mit einer unendlichen Zahl anderer Gegenstände und Personen verknüpft ist (oder früher verknüpft war). Der Stuhl, der in einem Wartezimmer steht, vermittelt nicht die gleiche Botschaft und fordert nicht zu den gleichen Gesten auf, wie derjenige, der in der Nähe einer Mülltonne auf dem Gehsteig steht (Rosselin, 1994). Die Unbeweglichkeit der Dinge, die uns so viel Sicherheit verschafft, erweist sich für denjenigen, der in ihr inneres Leben eintaucht, nur noch als eine scheinbare.

Gesellschaftliches und individuelles Gedächtnis

Im Nebulösen der Gegenstände nimmt das Gedächtnis einer Kultur Gestalt an. Sie führen uns das vor Augen, was Jahrhunderte des Denkens und Wirkens hervorgebracht haben (Halbwachs, 1985). Das kann ein technisches Gedächtnis sein, das dank einer wachsenden Armee von kalten und austauschbaren Objekt-Prothesen, »kognitiven Artefakten« (Norman, 1993), bewahrt werden konnte. Oder ein soziales Gedächtnis, das den jungen Generationen dadurch, daß ihnen elementare Gesten eingeschärft werden, den tieferen Sinn einer Gesellschaft weitergibt. Das Kind domestiziert die Gegenstände, es entzieht ihnen ihre Kälte, indem es lernt, was sie bedeuten. Das ist der erste Aspekt der Gewöhnung: die einzelnen Individuen verinnerlichen ein enormes historisches Gedächtnis, indem sie aus der kollektiven Pyramide schöpfen.

Doch da ist noch ein zweiter Aspekt: die persönliche Pyramide, die ihre Wirkung im Rahmen der eigenen Geschichte des Individuums entfaltet: Die Gegenstände werden vertraut, weil sie der Speicherplatz eines Teils der Identität des Individuums sind, und spielen so die Rolle von Schutzbarrieren für das Selbst. Hier sind Geben und Nehmen ausgeglichen, das Individuum arbeitet Tag für Tag an der Umgestaltung und Bereicherung seiner Welt und schreibt den Dingen das ein, was sie später ihm einschreiben werden.

Die Dinge haben also zugleich Anteil an der Bewahrung des kollektiven Gedächtnisses einer Gesellschaft und an der des individuellen Gedächtnisses. Diese beiden Prozesse verlaufen sehr unterschiedlich, sie entwickeln sich in Räumen und Zeitspannen, die nichts gemeinsam haben, sowie nach jeweils speziellen Regeln. Und doch ist im Zuge der Gewöhnung an einen Gegenstand alles aufs engste verwoben. Der Gegenstand tritt aus seiner abstrakten Äußerlichkeit heraus und erlangt Zugang zur Welt der Person. Er bekommt einen Sinn und wird zum Orientierungspunkt. Was macht es schon für einen Unterschied, ob das neue Wissen, welches das Individuum dabei entdeckt, aus einer fernen Vergangenheit stammt oder eine eigene Erfindung ist? In der Konstruktion seiner persönlichen Welt, die einen Sinn haben soll, fließt alles zusammen. Jean-Pierre Warnier (1994) illustriert diese starke Überschneidung in seinem Buch *Le Paradoxe de la marchandise* (Das Paradox der Ware). Die alte Heugabel, die zum Lampenfuß umfunktioniert wird, bezieht ihre Kraft eben genau aus der Tatsache, daß sie eine alte Heugabel und damit ein Werkzeug ist, welches das Gedächtnis von Generationen von Bauern in sich trägt. Doch dieses kognitive und symbolische Kapital wird einzig und allein darauf umgeleitet, der Wohnung einen individuellen, persönlichen Charakter zu verleihen. Obwohl das gesellschaftliche und technische Gedächtnis, das in der Heugabel gespeichert ist, nicht zum Einsatz kommt (die Heugabel wird nicht mehr als Heugabel verwendet), erleichtert allein schon die Bedeutungsschwere dieses Gedächtnisses dem neuen Besitzer anhand eines subtilen Transfers den Akt der Gewöhnung an den Gegenstand (vor allem dann, wenn die Heugabel aus seiner Familie stammt, typisch für die Region ist o. ä.).

Bei der Gewöhnung fließen also in der Personalisierung Gesellschaftliches und Individuelles zusammen. Dennoch operiert die Gewöhnung auf zwei verschiedene Arten, worauf bisher noch selten hingewiesen wurde. Das ist sehr wichtig, und mir scheint, daß die Schwierigkeit der Sozialwissenschaften, die Dinge zum Sprechen zu bringen und ihnen den Platz einzuräumen, der ihnen zusteht, mit der Unkenntnis dieser beiden verschiedenen Modalitäten zu tun hat. Deshalb möchte ich sie im folgenden etwas näher ausführen.

Die geistige Gewöhnung

Wenn es um Gewöhnung geht, denken wir zunächst an die geistige Gewöhnung. Wir kommunizieren mit den Dingen, die zu uns sprechen, vor allem mit denen, die besonders vielsagend sind. Manche von ihnen haben in unserer individuellen oder Familiengeschichte einen ganz besonderen Platz inne: der Ring, den man vor

Die Gesellschaft der Dinge

langer Zeit geschenkt bekommen hat, die aus Venedig mitgebrachte Gondel, der Vorhang, der zerrissen ist, seit er bei einem Ehekrach als Schutzschild herhalten mußte. Aber auch die oberste Treppenstufe, die ein wenig höher ist als die anderen, der merkwürdige Schluckauf des Kühlschranks, der bei vielen Besuchern Überraschung hervorruft, das heimliche Versteck für den Schlüssel (Kaufmann, 1996d). In der Tat gibt es viele Dinge, an die sich unser Geist wenigstens ein bißchen gewöhnt hat, die ihm vertraut sind und als Teile unserer persönlichen Welt erscheinen. Albert Hirschmann (1988) weist darauf hin, daß normale Gebrauchsgegenstände nach ihrem Kauf oft bald schon eine Enttäuschung sind, weil sie zu schnell Teil einer Routine werden, die die Tatsache ihres Neuseins in Vergessenheit geraten läßt. Will man, daß die Freude an diesen Dingen möglichst lange anhält, so muß man den Gedanken an ihr Neusein im Geiste festhalten und versuchen, sie weiterhin mit glänzenden Augen zu bewundern. Allgemeiner gesprochen: Gegenstände neigen pausenlos dazu, in die unsichtbare Welt der Routine zu verschwinden; sie spielen ihre Rolle als Orientierungspunkte, ohne überhaupt bemerkt zu werden. Um diesen augenscheinlichen Tod der Gegenstände zu vermeiden, der dem Rahmen unserer Existenz seinen Glanz nimmt, bemüht sich ein jeder von Zeit zu Zeit, die Geschichte der Gegenstände zu kultivieren und ihnen eine explizite Bedeutung zurückzugeben, kurz: sie im Geiste zu bewahren.

Mitunter nimmt das Denken an vertraute Gegenstände ganz besonders intensive Formen an. Sie werden dann in besonderer Weise in Szene gesetzt, so daß sie ganz in den Vordergrund rücken, etwa wenn man versucht, einen neuen Platz für sie zu finden, sie zu reparieren oder sie zu verkaufen. Bei anderer Gelegenheit, etwa beim Erstellen einer Geschenkeliste für die Hochzeit, kann allein schon das Beim-Namen-Nennen der Gegenstände die künftigen Konturen einer gemeinsamen ehelichen Geschichte zeichnen (Cicchelli, 1994).

Nun stellt die geistige Gewöhnung jedoch nicht die wichtigste Art der Gewöhnung dar. Vielen Forschern ist es nicht gelungen, das Mysterium der Ausdehnung der persönlichen Identität auf Dinge zu verstehen, weil sie auf einer einzigen Ebene stehen geblieben sind (gar nicht zu sprechen von denjenigen, die sich in die Sackgasse der Semiotik der Gegenstände manövriert haben). In den meisten Untersuchungen zum Thema Mensch-Objekt-Interaktionen wird diese Beziehung ausschließlich als eine »intellektualisierte, ideelle« Beziehung behandelt, »während sie in Wahrheit doch eine physische ist« (Rosselin, 1994). Allgemeiner gesprochen neigen die dominanten Strömungen in den Sozialwissenschaften dazu, der geistigen Ebene den entscheidenden Stellenwert einzuräumen und die Bedeutung des Körpers zu unterschätzen (Connerton, 1989). Damit wird das Wichtigste übersehen: die unsichtbare Welt der Routine, die aus einer sich nicht über die bewußte geistige Ebene, sondern über den Körper vollziehenden Gewöhnung resultiert. Der Großteil der Truppe – ein Heer unzähliger gewöhnlicher und geschichtsloser Gegenständen – bleibt irrtümlicherweise hinter einigen symbolträchtigen Bataillonen verborgen.

Die körperliche Gewöhnung

Was geschieht, wenn ein Gegenstand in der unsichtbaren Welt der Routine verschwindet? Sein Tod ist nur ein scheinbarer; in Wirklichkeit bleibt er sehr aktiv, indem er zur Stütze körperlicher Automatismen wird. Bei der geistigen Gewöhnung diffundiert die Identität in Gegenstände, die einen expliziten Sinn tragen. Im Fall der körperlichen Gewöhnung stellt man überrascht fest, daß die Grenze einer Person nicht dort verläuft, wo man sie sich vorstellt, und daß die Haut nicht die wirkliche Begrenzung des Körpers ist: »Der körperliche Raum, den ein Wesen einnimmt, hat eine variable Geometrie« (Bessy, Chateauraynaud, 1993, S. 158), er dehnt sich in direktem Verhältnis zu den Gewöhnungsprozessen aus. Der Gegenstand verschwindet einfach nur deshalb in der unsichtbaren Welt der Routine, weil er inkorporiert wird, und zwar im engeren Sinne: er hält Einzug in das Reich der selbstverständlichen Gesten.

Christian Bessy und Francis Chateauraynaud nennen dies »den Modus der Aneignung«: Der Gegenstand wird so stark in die implizite Welt der Person hineingenommen, daß er nicht mehr wie ein Objekt erscheint. Dann wieder bricht er von neuem hervor, »er muß vom Körper losgelöst werden, um als äußerliches Ding behandelt« (1993, S. 158) und objektiviert zu werden. »Der Zustand von Personen und Objekten ist nicht stabil« (S. 159), die Ausdehnung des Körpers wird ständig neu ausgehandelt.

In der Regel wechselt der Gegenstand ganz plötzlich vom Modus der Vereinnahmung in jenen der Objektivierung über und erscheint

Die Gesellschaft der Dinge

auf diese Weise unvermittelt als Objekt auf der Tagesordnung, so als wäre er niemals inkorporiert gewesen (je umfassender die Inkorporierung gewesen ist, desto weniger Spuren hinterläßt sie im bewußten Gedächtnis). Manchmal kann sich dieser Übergang jedoch auch schwieriger gestalten und führt zu einer Spaltung: man hat das Gefühl, der Gegenstand wäre noch Teil von einem selbst, obwohl er sich doch gerade erst vom Körper getrennt hat (genau das Ereignis, das dieses Gefühl ausgelöst hat, hat die Trennung hervorgerufen). Oft geben gerade die intimsten Gegenstände, die dem Körper am nächsten sind, Anlaß für solche Empfindungen. Da ist zum Beispiel Raphaël, den es beim Kauf seiner Slips im Supermarkt nicht kalt läßt, »wenn die Kassiererin sie anfaßt. Das ist komisch, denn schließlich habe ich sie noch nie getragen, es ist einfach nur ein Stück Stoff, aber irgendwas löst es in mir aus, echt.« Oder Bernadette, die den »Kram« in ihrer Handtasche hütet wie ihren Augapfel: »Da steckt niemand seine Nase rein, nicht mal mein Mann. Ich weiß nicht, ich hätte das Gefühl, daß man mir Gewalt antut.« Sie unterscheidet zwischen einem ersten Grad der Verletzung, dem Blick, und einem zweiten, dem Berühren, und allein schon bei der bloßen Nennung dieser unerhörten Geste braust sie auf. Wenn der Übergang sehr plötzlich stattfindet, kann es vorkommen, daß auch weniger intime Gegenstände solche Gefühle auslösen, was nur noch deutlicher macht, wie stark die vorherige Inkorporierung war. Christelle hat solche merkwürdigen Empfindungen, wenn sie mit einem etwas zu schwungvollen Besenstreich gegen den Fuß der Kommode stößt. »Ich sage dann: ›Aua!‹, so als ob mir etwas weh täte. Ich schreie für die Kommode, als ob ich spüren würde, daß ihr etwas weh tut. Es ist fast so, als hätte ich mir selbst weh getan. Und ich glaube, das geht mir sogar mit dem Besen so. Das ist doch wirklich idiotisch, oder? Ich glaube, es tut mir sogar für den Besen weh!« Ihre Überraschung über diesen vage an ihrem eigenen, unversehrten Körper verspürten Schmerz ist angesichts dessen besonders groß, daß es sich doch nur um einen Besen handelt. Bei der Kommode, diesem hübschen Möbelstück, das hätte beschädigt werden können, mag das ja noch verständlich sein. Man könnte sich vorstellen, daß man aufgrund des Wunsches leidet, die Ästhetik des eigenen Universums zu bewahren – ein abstraktes Gefühl, das den Gegenstand leicht miteinschließen kann. Doch was den Besen angeht, ist ein solches Argument nicht haltbar. Der Schmerz ist ein ganz direkter, physischer, ohne Hintergedanken.

Der Tanz mit den Dingen

Aneignen, Abtasten, Einverleiben

Pausenlos treten Gegenstände in unseren körperlichen Raum ein und verlassen ihn wieder. Wenn sich aus irgendeinem Grund ein vertrauter Gegenstand plötzlich wieder als Objekt manifestiert, beschränkt der Körper seine Sphäre und zieht sich in genau dem Maße zusammen. Seine wirkliche Ausdehnung, also diejenige, die über die Grenzen der Haut hinausgeht, ist also keine stabile Wirklichkeit (Bessy, Chateauraynaud, 1993). Die instinktive Logik des Individuums besteht darin, seine Sphäre unermüdlich zu vergrößern und sich nicht davon entmutigen zu lassen, daß die Gegenstände immer wieder heraustreten. Diese Sisyphusarbeit wird nicht bewußt und willentlich geleistet, sondern allein vom Körper, in der Stille des Nicht-Gedachten, und insbesondere mit Hilfe der Hände, die die Gegenstände berühren, mit den Fingerspitzen inspizieren und streicheln, als wollten sie sie zähmen. »Es ist der Körper, der entscheidet, indem er die angemessene Bewegung ›einfängt‹ oder ›erfaßt‹, noch bevor eine innere, begriffliche, modulare Repräsentation ausgearbeitet worden wäre« (S. 162). Wenn der Gegenstand bereits bekannt ist und es lediglich darum geht, ihn wieder in die unsichtbare Welt der Gewöhnung einzugliedern, aus der er entwichen ist (oder zu bestätigen, daß diese Rückführung erfolgreich vonstatten gegangen ist), dann ist das Verfahren einfach: Es gilt lediglich die altbekannten Markenzeichen an ihm wiederzufinden und dieselben Tanzschritte zu machen, die man schon tausendmal mit diesem Gegenstand gemacht hat. Handelt es sich dagegen um einen neuen Gegenstand, ist das Problem schon schwieriger. Dann findet zunächst eine Annäherung, ein »Abtasten« statt mit dem Ziel, »im direkten Kontakt mit den Dingen neue Anhaltspunkte zu gewinnen« (Thévenot, 1994, S. 93). Bevor es einem gelingt, den Gegenstand so zu handhaben, daß man ihn einverleiben kann, kommt es also zu einer »ruhelosen Entdeckungsreise« (S. 94).

Die Rivalität zwischen Körper und Geist

Wie lassen sich an einem Gegenstand die für künftiges Handeln sinnvollen und nützlichen Orientierungspunkte finden? Bevorzugtes Entdeckungswerkzeug hierfür sind die Hände, aber sie reichen oft nicht aus. Dann gilt es, intuitive Wahrnehmungen zu entwik-

Die Gesellschaft der Dinge

keln (Dodier, 1993) oder sogar eine rationale Reflexion anzustellen. Letztere hat aber unausweichlich zur Folge, daß der Gegenstand aus seiner Inkorporierung heraustritt und so die räumliche Ausdehnung des Körpers reduziert. Es kommt also zu einem Widerspruch, einer heftigen Rivalität zwischen dem Körper, der versucht, seine räumliche Ausdehnung zu vergrößern, und dem Geist, der diese Ausdehnung zurückstutzt, indem er den Gegenstand wieder als Objekt konstituiert.

Dies gilt besonders für technische Gegenstände, deren Handhabung oft nicht einfach ist. Nehmen wir zum Beispiel ein Gerät, das soeben gekauft wurde und dem eine Gebrauchsanweisung beigelegt ist. Nun sind Gebrauchsanweisungen oft schlecht geschrieben und nur selten eine perfekte Anleitung (Boullier, 1992). Doch kaum ist der Karton ausgepackt, wird selbst eine gute Gebrauchsanweisung schnell zum Problem. Denn der neue Besitzer hat nur eines im Sinn: Er will das Gerät berühren, seine persönlichen Markenzeichen finden und sofort mit der Inkorporierung des Gegenstandes beginnen, um ihn als Objekt und äußere Realität zum Verschwinden zu bringen. Nun stellt die Gebrauchsanweisung dabei das größte aller Hindernisse dar, denn sie macht das Gerät zum Gegenstand des Denkens und konstituiert es als äußeres Objekt. Diese rivalisierenden Prozesse erklären, warum dieses Ereignis oft als so unangenehm erlebt wird, warum man so gereizt ist, und warum über Gebrauchsanweisungen mehr geschimpft wird als sie es verdient haben. Im allgemeinen wird das Problem dadurch gelöst, daß man das Ereignis in zwei Phasen aufgliedert: Erst wird die Gebrauchsanweisung rasch überflogen, um einige anfängliche Anhaltspunkte zu gewinnen, dann erlangt das Herumprobieren die Oberhand, und die Gebrauchsanweisung wird nur noch konsultiert, wenn die eigenen Anstrengungen ins Stocken geraten. Die Konstrukteure wissen ganz genau, daß eine Gebrauchsanweisung nur selten von vorne bis hinten durchgelesen wird. Der Körper versucht, sich den Gegenstand der Routine einzuverleiben und dabei den kognitiven Umweg auf ein Minimum zu beschränken.

Die Inkorporierung und das rationale Denken stellen die beiden Extrempole dieses Widerspruchs dar. Die geistige Gewöhnung ist ambivalent, sie hat von beidem etwas. Auf den ersten Blick scheint sie der körperlichen Gewöhnung sehr ähnlich, eine Art Erweiterung oder Verdopplung, die dem Ganzen eine symbolische Dimension hinzufügt. Sie ist immer dann im Einsatz, wenn sich die Routine unmerklich in ein Ritual verwandelt, also in eine repetitive Wirklichkeit, die mit einer expliziten Bedeutung erlebt wird. So wird beispielsweise die Routine des Schließens der Tür zum Beschwörungsritual, wenn in obsessiver Weise an der Türklinke gerüttelt wird, um sicherzustellen, daß die Tür wirklich geschlossen ist (Kaufmann, 1996d). Auch darin, daß sie sich dem rationalen Denken widersetzt, scheint die geistige Gewöhnung der körperlichen ähnlich zu sein: Dieses Beschwörungsritual stellt sich taub, wenn man ihm sagt, daß es überhaupt nichts bringt, übertrieben oft an der Türklinke zu rütteln.

Auf der anderen Seite gibt es auch Aspekte an der geistigen Gewöhnung, die sie eher in die Nähe des rationalen Denkens rücken. Beide nehmen vom selben oder zumindest einem ähnlichen Ort ihren Ausgang: dem bewußten Teil des Gehirns. Es ist für einen Gedanken relativ leicht, zwischen Verherrlichung und kritischer Analyse hin- und herzuwechseln; sie sind so etwas wie Nachbarn, und beide sind und bleiben Gedanken. Hingegen ist die Reise, die beim Körper ihren Ausgang nimmt, eine sehr viel längere. Paradoxerweise scheinen die Gegenstände, die in der unsichtbaren Welt der körperlichen Routine weilen, die uns vertraute Welt stärker zu strukturieren als diejenigen, die ganz offiziell auf der sichtbaren Bühne herummarschieren.

Wege und Territorien des Selbst

Die uns vertraute Welt konstituiert sich mittels der visuellen und taktilen Orientierungspunkte auf den Gegenständen sowie deren Verknüpfung. Ausgehend davon kommt es zu Handlungs- und Bewegungsabläufen in Form eines wahren Tanzes mit den Dingen. Das Individuum schlägt immer wieder die gleichen Wege ein, pickt aus den tausend anderen, die es niemals nehmen wird, immer wieder dieselben heraus. Dabei hält es sich an subtile Hinweise, die ihm umso bekannter vorkommen, als sie Teil seiner selbst sind. Die Wege, die ihm vertraut sind, gehören zu ihm.

Dabei übt die Wohnung einen technischen und die Geschichte einen gesellschaftlichen Zwang aus. Auch wenn unser Tanz mit den Dingen dem unseres Nachbarn gleicht, wird er doch immer auf eine ganz eigene Weise getanzt. Und es bleiben beträchtliche persönliche Interpretationsspielräume. Mauricette beispielsweise

Die Gesellschaft der Dinge

legte eines schönen Tages plötzlich ihre schmutzige Wäsche ins Bidet. Seither ist dieser Ort zum selbstverständlichen Abladeplatz für schmutzige Wäsche geworden, und nur noch der Blick von außen kann hierin eine Merkwürdigkeit entdecken. Ganz zu schweigen davon, daß der Zuschnitt heutiger Wohnungen einen oft dazu zwingt, verschlungene Wege zu gehen. Nehmen wir das Beispiel der Waschmaschine. Die Architekten, die heute Wohnungen konzipieren, haben keinen festen Platz für sie vorgesehen. Deshalb müssen sich die Bewohner eine eigene Lösung ausdenken. Nur zwei Räume sind an fließendes Wasser angeschlossen: Küche und Badezimmer. Die Waschmaschine muß also wohl oder übel in einem dieser beiden Räume ihren Platz finden, was aber gleichzeitig heutigem Empfinden nach zunehmend unangemessen erscheint. Was die Küche betrifft, löst allein schon der Gedanke, daß schmutzige Wäsche in die Nähe von Lebensmitteln kommen könnte, lautstarke Entrüstung aus. Und das Badezimmer ist in der Regel so beengt, daß es wesentlich an Komfort einbüßt, wenn es gleichzeitig auch noch als Waschküche dienen muß. Letztendlich findet dann aber doch jeder einen Platz für seine Waschmaschine und gewöhnt sich auch sehr schnell daran. Nur seine Empörung über die jeweils andere Lösung bleibt bestehen: Die Badezimmer-Anhänger bringen kein Verständnis für die Küchen-Fraktion auf und umgekehrt. Allerdings neigt sich die Waagschale immer mehr zum Badezimmer hin, und die Küche, die doch Anfang des Jahrhunderts noch *der* Ort für das Erledigen der Wäsche war, ist im Begriff, die Partie zu verlieren.

Der Spielraum ist umso größer, als viele Gegenstände keinen fixen Platz haben, sondern in einem Zyklus, den das Individuum bestimmt, nacheinander verschiedene Positionen besetzen. Die gewohnten Wege, die die Personen zurücklegen, führen also entlang von Gegenständen, die ihrerseits auch wieder bestimmte Wege zurücklegen. So wandert etwa die Wäsche in den verschiedenen Phasen ihrer Bearbeitung durch mehrere Räume. Erste Etappe: die Lagerung der schmutzigen Wäsche. Manche besitzen hierfür eine Rumpel- oder Abstellkammer. Doch selbst in diesen Fällen bilden sich im Schlafzimmer, wo man sich auszieht, und im Badezimmer noch kleine provisorische Haufen. Wenn man über kein geeignetes Zimmer verfügt, wird zumeist das Badezimmer zum Hauptlagerungsort. Zweite Etappe: das Waschen. In Häusern gibt es meist eine »Waschküchen-Ecke« im Keller oder in der Garage. In Woh-

Der Tanz mit den Dingen

nungen bleibt einem nur die Wahl zwischen Küche und Bad. Dritte Etappe: das Trocknen. Hier gibt es viele Varianten: Die Palette reicht von den Glücklichen, die einen Garten haben, über die Technik-Freaks, die einen Wäschetrockner vorziehen (womit sich aber aufs neue die Frage stellt: wohin damit?), bis hin zu den Belagerern von Balkonen und Heizungen, Stuhllehnen und Schränken, an denen ein Heizungsrohr vorbeiführt. Nicht zu vergessen den Raum, der zur Allround-Lösung wird, wenn sich die Krise zuspitzt: das unverzichtbare Badezimmer, das nicht selten ein ausklappbarer Wäscheständer ziert. Vierte Etappe: die Bügelwäsche. Auch hier ist eine große Vielfalt zu verzeichnen, allerdings mit einer Vorliebe für das Schlaf- oder Wohnzimmer. Diejenigen, die das schöne Aussehen ihres Empfangszimmers bewahren wollen, wählen den Rückzug ins Schlafzimmer; diejenigen, für die die Funktionalität an erster Stelle steht, entscheiden sich für das Wohnzimmer. Denn die folgende Etappe, das Bügeln, findet im schönsten Zimmer der Wohnung statt. Ein echter Aufstieg für die Wäsche. Nachdem sie in den hintersten Ecken und Winkeln herumgeschoben wurde, gelangt sie nun endlich zu wahren Ehren. Und schließlich die letzte Etappe: das Aufräumen, die Rückkehr in die Schlafzimmer, Kommoden und Schränke, wo jeder seine zum Gebrauch bereite persönliche Wäsche findet, zurück in den Raum, wo sich oft der erste Stapel mit Schmutzwäsche gebildet hatte. Der Kreis ist also geschlossen; allen oder beinahe allen Zimmern wurde ein Besuch abgestattet.

An jedem dieser Orte, auf jeder Etappe dieses Kreislaufs durch die Räume, wird im Tanz mit den Dingen ein anderer Teil des Selbst abgelagert, und die Orientierungspunkte auf den Gegenständen lösen jeweils eine ganz bestimmte Handlungskette aus. Das Individuum, das am Abend seine schmutzige Kleidung im Schlafzimmer auf einem Haufen zurückläßt, ist nicht dasselbe wie dasjenige, das am Morgen diesen Kleiderstapel in die Waschmaschine steckt. Es berührt die Dinge nicht auf dieselbe Weise und nicht mit denselben Gedanken im Kopf. Es ist wirklich ein anderer Mensch, es befindet sich in einem anderen Denk- und Handlungssystem, mit einer veränderten Wahrnehmung derselben Gegenstände.

Und auch die Gegenstände verändern sich. Wir haben gesehen, daß sie fortwährend in den körperlichen Raum eintreten und wieder aus ihm heraustreten. Nun sehen wir, daß sie außerdem noch mit jeder Bewegung, die sie im Raum vollziehen, eine neue Botschaft vermitteln. Natürlich bewegen sie sich nicht von selbst. Aber ihre Bedeutung ändert sich in dem Maße, in dem man sie bewegt. Und diese Bewegungen finden umso häufiger statt, als die Dinge keine geschlossene Gesellschaft sind. Zu jedem Zeitpunkt und an jedem Ort sind sie in Form unzähliger und wandelbarer Handlungsketten, durch die sich das Gesellschaftliche konstituiert, aufs engste mit den Menschen verbunden.

Eine der größten Herausforderungen für die Soziologie betrifft die Analyse der wechselseitigen Beziehungen zwschen Individuum und Gesellschaft und die Überwindung des Grabens zwischen Theorien, welche die Determinationen durch das Gesellschaftliche in den Vordergrund rücken, und solchen, die die Freiheit und Kreativität der Akteure betonen (Elias, 1991). Wie bringt die Gesellschaft die Individuen hervor, während sie gleichzeitig von letzteren hervorgebracht wird? Die dynamische Analyse der Dinge erlaubt es, hier neue Antworten zu finden. Sie zeigt, daß der Mensch Teil des Produktionsprozesses seiner selbst mit variabler Geometrie ist, daß sich der soziologische Körper nicht auf den biologischen Körper beschränkt und daß er nicht als fixe Gegebenheit angesehen werden kann.

III. Menschen und Dinge

Die Konkurrenz

Dinge können nicht auf eine Stufe mit Menschen gestellt und Menschen nicht auf den Zustand von Dingen reduziert werden. Denn Personen verfügen über Initiative: Die Interaktion zwischen Individuen ist voller Überraschungen, und es kann passieren, daß man durch einen anderen wie verwandelt wird (de Singly, 1996). Verglichen mit dieser lebendigen Welt verläuft die Interaktion mit Gegenständen eher ruhig und geruhsam; Schutzbarrieren für das Selbst, wenn es anderswo Dummheiten macht. Diese Interaktion verläuft so unspektakulär, daß sie langsam verblaßt und schließlich vollständig vergessen wird, was zur Folge hat, daß insbesondere die Sozialwissenschaften nur noch Augen für Personen haben.

Wie bereits gesagt ist das ein Fehler. Die Dinge sind ebenso wichtig, auch wenn sie eher unauffällig sind. Sie sind aufs engste selbst mit den kleinsten menschlichen Handlungen verwoben. Und sie begnügen sich nicht damit, sie zu begleiten oder zu unterstützen, sondern spielen sogar regelmäßig die Hauptrolle. Dies gilt auch für die unbedeutendsten Dinge, die kleinsten Kleinigkeiten. In genau dem Moment, in dem ich den Drang verspüre, den Tisch abzuräumen, werden die Krümel, die ihn bedecken, zum Wichtigsten auf der Welt; wichtiger noch als das Kind, das nebenan gerade seine Hausaufgaben macht. Natürlich behalten die Krümel ihre Hauptrolle nur für ganz kurze Zeit (während das Kind auch weiterhin oft im Vordergrund stehen wird). Doch in diesem einen Moment sind sie es, die mein Denken und Handeln leiten. Nun gibt es aber außer ihnen noch tausend andere Dinge, die uns umgeben und viel zahlreicher sind als die wenigen Personen, die uns vertraut sind. In diesem interaktionellen Reigen lösen sich die Dinge ständig gegenseitig dabei ab, den Personen die Hauptrolle streitig zu machen.

Der gewöhnliche Mensch würde keinen Augenblick zögern, wenn es darum ginge zu bestätigen, daß eine Familie eine Gruppe von Personen ist. Sie lebt zwar an einem personalisierten Ort, umgeben von Gegenständen, aber diese sind kaum mehr als ein Dekor. Der Beobachter hingegen, der sich von seinen unhinterfragten Vorannahmen hinsichtlich der Hierarchie zwischen Personen und Din-

Menschen und Dinge

gen löst, entdeckt eine sehr viel weniger eindeutige Wirklichkeit: undurchschaubare Wechselwirkungen von ungeheurer Komplexität und Flexibilität und ein ständiges Hin und Her zwischen Personen und Dingen hinsichtlich dessen, wer gerade die Hauptrolle spielt – in den meisten Familien kann von einer dauerhaften Hierarchie keine Rede sein. Wenn sich der Beobachter dann an den Gedanken gewöhnt hat, daß die Gegenstände eine wichtige Rolle spielen, entdeckt er unversehens ganz unterschiedliche familiale Stile. Im einen Fall stehen eher die Personen im Vordergrund, im anderen die Dinge. Die fälschliche Vorstellung, die Familie stelle eine evidente Wirklichkeit mit stabilem und genau identifizierbarem Inhalt dar (Kaufmann, 1996a), verschleiert diese Variationen und will glauben machen, alle Haushalte würden mehr oder weniger nach dem gleichen Modell leben. In Wirklichkeit kann ein- und dieselbe Geste zwei meilenweit voneinander entfernten Denk- und Handlungssystemen angehören. Im einen Fall ist die Vorstellung herausgeputzter und von ihrer Umgebung bewunderter Kinder der Auslöser dafür, mit leidenschaftlicher Begeisterung zu bügeln; im anderen Fall wird möglicherweise nicht weniger hingebungsvoll gebügelt, aber aus Freude an einem makellosen Stapel im Schrank. Beiden gemeinsam ist lediglich die Tatsache, daß sie bügeln.

Die respektierte Hierarchie

Die offizielle Hierarchie, sich lediglich dann mit den Dingen zu beschäftigen, wenn sie den Personen von Nutzen sind, wird in bestimmten Situationen durchaus respektiert, aber merkwürdigerweise vor allem in häuslichen Ausnahmesituationen. Das gilt vor allem für junge Paare, und zwar aus dem einfachen Grund, weil sie noch nicht so viele Dinge besitzen. Sie sorgen sich um anderes. Ein weiterer, ebenfalls häufiger Fall: Haushalte, die im Namen der Priorität des Beziehungsaspekts und eines »lebendigen Hauses« (um ihren Lieblingsausdruck zu übernehmen) erklären, häusliche Ordnung sei ihnen nicht wichtig. Doch oft ist das Durcheinander in ihrem Inneren der Grund dafür, daß sie diesen Diskurs pflegen, der in einem merkwürdigen Widerspruch zu dem steht, womit sie sich Tag für Tag beschäftigen. Denn paradoxerweise stehen die Gegenstände, denen doch eigentlich ihre Geringschätzung gilt, fortwährend im Vordergrund. Je mehr sie versuchen, sie zu ignorieren, desto

Der Tanz mit den Dingen

mehr drängen sie sich auf. Das Hemd, das ausnahmsweise gebügelt werden muß, geht ihnen nicht mehr aus dem Sinn, und der Unmut darüber, daß man sich nicht endlich zum Wäschewaschen durchringen kann, wird irgendwann lästig.

Man kann definitiv sagen, daß es nur wenige Familien gibt, in denen sowohl ihren offiziellen Erklärungen als auch ihren geheimen Gedanken nach eine klare Hierarchie zwischen Dingen und Menschen herrscht, wobei unter den Anhängern des »lebendigen Hauses« durchaus einige von ihnen zu finden sind (sofern ihre Entscheidungen wirklich kohärent sind und es sich nicht um ein Chaos wider Willen handelt). Bei Raymonde ist das etwas anderes. Ihr Leben war ein verzweifelter Kampf gegen die Unordnung der Dinge, ein Kampf für die Menschen, im Namen einer Familienmoral: für die Kinder ihr Bestes zu geben. »Ich war die ganze Zeit am Herumhetzen, ich wollte immer, daß alles schnell geht und alles recht ist, alles nur wegen der Familie. Immer, mein Leben lang, habe ich alles nur für sie getan. Zu meinem Mann habe ich gesagt, mich um sie zu kümmern sei das, was ich wollte.« Sie hat sich selbst auf eine Reihe von Dingen verpflichtet, an denen nicht zu rütteln ist: daß die Familie vernünftig frühstückt, daß sie die Kinder von der Schule abholt, daß sie beim Beaufsichtigen der Schularbeiten nicht auf die Uhr schaut, daß alle vier Kinder jeden Abend ihr Bad bekommen usw. »Selbst wenn ich in Gummistiefeln steckte, weil ich mich gerade um die Kälber kümmerte, zog ich mich um und ging sie abholen. Ich habe mir gesagt: das ist nun mal meine Rolle.« Sie setzte ihre Ehre daran, daß nie, auch nicht ein einziges Mal, jemand für sie einspringen mußte, um die Kinder von der Schule abzuholen. Sie mußte immer da sein, das stand über allem. Sie ist ganz offensichtlich stolz auf diese Leistung, von der sie mit leuchtenden Augen berichtet. Über die Hausarbeit hingegen spricht sie in sachlichem Ton und geht so schnell wie möglich darüber hinweg. Für Raymonde sind Gegenstände lediglich Hilfsmittel, um übergeordnete Ziele zu erreichen. Ihr Leben ist durch und durch von einer Familienethik geleitet, die ihrem Körper die Kraft gibt, über sich selbst hinauszuwachsen. Für die Kinder, und nur für sie, hat sie es fertiggebracht, Berge zu versetzen.

Menschen und Dinge

Die Familie als Vorwand

Mit Rénata betreten wir eine völlig andere Welt und werden sehen, wie umgekehrt die Dinge die Oberhand gewinnen und ein Leben bestimmen können. »In dem Haus, in dem ich meine Kindheit verbracht habe, glänzte es überall, immer war alles tadellos. Vielleicht bin ich deshalb so daneben.« Sie hat wunderbare Erinnerungen an diese Welt ihrer Kindheit, in der die Dinge so schön waren und immer an dem Platz standen, an den sie gehörten. Es war für sie unvorstellbar, daß es in der Welt, die sie einmal mit ihren eigenen Händen erschaffen würde, anders sein könnte. Ihr Haus ist also perfekt, nicht das kleinste Staubkörnchen ist zu finden. Eines Tages kommt sie unversehens in finanzielle und berufliche Schwierigkeiten und läuft sogar Gefahr, von heute auf morgen auf der Straße zu stehen. Doch sie läßt sich nicht unterkriegen, sondern beginnt einen wahren Kleinkrieg gegen die Kräfte der Desorganisation. Sie, die ohnehin schon alles außerordentlich schnell erledigte und sehr wenig schlief, brachte noch mehr Tempo in ihren sowieso schon überladenen Tagesablauf und schlief noch weniger. Sie machte nicht den geringsten Unterschied zwischen ihrer Mobilmachung in beruflicher Hinsicht und ihrem energischen Herumwerken im Haushalt. Der Kampf gegen Schmutz und Unordnung waren im gleichen Maße wie der berufliche Kampf Teil eines einzigen Überlebenskampfes. Deshalb waren die Dinge in ihrem Haus trotz der Krise, mit der sie zu kämpfen hatte, nun noch aufgeräumter und noch glänzender. Diese extreme Beziehung zu den Dingen hat den Rahmen ihrer Existenz so stark geprägt, daß es ihr heute schwer fällt, das wieder zu ändern. Und dabei wäre eine Veränderung nötig, denn ihr Leben ist nicht mehr dasselbe. Ihre Geschäfte gehen inzwischen besser (sie ist Eigentümerin eines Frisiersalons), sie könnte also zur Ruhe kommen. Und sie ist nicht mehr allein, wie damals. Jérôme, ihr Mann, ist alles andere als begeistert und hat kein Verständnis für dieses hohe Anspruchsniveau in Haushaltsdingen: »Ich habe das Gefühl, in einem Museum zu leben, in dem kein Leben ist. Im Moment habe ich wirklich genug davon.« Er hat vorsichtig versucht, Rénatas Aufräumwut zu bremsen. Und sie beteuert, sie habe Wasser in ihren Wein gegossen: Voller Stolz teilt sie uns mit, Geschirrtücher, Badehandtücher und Unterwäsche bügle sie nun nicht mehr. Und was die Leintücher betrifft, hat sie sich durchgerungen, »nur noch einen 25 bis 30 Zentimeter breiten

Rand« zu bügeln, während sie sie früher komplett gebügelt hat. Es ist ein täglicher, verzweifelter Kampf, Zentimeter um Zentimeter, ein Kampf gegen sich selbst. Aber die Veränderung hat ihre Grenzen. Unter dem Druck der Dinge schafft sie es nicht, ihren Einsatz auf ein vernünftiges Maß zurückzuschrauben. Obwohl sie das eigentlich gut fände, Jérôme und der Beziehung zuliebe. Denn der Haushalt steht ihnen auf der Beziehungsebene im Weg. Nicht nur, daß die Dinge vor den Menschen kommen, sie sind auch noch zum Stolperstein für ihre Ehe geworden. Mitunter kommt es vor, daß Rénata sehnsuchtsvoll an die Zeit zurückdenkt, als sie noch allein lebte: »Ich muß schon sagen, es war damals viel einfacher, alles organisiert zu kriegen.«

Rénatas Geschichte ist gewiß ein Extremfall. Und doch gibt es viele, die der einen oder anderen Sache wegen einen wahren Ordnungswahn entwickeln. Wenn man sie dazu befragt, erklären sie selbstverständlich, sie handelten im Namen der Familie. Aber die Familie kann auch leicht zum Vorwand werden, zur reinen Kulisse für eine ganz individuelle Tuchfühlung mit dem Gegenstand. Dieser Übergang geschieht oft in aller Stille und läßt sich insbesondere bei Tätigkeiten wie dem Bügeln beobachten, bei denen die Hausfrau die Perfektionierung ihrer Kunst nicht ohne ein gewisses Vergnügen erlebt. Wenn sie für die Familie bügelt, konstruiert sie beim Bügeln das Familiale. Aber es ist doch frappierend festzustellen, daß sich diese symbolische Konstruktion der Gruppe oft auf eine sehr persönliche, einsame, manchmal sogar heimliche Weise vollzieht: Es ist ihre Familie, so wie sie sich erträumt, »makellos« – um einen der Fetisch-Begriffe der Büglerinnen aufzunehmen. Und es sind »ihre« Gesten, egal, welche Kritik oder Bemerkung von den Benutzern aus der familialen Gruppe auch kommen mögen. Und schließlich sind da noch »ihre« kleinen Zusatzvergnügen: Viele der von uns befragten Frauen haben erzählt, das Bügeln sei für sie immer eine besonders gute Gelegenheit, um »ihre« Musik zu hören und in ihren Träumen ein wenig auf Reisen zu gehen. Eine Welt ganz für sich, ein persönliches Wiederauftanken (Filiod, 1996), eine intime Tuchfühlung, die manchmal mit erstaunlichen Gewohnheiten einhergeht: »Wenn ich nachts nicht schlafen kann, mache ich mich ans Bügeln meines enormen Wäschebergs, und wenn ich dann einige Stunden später alles fertig habe, schlafe ich wieder ein. Deshalb kann ich sagen, daß mir meine Schlaflosigkeit durchaus entgegen kommt: ich liebe die Ruhe der Nacht« (Brief Nr. 8).

Manchmal verblaßt der familiale Hintergrund so sehr, daß er schließlich ganz verschwindet. Dann können einem die Personen, in deren Namen die Handlung offiziell durchgeführt wird, sogar im Wege stehen. Betrachten wir den Fall von Irénée. Sie liebt ihren Mann und ihre Kinder; ihren Aussagen nach ist die Familie für sie das Wichtigste. In ihrem häuslichen Nest fühlt sie sich den Ihren sehr nah. Doch noch mehr liebt sie es, dieses Nest herzurichten. Und diese Arbeit kann nur auf persönliche Weise vollbracht werden. »Hausarbeit muß man alleine machen«. So kann sie es bisweilen kaum erwarten, daß ihr Mann und ihre Kinder endlich weg sind, damit sie wieder mit ihrem Haus allein ist. Ein seltsamer Moment, wenn die geliebten Menschen plötzlich zu gehaßten werden, weil sie es nicht schaffen, endlich wegzukommen. Und eine Episode, die zeigt, daß ihre stärksten Gefühle den Dingen gelten: »Ich liebe mein Haus, besonders dann, wenn ich allein bin.« Sie liebt es so sehr, daß sie so selten wie möglich ausgeht, um möglichst viel Zeit in heiliger Gemeinschaft mit ihrer abgeschlossenen Welt zu verbringen, in deren Stille die Dinge zu ihr sprechen. »Ich fühle mich sehr, sehr wohl bei mir zu Hause. Ich kann da in aller Stille leben. Wenn ich für ein paar Tage allein hier bin, stelle ich nicht einmal das Radio an.«

Das etwas karikaturistische Beispiel Irénées erlaubt es uns, mit Hilfe einer Art Vergrößerungseffekt eine Wirklichkeit allgemeineren Typs zu erkennen: Der Haushalt bietet oft Gelegenheit für eine individuelle Tuchfühlung mit den Dingen, die die Personen von ihrem Thron stößt. Eine erste Bilanz meiner Forschungsarbeit brachte mich zu der Annahme, daß die persönliche Beziehung zu den Dingen bei den meisten häuslichen Praktiken die wichtigere Rolle spielt und so die offizielle Hierarchie auf den Kopf stellt. Sind die Gegenstände an diesem Punkt also wirklich wichtiger als die Personen? Im Laufe der weiteren Analyse, bei der wir die Gesten und Gedanken bis ins kleinste Detail unter die Lupe nahmen, stellte sich heraus, daß diese Schlußfolgerung nicht ganz so hart formuliert werden kann. Denn mit ihren persönlichen, ja sogar heimlichen Gesten erfindet die Hausfrau immer wieder neu das Familiale. Paradoxerweise konstruiert sich die Familie also auf der Grundlage höchst individualisierter Handlungen, und die Personalisierung der Beziehung zum Gegenstand ist nur ein Moment in einem größeren Prozeß.

Der Tanz mit den Dingen

Die individuelle Produktion des Familialen

Die Freude rührt oft schon von der Geste selbst her, wenn sie sich in einen Rhythmus einfügt und man die direkte Berührung des Gegenstands spürt. Hinzu kommt der Stolz über das vollbrachte Werk, den Sieg über das Chaos. Frau M. beispielsweise kann sich nach dem Bügeln »gar nicht sattsehen an dieser Schönheit, dieser Ordnung und Makellosigkeit, an jedem einzelnen Wäschestück und an den Wäschestapeln«. Der Begriff »makellos« taucht, wie bereits erwähnt, bei den Büglerinnen immer wieder auf, denn er bringt sehr gut die hohe Qualität der Arbeit zum Ausdruck, auf die man stolz sein kann. Freude kann aber auch noch lange nach dem Bügeln beim Anblick wahrer Haushaltsperfektion ausgelöst werden: »Ich bügle auch sehr gerne Tischdecken und Servietten. Wie stolz kann man dann sein, wenn der Tisch auf einer makellosen Tischdecke gedeckt ist!« (Brief Nr. 15). Insbesondere aber anläßlich eines Rituals, das hochgradig mit häuslicher Geschichte aufgeladen ist: dem Öffnen des Schrankes (Larroque, 1986). »Was für eine Freude, einen Schrank mit Wäsche zu öffnen, deren Sauberkeit man riechen kann, und die feinsäuberlich gestapelten Erbstücke zu betrachten« (Brief Nr. 16).

Doch meistens hat auch die Familie viel mit diesem Stolz und der empfundenen Freude zu tun (schöne Bilder von zufriedenen Ehemännern und Träume von lachenden Kindern). »Ich kann Ihnen sagen, warum man das liebt. Weil man einen unförmigen Fetzen in etwas Sauberes verwandelt, dem Stück Stoff seinen Wert und die Form eines Kleidungsstücks oder einer Stickerei verleiht. Das alles riecht nach Ordnung, nach Schönheit, und es ist eine Freude, denjenigen, die man liebt, etwas zur Verfügung zu stellen, was man mit Liebe für sie gemacht hat« (Brief Nr. 14). Das Empfinden von Freude ist Teil einer Vorstellungswelt, die sich aus Körpersymboliken, der Liebe, die die Familienbande knüpft, Repräsentationen von Sauberkeit und Ordnung, Gerüchen und den Erinnerungen an Gerüche zusammensetzt. Dies alles vermischt sich und fließt zu einer angenehmen, einzigartigen und diffusen Wahrnehmung zusammen. Auch die verschiedenen Zeiten – Vergangenheit, Gegenwart und Zukunft – fließen ineinander, Szenen ohne jeden Respekt vor der Chronologie. Doch im Zentrum dieses bewegten Durcheinanders finden sich auch einige Bilder aus der eigenen Kindheit, die als wichtige Bezugspunkte dienen (Muxel,

1996). Es sind schöne, starke, idealisierte Bilder, die aus ihrem Kontext herausgelöst sind, zu emblematischen Trägern eines persönlichen Mythos werden und immer von einem »sinnlichen Heiligenschein« (Tisseron, 1995, S. 28) umgeben sind. Ein Kinderspiel: »Ich erinnere mich, daß ich damals ein kleines Bügeleisen besaß und auf einem Hocker, auf dem ein Molton lag, die ganzen Taschentücher und Servietten zu bügeln bekam. Was war ich da stolz!« (Brief Nr. 18). Das Bild vom Zusammenlegen der Leintücher oder die Liebkosungen und Berührungen des Stoffes bleiben tief in ein höchst konkretes Körpergedächtnis eingegraben: »Ich sehe mich noch heute, wie ich in diesem rauhen Stoff gewiegt wurde. Was roch das gut!« (Marie-Alix). Frau T. ist noch immer von einem Ereignis geprägt, das in ihrer Jugend stattfand. Obwohl ihr das »Zeremoniell« damals »furchtbar auf die Nerven ging«, bewahrt sie eine starke Erinnerung an die disziplinierten Gesten, die, wie bei einem Tanz, genauen Regeln unterlagen, und an die »Makellosigkeit« des Ergebnisses. »Eine hielt das Leintuch oben fest, die andere unten. Dann legte man es einmal der Länge nach zusammen, dann ein zweites Mal. So weit gekommen, stellte man den rechten Fuß vor und zog kräftig an den Enden, faltete das Leintuch ein weiteres Mal, zog nochmals und ging dann aufeinander zu. Mama faltete das Leintuch dann auf dem Tisch noch ein letztes Mal. Es war makellos, obwohl mir dieses Zeremoniell furchtbar auf die Nerven ging.« Die starken Bilder aus der Kindheit werden oft zu einer Art Hintergrundkulisse voller Gerüche, in der die Charaktere in eine Art poetischen Nebel eingehüllt zu sein scheinen, vergleichbar einer Filmszene, die ein tieferes, nicht ausdrückbares Wissen in einem wiedererweckt, ein Wissen von etwas, das man heimlich in sich trägt, aus einem weit zurückreichenden Gedächtnis. So sieht Frau E. noch heute ihre Mutter vor sich, wie sie am 7. Mai 1954, am Tag, als Diên Biên Phu gefallen war, ihren »Kommunionsschleier bügelte, während sie mit schmerzverzerrtem, ernstem, blassem Gesicht und Tränen in den Augen diese Nachricht im Radio hörte. Für mich sind Diên Biên Phu und diese Wolke aus Tüll, die sich um den Silberbelag legt, für immer miteinander verbunden.«

Diese anrührenden Familienbilder, die von Zeit zu Zeit durch unsere Gedanken huschen, verleihen auch den niedrigsten Handgriffen einen tieferen Sinn; mit ihrer Hilfe kann die Hausfrau sicherstellen, für wen und weshalb sie das alles tut. Aber ihre Hände benötigen diese Bilder nicht unbedingt; sie können auch von ganz alleine handeln und nichts anderes als persönliche Werkzeuge im Tanz mit den Dingen sein – die Hausfrau »macht einfach nur den Haushalt«. Und doch konstruieren ihre Hände selbst ohne diese familiale Bilderwelt allein schon durch die Magie der individualisierten Berührung mit den Dingen das Familiale.

Der Begriff »Familie« hat eine breite Bedeutung und bezeichnet gleichzeitig zwei verschiedene Komponenten: die Großfamilie, also die gesamte Verwandtschaft, und den kleinen Kern von verwandten Personen, die in derselben Wohnung wohnen. Letztere hat auch eine akademische, inbesondere anthropologische Bezeichnung: die »häusliche Gemeinschaft«. Dieser Ausdruck ist ein wenig umständlich und wird tendenziell durch einen anderen Begriff ersetzt, der vor allem in der Demographie verwendet wird: der Haushalt. Ein Haushalt ist also diese Gemeinschaft von Personen, die zusammen leben, die heute ausgeprägteste Form familialer Wirklichkeit. Nun wird diese Gemeinschaft aber mit einem Begriff bezeichnet, der zugleich auf die elementarsten und gewöhnlichsten Handgriffe des häuslichen Lebens verweist. Das ist unseres Erachtens mehr als nur ein Zufall: Der Ausdruck sollte beim Wort genommen werden. Denn »den Haushalt machen« bedeutet nicht einfach nur, Staub zu wischen und die Gegenstände an ihren richtigen Platz zu rücken. Durch diese Routinehandgriffe wird Tag für Tag nichts anderes als die Existenzgrundlage der häuslichen Gemeinschaft geschaffen, die ohne diese Handgriffe nichts wäre. »Den Haushalt machen« (im sächlichen Sinne) bedeutet auch, den Haushalt (im personalen Sinne) zu machen, also die Familie zu konstruieren.

IV. Der Haushaltszyklus

Was ist eine Familie?

Wir glauben sehr genau zu wissen, was eine Familie ist. Denn tagtäglich erleben wir sie mit Leib und Seele. Um so mehr kommt der Forscher, der sich auf diese Frage spezialisiert hat, ins Stutzen, wenn er die Unermeßlichkeit dessen entdeckt, worauf diese unumstößliche und zugleich zerbrechliche Wirklichkeit beruht. Warum gibt es in der Geschichte so viele Variationen familialen Lebens (Fox, 1972)? Warum konnten diese Unterschiede die Vorstellung, die Familie sei etwas Selbstverständliches und Natürliches, so wenig ins Wanken bringen? Warum ist es so schwierig, das Konzept der Familie durch das privater Lebensformen zu ersetzen (Commaille, 1996)? Was bringt die Individuen dazu, sich auf diese Weise zusammenzutun und manchmal im Namen der Gruppe sogar Berge zu versetzen? Raymonde zählt die Berge nicht mehr, die sie früher einmal versetzt hat. Anläßlich ihrer Pensionierung stellt sie sich heute einige Fragen – und sie kann sie nicht so recht beantworten, nicht mehr. Wofür nur all die Mühe, die ihr ihre (inzwischen erwachsenen) Kinder nicht einmal danken – im Gegenteil, sie neigen sogar dazu, ihr vorzuwerfen, sie habe sie zu sehr bemuttert. Warum hat sie nicht mehr für sich als Person getan, warum es nicht verstanden, sich mehr Zeit für sich selbst zu nehmen?

Der Versuch, auf diese Fragen zu antworten, grenzt an ein Sakrileg, so heilig ist der Begriff der Familie. Und doch muß man es tun, um zu verstehen, muß man versuchen, die Inhalte dessen, was hier so zaghaft an die Oberfläche kommt, genauer unter die Lupe zu nehmen. Zu einer ersten Antwortebene gelangt man relativ leicht. Denn die Forschung hat deutlich gezeigt, daß die Familie, früher eine auf Tradition beruhende institutionelle Wirklichkeit, heute durch Gefühle zustande kommt (Roussel, 1989). Es ist die Liebe, die ihr Gesetz walten läßt (de Singly, 1991). Bis hierher haben wir eigentlich noch kein Sakrileg berührt. Doch man kann noch tiefer bohren, um zu schauen, was sich hinter dem Gefühl verbirgt, und die Faktoren herauszuarbeiten, die ganz konkret zum Handeln führen. Als erstes ist da sicher die Sehnsucht, die uns zum anderen zieht und dann auch dazu bringt, Kinder zu bekom-

Der Tanz mit den Dingen

men und aufzuziehen (Cyrulnik, 1989), eine Sehnsucht, die man auch als Verliebtheit bezeichnen könnte. Man sollte jedoch sehr viel detaillierter analysieren, in welcher Form die kulturelle Ausgestaltung dieses Gefühls den animalischen Trieben des archaischen Gehirns übergestülpt ist. So sollte man beispielsweise erklären, warum das, was bei uns mit Worten vonstatten geht, in Brasilien mit dem Körper zum Ausdruck gebracht wird (Bozon, Heilborn, 1996), und in welcher Wechselwirkung Verlangen und Engagement stehen. Auch die komplexen Wechselwirkungen zwischen Emotionen und rationalem Denken verdienen erklärt zu werden. Da ist noch ein weites Feld, das erst ansatzweise bearbeitet wurde.

Doch selbst wenn man sich vorsichtig ausdrückt und die unendliche Vielfalt dessen berücksichtigt, was Liebe bedeuten kann, ist mit ihr doch noch lange nicht alles gesagt. Familie ist auch noch etwas anderes. Sie bleibt, wenn auch auf weniger offensichtliche Weise als in früheren Zeiten, eine Institution (Théry, 1996), die verpflichtende Normen produziert (Martin, 1996). Ein jeder fühlt sich (vage aber unwiderstehlich) verpflichtet, auf eine bestimmte Art und Weise zu handeln, einen Partner zu finden, wenn möglich Kinder zu haben, korrekt mit seinem Partner umzugehen, seinen Eltern zu helfen, seine Kinder gut zu erziehen, seine Verwandten zu lieben. »Darin drückt sich das die Familie der Moderne kennzeichnende Paradox aus: Die Kraft affektiver Regulierung scheint so stark zu sein, daß es quasi zur Verpflichtung wird, sich ihr anzupassen. Zumindest offiziell ist es unmöglich, seinen Partner, seine Kinder oder seine Eltern nicht zu lieben« (de Singly, 1994, S. 108). Selbstverständlich hat man diese Gefühle auch tatsächlich, und zu Beginn einer Beziehung sind sie mitunter sogar sehr leidenschaftlich. Man erwählt sich gegenseitig, und man liebt sich. Gleichzeitig aber kann man nicht anders, als sich zu erwählen und sich zu lieben. Ich habe weiter oben das Streben nach Normalität in demokratischen Gesellschaften betont: Je offener die Palette der möglichen Orientierungspunkte für das Handeln wird, umso nötiger wird es, sich auf eine Norm zu beziehen, die Schutz und Sicherheit bietet. Deshalb ist die Familie nur oberflächlich zu einem unsicheren Faktor geworden. Unter der Oberfläche ist noch immer eine diffuse Norm am Werk, die den Individuen auf gebieterische Weise sagt, was sie zu tun haben. Sie suchen einen Partner, sie lieben sich, sie gehen eine Beziehung ein, haben Kinder, erziehen sie, wie es sich gehört usw., ohne sich die Frage nach dem Grund ihres Han-

Der Haushaltszyklus

delns zu stellen. Es ist einfach so. »Also ich bin wirklich noch nicht so richtig in der Sache drin«, sagt Raphaël, »aber das ist nicht so schlimm, weil ich ja noch jung bin. Aber später so weiterzumachen, das wäre wirklich nicht normal.« Und Patricia scheint seine Äußerungen fortzuführen: »Das ist, als würde man die Seiten eines Buches umblättern. Man beginnt ein neues Kapitel und entdeckt, wie es weitergeht. Zu Anfang weiß man noch nicht so recht, doch dann richtet man sich darauf ein und wird zu einer richtigen Familie, wie alle anderen auch. Das ist normal.« Im Blick der anderen, in ihren Gesten und alltäglichen Worten zeichnet sich eine Norm ab, die sich einem umso mächtiger aufdrängt, als sie nicht wie ein Zwang, sondern wie eine natürliche Gewißheit erscheint: das ist normal. Je stärker die Familie mit Ungewißheiten behaftet ist (Roussel, 1989), desto mehr wird ihre notwendige Selbstverständlichkeit durch die Betonung ihrer Natürlichkeit konstruiert (Commaille, 1996).

Weil einen die Sehnsucht zum anderen führt und dazu bringt, Kinder zu haben, und weil es »normal« ist, entsprechend diesem ehelichen Modell zu handeln, das über die Macht der Selbstverständlichkeit verfügt, scheinen sich Familien ganz von selbst und auf ganz natürliche Weise zu gründen. In Wirklichkeit jedoch muß die Gesellschaft hierfür mobil machen und eine wahnwitzige Energie aufwenden. Mit Hilfe von Romanen, Filmen und Musik muß sie daran arbeiten, daß sich das Gefühl konsolidiert. Und mit Hilfe der banalsten Sätze und simpelsten Bilder muß sie darüber wachen, daß die verbindliche Norm reproduziert wird. Doch das alles genügt noch nicht. Was noch hinzukommen muß, ist die zentrale Rolle der Gegenstände, ohne die die Entstehung einer Paarbeziehung nicht möglich wäre. Seit mehr als zweihundert Jahren zieht alle Welt (von der schwärmerischen Romantik bis hin zu den Predigten in der Kirche) an einem Strang, wenn es darum geht, eine »der Seele innewohnende« Geschichte der Liebesbeziehung zu erzählen, die vor allem von Gefühlen und Tränen und weniger von der Alltagsroutine getragen ist (De Giorgio, 1996, S. 317). Nun, ohne die Gegenstände würde der anfängliche Enthusiasmus nicht zur Gründung einer wirklichen Familie führen und die verbindliche Norm bliebe abstrakt. Die Dinge markieren eines nach dem anderen verschiedene Etappen der Produktion des Familialen.

Der Tanz mit den Dingen

Die Objektivierung des Paares

Zu Beginn besteht eine junge Beziehung nur aus Gefühlen und Verlangen, Worten und Zärtlichkeiten. Die ersten Gegenstände, die in dieser Geschichte auftreten, spielen nur selten eine zentrale Rolle, zumindest solange es noch keine Wohnung gibt, innerhalb derer sie ihre Wirkung entfalten (und ihre das Soziale strukturierende Kraft entwickeln) könnten. Doch es dauert nicht lange, bis dieser Augenblick kommt. Entgegen den exotischen Phantasien, die hier und da zirkulieren, findet sich die Liebe nur schlecht mit der Unbequemlichkeit ab: Die beiden brauchen ein Bett. In der Regel handelt es sich um das Bett eines der beiden, welcher dann die Rolle des Gastgebers übernimmt. Der andere, der Gast, bringt nur ein paar persönliche Dinge mit: Waschzeug, Kleidung, Bücher und Platten (Martin, Le Gall, 1993). Und bald schon hantieren die beiden mit den Gegenständen und geben ihren jeweiligen gewohnten Flugbahnen eine neue Wendung. Ohne sich dessen bewußt zu werden, ändert der Gastgeber seine Markierungen des Raumes, reduziert den Platz, den er im Badezimmer in Anspruch nimmt, und räumt das auf, was vorher nicht aufgeräumt wurde. Der Gast schlüpft eher in die Haut eines Entdeckers, der erstaunlich schnell seine Wege durchs Dickicht findet. Und ganz langsam, unmerklich und heimlich, verändern sich die Gegenstände, als ob sich diese Mauserung in ihrem eigenen Inneren abspielen würde: Das Bett, die Stühle, der Tisch, der Kühlschrank, der Herd – sie alle waren persönliche Gegenstände und werden nun zu »unserem« Bett, »unseren« Stühlen usw. Innerhalb weniger Wochen oder Monate wird das Ganze transformiert und kollektiviert. Und es kann sein, daß auf dem Briefkasten ein zweiter Name auftaucht. Die Gegenstände, die zuvor getrennt voneinander das jeweilige Gedächtnis von zwei Einzelpersonen in sich trugen, tragen nun das Gedächtnis eines Paares in sich. Oder besser gesagt, einige Gegenstände, denn andere widersetzen sich dieser Entwicklung: die Kleider natürlich, aber auch jener Walkman oder jene Kaffeetasse, die sich gegen die »Verehegemeinschaftung« sträuben. In diesen heimlichen Kämpfen um den Status der Dinge wird bereits die Entscheidung über die künftige Form der Beziehung (verschmelzender oder assoziativer Typ) ausgefochten.

Die nächste Episode dieser Geschichte verläuft ruhiger und läßt sich als kontinuierlicher Akkumulationsprozeß beschreiben. Tag

Der Haushaltszyklus

für Tag gesellen sich neue Gegenstände und neue Tanzschritte zu den alten hinzu. Sie konstruieren und verdichten die familiale Wirklichkeit, weisen den Individuen ihren Platz zu und bringen sie dazu, die häusliche Flucht nach vorn anzutreten, eine endlose Akkumulation. An dieser materiellen Konstruktion der Tatsache Familie haben tausend anonyme Gegenstände Teil, manche jedoch sind besonders markant: das Bett als Gründungsobjekt, die Waschmaschine als Indikator für eine wesentliche Integrationsetappe, der Fußabtreter als Symbol der Etablierung in einem neuen Wertesystem, und schließlich der Gegenstand aller Gegenstände: das Haus, das Erlangen von Eigentum, die Erfüllung eines Traums (Bonvalet, 1990). In den Anfangsphasen werden die Gegenstände noch akkumuliert, ohne daß sich in den Köpfen irgendetwas zu ändern scheint. Das Paar sieht sich selbst noch als frei und ungebunden wie die Jugend und wehrt sich dagegen, sich in einen Haushalt einsperren zu lassen. Doch dann geht plötzlich alles ganz schnell. Nach der Waschmaschine und dem Fußabtreter hält der Ernst des Lebens Einzug in dieses sorglose Leben, und die Akteure in diesem unfreiwilligen Szenario überkommt urplötzlich der schwerwiegende Gedanke an die Zukunft: Sie sind eine richtige Familie geworden. Nun sehen sie plötzlich ihre Gegenwart im Kontext einer Dauer; sie ändern ihre Meinung über das Heiraten, denken darüber nach, ein Kind zu bekommen (Bertaux-Wiame, Gotman, 1993) und entwickeln einen Heißhunger auf den Kauf neuer Geräte und allerlei anderer Dinge (Mormiche, 1990), um ihre erweiterte familiale Wirklichkeit zu konsolidieren.

Der Haushaltswahn

Haben die beiden Partner dann ein bestimmtes Stadium erreicht, entdecken sie, daß sie sich ein neues Wertesystem zugelegt haben, einen »Sinn für das Häusliche«, der sie dazu bringt, ihre Organisation zu perfektionieren. Und dabei waren sie doch bis vor kurzem noch zwei lose miteinander verbundene Individuen. Die Grundlage dieser Wendung bilden immer die Dinge und ihre schrittweise Akkumulation. Manchmal sind sie ganz direkt involviert und beschleunigen die Ereignisse. Yann beispielsweise war ganz eindeutig noch in einer vorhäuslichen Phase (»Ich habe meine Klamotten bis ich 25 oder 26 war in Plastiksäcken zu meiner Mutter gebracht«),

Der Tanz mit den Dingen

als seine Eltern ihm eine alte Waschmaschine in die Wohnung stellten, die sie nicht mehr brauchten. Urplötzlich, ohne sich dessen so richtig bewußt zu sein, fand er sich also in einer Welt wieder, in der er sich um die Wäsche kümmern mußte. Dasselbe geschah anhand eines alten Bügeleisens, das den gleichen Weg nahm. »Und plötzlich stand ich da und breitete einen Bettbezug auf dem Tisch aus, um die schwierige Kunst des Bügelns zu erlernen.« Ganz ähnlich erging es Raphaël. Und wie steht es heute? Er zögert mit seiner Antwort. Er hatte eine ganz genaue Vorstellung von seiner Wohnung gehabt: Sie sollte ein reines »Absteigequartier« sein, denn das wahre Leben spielte sich schließlich anderswo ab. »Ich benutzte meine Wohnung wie eine Absteige, sie war für mich einfach nur ein Ort zum Schlafen und mußte nicht gemütlich sein.« Doch er übertreibt, wenn er sagt, daß er dort nur schlief. Manchmal aß er auch in seiner Wohnung, arbeitete ein wenig, hörte Musik, erzeugte Schmutz und brachte Dinge in Unordnung. Logischerweise mußte er also auch wieder aufräumen und sauber machen. Und diese wenigen funktionalen Gesten lösten Gedanken aus, die ihn belustigten, merkwürdige, unangebrachte und nie gekannte Empfindungen: »Eine Art materieller Freude, die ich bisher so gut wie nicht kannte« (er, der nur ein Minimum an Hausarbeit erledigt und auch dieses noch höchst lästig findet). Neu ist, daß plötzlich die Vorstellung von einem richtigen Zuhause aufkommt: »Aber wenn ich dann meine Wohnung aufräume, dann bekommt sie tatsächlich so etwas wie ein eigenes Gesicht, sie fängt an, etwas Glaubwürdiges zu werden, ein richtiges Zuhause.« Raphaël hat ein Gespür für die richtigen Worte; er hat den immer »glaubwürdigeren« Charakter seines häuslichen Werks erkannt. Und tatsächlich wird er Anhänger eines neuen Glaubens, von dem er heute sicherlich noch nicht ahnt, wohin er ihn führen wird.

Lola scheint die weibliche Version derselben Geschichte zu erzählen: »Früher bin ich viel ausgegangen. Ins Kino, zu Tanzveranstaltungen, zu Freunden. Ich hatte sogar ein Vereinsleben (ich kümmerte mich um afrikanische Kinder). Jetzt, wo ich die Wohnung habe, kann ich mir das nicht mehr erlauben.« Bei ihr ist der Sinn für das Häusliche schon ein wenig weiter entwickelt als bei Yann oder Raphaël. Die Tatsache, daß sie eine Frau ist, spielt hier zweifellos eine Rolle. Denn Frauen reagieren sehr viel stärker auf den Ruf der häuslichen Dinge, selbst wenn sie eigentlich wollen, daß sie das gleichgültig läßt (Kaufmann, 1994). Lola hat also bereits neue Prioritäten: nicht oder kaum mehr ausgehen, nichts mehr mit Freunden machen. Sie taucht ganz in das häusliche Universum ein. Dieser Prozeß vollzieht sich um so leichter, als sie das Gefühl hat, eine Aufgabe übertragen bekommen zu haben: »Es ist meine Aufgabe, das zu machen, und ich muß wissen, wie man es macht.« Seit 18 Monaten lebt sie mit ihrem Freund zusammen. Daß sie es nun gerne ordentlich mag, ist etwas ganz Neues. Aber bei ihr hat bereits eine Entwicklung stattgefunden, die die Voraussetzungen dafür geschaffen hat: das Erlernen regelmäßiger Rhythmen. Denn während der ersten sechs Monate ihres Zusammenlebens gab es keinerlei Regelmäßigkeiten in ihrem Tagesablauf, nicht einmal das Aufstehen oder die Mahlzeiten. Alles war »wie es eben kam« und »wie man eben Lust dazu hatte«. Zusätzlich verstärkt wurden diese Schwankungen durch unerwartete Besuche von Freunden. An die Vorstellung von einem Zuhause haben sie sich erst gewöhnt, nachdem sich diese ständige Unruhe ein wenig gelegt hatte. Das war der Augenblick, in dem in Lolas Träumen neue Wünsche zu erblühen begannen. Im Unterschied zu Yann und Raphaël kommt bei ihr die Veränderung nicht aus den Händen; sie denkt darüber nach. Und aus diesem Nachdenken erwuchs langsam aber sicher die Definition eines Ordnungs- und Sauberkeitsideals. Ihr Körper jedoch ist widerspenstig, es fällt ihm schwer, den hohen Ansprüchen zu genügen. Im Alltag bleiben ihre Haushaltsaktivitäten deshalb eher rudimentär. Wenn sich hingegen Besuch ankündigt, tritt das Ideal auf den Plan, als hätte es nur darauf gewartet, ans Licht zu kommen. Dann findet sie zu neuen, entschiedenen Gesten und bringt eine Energie auf, die man nicht für möglich gehalten hätte. Einfach alles wird geputzt und aufgeräumt. Lola hat ein doppeltes Bezugssystem. Der hoch gesteckten Norm wird zwar nur von Zeit zu Zeit Folge geleistet, aber sie ist in Wirklichkeit der Hauptreferenzpunkt, das für die Zukunft gesteckte Ziel, dem sie Tag für Tag und mit jedem weiteren Schritt in ihren haushaltlichen Lehr- und Wanderjahren ein Stück näher kommt.

Der Haushalt und das Kind

Tag für Tag baut die Familie im Tanz mit den Dingen an ihrem Fundament. Dabei spielen keineswegs immer nur Personen die Hauptrolle, bei manchen Gelegenheiten aber doch eine ganz entscheidende. Wie wäre Lolas häusliche Geschichte weitergegangen, wenn sie allein gelebt hätte? Aller Wahrscheinlichkeit nach hätte sie irgendwann dieselben oder zumindest ungefähr dieselben Wünsche in sich entdeckt, aber eben nicht zum selben Zeitpunkt. Denn das Eingehen einer Paarbeziehung gibt der Dynamik der häuslichen Organisation einen beschleunigenden Schub, zumindest in der Regel. Bei Rénata haben wir gesehen, daß es auch anders sein kann, daß die Beziehung den Schwung auch bremsen kann, wenn das System zuvor bereits genau ausgeklügelt war und daraus ein Mißklang zwischen den Menschen und den Dingen entsteht. Ist man sich hingegen einig, dann neigt die Intensivierung der Beziehung zwischen den Personen dazu, auch den Tanz mit den Dingen zu intensivieren. Beides geschieht im Rahmen ein- und derselben familialen Mobilmachung. Besonders deutlich wird das bei der Geburt des ersten Kindes.

Mit diesem Ereignis springt das Paar von einem Tag auf den anderen in eine neue Lebensphase. Die kleine Person beansprucht einen enorm großen Platz im Leben der beiden – ihr Leben wird nie mehr so sein wie zuvor. Natürlich hatte man sich vorher alles genau ausgemalt. Aber die Revolution ist größer, als man es sich hätte träumen lassen. Innerhalb weniger Augenblicke wird das Baby zum neuen Fixpunkt, um den herum das gesamte häusliche Denken und Handeln neu organisiert wird. Die erste Zeit ist gekennzeichnet von Furcht vor dem Chaos: Oft muß man bis an die Grenze der totalen physischen und geistigen Erschöpfung improvisieren, in aller Eile Pläne aufstellen, mit Tränen und Fläschchen kämpfen. Dann beruhigt sich der Sturm ein wenig, neue Orientierungspunkte treten auf den Plan. Das Handeln bleibt anstrengend, wird aber stärker kanalisiert. Die jungen Eltern vergessen sehr schnell ihr vorheriges Leben. Sie sind zu zwei anderen Menschen geworden, die bereits Teil eines neuen Wertesystems und neuer Handlungsabläufe sind.

Wie läßt sich diese neue Etappe charakterisieren? Das Offensichtlichste ist die beträchtliche Zunahme an Aktivitäten. Da sind tausend neue Aufgaben hinzugekommen, und eine Armada neuer Gegenstände (Kinderwagen, Wickeltisch, Sterilisator) ist aufmarschiert. Das Bedeutendste ist aber nicht die bloße Zunahme an Aktivitäten, sondern die Fähigkeit, sie zu bewältigen. Was einem gestern noch als unüberwindliches Problem erschienen wäre, wird heute mit Leichtigkeit gelöst. Denn die Mobilmachung ist eine weitere Stufe höher gerückt: das Handeln hat nun einen Sinn. Wenn die Aktivitäten einen Sinn haben, dann ist nichts mehr wirklich schwierig, und zu diesem Zeitpunkt haben sie einen sehr großen Sinn. Während des ganzen restlichen Lebens wird sich nie wieder eine solche Intensität einstellen, nie wieder eine solche Konzentration auf den Binnenraum. Alles, was wirklich zählt, ist hier. Hobbys, Sport und Freunde geraten ein wenig in Vergessenheit. Daher auch dieses Paradox: Trotz der ohnehin schon großen Arbeitsbelastung und Müdigkeit scheint jeder darum bemüht zu sein, sich noch ein wenig mehr Arbeit aufzuhalsen. Man strickt Babywäsche, bereitet frisches Kompott zu und püriert Breichen, bastelt und dekoriert das Kinderzimmer. Der Aktivismus ist so groß und die Konzentration auf den Binnenraum so stark, daß diese Phase für die Inanspruchnahme von fremden Dienstleistungen gar nicht so offen ist, wie man oft denkt (Kaufmann, 1996a). Das Ideal des Selbermachens ist so mächtig wie nie zuvor und niemals mehr später. Und was noch erstaunlicher ist: Elementare Tätigkeiten, die nicht direkt mit dem Baby zu tun haben, wie etwa das Versorgen der Wohnung, neigen dazu, ebenfalls von diesem Haushaltsfieber angesteckt zu werden. Trotz Müdigkeit und hoher Arbeitsbelastung drängt einen also ein neues Verlangen dazu, den Haushalt gründlicher zu erledigen als zuvor.

Aber wie soll das gehen? Wieder einmal treten die Menschen und die Dinge in einen Wettstreit, der nicht einfach zu handhaben ist. Im Mittelpunkt steht ganz allein das Baby. Es ist undenkbar, es dem Kult der Dinge zu opfern, und eigentlich müßte man seine gesamte Zeit damit verbringen, es zu wiegen und zu liebkosen. Also bricht sich gedanklich eine subtile Zeitplanung, eine zeitliche Verschiebung Bahn, die einem zu verbergen hilft, daß die Dinge (langfristig) keinesfalls in Vergessenheit geraten sind. Natürlich ist alles für das Baby, und das sofort, und die Gegenstände kommen erst dann an die Reihe, wenn noch Zeit übrig bleibt. Und doch entsteht da im Hinterkopf der Gedanke, sobald wie möglich einen neuen, rhythmischeren und eleganteren Tanz mit den Dingen zu beginnen. Noch bevor die Voraussetzungen für seine Realisierung geschaffen sind, hat dieses Projekt bereits Gestalt angenommen. Und es ist im Geiste so präsent, daß es schließlich sogar mit der Realität verwechselt werden kann. So erklärt uns beispielsweise Patricia, sie sei seit der Geburt der Kinder »penibler« geworden. Doch das ist sie nur in ihren Gedanken und Wünschen. In Wirklichkeit kann sie diese Wünsche noch nicht umsetzen (was aber nicht mehr lange auf sich warten lassen wird, denn es ist bereits geplant, daß sie demnächst nur noch Teilzeit arbeitet). Häufig kann man anläßlich der Mobilmachung beobachten, daß die Ansprüche im Haushalt zunächst ein wenig zurückgeschraubt werden: »Ich mache weniger, lasse die Zügel ein wenig schleifen, um Manon mehr Zeit widmen zu können.« Sie geht seltener mit dem Staubsauger durch die Wohnung, weil das Kind davon aufwachen könnte. Frage: Leidet sie unter dieser Einschränkung ihrer Haushaltstätigkeit? Nein, »so ist es nun mal«. Glaubt sie, daß es immer so bleiben wird? Nein, »es ist jetzt so, aber natürlich ist eine gepflegte Wohnung schon etwas Angenehmes«. Sie träumt von einer anderen Zukunft, sie hat schon Pläne. Pläne, die sie bis jetzt noch in Klammern setzt, weil ein anderes Verlangen stärker ist: für das Baby da zu sein. Aber allem Anschein nach wird es nicht mehr lange dauern. Man braucht nur zu beobachten, wie sie mit den Gegenständen in Manons Zimmer umgeht, um unschwer zu erkennen, daß ihre Ansprüche, die sich dann auf das ganze Haus ausdehnen werden, nach dieser Klammer noch viel größer sein werden.

Die Demobilisierung

Die Anhäufung von Dingen, mit der schrittweise das Fundament für die Familie gelegt wird, ist ein beinahe linearer und gleichmäßiger Prozeß, eine Art ruhiger Fluß ohne größere Überraschungen. Personen hingegen bringen Brüche, Kursänderungen, plötzliche Beschleunigungen und unvorhergesehene Verwirrungen ins Spiel. Mit dem Beginn einer Beziehung, insbesondere aber mit der Geburt eines Kindes, die die Familienbande festigt, wird es nötig, daß das Heer der Dinge, welches die Familie unterstützt, Verstärkung bekommt. Wenn hingegen die Bindungen rissig werden und es zum Bruch kommt, kann es sein, daß man sich aus dem Tanz mit den Dingen ausklinkt. Wenn den Gesten ihre Beziehungsdynamik genommen wird und sie damit ihren Schwung verlieren, werden sie bleiern und schwer. »Am Anfang ging es noch, ich kochte sogar liebend gern.« Für Arlette hat ihre Scheidung alles auf den Kopf gestellt. »Inzwischen lasse ich immer mehr die Zügel schleifen. Langsam aber sicher ... die ganze Hausarbeit ... heute gibt es nichts mehr, was ...« Daß irgendwo in ihrem Hinterkopf immer noch die alte

Der Haushaltszyklus

Norm festsitzt, macht sie nur noch unglücklicher. »Ich leide darunter, ich finde es Scheiße, wenn man überall Knitterfalten in den Kleidern hat. Wenn ich nach Hause komme und sehe, wie eklig es da ist, dann sage ich mir: das ist wirklich jämmerlich.« Aber ihr Körper gehorcht ihr nicht mehr. Mit der Trennung von ihrem Mann ist in ihr ein Mechanismus zerbrochen; als ob sie den Kontakt zu den Dingen verloren hätte.

Auch wenn es nicht zur Trennung kommt, kann es passieren, daß sich die Beziehung verschlechtert, nicht mehr so ist, wie sie einmal war, oder man merkt, daß sie nicht das ist, was man sich erträumt hatte. Dies kann ein ebenso großes Disaster zur Folge haben. Carole findet keinen Gefallen mehr an der häuslichen Arbeit, die Aufgaben im Haushalt sind ihr inzwischen ein Horror. »Hausarbeit ist echte Fronarbeit, ich mache den Haushalt nicht gerne ... oder sagen wir: nicht mehr gern. Inzwischen arbeite ich lieber draußen, egal was, Hauptsache kein Haushalt!« Früher war das anders (sie erinnert sich an wunderbare Szenen mit ihren Kindern) und auch, als sie noch ledig war. »Ich war richtig penibel in meinem Haushalt. Heute laß' ich alles eher schleifen. Beispielsweise habe ich früher alle zwei Tage abgestaubt, jetzt mache ich das nur noch einmal die Woche« (bei näherem Hinsehen scheint dies eher übertrieben). Woher kommt diese Veränderung? »Es ist das Familienleben.« Und sie geht ausführlich auf die unerträgliche Arbeitsbelastung durch ihren Mann und ihre drei Kinder ein. Aber warum ist das heute so, und früher war es anders? Weil die Selbstverständlichkeit der Familie in ihren Gedanken nicht mehr denselben Rang hat wie früher und ihren Handgriffen nicht mehr denselben Sinn verleiht. Was dann noch übrigbleibt, ist nur Mühe, »Fronarbeit« (diesen Begriff benutzt sie sehr oft), Schinderei. Was hat sich in ihrem Leben verändert? Es ist mir nicht gelungen, etwas Genaueres darüber zu erfahren. Es gibt Geheimnisse, die müssen aufs sorgfältigste gehütet werden, um den Schmerz in Grenzen zu halten. Es ist aber wahrscheinlich, daß die Krise anläßlich einer beruflichen Veränderung ausgelöst wurde, die mit einem Umzug verknüpft war. Seit einigen Jahren besitzen sie (auf das Drängen ihres Mannes hin, der schon lange davon geträumt hatte) eine Bar, die von acht Uhr morgens bis ein Uhr in der Nacht geöffnet ist. Den Großteil ihrer Zeit verbringen sie dort, in der Öffentlichkeit. Sie nehmen dort ihre Mahlzeiten ein, sie spült dort ihr Geschirr (zusammen mit dem der Gäste), und die Bar ist auch der Ort, wo sich die bei-

Der Tanz mit den Dingen

den Partner und die Kinder all das sagen, was sie sich zu sagen haben. Die »Wohnung« ist nur zum Schlafen da. Sie hat sich übrigens geweigert, sie uns zu zeigen. »Sie ist dermaßen alt und klein, daß ich mich dafür schäme, aber ich begnüge mich damit.« Will eine Familie Leben in den Tanz mit den Dingen bringen, muß sie imstande sein, Sinn zu stiften und Begeisterung zu wecken. Gelingt ihr das nicht, ist das genaue Gegenteil die Folge.

Das leere Nest

Wenn die Kinder aus dem Haus gehen (was man auch die Phase der Nestflucht nennt), kann das eine Schwächung des Kontakts zu den Dingen nach sich ziehen. Erinnern wir uns an die Geschichte Raymondes. Sie hat sich ganz für ihre Kinder aufgeopfert, und nie vergaß sie weder einen Schulschluß oder eine Schulaufgabe noch ein Bad. Für die Kinder, und nur für sie, hat sie es geschafft, Berge zu versetzen, und um die Dinge hat sie sich nur gekümmert, weil man sich eben um sie kümmern mußte. Allerdings ist es in einem Kontext, in dem ein solches Übermaß an Energie aufgewendet wird, schwierig, wirklich noch zwischen den Dingen und den Menschen zu trennen. Und ohne sich dessen richtig bewußt zu werden, hat sie ihre Ansprüche hochgeschraubt: »Das war wirklich eine Hetzerei, aber es mußte eben alles erledigt werden, da war ich Perfektionistin. Heute bin ich das weniger.« Denn seit die Kinder aus dem Haus sind, bricht das Ganze regelrecht zusammen. Plötzlich sind die Tage leer, und eine Haushaltsgeste nach der anderen wurde von der Demobilisierung angesteckt: »Früher hatte ich wirklich enorm viele Sachen aus Messing, aber ich habe fast alles eingewickelt und in eine Schublade gepackt. Früher habe ich auch jede Woche meine Fenster geputzt, jetzt nur noch einmal im Monat, und es ist mir egal.« Obwohl sie nicht so recht weiß, was sie mit ihrer Zeit anfangen soll, hat sie ihre Beziehung zu den Dingen zurückgeschraubt, während sie sie damals, als sie wenig Zeit hatte und sich um die Menschen kümmern wollte, intensiviert hatte. Doch das ist kein Widerspruch. Der Rhythmus des Tanzes mit den Dingen variiert je nach Kontext, und die familiale Mobilmachung hatte die Voraussetzungen für Aktivismus geschaffen. Heute, wo es sie jedesmal eine unglaubliche Mühe kostet, auch nur einige wenige Handgriffe zustande zu bringen, blickt sie voller Erstaunen

Der Haushaltszyklus

auf ihre Vergangenheit zurück, und es fällt ihr schwer, sich in dieser anderen Frau, die sie früher einmal war, wiederzuerkennen: »Heute frage ich mich: wie konnte ich das nur alles schaffen? Vom Aufstehen morgens um sechs an rannte und rannte und rannte man den ganzen Tag. Aber man war eben noch jung, man wollte das so, und man stellte sich nicht einmal irgendwelche Fragen.« Heute stellt sie sich Fragen. Warum hat diese andere Frau so gehandelt? Und vor allem: War es richtig, so zu handeln? Sich so voll und ganz für die Kinder aufzuopfern, die ihr scheinbar nicht einmal dankbar dafür sind? Hat sie außerdem nicht vielleicht auch von ihnen zu viel verlangt, und hätte sie das Leben nicht ein wenig leichter nehmen sollen? »Mit dem Abstand, den ich heute habe, frage ich mich, ob ich nicht zu viel gemacht habe, ob ich nicht zu streng mit ihnen war, aber das ist der Abstand, den man mit dem Alter gewinnt, die Lebenserfahrung. Ich hatte eben eine bestimmte Vorstellung von Erziehung, die noch von meinen Eltern kam. Von so einer Vorstellung löst man sich nicht so einfach.« Heute hat sie sich von dieser Vorstellung und von all jenen, die dazu gehörten, gelöst. Das Problem ist, daß es ihr nicht gelingt, sie zu kompensieren. Beispielsweise sagt sie, daß sie mehr für sich selbst tun sollte. Aber das sind Worte, die Worte bleiben, Träume, die Träume bleiben. Es ist ihr nicht möglich, sie umzusetzen. Einen neuen Rahmen für ein Leben erfindet man nicht einfach im Handumdrehen. Raymondes altes Leben ist zerbrochen, ohne daß etwas anderes an seine Stelle getreten wäre. Deshalb macht sie ungefähr genauso weiter wie früher, nur ein wenig langsamer, und innerlich leer.

Élianes Wohnung ist sauber und ordentlich, sie glänzt bis in die hintersten Ecken. Auch sie hat gerade erst die Erfahrung gemacht, daß ihre Kinder aus dem Haus gegangen sind. Doch in ihrem Fall kam es zu keinem Einsturz. Ihre Gesten scheinen mit dem gleichen Schwung weiterzulaufen und reproduzieren die alten Automatismen. Doch wenn man genau hinhört, ist ihre Geschichte gar nicht so weit von der Raymondes entfernt: »Ich bin fauler geworden. Wenn man älter wird, relativiert man die Dinge. Als ich jung war, war ich penibler.« Wie bei Raymonde ist auch ihr Körper schwerfälliger geworden, seit sich das Haus geleert hat, und sie hat weniger Schwung als früher. Aber, erklärt sie, auch die Aufgaben sind weniger geworden. Zwar hat sie weniger Energie und auch weniger den Wunsch und das Verlangen nach diesen Tätigkeiten, aber es gibt auch nicht mehr so viel zu tun. Deshalb konnte unterm

Strich, zumindest was das Wesentliche betrifft, der Schein der Ordnung gewahrt bleiben. Die Verlangsamung des Rhythmus im Tanz mit den Dingen hat an den Dingen keine Spuren hinterlassen.

Ihr Beispiel zeugt von einer Entwicklung, die besonders häufig zu beobachten ist. Nach einer Zeit der intensiven familialen Mobilmachung, während der der häusliche Aktivismus sein Maximum erreicht, beginnt im Haushaltszyklus eine Phase der Entspannung, ja sogar des Rückzugs, und zwar noch lange bevor die Stunde der Pensionierung geschlagen hat. Der für die Akteure schwierige Aspekt besteht darin, daß sie versuchen müssen, diesen Umschwung nicht zu bemerken, denn er kündigt zu einem frühen Zeitpunkt bereits das kommende Alter an. Die beste Methode, damit umzugehen, besteht darin, einfach den Status quo aufrechtzuerhalten und für Kontinuität im Umgang mit den Dingen zu sorgen. In dem subtilen neuen Gleichgewicht, das sich dann einstellt, dienen die Gegenstände als Indikatoren dafür, in welchem Maße die Arbeit reduziert und dennoch der Schein gewahrt werden kann. Staub, Schmutz und schlechte Gerüche sind immer noch genauso starke Auslöser für das Handeln, aber gehandelt wird in einem anderen Rhythmus. »Ich bin ein bißchen fauler geworden«, sagt Éliane. Früher mußte sie sich nicht zur Arbeit zwingen und sich sagen, daß es eben gemacht werden muß. Schon der Anblick des kleinsten Schmutzflecks ließ sie auffahren und zu Putzlappen oder Bürste greifen. Heute registriert sie zunächst im Stillen, daß da etwas erledigt werden müßte; dann denkt sie wieder an etwas anderes, bevor sie sich dann endlich dazu durchringt, die Sache anzupacken. Und selbst dann noch muß sie ihren Körper zwingen, ihr zu gehorchen.

Im besten Fall bleiben die Automatismen intakt. Die Hausfrau macht so weiter wie vorher, ohne sich groß Fragen zu stellen. Der Kontakt zu den Dingen wird in gleicher Weise aufrechterhalten, obwohl sich das beziehungsmäßige Umfeld verändert hat. In solchen Kontexten zeigen die Gegenstände, welch stabilisierende Rolle sie spielen können. Allerdings folgt die Geschichte ihres Verhältnisses zu den Personen, wie wir bereits gesehen haben, alles andere als einem festgelegten Drehbuch. Es gibt immer eine Menge unvorhergesehener Wendungen und widersprüchlicher Entscheidungen. In der Regel führt die familiale Demobilisierung während der Phase der Nestflucht zu einer Verlangsamung des Tanzes mit den Dingen. Aber man kann auch das Gegenteil beobachten, nämlich daß die

Der Haushaltszyklus

Dinge die Gelegenheit ergreifen, um den durch den Weggang der Personen freigewordenen Platz einzunehmen, daß sie ihre Präsenz in den Vordergrund rücken und neuen Schwung auslösen. Francine hat sich sehr intensiv um ihre beiden Kinder gekümmert. Hierfür mußte sie sogar »ein wenig den Haushalt vernachlässigen. Die Kinder kamen an erster Stelle. Natürlich erledigte ich das Notwendigste, machte das Bett, kehrte die Wohnung aus, aber ich mochte die Hausarbeit nicht, und die Kinder gingen vor. Staub und so, das war mir egal.« Ihre Haltung hat sich seither kaum verändert. Der einzige Unterschied ist, daß die Kinder nicht mehr da sind. Mangels Personen kümmert sie sich nun eben um Dinge, aber ohne daß dies einer tieferen Motivation entsprechen würde. Es läßt sich genau nachzeichnen, wie dieser Transfer innerhalb ihres gewohnten Alltagsrhythmus vonstatten ging. Als die Kinder noch da waren, hatte sie so viel zu tun, daß sie den Haushalt am Wochenende machte. Heute füllt sie diese Zeit mit ungezwungeneren Aktivitäten, macht beispielsweise den Garten oder unterhält sich mit ihrem Mann. Das Gros ihres Haushalts macht sie heute zwischen 6 Uhr und 7 Uhr 30 am Morgen, bevor sie dann frühstückt und zur Arbeit geht. Diese Zeiteinteilung ist nichts Neues, sondern entspricht genau dem, was sie vor fünfundzwanzig Jahren, bevor die Kinder kamen, gemacht hat. Die Tatsache, daß letztere nun aus dem Haus sind, hat also eine alte Zeiteinteilung reaktiviert (wobei allerdings der Inhalt der Tätigkeiten heute wesentlich wichtiger ist als früher). Merkwürdigerweise erscheinen also die fünfundzwanzig Jahre, die sie mit ihren Kindern verbracht hat, nun wie ein Einschub in ihrem Leben (obwohl sie glaubt, sie machten ihr ganzes Leben aus). Wie früher, oder eigentlich noch mehr als früher (denn die Interaktion zwischen den Ehepartnern hat mittlerweile auch an Frische verloren) ist sie nun vor allem mit den Dingen konfrontiert und beschäftigt sich in erster Linie mit ihnen – ohne Begeisterung (sie mochte die Menschen lieber), aber mit Hingabe und Organisationsgeist. Tag für Tag perfektioniert sie ihr System und kümmert sich immer besser um ihr Haus. Ob sie will oder nicht: die Dinge sind dabei, an die Stelle der Menschen zu treten.

Während die erste Phase des Haushaltszyklus einem einheitlichen Modell folgt, das von der kontinuierlichen Akkumulation von Gegenständen und einer zunehmenden familialen Mobilmachung gekennzeichnet ist, ändert sich das in der weiteren Folge. Da sind vielfältige Entscheidungen möglich, die sich zwischen einem radikalen Rückzug und einem neuen Aktivismusschub bewegen, mit dessen Hilfe die Lücken gefüllt werden sollen, die die Personen hinterlassen haben. Dabei sind die Wechselwirkungen zwischen den Personen und den Dingen vielfältig und subtil; der analysierende Forscher muß Vorsicht walten lassen, bevor er seine Schlußfolgerungen zieht. Wie soll man beispielsweise das Verhalten von Müttern interpretieren, die nach Vorwänden suchen, um immer und immer wieder das Zimmer ihres Kindes, das ausgezogen ist, aufzuräumen (Maunaye, 1995)? Handelt es sich um eine simple Substitution oder gar den Sieg der Dinge über die Menschen? Wahrscheinlich ist es das genaue Gegenteil: Die Dinge werden als unvollkommene Werkzeuge dafür benutzt, die Beziehung zu den Menschen wieder lebendig werden zu lassen. »Das ist vielleicht ein bißchen sentimental«, sagt Célestine, »aber wenn ich das Zimmer der Mädchen aufräume, dann ist es fast ein wenig so, als wären sie noch bei mir.«

Die einsame Begegnung

Die Entwicklung des Haushaltszyklus in einem Ein-Personen-Haushalt bietet sich als negativer Testfall für die Beobachtung der Folgen der familialen Mobilmachung für die Begegnung mit den Dingen an. Das Verhältnis zu den Gegenständen ist hier reiner, weil weniger Beziehungsangelegenheiten mit hineinspielen.

Menschen, die allein leben, sind nur selten Einsiedler. Im Durchschnitt haben sie sogar mehr Außenkontakte als Personen, die in einer Beziehung leben, weil ihr gesellschaftliches Leben intensiver ist (Kaufmann, 1993a). Ihre Wohnung ist – wieder im Durchschnitt – größer und heller, manchmal mit dekorativen Accessoires ausgestattet, aber was Haushaltsgegenstände angeht, unterversorgt, insbesondere, wenn es sich um Männer handelt. Vor allem die ganz jungen kümmern sich nicht groß um die Einrichtung ihres Binnenraums. Yann drückt das so aus: »Drinnensein ist nicht so mein Ding, ich bin lieber draußen.« Sie verbringen nur ein Minimum an Zeit bei sich zu Hause und versuchen, sich so weit wie möglich von allem zu befreien, was nach Hausarbeit riecht. Doch dann, unmerklich, vernehmen auch sie den Ruf der Dinge, und nur selten können sie ihm widerstehen. Yann ist seine Wohnung so peinlich, daß er sich geweigert hat, uns dort zu treffen. Er ist nicht gerade der Typ,

Der Haushaltszyklus

der den ganzen Tag lang den Besen schwingt. Doch neulich haben ihn dann doch der Staub und die Krümel am Boden gestört: »Es ist nicht gerade angenehm, auf diesem Dreck rumzulaufen.« Da hat er sich vorgenommen, sich in Zukunft ein wenig mehr Mühe zu geben. Dieser neue Wille läßt sich aber gar nicht so leicht in die Tat umsetzen. Wenn er es mit dem Staubsauger probiert, dann »dauert das viel zu lange, bis man ihn aufgebaut hat«. Aber der Besen ist auch nicht das Gelbe vom Ei: »Das funktioniert nicht richtig, da bleibt immer etwas zurück, und das nervt dann.« Heute beschäftigt Yann also die Frage der Bodenpflege, und er ist hin- und hergerissen zwischen seinem Kopf, der ja dazu sagt, und seinem Körper, der sich noch weigert. Er scheint wirkliche Fortschritte zu machen, wenn auch noch in bescheidenem Umfang: »Die Spinnennetze, die lasse ich hängen« – zweifellos nur ein provisorisches Urteil. Denn der Gefallen am Sauberen und Aufgeräumten, die ersten Rudimente dessen, was später ein wirklicher Sinn fürs Häusliche werden kann, nehmen häufig mit einigen punktuellen Handgriffen, einem örtlich begrenzten Bedürfnis ihren Anfang. Es scheint, als gäben die Dinge dadurch, daß man mit ihnen lebt, eines Tages das Kommando, sich mit ihnen zu beschäftigen.

Manchmal erklingt der Ruf der Dinge noch viel lauter. Es kann sein, daß sie zunächst vernachlässigt wurden und sich die Situation dann plötzlich in ihr Gegenteil verkehrt, ohne daß diese Hinwendung zu den Gegenständen wie im Fall von Paaren durch die Gegenwart von Menschen, die einem nahestehen, gemäßigt oder gestört würde. Nicht selten schließen sich die Betreffenden bei sich zuhause ein und entwickeln die ausgeklügeltsten Ticks. Für Menschen, die allein leben, scheint es schwieriger zu sein, zu einem Gleichgewicht zu finden, das es erlaubt, die richtige Distanz zu den Dingen aufzubauen. Die Begegnung ist umfassend und exklusiv; sobald man dem Gegenstand nicht mehr mißtraut, verschlingt er einen.

Sich an Menschen gewöhnen wie an Dinge

Wenn heute eine Liebesbeziehung eingegangen wird, steht die physische Liebe an zentraler Stelle und stellt den eigentlichen Beginn eines Lebens als Paar dar. Zu Anfang, wenn die Beziehung noch mit dem Schwung der Leidenschaft im Bunde steht, symbolisiert sie das Abenteuer, die ungewisse Entdeckung des anderen und eines neuen Selbst. Sie bildet also einen Gegensatz zur später folgenden Routine (Bozon, 1996) und zu den weniger lautstarken Gefühlen der Zärtlichkeit und Freundschaft während der Stabilisierung der Identitäten. Nur wenn der Panzer des Alltäglichen aufgebrochen wird, findet wirkliche Begegnung statt und entsteht etwas Neues.

Nun ist es verblüffend festzustellen, daß jeder schon vom ersten Augenblick der sexuellen Begegnung an, die sich offiziell noch im totalen Tumult gegenseitiger Ungewißheit vollzieht, nach Anhaltspunkten für bestimmte Handlungsabläufe sucht – genauso, wie wenn man sich mit einem unbekannten Gegenstand vertraut macht. Im Falle des Gegenstands besteht das Ziel darin, ihn in die eigenen Automatismen einzugliedern, ihn sich zu eigen zu machen, indem man ihn in den erweiterten Raum des eigenen Körpers integriert. Die Frage könnte schockieren, aber sie muß gestellt werden: Ist es mit dem Liebespartner nicht genau dasselbe? Besteht das Ziel nicht darin, ihn in die eigenen Automatismen einzugliedern, ihn sich vertraut zu machen, wie man sich mit einem Ding vertraut macht? Ist der Prozeß der Gewöhnung nicht für Personen, Dinge und Haustiere immer derselbe? Je weiter man im Haushaltszyklus voranschreitet, um so mehr gewinnt diese Frage an Sinn, denn die Routinisierung der Gesten und die Akkumulation von Dingen zwängen die Personen in statische, verdinglichte Rollen.

Natürlich sind Menschen keine Dinge. Und von Zeit zu Zeit manifestieren sie ihre Fähigkeit, die Initiative zu ergreifen und sich völlig frei auf die Suche nach einem weniger erstarrten Selbst zu begeben (de Singly, 1996). Dabei zetteln sie manchmal wahrhaft kühne Revolten an. In den Anfangszeiten einer Beziehung geschieht dies vor allem in Form von Herzklopfen, Lust auf Veränderung und einer Geringschätzung der Gegenstände im Namen der Unbeschwertheit. Später dann sind es eher Reformstrategien und -projekte im Hinblick auf die Funktionsweise des Unternehmens Familie. In all diesen Fällen manifestieren sich die Personen als Personen, so wie sie sich selbst erträumen: frei und kreativ, Herren über ihr Schicksal. Und dies gelingt ihnen nur, wenn sie sich von der Welt der Dinge unterscheiden, um sich selbst in den Vordergrund zu rücken, und indem sie über diese Welt herrschen, indem sie die Errungenschaften des Alltags zerstören. Dies erfordert einen starken Willen und einige Mühe; je weiter der Haushaltszyklus bereits fortgeschritten ist, um so stärker muß der Wille sein und umso mehr Mühe bereitet es.

Die Paarbeziehung kann als die Wechselwirkung zwischen zwei widersprüchlichen Tendenzen analysiert werden: Einerseits versuchen die Personen, sich als solche zu manifestieren und wiederzuerkennen; andererseits frönen sie der Bequemlichkeit der Routinisierung und der Verdinglichung des Alltäglichen. Die verschiedenen Beobachter, Spezialisten und Berater in Sachen Privatleben mögen Zeter und Mordio schreien, aber da ist nichts zu machen, die zweite Tendenz ist eindeutig die dominante. Doch statt sich darüber aufzuregen, sollte man lieber zu verstehen versuchen, warum das so ist. Das stärkste Bedürfnis ist das nach Konsolidierung des Selbst, nach seiner Anerkennung in der gegenwärtigen Wirklichkeit und nach seiner Festigung (ein Streben nach Erneuerung ist nur dann möglich, wenn bereits Stabilität erreicht ist). Mit Hilfe von Dingen, die einem vertraut sind, kann man dieses Ziel erreichen, aber nur auf die ihnen eigene Weise, gleich einer Schattenarmee: heimlich, still und leise. Eine verdinglichte Person, eine menschliche Sache, ein hybrides Wesen, wie es beispielsweise ein Haustier darstellt, hat da schon sehr viel mehr zu bieten. Es genügt, ihm die Tugenden von echten Dingen, also Stabilität, Vorhersehbarkeit, Ruhe, zuzuschreiben und gleichzeitig seine Menschlichkeit unter Beweis zu stellen, indem man mit ihm spricht, es anlächelt, es liebt. Wenn diese Kombination gut dosiert ist, entsteht daraus eine Art idealer Verbindung, die das Leben einfach und angenehm macht.

V. Rhythmen und Zeiten

Ein angespannter Arbeitsrhythmus
und ein mörderisches Tempo

Rhythmus und Tempo beim Erledigen von Hausarbeit können stark variieren, und zwar nicht nur von einer Person zur anderen, sondern auch bei ein und derselben Person. Kein Tag gleicht dem anderen, sondern jeder Tag hat seinen eigenen Stil, genau wie jede Lebensphase. Die von uns befragten Personen waren sich alle darin einig, daß das Arbeitstempo direkt proportional zum Arbeitsumfang ist, den es zu bewältigen gilt. »Je weniger Zeit ich habe, um so mehr bringe ich zustande. Wenn ich für etwas noch zwei Tage Zeit habe, bin ich völlig ineffizient« (David). Es ist somit nur logisch, daß es in der ersten Phase des Lebenszyklus, die von einer ständigen Zunahme der anfallenden Tätigkeiten gekennzeichnet ist, auch zu einer kontinuierlichen Beschleunigung des Arbeitsrhythmus kommt. Natürlich handelt es sich hier um keine mechanische Korrelation. Außerdem gibt es für den Arbeitsumfang keine objektive Definition. Das Wunder der Hyper-Aktivität findet nur deshalb statt, weil ein starker Wille dahinter steht, der selbst wiederum nur aufgrund eines ganz speziellen Sozialisationsrahmens (der familialen Mobilmachung) zustande kommen konnte. Voller Nostalgie träumt Arlette noch immer von der Zeit, als sie mühelos so viele Dinge auf einmal machte. Sie sieht sich noch heute, wie sie damals unbeschwert und überschäumend vor Energie an die Arbeit ging: »Ich liebte den Streß, er gab mir Kraft«; und er trug sie. Heute hingegen kostet es sie »eine unglaubliche innere Anstrengung«, um wenigstens zu ein paar armseligen Resultaten zu gelangen.

Ein angespannter Arbeitsrhythmus läßt sich nicht einfach beschließen. Er entsteht durch ein subtiles Zusammenspiel verschiedener Gedanken und Gesten. Ohne einen starken Willen und ein Ideal, das zum Handeln antreibt, geht gar nichts. Doch die Gedanken allein können nichts bewirken, solange es dem Körper Mühe macht, im erforderlichen Tanz Schritt zu halten. Raymonde erinnert sich an die ebenso einfachen wie unverrückbaren Vorstellungen, die sie damals im Kopf hatte: »Ich wollte nicht, daß meine Kinder im Vergleich zu den anderen in ihrer Entwicklung hinterherhinken. Und ich habe mir gesagt: Ich werde alles daransetzen, daß es dazu nicht kommt, wirklich alles.« Sehr schnell ist es dann jedoch der Rhythmus selbst, der zum Schlüsselfaktor wird; Elan erzeugt neuen Elan. Ihr Rhythmus war zwar ursprünglich einem Gedanken entsprungen, doch dann wurde er stärker als sie und selbst zu einer Überzeugung: Man muß agieren, weil man agieren muß, und zwar schnell, weil es fix gehen muß. »Man mußte eben, man mußte eben, so ist das nun mal, man hatte keine Wahl, wenn man es schaffen wollte.« Der abstrakte Charakter ihrer Zieldefinition (»wenn man es schaffen wollte«) spiegelt sehr gut wider, daß es irgendwann zur Hauptsache geworden war, den angespannten Arbeitsrhythmus beizubehalten. Und bei einem angespannten Rhythmus reduziert sich der Spielraum, kritische Distanz einzunehmen. Das Handlungssystem wird zum mentalen Rahmen. Dies gilt besonders für das häusliche Universum (Douglas, 1991). »Man ist völlig darin gefangen«, wie es Yolande sehr schön ausdrückt.

Mitunter ist man so sehr darin gefangen, daß der Körper gar nicht mehr aufhören kann, nicht einmal, um sich auszuruhen oder einem Freizeitvergnügen nachzugehen. Aus dem angespannten Arbeitsrhythmus wird ein mörderisches Tempo. Trotz der kritischen Kommentare Jérômes hat Rénata ihren Haushaltsaktivismus nur leicht heruntergeschraubt. Jeden Abend besteht sie hartnäckig darauf, sich bis tief in die Nacht um die Wäsche aus dem Friseursalon zu kümmern, was die beiden daran hindert, gemeinsam zu essen (sie rennt in der Wohnung hin und her und begnügt sich mit einem Sandwich). Sie erklärt ihr Verhalten damit, daß sie einmal echten Kampfgeist benötigte, um sich aus einer schwierigen Lage zu befreien, und dieser Kampfgeist scheint sich nun in ihrem Kopf festgesetzt zu haben: »Irgendwie habe ich wohl Angst, daß uns noch so ein Unglück wiederfahren könnte.« In Wirklichkeit ist es ihr Körper, der unfähig geworden ist, ohne diese Bewegung zu leben, die das aus ihr gemacht hat, was sie heute ist. »Das ist Teil meines Lebens.« Und für Momente kann sie es sich nicht verkneifen, einen gewissen Stolz und Freude über ihren enormen Tatendrang zum Ausdruck zu bringen: »Ich habe ein enormes Energiepotential, ich schaffe es, mich um alles gleichzeitig zu kümmern. Und darüber hinaus liebe ich das auch noch. Ich empfinde das wirklich nicht als Zwang.« Jetzt ist sie eben so, wie sie ist, als ob es sich um einen Charakterzug oder Naturzustand handelte (während dieser Rahmen doch in Wirklichkeit konstruiert ist, auch wenn er sich auf be-

Der Tanz mit den Dingen

stimmte Dispositionen gründet). »Ich bin jemand, der sehr schnell ist und immer in Bewegung.« »Immer« ist das richtige Wort: Ihr wirklich mörderischer Rhythmus verbietet es ihr inzwischen sogar, das Vergnügen der Entspannung zu genießen. Neulich kamen für ein paar Tage Freunde zu Besuch. Da fiel es ihr schon außerordentlich schwer, sich einfach nur eine Weile zu ihnen zu setzen und ruhig dazusitzen. Sie mußte unbedingt in Bewegung bleiben. »Es fällt mir wirklich ziemlich schwer, einen Gang zurückzuschalten.«

Auch Carole hat Schwierigkeiten damit, den Rhythmus ihres Körpers zu kontrollieren. »Ich renne der Zeit hinterher, und manchmal renne ich einfach nur um des Rennens willen. Auch auf der Straße renne ich, selbst wenn ich es überhaupt nicht eilig habe.« Und doch besteht ein großer Unterschied zwischen ihrer und Rénatas Geschichte. Erinnern wir uns: Sie hat sich aus dem Haushalt ausgeklinkt, findet keinen Gefallen mehr an ihrer Wohnung und fristet ihr Leben in der familieneigenen Bar. Übriggeblieben ist also allein der ehemalige Rhythmus, der aber verpufft und merkwürdig wirkungslos bleibt. Sie macht sich ziel- und planlos zu schaffen, als wolle sie damit einzig und allein die Illusion aufrecht erhalten, sie sei noch so aktiv wie eh und je.

Das Sandkorn im Getriebe

Den richtigen Rhythmus zu finden, ist eine höchst diffizile Angelegenheit. Manchmal geht der Körper regelrecht mit einem durch, ein andermal ist er träge und nicht imstande, den erträumten Tanz zu tanzen. Fortwährend gibt der heimliche Dirigent der menschlichen Maschine seine Impulse in die eine oder in die andere Richtung, um das richtige Tempo auszutarieren. Wäre er mit seinen Wünschen und Entscheidungen allein, wäre das Manöver wohl nicht allzu schwierig. Die Schwierigkeit ergibt sich aus dem Kontext und den damit verbundenen ständigen Störungen und Änderungen der Spielregeln. Ein Ereignis gibt das Kommando zur Beschleunigung, ein anderes zum Bremsen. In einer Situation, in der der Rhythmus bereits angespannt ist, wird eine weitere Beschleunigung des Tempos problematisch: Wie soll alles noch schneller gehen, wenn man bereits auf Maximalkraft läuft? In solchen Fällen kann ein kleines Sandkorn im Getriebe zu wahren Tragödien führen.

Rhythmen und Zeiten

Hausarbeit erweckt den Eindruck einer ruhigen und routinemäßigen Tätigkeit, was mitunter auch zutrifft. Diesen Zustand erreicht sie jedoch nur, wenn es gelingt, die Kräfte der Zerstörung im Zaum zu halten. Negative Wahnvorstellungen können positive Handlungen auslösen, doch im Haushalt gilt es die Phobie vor einer Störung der gewohnten Handlungsabläufe, vor dem Zusammenbruch des Systems, vor dem häuslichen Chaos zu bannen. Normalerweise löst sich die Angst in der Regelmäßigkeit und Effektivität der Gesten auf. Doch bei der kleinsten Dysfunktion kommt sie wieder an die Oberfläche, und dann mit besonderer Heftigkeit, wenn das Gleichgewicht, wie z:B. im Fall eines ohnehin schon sehr angespannten Arbeitsrhythmus, bereits labil ist. Was dann besonders an die Nerven geht, ist das oft unproportionale Verhältnis zwischen einem relativ unbedeutenden Ereignis und seinen enormen Folgen. »Wenn irgendein kleines Sandkorn ins Getriebe kommt, eine Autopanne oder so was, dann wird die Situation unerträglich. Du hast für einen Moment das Gefühl, es schnürt dir den Atem ab« (David). Das Sandkorn verdeutlicht einem, in welchem Maße das Leben an einem einzigen Faden hängen kann, nämlich dem der strengen Strukturierung einer Folge von Handlungs- und Bewegungsabläufen. Es macht einem bewußt, wie klein die Spielräume sind und wie sehr man von einer festen Ordnung abhängig ist. Und es gibt einem zu verstehen, daß man im Vergleich zu diesem System nur sehr klein und unbedeutend ist; das Sandkorn macht einen zu einem Winzling. »Wir waren immer sehr gut organisiert, aber sobald auch das kleinste Sandkorn ins Getriebe kam, geriet alles aus der Bahn« (Constance). »Das ist schon ein komisches Gefühl, man fühlt sich ... da ist nichts mehr, was ... man verliert völlig seine ... man fühlt sich ziemlich klein« (Marie-Alix). Das Leben ist wie eine Maschine, auf die man stolz ist, wenn sie gut läuft; eine wunderbare Maschine, bis zu dem Tag, an dem sie durch ein Sandkorn zum Stillstand kommt.

Das typische Sandkorn taucht völlig überraschend auf, genau in dem Moment, in dem man am wenigsten damit rechnet. Dieses Sandkorn, das die schöne menschliche Maschine ins Stocken bringt, rührt verrückterweise selbst oft von einer Maschinenpanne her (Waschmaschine, Auto etc.). Das ist mehr als eine zufällige Koinzidenz. Oder, der andere typische Fall, der Auslöser ist die Störung einer körperlichen Funktion, eine Krankheit. In der Hitparade der am meisten verwünschten Ereignisse besetzen Kinderkrankheiten einen Ehrenplatz. Je enger und gedrängter die Organisation ist (beispielsweise weil die Frau beruflich sehr stark in Anspruch genommen ist), um so größer kann der möglicherweise ausgelöste Schaden sein, und um so mehr besteht die Tendenz, die Schwere des Ereignisses herunterzuspielen. Je nachdem, ob der Rhythmus angespannt oder entspannt ist, variiert die Höhe des Fiebers, die anzeigt, daß jemand krank ist (de Singly, 1993b). Wenn das Gleichgewicht bereits zerbrechlich ist, kann das kleinste Sandkorn ein Drama auslösen. Und zwar im doppelten Wortsinn: dem einer Katastrophe und dem einer Geschichte. Denn das Sandkorn bringt das Drehbuch durcheinander, es zwingt die Akteure, in ihre Geschichte einzugreifen und mit Mut und Erfindungskraft eine neue Folge zu improvisieren. Daß einem dann plötzlich die eigene Müdigkeit zu Bewußtsein kommt und das Sandkorn, wie David es ausdrückt, als »vollkommen unerträglich« erlebt wird, liegt daran, daß der normale Existenzrahmen (vorübergehend) zerbrochen ist und die gewohnten Orientierungspunkte für den ritualisierten Tanz mit den Personen und den Dingen verschwunden sind. Eine Destrukturierung führt unausweichlich zur nächsten. Der Umfang der Dysfunktionen, die das Sandkorn auslöst, zeigt einem, daß das Leben am Ende vielleicht nichts anderes ist als dieser Rahmen, ein engmaschiges Netz aus Gesten und Geboten, die dafür sorgen, daß man sich nicht zu viele Fragen stellen muß.

Tempowechsel

Das häusliche Leben ist in Etappen und Kontexte mit speziellen Regeln eingeteilt, denen auch spezielle Rhythmen entsprechen. Nur selten beherrscht etwa ein angespannter Arbeitsrhythmus ein ganzes Leben, wie das bei Rénata der Fall ist. Normalerweise gibt es immer auch einige Oasen der Erholung und des Atemholens. Oft beruht die Gestaltung von Wochenenden und Ferien auf diesem Bruch mit dem gewohnten Rhythmus. Weil Christelle die Woche über so stark unter Druck steht, genießt sie die Entspannung am Wochenende umso mehr: »Ich mache nichts Besonderes, ich hänge einfach nur 'rum.« Sie hängt herum und genießt es, herumzuhängen. Sie spürt, daß sie das braucht, und es tut ihr gut. Unter einer Bedingung: daß diese Episode nicht zu lange andauert. Manchmal, besonders an verlängerten Wochenenden, spürt sie, wie das

Rhythmen und Zeiten

Vergnügen nachläßt: »Ich muß wohl eine biologische Uhr in mir haben. Wenn ich genug habe, dann muß wieder was kommen.« In der Tat ist der Tempowechsel zwischen aktiven und Erholungssequenzen ganz genau geregelt. Er ist Teil eines komplizierten Systems von Zyklen mit variabler Dauer. Von der kurzen Zeitdauer, über die sich eine einzige Handlung hinzieht (kleine Pausen) über den Tageszyklus (abendliche Entspannung) und den Wochenzyklus (Wochenende) bis hin zum Jahreszyklus (Ferien). Man kann auch die Pensionierung vor dem Hintergrund dieses wechselvollen Schemas betrachten, und zwar als Teil des längsten aller Zyklen. So erlebt Yolande ihre Frühpensionierung (wegen Invalidität) im Alter von 54 Jahren. Völlig unvermittelt wurde sie von einer sehr straff organisierten Betriebsamkeit in einen langsamen Rhythmus geworfen. Wie Christelle genießt auch sie es, nun mehr Zeit zur Verfügung zu haben, die zumindest scheinbar von allen Zwängen befreit ist. »Langeweile kenne ich nicht.« Vielleicht liegt das ja daran, daß diese Zeit gar nicht so frei ist. Denn Yolande hat ein Organisationssystem beibehalten, das zwar etwas maßvoller ist, aber fast genauso lückenlos wie früher. Die Fixpunkte innerhalb dieses Systems sind auf die Minute genau so verbindlich wie früher, auch wenn sich der Inhalt und das Tempo der Aktivitäten verändert hat. Dieses Tempo hat sich extrem verlangsamt; es hat sich so sehr verlangsamt, daß man kaum noch bemerkt, daß der organisatorische Rahmen aufrechterhalten wurde. Yolande vermittelt den Eindruck, sich niemals zu beeilen und alle Zeit der Welt zu haben (während sie in Wirklichkeit ihren Tagesablauf genau überwacht und ihre Tätigkeiten kontrolliert). Sie steht sehr viel später auf als früher, dann geht sie, wie früher, ins Badezimmer. Obwohl ihre Handgriffe ungefähr dieselben geblieben sind, braucht sie jetzt im Bad ungefähr doppelt so lang. Yolande genießt dieses neue Tempo sehr; es erlaubt ihr, ein anderes Verhältnis zu ihrem Körper zu pflegen: »Das ist sehr angenehm.« Dann geht sie zum ersten Mal aus dem Haus, einzig und allein, um sich die Zeitung zu kaufen. Insgesamt nimmt diese Handlung ungefähr eine Stunde in Anspruch (allein schon etwa zwanzig Minuten, um sich herzurichten und dann später wieder in ihre Hauskleidung zu schlüpfen). Inzwischen ist es elf Uhr und sie stürzt sich auf die systematische Lektüre der Tageszeitung, was sie sich in ihrem bisherigen Leben nie genehmigt hat. Ihre besondere Aufmerksamkeit gilt den Kreuzworträtseln, die ihr sehr viel Spaß machen. Die Zeit scheint nur so zu verfliegen. Unerwartet schnell

Der Tanz mit den Dingen

kommt die Stunde des Schlafzimmeraufräumens und des Zubereitens des Mittagessens. Diszipliniert wie sie ist, unterbricht sie ihre Lektüre. Der weitere Tag verläuft im selben Stil: ein langsamer Walzer aus kleinen Nichtigkeiten, die sich aneinanderreihen. Und ihr Tag ist so voll, daß es ihr nicht einmal gelingt, alles zu erledigen – noch weniger als damals, als ihre Tage noch mit weniger frei gewählten Tätigkeiten angefüllt waren. So notiert sie sich beispielsweise bei der Zeitungslektüre (die sie am frühen Nachmittag wieder aufnimmt) die neu erschienenen Bücher. Und da sie dann oft die Neugier packt, entschließt sie sich nicht selten, das Buch, von dem da die Rede ist, gleich zu kaufen (wieder geht sie wegen eines einzigen Gegenstands aus dem Haus, diesmal in den Buchladen). Sie kommt nach Hause, blättert ein wenig in dem Buch und legt es dann auf einen der unzähligen Bücherstapel, die darauf warten, endlich gelesen zu werden. Yolande hat einfach nicht genügend Zeit, um all das zu tun, was sie gerne täte. Die Verlangsamung des Tempos ist eine Strategie unter anderen, um die Gefahr von Leerstellen im Tagesablauf zu vermeiden. Gerade Rentner wenden sie sehr oft an, was (abgesehen vom Altern) erklärt, warum sie kaum *mehr* Freizeit haben als Berufstätige.

Leerlauf und ein zäher Rhythmus

Doch für *eine* Yolande, die die Herabsetzung ihres Tempos positiv erlebt, gibt es unzählige Arlettes, Raymondes, Patricias, Célestines und Ferdinands, denen es einfach nicht gelingen will, sich an die Verlangsamung ihres Rhythmus zu gewöhnen. Beschränkt sich die Verlangsamung nur auf ein kurzes Atemholen, wird sie selten als negativ empfunden (was sich jedoch ändert, sobald es länger andauert). In manchen Fällen wird allerdings selbst die Pause zwischen zwei arbeitsintensiven Zeiten negativ erlebt, nämlich dann, wenn die Maschine des Handelns einfach nicht stillstehen will, wie bei Rénata, wenn die familialen Rahmenbedingungen nicht die Voraussetzungen dafür bieten, daß Entspannung als angenehm empfunden wird, oder aber wenn jegliche familialen Rahmenbedingungen fehlen und Einsamkeit durch das Privatleben spukt. Arlette haßt die Ferien, und sie haßt Sonntage. »Ich mache keine Ferien. Ich kann das nicht. Ich kann nicht wie diese Leute meine Zeit damit verplempern, gar nichts zu tun. Sonntage finde ich unerträglich.« Besonders das Schweigen des Telefons macht ihr Angst. Die Woche über macht sie bei sich zu Hause telefonischen Bereitschaftsdienst. Das Telefon hört also nicht auf zu klingeln. Natürlich stört sie das auch, aber diese Unannehmlichkeit ist mehr als zweitrangig. In erster Linie gibt das Telefon ihrem Leben einen Rhythmus, sie hat sich an den Takt gewöhnt, den es ihr vorgibt. Am Sonntag dann fällt das alles in sich zusammen, und es gelingt ihr nicht, damit umzugehen. Ohne die Prothese, die das ständige Läuten des Telefons für sie bedeutet, kommt ihre Körpermaschine nicht mehr in Gang. »Wenn keine Anrufe kommen, finde ich das unerträglich und bin noch müder als sonst. Ich zwinge mich, ich verbohre mich und rege mich nur noch mehr auf.« Die Sonntage sind für sie ein echter Leidensweg. Sie weiß genau, wer ihr Hauptfeind ist: das Wegfallen der Zwänge, die Freizeit. »Ich brauche gar nicht mehr Zeit für mich selbst, nein, nein, das würde ich gar nicht wollen.« Ein Ausnahmefall? Absolut nicht! Und die Ergebnisse unserer Untersuchung zeigen sehr deutlich: mit einem langsamen Rhythmus umzugehen ist genauso schwierig wie einen schnellen zu bewältigen, wenn auch auf andere Weise, von anderen Personen und in anderen Kontexten. Es sieht sogar ganz danach aus, als würde das schlechte Zurechtkommen mit einem langsamen Arbeitsrhythmus noch sehr viel negativer erlebt werden als Probleme mit einem sehr angespannten Rhythmus. Denn im letzteren Fall sind die Probleme vor allem technischer Art (Hetze, Überarbeitung) und werden durch die Anerkennung kompensiert, die einem ein schneller Lebensrhythmus zuteil werden läßt. Bei einem langsamen Rhythmus hingegen wird oft das Selbstwertgefühl der Betroffenen angekratzt; die Destrukturierung geht mitten ins Herz der Personen.

Das Problem unausgefüllter Zeiten wird kaum beachtet, als sei nur die Kehrseite davon bedeutsam: Hetze, Zeitmangel, Der-Zeit-Hinterherrennen. Daß hier oft die falsche Perspektive angelegt wird, hat mit der besonderen Position der Beobachter (Forscher, Journalisten, Entscheidungsträger) zu tun, die derselben Welt angehören, nämlich eben derjenigen, in der man ständig der Zeit hinterherrennt. Doch es gibt noch eine andere Welt, die quantitativ gesehen bestimmt genauso bedeutend ist und in der es ganz andere, mindestens genauso schwierige Probleme zu lösen gibt, eine andere Welt, die oft vergessen wird, eben gerade weil ihr die Kraft fehlt, sich Gehör zu verschaffen. Gerade im Hinblick auf die aktuellen gesellschaftlichen Debatten um Zeit und Zeiteinteilung richtet das

Der Tanz mit den Dingen

Ausklammern dieser anderen Welt jedoch einen besonders großen Schaden an. Denn die Hälfte der Gesellschaft spricht im Namen aller. Es ist höchste Zeit, mehr über Zeiten des Leerlaufs und schlaffe Lebensrhythmen zu lernen. Patricia beispielsweise will es einfach nicht gelingen, von der Veränderung ihres Rhythmus, die sich aus ihrem Mutterschaftsurlaub ergibt, zu profitieren. »Wenn es zu einer anderen Jahreszeit gewesen wäre, dann vielleicht. Aber gerade jetzt, da bleibe ich zu Hause, schaue fern, höre Musik, stricke – das ist alles nicht gerade ... das bringt einen nicht gerade ...« Kurz: sie langweilt sich. Aktivitäten, die sie in einem anderen Kontext vielleicht als bereichernd erlebt hätte, werden jetzt als reines Zeittotschlagen empfunden, als klanglicher und visueller Hintergrund, eine reine Beschäftigung der Hände. Doch der Kopf zieht nicht mit. Es gelingt ihr einfach nicht, sich etwas anderes auszudenken oder, wenn ihr doch eine Idee kommt, ihren Körper in Bewegung zu versetzen. Mit anderen Worten: Das Problem ergibt sich aus dem Fehlen eines Rahmens, der zum Handeln antreibt (entweder eines mentalen Rahmens, der die Motivation schafft, oder eines physischen Rahmens, der zur Ausbildung von Automatismen führt). Zu freie Zeit wird leer, ein Rhythmus ohne jeden Zwang wird zäh. Das rhythmische Grundmotiv hat Risse bekommen, da ist keine rhythmische Atmosphäre mehr spürbar, und diese beiden Aspekte sind schließlich, wie André Leroi-Gourhan (1987, S. 384) betont, nicht nur einfache Hilfsmittel, sondern wesentliche Elemente, mit deren Hilfe das Subjekt Raum und Zeit erschafft.

Eine besonders große Rolle spielen die negativen Folgen der Verlangsamung des Rhythmus in der Phase der Nestflucht, die auf eine Phase maximaler Mobilmachung folgt. Am Anfang mischt das Bedürfnis durchzuatmen die Karten neu. Der Verlust an Halt durch einen festen Rhythmus wird erst später spürbar, wenn sich bereits neue Gewohnheiten eingespielt haben und es nicht mehr möglich ist, sie noch in Frage zu stellen. Die Destrukturierung ist um so stärker, je angespannter der Arbeitsrhythmus in der vorhergehenden Phase war. Das liegt zunächst einfach am Kontrast. Aber es liegt auch daran, daß ein angespannter Arbeitsrhythmus den Freiraum für persönliche Aktivitäten schrumpfen läßt. Der Einsatz für die familiale Gemeinschaft hat Priorität und fordert einem so viel ab, daß alles andere auf Schmalkost gesetzt wird. Dieser Rückgang an persönlichen Aktivitäten macht einen wehrlos: Wenn alle Strukturen, die einem Leben einen festen Rhythmus geben, familiale Strukturen sind und diese dann zusammen mit den dazugehörigen Aktivitäten verschwinden, dann bricht der gesamte Rhythmus, der die Person hält, zusammen. Célestine hat nacheinander drei Stufen des Rückzugs erlebt: die Nestflucht, die Pensionierung, den Tod ihres Mannes. Mit jedem Mal hat sie ihre Aktivitäten noch mehr reduziert, und ihr Horizont hat sich weiter verengt. Obwohl sich dieser Prozeß über dreißig Jahre hingezogen hat, hat sie heute, mit 82 Jahren, das Gefühl, in ihrem Leben hätte sich ein brutaler Bruch vollzogen und sie sei plötzlich in eine Leere geworfen worden: »Als ich berufstätig war und die Kinder hatte, bin ich ständig der Zeit hinterhergelaufen. Aber jetzt finde ich, daß ich zu viel Zeit habe. Erst hatte ich zu viel auf einmal und dann plötzlich gar nichts mehr. Das belastet mich ganz schön. Die Zeit ist mir eine Last, ich habe zu viel Zeit, ich habe einfach zu viel Zeit!« Célestine versucht, dieses Zuviel an Zeit, diese Zeit, die ihr so sehr zur Belastung wird, zu füllen. »Es würde mir gut gefallen, wenn ich mehr Sachen zu tun hätte, die mir Spaß machen.« Nur schafft sie es nicht, die Voraussetzungen für dieses unwahrscheinliche Handeln zu schaffen, sie schafft es nicht einmal sich vorzustellen, woraus diese Aktivitäten bestehen könnten: »Ich versuche, dem irgendwie entgegenzuwirken, aber ich sehe da nichts Besonderes, was ich tun könnte. Wenn ich nach draußen gehe, sage ich mir, ich könnte mich erkälten, und wenn ich rein gehe, ist es auch nicht besser. Lauter solche Sachen.« Da sie sich mit der Langeweile nicht abfinden kann, sucht sie krampfhaft nach irgendwelchen mysteriösen Beschäftigungen, die sich in Luft auflösen, sobald sie sich ihnen nähert. Aber Gedanken und Dinge lassen eben nicht alles mit sich machen.

Auch was die vielgerühmten »Beschäftigungen« betrifft, besteht gemeinhin ein großer Irrtum. Man täuscht sich, wenn man annimmt, daß sich jeder, sobald er über genügend Freizeit verfügt, irgendwelche Beschäftigungen wünscht und auch in der Lage ist, diese Wünsche in die Tat umzusetzen. Nicht jeder hat solche Wünsche (mancher richtet es sich in seinem langsamen Rhythmus so bequem ein, daß er sich gar nicht so unwohl fühlt), und selbst wenn man einen entsprechenden Wunsch hat, verfügt man noch lange nicht über die nötigen Voraussetzungen für dessen Realisierung.

Wie Célestine kennt auch Raymonde dieses Problem sehr gut. Auch sie hatte sich voll und ganz für ihre Kinder aufgeopfert, und nun hat sie zu viel Zeit. Zwar hat sie ihren Arbeitsrhythmus im Ver-

Der Tanz mit den Dingen

gleich zu früher gelockert, aber das reicht noch lange nicht, um die übrige Zeit zu füllen: »Heute habe ich zu viel Zeit ... Oder nein, es ist nicht so, daß ich zu viel Zeit hätte, aber ich brauche jetzt für alles, was ich mache, viel mehr Zeit. Früher wurde das Frühstück einfach schnell hinuntergeschlungen, heute nehme ich mir die Zeit, richtig zu frühstücken. Aber der Kontakt zu den Kindern fehlt mir; das hat schon eine sehr, sehr große Lücke hinterlassen.« Um diese Lücke zu füllen, »arrangiert« sich Raymonde mehr schlecht als recht mit der Situation, indem sie die verschiedensten Lückenfüller aneinanderreiht: »Na ja, ich arrangiere mich mit der Situation. Im Sommer habe ich den Garten oder gehe in die Stadt und drehe eine kleine Runde – so komme ich schon einigermaßen zurecht. Aber im Winter! Da müßte ich eigentlich meine Tage vollständig durchorganisieren.« Im Winter wird das Gefühl des Eingeschlossenseins sehr viel unerträglicher, und die Leere tut sich auf wie ein Abgrund. Also ruft sie sich zur Vernunft und plant eine wirkliche, persönliche, organisierte Aktivität außer Haus; insbesondere einen Englischkurs hat sie im Auge. Diese Pläne passen gut zu der kritischen Perspektive, unter der sie heute ihre Vergangenheit betrachtet: Sie ist der Ansicht, daß sie sich viel zu sehr für ihre Kinder aufgeopfert und es versäumt hat, auch schon früher einmal an sich selbst zu denken. Ihre neue Moral lautet nun: »Man muß sich einfach sagen: kurz und gut, wir haben alles für unsere Kinder getan, jetzt ist es an der Zeit, auch einmal zu versuchen, für uns selbst zu leben.« Doch leider liegt zwischen dem Gedanken und seiner praktischen Umsetzung ein schwieriger Weg. »Aber wie soll man das organisieren? Das ist gar nicht so einfach, da kommt man ganz schön ins Schleudern.« Wenn Raymonde fragt: »Wie soll man das organisieren?«, dann meint sie keine technischen Aspekte. In dieser Richtung hat sie sogar schon die ersten Schritte unternommen (sie hat die nötigen Informationen eingeholt). Die Organisation, von der sie spricht, betrifft ihr eigenes Leben, ihre Alltagsgewohnheiten, ihre Bedürfnisse. Sie muß ihrem Leben einen neuen Rahmen geben und sich darin wohl fühlen. Das bedeutet eine beträchtliche Anstrengung und, insbesondere wenn der Kontext nicht günstig ist, ein ungeheures Maß an Energie und Willenskraft. Für Raymonde und für viele andere bedeutet die Aufgabe, ihre Zeit zu füllen, eine größere Prüfung als ihr früherer Aktivismus.

Mit großer Willenskraft schafft es Ferdinand, die Lücken leidlich zu füllen. Ob es stürmt oder schneit, zwingt er sich jeden

Nachmittag zu einem langen Spaziergang, auf dem er die Annoncen in den Schaufenstern der Immobilienagenturen liest (obwohl er keine Pläne in dieser Richtung hat). Auch das Grüßen der Geschäftsinhaber im Viertel ist zu einem richtigen Ritual geworden. »Ich gehe spazieren, schaue mir an, was gebaut wird, und sage den Leuten guten Tag. Das wars, die Zeit geht um, das füllt den Tag. Wenn Sie dann nach Hause kommen, sind Sie zufrieden.« Daß bei ihm nebenan eine Diskothek aufgemacht hat, stört ihn nicht. Der Krach und der Aufruhr draußen sind natürlich schon ein wenig lästig, aber auf der anderen Seite hat das Ganze den Vorteil, der Leere entgegenzuwirken. »Die Nacht ist jetzt weniger tot.« Mit diesem Satz hat er das zum Ausdruck gebracht, worum es wirklich geht: Unausgefüllte Zeit trägt in sich Spuren der Leichtigkeit des Seins, Spuren einer Todessehnsucht.

Die Organisation der Freizeit

Freizeit wird oft als Gegensatz zur Arbeit gesehen, als ungezwungene, frei gewählte gegenüber einer erzwungenen Form der Zeitgestaltung. Unsere Untersuchung hat eine andere, im allgemeinen unterschätzte Komponente ans Tageslicht gebracht: das Bestreben, die Freizeit zu strukturieren. Dieser Organisationswunsch datiert lange zurück. Robert Castel erinnert daran, daß die Arbeiterbewegung zur Zeit der Einführung des bezahlten Urlaubs versucht hat, eine Konzeption von Urlaub zu entwerfen, die im Unterschied zum Müßiggang der Bourgeoisie darauf abzielte, »die Zeit auszuschöpfen« und »sich um eine sinnvolle Freizeitgestaltung zu bemühen« (2000). Die Freizeit ist in Wahrheit genauso von dem Gegensatz zwischen angespanntem und trägem Rhythmus geprägt wie etwa die Hausarbeit.

Übrigens haben die von uns befragten Personen auch systematisch Parallelen zwischen der Frage nach der Freizeit und der Organisation und dem Rhythmus der Hausarbeit gezogen. An den Beispielen von Célestine und Raymonde haben wir gesehen, daß Leere und Unerfülltheit die Freude an der Freizeit trüben können. Ein schlecht kontrollierter Aktivismus führt zum selben Ergebnis. In beiden Fällen liegt das Problem darin, daß die Organisation nicht genügend unter Kontrolle ist. »Wenn ich in bezug auf meinen Haushalt besser organisiert wäre,« sagt Raphaël, »dann könnte mich das dazu zwingen, mir Hobbys zu suchen.« Tatsächlich ist die Beherrschung der Grundlagen des Haushalts oft eine Voraussetzung, um auch eine strukturierte Freizeit zu haben. Die Organisationsfähigkeit sichert gleichzeitig eine gewisse Kontinuität und den Übergang von der Hausarbeit zur Freizeit. Doch hören wir genau hin, wie Raphaël sich ausdrückt. Seine Wortwahl ist höchst überraschend: »Dann könnte mich das zwingen, mir Hobbys zu suchen.« Er redet nicht von Lust oder persönlicher Entscheidung, sondern von einer Pflicht. Nach all den Verpflichtungen, die sich in der häuslichen Sphäre ergeben, kann es passieren, daß sich deren Rhythmus ganz von selbst fortsetzt und auch auf andere Bereiche überträgt. Eine gut durchorganisierte Freizeit wird dann als Verhaltensnorm empfunden, als nach außen sichtbarer Indikator dafür, daß man gut organisiert ist und sein Leben unter Kontrolle hat. Daher kommt es, daß sich manche verpflichtet fühlen; verpflichtet, das zu haben, was man »Freizeitbeschäftigungen« nennt. Hat Raymonde wirklich Lust auf ihren Englischkurs und interessiert er sie wirklich? Es sieht viel eher so aus, als habe sie sich in den Kopf gesetzt, daß sie das tun *sollte*, als ob ein höheres Gebot für sie entschieden hätte (genauso wie sie früher jeden Tag ihre Kinder baden mußte). Aller Wahrscheinlichkeit nach wird von der Gesamtheit aller Freizeitbeschäftigungen der kleinere Teil aus reiner persönlicher Lust betrieben und der Großteil aus irgendeinem Pflichtgefühl heraus. Ich treibe Sport, weil ich das eben tun muß, weil ich zugenommen habe oder weil es gut für meine Gesundheit ist, weil meine Kollegen und meine Freunde auch Sport treiben usw. Ganz zu schweigen von den institutionellen Räumen, in denen diese Aktivitäten betrieben werden können (Fußballverein, Töpferclub) und die noch stärker verpflichtend sind: Ich mache weiter, weil man auf mich zählt und weil ein Rückzug eine Willensanstrengung, einen Bruch erforderlich machen würde.

Die Zeit zu Hause, die einem selbst gehört

Die gesellschaftlichen Rahmen, die die Verhaltensweisen determinieren, fallen nicht vom Himmel. Sie werden Tag für Tag und ganz konkret von den Individuen selbst produziert. Aber sind sie erst einmal errichtet, funktionieren sie ganz autonom, und ein Rhythmus zieht den anderen nach sich. Das Leben muß nur noch seinem vorgegebenen Lauf folgen. Es kann aber auch geschehen, daß der eingeschlagene Kurs sich selbst überholt und die Organisationsfähigkeit eine perverse Logik entwickelt: Mit jedem neuen Organisationsgrad, den man erreicht, wird der Antrieb größer, noch weiter zu gehen, sich noch besser zu organisieren, noch aktiver zu werden. Viele Menschen schützen sich vor dieser Gefahr, indem sie sich im Privatleben eher ruhigen Tätigkeiten, die keiner festen Regelmäßigkeit unterliegen, zuwenden. Irénée beispielsweise träumt davon, irgendwann ganz zu Hause bleiben und sich den unendlich vielen Kleinigkeiten im Haus widmen zu können: »Ich bin jemand, der sich zu Hause nie langweilt.« Außerdem gibt es zwischen Hausarbeit und reiner Entspannung einen Grenzbereich, eine Mischung aus Arbeit und kreativer Freiheit (basteln, gärtnern, dekorieren, schneidern, kleine Snacks zubereiten, Marmelade kochen usw.). Mit Hilfe einiger kleiner Tricks kann man die Voraussetzungen für die soziale Nützlichkeit des Strickens schaffen und sich auch selbst davon überzeugen. So bekommt das, was eigentlich als Entspannung erlebt wird, das Spiel der Hände, das Träumereien und Gedanken entfesselt, eine zusätzliche Legitimität. Ebenso kann es als Vorwand verwendet werden, um fernzusehen oder sich mit Freundinnen zu unterhalten. Wo und wie solche »Grenzbereich-Tätigkeiten« und »Kombinations-Beschäftigungen« auftreten, ist nicht zufällig. Man findet sie besonders in einem Milieu, das in der Mitte der gesellschaftlichen Leiter angesiedelt ist (Grimler, Roy, 1990). Denn ganz oben herrschen eher Aktivitäten vor, die auf den Bereich außerhalb der Wohnung gerichtet sind (Vereinsleben, Sport, kulturelle Praktiken). Und weiter unten fehlt die häusliche Basis, um solche Beschäftigungen organisieren zu können. Denn sie setzen voraus, daß im Zusammenhang mit der klassischen Hausarbeit bereits eine einigermaßen ausgereifte Haushaltsinfrastruktur aufgebaut wurde: Putzen, Aufräumen, Waschen, Bügeln, normales Kochen. Ohne diese Grundlagen ist es schwierig, zu einer freieren und kreativeren Ebene vorzudringen.

Der Übergang von klassischen Aufgaben zu freieren Tätigkeiten will gelernt sein. Als Francine in einen Halbtagsjob wechselte, kam sie mit den neuen kreativen Freiräumen nicht zurecht. Zweifellos ist bei ihr die schlechte zeitliche Abstimmung zwischen ihrem beruflichen Rückzug und der Phase der Nestflucht der Grund dafür, daß sie diese Schwierigkeiten hat. Als die Kinder noch im Haus waren, kamen sie immer vor allem anderen, was manchmal auch auf Kosten des Haushalts ging und dessen Organisation durcheinander brachte. Sie gewöhnte sich daran, die Dinge ein wenig schleifen zu lassen. Ein beruflicher Rückzug in dieser Phase hätte es unter Umständen erlaubt, das Gleichgewicht wieder herzustellen. Doch sie beschloß erst später, als die Kinder schon aus dem Haus waren, beruflich kürzer zu treten, und zwar genau zu dem Zeitpunkt, als sie auf einen Schlag wieder mehr Zeit hatte. Dieser unerwartete Überfluß an Zeit hat ihr dann völlig den Kopf verdreht, und es kamen ihr tausenderlei mögliche Beschäftigungen in den Sinn, die ihr in verschiedener Hinsicht verlockend erschienen: »Anfangs, als ich auf eine halbe Stelle ging, sprudelte ich nur so vor Ideen, ich sah tausend Dinge, die man machen könnte, Malen und solche Sachen.« Ergebnis: Verwirrung und eine noch größere Desorganisation in bezug auf ihre festen Aufgaben. Die Spuren dieser Desorganisation sind bis heute erkennbar. »Ich weiß auch nicht, vielleicht will ich einfach zu viel, ich bin nicht sehr gut organisiert, das ist schon manchmal anstrengend.« Aber Francine verfügt zu ihrem Glück über eine geheime Waffe: den Haushaltsrhythmus, den sie schon vor langer Zeit, noch bevor sie die Kinder bekam, entwickelt hat. Deshalb macht sie ihren Haushalt inzwischen wie in früheren Zeiten wieder zwischen sechs Uhr und sieben Uhr dreißig, obwohl sie heute nichts mehr dazu zwingt. Aber auf diesem Wege ist es ihr gelungen, die elementaren Strukturen ihres damaligen Handelns zu rekonstruieren. Und auf dieser soliden Basis perfektioniert sie nun in aller Ruhe ihr System und kümmert sich mit jedem Tag noch ein wenig besser um ihr Haus.

Die Freizeit, die man zu Hause verbringt, ist eine Zeit, mit der umzugehen gar nicht so leicht ist. Ein kurzer Augenblick ausgleichender Erholung läßt sich noch relativ gut in einen wechselnden Rhythmus eingliedern. Sobald aber kein klarer Rahmen mehr vorhanden ist, der einen festen Rhythmus vorgibt, kann es zu allen möglichen Abweichungen von der Norm kommen. Wie zum Beispiel bei Francine, die die Prioritäten auf den Kopf gestellt hat. Oder bei Rénata oder Maïté, denen die Pflichterfüllung so wichtig ist, daß sie es nicht mehr schaffen, sich auch noch für freiere, persönlichere Aktivitäten Zeit zu nehmen. In ihrem Fall besteht also hinsichtlich der Erledigung der elementaren Arbeiten im Haushalt keine Mangelsituation, sondern geradezu Hypertrophie. Das Ideal läßt sich nur schwer erreichen: Man müßte es schaffen, strenge Arbeitsrhythmen auszubilden, gleichzeitig aber immer noch in der

Lage sein, Grenzen zu ziehen. Inzwischen kennen wir Rénata schon ganz gut und wissen, daß sie Freude an dem mörderischen Tempo hat, das sie umtreibt. Wir wissen, daß sie so stark im Getriebe der Bewegungen ihres Körpers steckt, daß es ihr schwerfällt, sich auch nur mit ihren Freunden zusammenzusetzen oder die Zeit zu finden, mit Jérôme zu Abend zu essen. Doch irgendwann während des Interviews schaut sie plötzlich mit einem ganz anderen Blick auf ihr Leben: »Ich bin schrecklich, wirklich schrecklich. Ich würde so gerne ... ich würde wirklich gerne lesen können, ich habe das früher gerne getan. Oh ja, das würde ich gerne! Und viel Kultur, Kino, Theater, all das! Und mir die Zeit nehmen, mich zu pflegen, in meinem Alter ist das wichtig.« In ihrer Stimme schwingt Leidenschaft mit, und ihre Augen leuchten noch mehr als beim Reden über den Haushalt. Dieser tief verborgene, heimliche Garten der Sehnsüchte ist zweifellos ein starker Traum, der motivierender ist als ihr oberflächlicher Aktivismus. Rénata ist Gefangene ihres eigenen Rhythmus geworden, dieser blinden Maschine, die sie davon abhält, ihr Leben anders zu führen. Maité befindet sich in einer nicht ganz so extremen Situation. Bei ihr nimmt lediglich die Organisation des Haushalts allen verfügbaren Raum in Anspruch. Ihre häusliche Arbeitseinteilung ist perfekt. Sie hat die Kontrolle über einen relativ gestrafften Zeitplan, der es ihr erlaubt, sich für ihren Beruf frei zu machen, gleichzeitig aber auch ein ordentliches Haus zu hinterlassen. Da bleibt nicht viel an – egal ob gut organisierter oder unstrukturierter – Freizeit übrig. Darunter leidet sie auch nicht sonderlich, aber sie gibt zu, daß es möglich gewesen wäre, ihr Leben anders einzurichten. Hierfür wäre aber eine noch größere Organisationsfähigkeit und eine stärkere Kontrolle vonnöten gewesen, die dem Haushalt seinen angemessenen Platz zugewiesen und ihn in ein größeres Ganzes eingebunden hätte: »Um Freizeit zu haben, muß man gut organisiert sein. Ich kenne Leute, die sind um ihrer Freizeit willen sehr gut organisiert. Bei mir ist das nicht so. Ich mache immer noch mal was und noch mal was, und dann ist es plötzlich zu spät. Man muß sich organisieren können.«

Der Tanz mit den Dingen

Das Problem der Freizeit

Was gemeinhin Freizeit genannt wird, ist in Wahrheit also ein Amalgam aus höchst unterschiedlichen Zeiten: Zeiten des Atemholens und der reinen Erholung zwischen zwei Arbeitsabschnitten, unausgefüllte Zeiten, die aus der Destrukturierung des gewohnten Lebensrahmens resultieren, Zeiten für organisierte Freizeitbeschäftigungen, die aber selbst auch wieder neue Verpflichtungen mit sich bringen, usw. Doch über diese verschiedenen Kontexte hinweg schält sich die Vorstellung von einer persönlicheren, einem selbst zur Verfügung stehenden, kreativen Zeit heraus, die einen Gegensatz zu der erzwungenen Zeiteinteilung bildet, für die die Welt der Arbeit steht. Diese Vorstellung ist heute sehr »in« und Gegenstand aktueller Debatten; sie bildet den Grundstein, von dem ausgehend verschiedene gesellschaftliche Ziele formuliert werden. Doch diese Freizeit, von der man immer spricht und träumt, hält den Tatsachen nicht stand; es gibt sie nicht oder kaum. Die Vorstellung, die durch die politischen Debatten geistert, ist reine Theorie. Sie geht von einer einfachen Gleichung aus: Das Wegfallen gesellschaftlicher Zwänge erlaubt es, in höherem Maße frei gewählte Aktivitäten zu entwickeln und sich selbst zu verwirklichen; die Welt der Arbeit ist jedoch diejenige, in der diese Zwänge am größten sind. »Freizeit muß in erster Linie als befreite Zeit verstanden werden. Befreit vom größten aller gesellschaftlichen Zwänge, dem der Arbeit« (Sue, 1994, S. 194). Das ist natürlich eine schöne Vorstellung, die zu einem reinen Raisonieren der ästhetischen Art anregt. Das Problem dabei ist nur, daß die Zeit jenseits dieser Zwänge eine subtile Komplexität aufweist und ihre Wirklichkeit eine sehr vielfältige ist. In manchen Kontexten haben Menschen, die in flexiblen, ungezwungenen Rahmenbedingungen leben, weniger das Gefühl, sich selbst verwirklichen zu können, als Menschen innerhalb eines strengen, vorgegebenen Rahmens. Deshalb muß das Verhältnis zur Zeit unbedingt in konkreten und genau bestimmten Situationen analysiert werden. Das daraus gewonnene Wissen ist unverzichtbar, will man die Diskussion auf gesündere Beine stellen.

Der abstrakte Idealismus, der die Diskussion über die Freizeit beherrscht, stiftet auch in einer weiteren Debatte Verwirrung: der Frage der Arbeitsteilung. Natürlich scheint es sich bei dieser Frage um eine Perspektive zu handeln, die unbedingt in die aktuellen Diskussionen einbezogen werden muß, aber man kann die Frage auf unterschiedliche Weise stellen. Die radikalste Verzerrung stützt sich auf die historische Tatsache der Verkürzung der Arbeitszeit, um auf dieser Grundlage den Stellenwert von Arbeit grundsätzlich in Frage zu stellen – selbstverständlich im Gegensatz zu freieren und kreativeren Tätigkeiten. Im Namen derer, die Arbeit brauchen und sie einfordern (nicht nur aus finanziellen Gründen, sondern auch, weil die Arbeit trotz allem einer der Hauptpfeiler der Selbstverwirklichung ist und bleibt), schafft man es also, sie als generelles Prinzip in Frage zu stellen – wirklich ein toller Coup! Statt dessen ist nicht in erster Linie nach dem Gegensatz zwischen Arbeit und Nicht-Arbeit zu fragen, sondern nach dem Inhalt der Tätigkeiten (ob es sich um Arbeit handelt oder nicht) und danach, wie es möglich gemacht werden kann, daß Menschen selbst die Kontrolle über ihre Lebensrhythmen und -projekte erhalten. Wird über diese Themen nicht ausreichend nachgedacht, besteht die Gefahr, daß die Zunahme der Freizeit zu Enttäuschungen führt, und zwar auch hinsichtlich des anvisierten technischen Ziels der Schaffung von Arbeitsplätzen. Ob die Ziele der Arbeitszeitverkürzung erreicht werden, hängt weit mehr davon ab, wie die freigesetzte Zeit ausgefüllt wird, als davon, wieviel Freizeit zur Verfügung steht.

Zweiter Teil
Familienarbeit delegieren

Der Reinlichkeitstanz ist zuerst und vor allem Familiensache; das häusliche Ideal besteht darin, alles selbst zu erledigen. Aber nicht immer ist das möglich. Zu viele Aufgaben, zu wenig Zeit, einige verlockende Dienstleistungsangebote – und schon wird von einem Tag auf den anderen der Kreis der Tänzer um ganz andere Personen erweitert: Profis der Haus- und Familienarbeit. Diese Erweiterung bringt jedoch auch Probleme mit sich. Plötzlich sind zusätzliche Personen an diesem Reinlichkeitstanz beteiligt; Vertrautheit und Gewöhnung, Verschwiegenheit und all die bequemen Familiengeheimnisse reichen plötzlich nicht mehr aus, um sie im häuslichen Tanz zu führen. Statt dessen muß (oder müßte) man die Dinge beurteilen, bedenken, explizit machen – also genau das Gegenteil dessen tun, was man für gewöhnlich in Haushaltsdingen tut.

VI. Warum wird so wenig häusliche Arbeit abgegeben?

Die familiale Mobilmachung

Die Vorstellung, Hausarbeit von jemand anderem erledigen zu lassen, stellt für jeden Haushalt ein Problem dar. Indem man eine Tätigkeit nach außen gibt, trennt man sich von nicht weniger als einem kleinen Stück »Familie«. Dies erklärt auch, warum die Neigung, bestimmte Aufgaben zu delegieren, umso schwächer ist, je ausgeprägter der »Sinn fürs Häusliche« ist. Stehen häusliche Werte ganz oben und richten sich alle Augen auf das Innere der kleinen Familienwelt, dann wird nach außen Delegieren zu einer echten Zerreißprobe. Haushalte hingegen, die in geringerem Maße Familiencharakter haben, sind ohne die geringsten Gewissensbisse bereit, Dinge von anderen erledigen zu lassen. Paradoxerweise fällt gerade bei denen, die ohne mit der Wimper zu zucken delegieren würden, meist gar nicht so viel Arbeit an, während Familien mit ausgeprägtem Sinn fürs Häusliche in der Regel sehr viel zu tun haben und gezwungen sind, wider Willen bestimmte Aufgaben nach außen abzugeben. Diese unterschiedlichen Positionen sind Teil eines Haushaltszyklus, der von den verschiedenen Etappen einer zunehmenden familialen Mobilmachung gekennzeichnet ist.

Yann, einem jungen, alleinlebenden Mann, geht jeder Sinn fürs Häusliche ab. »Ich bin mehr fürs Ausgehen als fürs Zuhausesein«, formuliert er suffisant. Als wir ihn auffordern, uns seine Idealvorstellung in Sachen Hausarbeit zu schildern, zögert er – ganz anders als Familien – nicht eine Sekunde: Am liebsten würde er die gesamte Hausarbeit andern überlassen. »Alles, wirklich absolut alles. Ich würde nach Hause kommen, das Essen wäre fertig, einfach alles.« Sein Idealmodell ist das Hotel; ein Ort, wo er sich um nichts zu kümmern braucht, ein banalisiertes Zuhause, das von professionellen Dienstleistern betrieben wird. Sich diesen Traum auszumalen, fällt ihm auch gar nicht schwer, denn schließlich hat er ihn genau so schon einmal erlebt. Anfangs sollte die Putzfrau, die er eingestellt hatte, einfach nur ihre klassische Mission erfüllen, nämlich die Hausarbeit verrichten. Aber sie konnte es einfach nicht dabei belassen, denn wie soll man schließlich Aufträge ausführen, wenn es

Familienarbeit delegieren

keine Richtlinien dafür gibt? Und so hat sie Schritt für Schritt immer mehr übernommen. Zunächst machte sie nur irgendwelche Bemerkungen. »Das war wirklich gut. Sie war jemand, der die Initiative übernahm und mich zum Beispiel darauf hinwies, wenn die Fenster geputzt werden mußten oder solche Sachen. Für mich war das genau das Richtige.« Langsam aber sicher übernahm sie dann alles. Beispielsweise seine Ernährung. Nach einer ersten Phase, in der sie nur seine Ernährungsweise kritisierte und versuchte, ihn in gewisser Weise umzuerziehen, gab sie diese offenbar fruchtlosen Bemerkungen wieder auf und stellte seine Mahlzeiten selbst zusammen. »Sie machte alles, einfach alles. Sie hatte die Schlüssel, und sie hatte alle Freiheiten.« Wenn Yann heute Zukunftsszenarien entwirft, träumt er im Grunde genommen immer noch von dieser Zeit: »Ich würde abends heimkommen, und alles wäre schon fertig, ich müßte nur noch die Füße unter den Tisch strecken, sie hätte mir schon mein Süppchen gekocht ...« Nun ist seine Putzfrau aber unglücklicherweise gegangen (weil sie einen sichereren Arbeitsplatz gefunden hat) und hat ihn so allein und hilflos zurückgelassen, als hätte er gerade eine Scheidung hinter sich. »Es ist schrecklich! Es ist wirklich schrecklich!« Und er fügt hinzu: »Jetzt suche ich die ideale Frau ... haha, ich meine natürlich: ich suche die ideale Putzfrau.« Ein vielsagender Versprecher. Nicht nur, weil er garantiert auf der Suche nach einer Frau und eben doch nicht nur nach einer Putzfrau ist, sondern auch weil der Umstand, daß er völlig außerhalb der häuslichen Welt steht, so leicht zu einer Verwechslung im Hinblick auf die beiden Erwartungen führt. Die »ideale Frau« kann ihn von seinen Haushaltspflichten befreien; die »ideale Putzfrau« kümmert sich »um alles«, so als ob sie wirklich die Herrin im Hause wäre.

Hier könnte ein Vergleich mit Hugues interessant sein. Auf den ersten Blick scheint seine Situation der Yanns sehr ähnlich zu sein: eine zwanglose Haushaltsorganisation und ein äußerst lockeres Ordnungssystem, der gleiche Widerwille gegenüber Hausarbeit und die gleiche Schwierigkeit, sie auszuführen. Und doch haben sie völlig gegensätzliche Vorstellungen hinsichtlich der Delegation von Arbeiten. Denn die Mobilmachung in Sachen familiale Werte vollzieht sich relativ früh, schon in der Phase bevor eine häusliche Organisation tatsächlich auf die Beine gestellt wird. Hugues befindet sich genau an diesem Punkt. Erster Unterschied zu Yann: Er lebt in einer Beziehung, was entscheidend zur schnelleren Ausbildung des häuslichen Sinns beiträgt. Durch seinen Kopf geistern

Warum wird so wenig häusliche Arbeit abgegeben?

neue Träume und Idealvorstellungen, die zu seinem aktuellen Ordnungssystem in einer echten Diskrepanz stehen. Er macht wenig Hausarbeit, erledigt sie einfach nur irgendwie und mit großem Widerwillen. Aber er fängt an, sich eine andere Art von Zuhause auszumalen, besonders seit der Geburt des Babys. Es gibt sogar Momente, da erlaubt sich Hugues den Traum von »einem großen Haus und so«. »Ich könnte mir das schon vorstellen, mit Garten und so.« Was hier als Veränderung in seinem Kopf zu sprießen beginnt, wird sich zweifellos schon bald in seinen Körper hinein fortpflanzen. Erste Anzeichen dafür gibt es schon: Obwohl ihm die Hausarbeit eigentlich lästig ist, bemüht er sich doch, seinen Rhythmus in ihr zu straffen, mehr zu machen und es besser zu machen, auch wenn das noch alles andere als spontan ist. Hugues Mobilmachung ist also von zwei Aspekten getragen: einerseits seinen Vorstellungen und Gedanken, die im Familialen verankert sind (schöne Zukunftsträume), und andererseits seinem Körper, der seine Arbeitsfähigkeit erhöht. Im Laufe eines solchen Prozesses wird das Delegieren von Hausarbeit immer mehr aus der gedanklichen Welt ausgeschlossen und verliert auch seinen Sinn, weil es doch im Gegenteil gerade darum geht, sich nach innen zu wenden und mehr selbst zu erledigen. Hugues hat zu vermeiden versucht, daß das Kind von jemand anderem betreut werden muß, aber montags ist das einfach völlig unmöglich. Also nimmt er den Tag über die Dienste einer Kinderkrippe in Anspruch und abends einen Babysitter. »Aber wir machen das nur, weil es wirklich nicht anders geht.« Was den Haushalt angeht, scheint die Frage wirklich so deplaziert, daß die Antwort erst nach einem Moment des erstaunten Schweigens kommt: »In unserer derzeitigen Situation kann ich mir wirklich nicht vorstellen, jemanden hier zu haben.« Aus finanziellen Gründen. Aber auch, weil ein solches Szenario im gegenwärtigen Kontext für ihn weder vorstellbar noch erträumbar ist.

Die familiale Mobilmachung macht Delegation undenkbar. Um ein Zuhause zu schaffen, muß man sich darauf konzentrieren. Und wenn dann erst einmal eine dichte Organisation vorhanden ist, ist es plötzlich diese selbst, die durch ihre spezifische Funktionslogik zum Hindernis wird: Da man es bisher geschafft hat, zurechtzukommen, und da man stolz ist auf das, was man aufgebaut hat, besteht keinerlei Interesse an einer Veränderung. Schlimmer noch: Eine Veränderung würde bedeuten, daß man das Erreichte in Frage stellt.

Familienarbeit delegieren

Die folgende Phase (die Demobilisierung und das leere Nest) birgt noch mehr Ambiguitäten. Die Verlangsamung des Rhythmus ändert den Blick, und die Lust, bestimmte Arbeiten abzugeben, verstärkt sich. Aber warum jetzt delegieren, in einer Situation, in der man sowieso schon weniger zu tun hat, während man es vorher, als man noch so stark belastet war, abgelehnt hat? Dies wäre doch ganz offensichtlich unlogisch. Und der Blick zurück auf die Phase der Mobilmachung hinterläßt ein merkwürdiges Unbehagen: Was gestern noch selbstverständlich schien, kommt einem heute nur noch borniert vor. Warum nur hat man nicht früher daran gedacht, bestimmte Arbeiten abzugeben? Francine will das einfach nicht in den Kopf, und sie bedauert es: »Das wäre doch gut gewesen, das hätte man schon früher machen müssen, als die Kinder noch klein waren. Aber damals hatten wir noch relativ wenig Geld. Und außerdem dachte man einfach nicht daran. Man machte es einfach, ohne über andere Möglichkeiten nachzudenken.« Ihr Bedauern ist um so größer, als sie sich bewußt ist, daß sie diesem früheren Verhalten auf den Leim gegangen ist: Wäre sie früher etwas offener dafür gewesen, Hausarbeit abzugeben, hätte sie heute eine größere Wahlfreiheit. Bei Raymonde ist es wie bei Francine. Sie kann sich heute nur noch wundern über ihre frühere Leistungsfähigkeit und hartnäckige Weigerung, Arbeit abzugeben. Heute würde sie am liebsten auch noch das wenige, was ihr zu tun bleibt, von jemand anderem erledigen lassen. Ein Phase voller Ambiguitäten: Denn wenn sich das Leben verlangsamt, kann man genauso das Gegenteil von Raymondes Entwicklung beobachten, nämlich die Weigerung, auch nur die kleinste Geste aus der Hand zu geben. Dies ist bei Célestine eingetreten, die auf keinen Fall möchte, daß ihre bereits sehr reduzierte Hausarbeit noch weniger wird. Trotz der Leichtigkeit, mir der sie früher Aufgaben delegierte, und trotz ihres voranschreitenden Alters, aufgrund dessen ihr die Arbeiten immer schwerer fallen, ist der Erhalt eines Minimums an Tätigkeiten notwendig für ihr inneres Gleichgewicht. »Denn wenn ich jetzt zu Hause bin, nicht mehr arbeite und nichts mehr zu tun habe, dann brauche ich doch wenigstens noch eine Kleinigkeit, um mich zu beschäftigen. Sonst würde ich mich zu sehr langweilen.«

Warum wird so wenig häusliche Arbeit abgegeben?

Die Hausfrau

Der Hauptgrund für den Widerstand gegen Delegation in der Phase der familialen Mobilmachung ist in dem Bild zu suchen, das sich die Frau von ihrer Rolle im Haushalt macht. Keine andere als sie selbst wäre in der Lage, die Familienaufgaben zu erfüllen, es sei denn unter zwingenden Umständen. Zu delegieren würde bedeuten, an den impliziten und unantastbaren Prinzipien zu rühren, die ihr Handeln lenken.

Noch vor wenigen Generationen war die Rolle der Frau genau definiert. Es war die der Mutter und Putzfrau, die als gute Hausfee verklärte Hausfrau. Heute, mit der massiven Präsenz der Frauen auf dem Arbeitsmarkt und der vagen Vorstellung von einer partnerschaftlichen Aufgabenteilung zwischen Männern und Frauen, hat diese Definition ihren offiziellen Charakter eingebüßt. Doch auch wenn die Rolle der Hausfrau heute mehr oder weniger marginal geworden ist (Djider, Lefranc, 1995), bleibt die Zuordnung der Frau zur Hausarbeit beinahe ungebrochen bestehen (Kaufmann, 1992). Weit entfernt vom Prinzip der Gleichheit setzt sich das Modell einer weiblichen Berufstätigkeit durch, die gegenüber der des Mannes sekundär ist, und die Frau behält die Zuständigkeit für das Gros der Aufgaben in Haus und Familie. Dabei werden die zwei Identitäten der Frau – die berufliche und die häusliche – miteinander versöhnt; die Frau kann gleichzeitig einer außerhäuslichen Berufstätigkeit nachgehen und sich um den Familienhaushalt kümmern. Lola hat bereits ganz eindeutig dieses Modell im Kopf. »Man müßte einen Kompromiß zwischen Hausfrau und berufstätiger Frau finden«, meint sie. Für die Zukunft träumt sie von einer Halbtagstätigkeit: »Um all das erledigen zu können, was ich zu Hause zu tun habe.« Dadurch wird verhindert, daß sie fremde Dienste in Anspruch nehmen oder jemanden für zu Hause anstellen müßte: »Ideal wäre es, wenn ich alles selbst machen könnte.« Ein fernes Ideal: Bis jetzt werden viele Aufgaben von ihr nur rudimentär und mit Widerwillen erledigt. Das Bild von einer bestimmten Rolle geht also ihrer wirklichen Umsetzung voraus. Wie im Fall der familialen Mobilmachung muß man schon vorher damit beginnen, sich von diesem Bild, dieser Vorstellung, durchdringen zu lassen, damit sich dann die entsprechenden Gesten durchsetzen können.

Später wird sich diese imaginierte Rolle im Konkreten, in der Dynamik der rhythmischen Abläufe und in der Eleganz des Tanzes mit den Dingen niederschlagen. Die Ablehnung von Delegation wird sich auf der Ebene der Tatsachen durchsetzen, unabhängig davon, welche grundsätzlichen Überzeugungen man hinsichtlich dieser Frage hat. Francine fühlt sich in ihrer Vergangenheit gefangen, die sie noch heute daran hindert, Hausarbeit abzugeben. Aber sie ist auch in der Gegenwart ihrer Gesten gefangen. Vor allem diese »kleinen Nichtigkeiten, die die ganze Zeit in Anspruch nehmen« (Favrot-Laurens, 1996), diese informellen Momente aus freier Verfügbarkeit und Sorgfalt, die das Fundament der häuslichen Hingabe bilden, sind diejenigen, die sich am schwersten nach außen geben lassen. »Mein Hausfrauendasein ist heutzutage überholt, ich bin überholt, weil ich immer für alle Welt da bin. Ich bin überholt. Warum? Ich kann mir das nicht erklären, ich verstehe es nicht.« Die wahre Verfügbarkeit muß uneingestanden, geheim bleiben. Man muß sich den anderen opfern, ohne es zu sagen. Deshalb fängt sich Francine nach diesem halben Eingeständnis (»weil ich immer für alle Welt da bin«) sehr schnell wieder. Die kleinen Nichtigkeiten müssen unsichtbar bleiben. Nachdem sie gerade noch selbst die Gründe dafür genannt hat, daß ihre Hausfrauenrolle überholt ist, hat sie sie einen halben Satz später schon wieder vergessen und will auch gar nichts von ihnen wissen. Um das zu verstehen, sollte man sich anschauen, wie ihre Tage verlaufen und zum Beispiel ihre Mahlzeiten beobachten. Sie steht voll und ganz ihrem Mann zu Diensten, immer auf Abruf. Nur selten sitzt sie, und ständig erhebt sie sich wieder, um ihm Brot zu reichen oder sein Glas zu füllen.

Seine hausfräuliche Seele verlieren

Auf ihrem emanzipatorischen Weg stehen die Frauen noch ganz am Anfang. Faktisch bleiben sie nach wie vor stark an Familie und Haus gebunden – die tragenden Pfeiler ihrer Identität. Wie weit kann sich eine Frau davon distanzieren und familiale Aufgaben an Außenstehende abgeben, um sich im selben Maße beruflich zu engagieren wie es der Mann tut? Die Geschichte von Marie-Alix zeigt, daß es hier Grenzen gibt, die nur schwer zu überschreiten sind.

Und dabei hatte doch alles so gut angefangen. Sie hatte ein junges Mädchen gefunden, das ihr ein wenig zur Hand ging und es ihr

Warum wird so wenig häusliche Arbeit abgegeben?

ermöglichte, sich mehr um ihren Job zu kümmern. Da sie sowieso unterschwellig bereits gewisse Schuldgefühle gegenüber ihren Kindern hatte, wollte sie für einen perfekten Ersatz sorgen und dabei nicht aufs Geld sehen. Als die Bezahlung ausgehandelt wurde, neigte sie deshalb dazu, »das Boot sehr voll zu machen«, indem sie solche Tage, an denen sie die meisten Stunden abwesend war, als Berechnungsgrundlage nahm. Ergebnis: das Kindermädchen arbeitete aufgrund dieser großzügigen Bezahlung entsprechend länger, so daß sich schrittweise alle an eine wesentlich umfangreichere Arbeitsumverteilung als ursprünglich geplant gewöhnten. Nach der ersten Phase des Aufbaus und Gewöhnens an diese Form der häuslichen Organisation verblaßten auch Marie-Alix' Zweifel, und sie fühlte sich in den Strudel einer neuen Entwicklung gezogen: der leidenschaftlichen Begeisterung für ihre Arbeit. »Mit der Zeit hat mir das dann erlaubt, mich beruflich stärker zu engagieren. Schritt für Schritt habe ich mich völlig von meinem Job vereinnahmen lassen. Wenn ich mehr arbeite, habe ich das Gefühl, frei zu sein, aufzublühen, völlig darin aufzugehen.« Zweifellos ein fast schon zu großes Glück, denn gleichzeitig spürt sie, wie sie sich mental von ihrem familialen Universum entfernt, das immer fremder und undeutlicher wird.

Heute ist sie immer noch glücklich über ihre Berufstätigkeit, aber ihre Freude wird von dem Gefühl getrübt, sich zu sehr von ihrer Familie entfernt zu haben und dadurch auf der einen Seite das verloren zu haben, was sie auf der anderen Seite dazugewonnen hat: »Es gab da wirklich so eine Verlagerung in Richtung Beruf, ich bin immer mehr in den Beruf gerutscht. An manchen Abenden suche ich nach einem Vorwand, um nicht nach Hause zu gehen.« Bei der Arbeit fühlt sie sich besser als zu Hause, aber das widerspricht zu sehr dem, was eigentlich selbstverständlich wäre. Sie ist es leid, zu Hause nur eine Statistenrolle zu spielen und würde gerne zu ihren früheren Empfindungen zurückfinden. Aber wie ist das zu bewerkstelligen? Und wie soll das ablaufen, wenn sie früher nach Hause kommt? Sie hat es versucht, aber es war jedes Mal ein Mißerfolg. Der Gedanke an ein wiedergefundenes Familienglück hatte sie motiviert, aktiv zu werden: »Ich habe mehrmals versucht, früher nach Hause zu gehen. Von Zeit zu Zeit raffe ich mich auf, und es macht mir dann auch Freude. Ich gehe sie in der Schule abholen oder plane eine Party für sie, wie ein Geschenk, und ich habe mir vorgestellt, einen richtig schönen Familienabend zu verbringen.« Doch die Wirklichkeit fügt sich nicht und weigert sich, in dieses schöne Bild eingepaßt zu werden. Die alten Empfindungen sind nicht auffindbar und die Kinder abscheulich: »Die paar Mal, die ich früher nach Haus gekommen bin, hatte ich das Gefühl, alles durcheinanderzubringen. Erst schob ich die Schuld auf das Kindermädchen, weil ich fand, daß sie zu sehr meinen Platz einnahm, also habe ich sie nach Hause geschickt. Doch dann wurde es ein einziges Drama, ein Drama! Ich fand mich mitten in einer Mahlzeit wieder ... und die Gören fingen an, die Situation auszunutzen und Unsinn zu machen. Ich hatte eigentlich das Bedürfnis, mich zu entspannen, aber sie, sie machten nur Unsinn. Ich wollte sie zum Essen bringen, aber sie wollten nicht essen, sie wollten dies nicht und jenes nicht ... Dann bin ich eben nicht mehr früher heimgekommen.« Es will Marie-Alix einfach nicht mehr gelingen, bei sich zu Hause Fuß zu fassen, und diese Unfähigkeit ist für sie unerträglich. Sie kann sich nicht damit abfinden, nur die berufstätige Frau zu sein, ohne wirkliche familiale Einbindung, wie andere Frauen sie haben. Da ihre Versuche, das Verlorene zurückzuerobern, kläglich gescheitert sind, hat sie sich auf begrenzte Guerilla-Aktionen zurückgezogen. Sie ist aufs Bügeln ausgewichen, das einfacher ist als die Kinder. Und manchmal kommt sie früher nach Hause (und das »früher« ist ein sehr genauer Indikator geworden), aber genau dosiert, so daß sie von dem symbolischen Akt profitieren kann, ohne die konkreten Nachteile in Kauf nehmen zu müssen: »Manchmal eine viertel Stunde früher, aber nie zu früh, nur eben ein bißchen früher.«

»Das ist normal«

Eine solche Abweichung von der Norm ist selten. Denn normalerweise hißt die Gesellschaft beim kleinsten Fehltritt die rote Flagge, um anzuzeigen, daß hier eine Norm überschritten wurde, und entwickelt einen subtilen Druck, um die Dissidentin zu zwingen, innerhalb der Norm zu bleiben. Das ist Sache der Familie, Sache der Frau. Der Ausdruck »das ist normal« oder »das ist nicht normal« geht Francine ganz locker von den Lippen: »Ich weiß nicht, ich finde, das wäre nicht normal, irgendwie wäre mir das ein bißchen peinlich, weil ich finde, daß ich doch ganz schön viel Freizeit habe, deshalb ...« Freizeit ganz besonderer Art: Francine vergißt, daß sie

Warum wird so wenig häusliche Arbeit abgegeben?

uns gerade erst erklärt hat, diese Zeit gehe dafür drauf, sich um andere zu kümmern. Aber was solls! Was zählt, ist, daß sie ihre gesellschaftliche Rolle erfüllt und das tut, was sie unter allen Umständen tun muß. Der Rest ist nur Beiwerk. Und diese Rolle sagt ihr, daß es verboten ist zu delegieren, ein Verbot, daß sich physisch in einem Gefühl von Scham manifestiert. Diesen einen Satz verwendet sie immer wieder: »Irgendwie wäre mir das peinlich.« Und um so peinlicher, als der Ehemann, diskret aber entschlossen, ein wachsamer Hüter der Norm ist. Er hat noch nie einen Besen oder ein Geschirrtuch auch nur berührt: »Oh nein, das käme nicht in Frage!« Es ist nicht seine Sache, dies zu tun, auch nicht die eines oder einer anderen. Es ist Sache seiner Frau, das ist normal.

Francine ist mit dieser Vorstellung, die über die Jahre zu einer ehelichen Selbstverständlichkeit geworden ist, einverstanden: »Jetzt, wo ich weniger Arbeit habe als früher, werde ich doch keine Arbeit weggeben. Bei einer jungen Frau mit Kindern, da ist es noch eher logisch, Arbeit wegzugeben, aber bei mir ...« Die Rollennormalität geht hier ein Bündnis mit einer eher technischen Normalität im Zusammenhang mit dem Arbeitsumfang ein: Bei denen, die viel Arbeit haben, ist Delegation normal. Also sind diejenigen, die weniger Arbeit haben, nicht in der Position, sich das erlauben zu können. Letzteres gilt besonders für Haushalte, die die Phase der Mobilmachung hinter sich haben oder noch gar nicht drin sind. Und für Hausfrauen. »Ich sehe da Frauen, die gehen nicht arbeiten, ihre Kinder gehen zur Schule, und dann haben sie auch noch jemanden zu Hause, der den Haushalt macht. Ich würde wirklich gerne wissen, was die dann überhaupt den ganzen Tag machen!« (Patricia).

Francine spricht gleichzeitig zwei verschiedene Normalitäten an: Es ist nicht normal, eine Haushaltshilfe zu haben, weil ich die Rolle der Hausfrau innehabe, und es ist nicht normal, weil ich wenig zu tun habe. Doch in der Regel wechseln sich diese beiden Normalitäten im Laufe der einzelnen Phasen des Haushaltszyklus ab. Solange die Frau noch nicht oder noch nicht so stark mit dem Haushalt belastet ist, ist es nicht normal, Arbeiten nach außen zu geben, weil sowieso nur wenig ansteht. Wenn dann viel ansteht, ist es nicht normal zu delegieren, weil es Sache der Familie und der Frau ist. So gibt es also in Wirklichkeit sehr wenige Situationen, in denen es als normal angesehen wird, Hausarbeit abzugeben, nämlich nur im Fall von alleinlebenden Männern und gebrechlichen alten Leuten. Und vielleicht noch bei Familien mit kleinen Kindern,

Familienarbeit delegieren

die von der Menge der anstehenden Aufgaben überfordert sind, aber nur innerhalb eines vernünftigen Rahmens und möglichst mit deutlich sichtbaren Gewissensbissen.

Je nach Kontext wird die Norm entweder mittels der Blicke anderer oder aus dem eigenen tiefsten Inneren heraus durchgesetzt. Bei Frauen, deren Integration in den Haushalt noch nicht sehr ausgeprägt ist, ist die Angst davor, in einem schlechten Licht dazustehen, entscheidend. Da ist zum Beispiel Lola, die von unserer Frage total überrascht ist und ohne zu zögern antwortet: »Der Gedanke würde mir nie kommen zu sagen: Das könnte ich doch von jemand anderem machen lassen. Das wäre ja Verschwendung!« Doch dann denkt sie einen Moment nach und stellt das in Frage, was sie gerade gesagt hat: »Ich weiß übrigens nicht, warum mir der Gedanke nicht kommen würde.« Was sind das nur für seltsame Worte, die sie gerade erst in einem so überzeugten Ton formuliert hat? Einen kleinen Augenblick lang hatte Lola das Gefühl, eine mysteriöse Kraft hätte sie ihrer Gedanken beraubt und gezwungen, so zu antworten. Denn wenn sie richtig darüber nachzudenkt, ist sie eigentlich gar nicht dieser Ansicht: »Warum sollte das eigentlich nicht jeder machen können wie er will?« Dann ändert Lola urplötzlich erneut ihre Meinung. Sie spürt ein deutliches Unbehagen und verirrt sich in einem mentalen Irrgarten. Um da wieder herauszufinden, muß sie dem Gedanken folgen, der ihr am einfachsten und stärksten erscheint – Pech für die intellektuelle Auseinandersetzung. »Nein, also in meinem Alter wäre das wirklich Verschwendung, das wäre mir moralisch peinlich.« Tausend imaginierte Blicke markieren die Grenzen des Möglichen, als ob die Frau, die zu wenig zu tun hat, Gefahr laufen würde, ernsthaft verurteilt zu werden, wenn sie es wagt, Hausarbeit nach außen zu geben. »Irgendwie würde ich mich schämen, nein, in meiner Situation geht das wirklich nicht« (Arlette). Ihre Rolle ist, es selbst zu machen, und dem muß sie sich strikt fügen.

Doch in einer späteren Phase ihres Lebens, in der sie dann endlich das Recht zur Delegation erlangt hätte, ohne deshalb verurteilt zu werden, wird sie sich bereits im Strudel der familialen Mobilmachung und der Kraft der Gesten befinden, und der Wunsch, Hausarbeit abzugeben, wird verschwunden sein. Dann werden es weniger die Blicke der anderen sein, die sie daran hindern, als vielmehr ihr eigener Körper. Es ist normal, es selbst zu machen.

Warum wird so wenig häusliche Arbeit abgegeben?

Die Scham, in einem schlechten Licht dazustehen

Im Kontext der Hausarbeit stoßen wir auf zahlreiche Paradoxe. So drängt einen die familiale Mobilmachung in dem Moment, in dem man am meisten zu tun hat, dazu, alles selbst zu machen. Aber da ist noch eine weitere Merkwürdigkeit: Delegation setzt einen hohen Organisationsgrad voraus. Diejenigen, die sich mit dem Haushalt am schwersten tun, deren Wohnung man das auch ansieht und die deshalb eine Unterstützung am dringendsten benötigen würden, sind zugleich diejenigen, die die Hausarbeit am wenigsten delegieren können (abgesehen von Fällen, in denen die Sozialfürsorge tätig wird).

Der erste Grund für dieses merkwürdige Phänomen ist die Scham, einen schlechten Eindruck zu machen. Hausarbeit abzugeben, weil man selbst nicht damit fertig wird, heißt auch, einen Blick von außen auf etwas ertragen zu müssen, auf das man nicht gerade stolz ist, und damit Gefahr zu laufen, schlecht dazustehen. Arlette definiert sich als »in Haushaltsdingen ziemlich cool« – eine geschickte Art, auf die eigene Unordentlichkeit hinzuweisen, ohne allzu explizit zu werden. Manchmal ist sie strengere Richterin ihrer eigenen Gesten, doch meistens versteht sie es, mildernde Umstände zu finden, wie beispielsweise mit der eben zitierten eleganten Wendung. Würde sie Fremden Einblick gewähren, käme die schwärzeste Seite ihres Haushaltslebens ans Tageslicht. Arlette malt sich im vorhinein schon aus, wie die Gerüchteküche brodeln und man mit Fingern auf ihre häuslichen Geheimnisse zeigen würde: »Ich bin in Haushaltsdingen einfach zu cool, und wenn mir dann zu Ohren käme: oh je, ich war bei der zu Hause, da sieht es vielleicht aus!« Es ist die Angst vor dem öffentlichen Urteil und eine durch den Blick auf sich selbst ausgelöste innere Scham, ein Blick, der seinerseits durch den Blick der anderen provoziert wird. Bernadette läßt diesen anklagenden Blick von außen, der den Finger auf das legen würde, was sie nicht sehen will, nicht zu: »Wenn ich am Wochenende das Chaos bei mir zu Hause sehe, dann sage ich mir: Wenn es jemandem einfiele, hier vorbeizukommen, dann wäre mir das ganz schön peinlich!«

Arlette malt sich diese Scham noch weiter aus: »Und dann habe ich da so meine kleinen Ticks und Gewohnheiten – ich hätte Angst, daß man sich darüber lustig macht.« Der mangelnde Stolz im Hinblick auf die erreichte Haushaltsorganisation hält einen also

Familienarbeit delegieren

davon ab, Hausarbeit zu delegieren, und gleichzeitig vergrößert das die Sphäre der intimen Dinge, die man vor den Blicken anderer abschirmen möchte. Eine so schamhafte wie geheime, oder besser: geheime weil schamhafte Intimität. Dabei ist es weniger die Intimität als solche, die verborgen wird, als vielmehr der Dreck und die Unordnung in der intimen Welt; das, was am allerpersönlichsten ist, befindet sich mitten im intimen Schmutz.

Häufig gesellt sich zu diesem Sichwehren gegen den Blick von außen die Frage der technischen Normalität. »Nein, ganz ehrlich, das kann ja wohl nicht Ihr Ernst sein. Wenn ich heute eine Putzfrau bitten würde, zu mir zu kommen und bei mir in meiner Wohnung sauber zu machen, dann würde sie sich erstmal totlachen und dann schnell wieder gehen« (Raphaël). Durch komplette Anomalität kann die Scham übrigens wieder ein wenig gelindert werden. Die Putzfrau lehnt die Arbeit ab, weil sie undenkbar ist, aber sie lacht mehr als daß sie verurteilt (und sie lacht um so mehr und verurteilt um so weniger, als es sich um einen Mann handelt). Gegenüber einer Frau, die ihre Rolle eigentlich ausfüllen müßte, wäre ihr Blick sehr viel strenger. Die Scham ist um so größer, als man von der Person, die für den Haushalt zuständig ist, normalerweise die Fähigkeit erwartet, die Sache anzupacken. Carole, die kein richtiges Zuhause hat, obwohl sie doch einen Mann und Kinder, also eine richtige Familie hat, wäre es besonders peinlich. Und als wir sie aufforderten, sich eine ferne Zukunft zu erträumen, gibt sie ihren heimlichen Wunsch preis, die gesamte Hausarbeit abzugeben. Menschen, die wenig oder schlecht organisiert sind, haben eigentlich nichts gegen das Prinzip der Delegation, manchmal träumen sie sogar davon. Doch die Umsetzung in die Praxis scheint ihnen unmöglich.

Die Organisation

Der zweite Grund, weshalb es solchen Haushalten so schwer fällt, die Arbeit von jemand anderem erledigen zu lassen, liegt in der Organisation selbst. Denn um Arbeit delegieren zu können, bedarf es nicht nur einer soliden Organisation, sondern auch der Fähigkeit, denjenigen, der die Arbeit übernimmt, nach den Prinzipien des eigenen Haushalts anzuleiten. Denn die delegierte Tätigkeit ist alles andere als eine unförmige Masse, die einfach nur übergeben wer-

Warum wird so wenig häusliche Arbeit abgegeben?

den muß und denjenigen, der sie übergibt, von jeder Verantwortung freistellt. Wenn die bereits bestehende Organisation auf regelmäßigen Automatismen beruht und nach klaren Prinzipien funktioniert, die auch explizit gemacht werden können, dann vollzieht sich diese Übergabe ohne große Reibungsverluste. Ist dies nicht der Fall, dann kann der Aufwand, den die Delegation erfordern würde, eher davon abschrecken, Arbeit abzugeben. Hier beobachten wir aufs neue, daß gerade denjenigen, die Hilfe am nötigsten hätten, nicht geholfen werden kann. Hausarbeit abzugeben setzt paradoxerweise voraus, daß man selbst bereits sehr gut weiß, wie sie zu machen ist. Noch mehr als die Scham ist das für Carole ein Hinderungsgrund dafür, das Weggeben bestimmter Aufgaben im Haushalt ernsthaft in Erwägung zu ziehen: »Derzeit wäre ich zuhause gar nicht organisiert genug, um das machen zu können.« Sie kann sich also nicht so recht vorstellen, wie sie eine andere Person in ihr höchst improvisiertes System einbeziehen könnte: »Im Moment wäre ich viel zu chaotisch, um jemandem sagen zu können, sie soll dies oder jenes machen. Da ich alles anfange, aber nie etwas wirklich zu Ende bringe, hätte die Arme sicher echte Schwierigkeiten, sich bei mir zurechtzufinden.« Die nötige Organisation siedelt sich auf zwei verschiedenen Ebenen an. Erstens auf einer allgemeinen Ebene, also die Logik des Gesamtsystems und die Klarheit der Anhaltspunkte betreffend. Zweitens auf einer punktuellen Ebene, also hinsichtlich der Details dieser oder jener Aufgabe. Francine führt das Beispiel des Bügelns an: »Das erfordert natürlich mehr Organisation. Wenn du nicht gewaschen hast, dann kann sie auch nicht bügeln. Sie kam immer dienstags zum Bügeln – sie können sicher sein, daß ich auf Dienstag alles vorbereitet hatte, aber sicher!« Heute läßt sie nicht mehr für sich bügeln, die alte Regelmäßigkeit ist verschwunden. Sie bügelt einfach dann, wenn der Bügelberg auf eine gewisse Höhe angewachsen ist. Wenn die Organisation zu wünschen übrig läßt, bedarf es einer großen intellektuellen Anstrengung, Anweisungen zu geben. Das macht die Delegation auch für Bernadette unattraktiv: »An manchen Abenden komme ich müde nach Hause und dann sage ich mir: Ich bräuchte jemanden. Aber es würde mich mehr Zeit kosten, ihr alles zu erklären, als die Dinge selbst in die Hand zu nehmen.«

Sieht man einmal von den seltenen Viertelstunden ab, wenn sie früher nach Hause kommt, gelingt es Marie-Alix nicht, in ihrem häuslichen Universum wieder Fuß zu fassen. Einzige Ausnahme:

Familienarbeit delegieren

das Bügeln. Das ist ihr Anker, der sie vor dem völligen Abdriften aus dem häuslichen Universum rettet, und er ist dadurch zustandegekommen, daß sie diese Arbeit eigentlich gar nicht weggeben kann – zu sehr fehlt es ihr hier an Organisation und zu ausgeprägt ist die Besonderheit ihres Systems. Sie wäscht in unregelmäßigen Abständen, und ebenso macht sie es mit dem Bügeln. Erstes Problem: Sie müßte sich beim Waschen nach einem regelmäßigen Rhythmus richten. Zweites Problem: Sie ist es gewohnt, die Hemden ihres Mannes in zwei Kategorien zu ordnen: die »normalen« (fürs Büro), die sie bügelt, und die »alten« (für den Hausgebrauch), die sie nicht bügelt. Nichts ärgerte sie mehr, als die alten Hemden zusammen mit den anderen auf einem Stapel zu sehen, den das Kindermädchen gebügelt hatte. Wenn die Gewohnheiten tief sitzen, dann bedeutet die kleinste Veränderung, einen Berg zu versetzen. »Es ist unglaublich anstrengend, an alles denken zu müssen.« Es ist in der Tat nur schwer einzusehen, warum man diese Mühe auf sich nehmen sollte, wenn das etablierte System doch eigentlich funktioniert. Es gibt also auch hier Widerstände.

Hausarbeit von jemand anderem erledigen zu lassen, setzt somit eine geistige Anstrengung voraus. Manchmal bedarf es aber auch einer nicht unbeträchtlichen praktischen Anstrengung. Denn nicht alles kann mit Worten gesagt werden; manchmal sagen Worte sogar ziemlich wenig. Der wesentliche Teil der Botschaften wird dadurch vermittelt, daß der Auftraggeber demonstriert, wie die Dinge bei ihm organisiert sind und wie er was macht. Er präsentiert sich selbst als Beispiel, um der Haushaltshilfe auf diesem Wege stillschweigend seine Erwartungen zu vermitteln. Er schafft Modelle, die als Vorbild dienen können, und hierfür räumt er erstmal auf, bevor aufgeräumt wird, und putzt, bevor geputzt wird. Ein neues Paradox. »Das erfordert Organisation und Arbeit. Und zwar in dem Sinne, daß ich ein Beispiel für sie bin. Wenn sie beispielsweise sieht, daß im Haus alles ordentlich ist, dann sagt sie sich, das ist hier normal, hier will man alles ordentlich haben. Also macht sie es genauso. Wenn sie kommt, sollte also nicht unbedingt das totale Chaos herrschen. Denn ich möchte nicht, daß sie das von mir denkt, wenn sie wieder geht. Ich möchte, daß sie sich beim Gehen sagt: Angesichts dessen, wie ordentlich es hier zugeht, habe ich meine Arbeit gut gemacht.«

Warum wird so wenig häusliche Arbeit abgegeben?

Das Intime und das Persönliche

Die Initimsphäre, die es vor den Blicken der Außenwelt zu schützen gilt, ist um so größer, je mehr Unordnung herrscht. Sie variiert auch je nach der Geschichte eines jeden einzelnen. Es gibt immer eine Mindestschwelle: wenigstens einen Raum, einen Gegenstand oder eine Handlung, die vor den Blicken anderer verborgen werden muß. Denn das Zuhause fixiert wesentliche Anhaltspunkte für das Selbst, und die stärksten Anhaltspunkte sind die geheimsten. Diese Intimsphäre stellt ein weiteres Hindernis für die Delegation von Hausarbeit dar. Irénée ist gut organisiert und stolz auf ihr Heim. Logischerweise versteift sie sich auch nicht darauf, den Gedanken an einen Eindringling von außen grundsätzlich abzulehnen. Sie würde einen Blick hinter die Kulissen ihres Haushalts und ein Urteil von außen sogar nicht ohne eine gewisse Befriedigung hinnehmen. Eine deutliche Ausnahme macht sie jedoch bei ihrer schmutzigen Wäsche und ihrem Bett: »Ich kann nicht verstehen, wie Leute das aller Welt zeigen können. Sein Bett muß man einfach selber machen, ich kann das nicht verstehen ... Man muß sein Bett jeden Morgen machen, wenn man aufsteht, das ist das erste, was man macht.« Carole, die ansonsten eigentlich in einem völlig anderen Haushaltsuniversum lebt, weist dieselbe Fixierung auf ihr Bett auf: »Nein, ich kann mir absolut nicht vorstellen, eine fremde Person mein Bett machen zu lassen.« Das Bett, die schmutzige Wäsche und die Unterwäsche tauchen in den Beispielen immer wieder auf. Denn in ihnen fließen Komponenten des Höchstpersönlichen und des höchst Geheimen zusammen: der Schmutz (der sich immer im Zentrum des Intimen befindet; selbst bei Irénee gibt es Schmutz und Unordnung, die es zu verbergen gilt) und das, was man direkt auf der Haut trägt, was den Körper berührt. Lola macht einen deutlichen Unterschied zwischen Tätigkeiten, die mit dem Körper zu tun haben, und denen, die eher äußerlich und materiell sind, die also zum Haus gehören: »Bett, Bügeln, Wäsche, meine Schlüpfer aufhängen – völlig unmöglich! Hingegen Boden und Fenster – o. k.« Nun ist es so, daß sie die als erstes aufgezählten Tätigkeiten mit Leichtigkeit erledigt, nicht jedoch die anderen, was wiederum kein Zufall ist. Denn die Macht, die einen zum Handeln antreibt, ist bei sehr persönlichen Gesten am größten, und der Widerwille wird hier beständiger bekämpft, eben gerade weil es sich um etwas Persönliches handelt und man gar nicht anders kann, als es selbst

Familienarbeit delegieren

zu machen – ein Kreislauf. Die Definition einer Intimsphäre, die es vor den Blicken anderer zu schützen gilt, ist Teil der Produktion der persönlichen Gesten.

Auch die persönliche Welt bezieht sich auf den klassischen Gegensatz zwischen öffentlich und privat, eine bequeme und gesellschaftlich allgemein geteilte Kategorisierung, die Klarheit in die Gedanken bringt und das Leben leichter macht. »Daß jemand meine Sachen anfassen und wissen würde, was bei mir daheim so alles rumliegt, das würde mich am meisten stören«, sagt Patricia, und fügt hinzu: »Ich habe nicht gerade Schätze bei mir gelagert, aber es sind eben meine Sachen.« Der Hinweis auf einen eventuellen Diebstahl, der kaum zu überhören ist, ist nicht auf die leichte Schulter zu nehmen. Auch wenn diese Gefahr nicht sehr groß ist, ist sie doch in den Köpfen sehr präsent. Denn abgesehen von der Angst symbolisiert sie auch die Gefahr eines Einbruchs in die persönliche Welt, die Gefahr, seiner persönlichen Intimitätsschätze durch die Präsenz des Fremden in jedem Fall beraubt zu werden. »Was ich gar nicht leiden kann, ist, jemand Fremdes bei mir im Haus zu haben« (Patricia). Vor allem, wenn diese Präsenz andauert, einem keine Atempause und keine Rückzugsmöglichkeiten läßt. Vor diesem Hintergrund scheint es nur logisch, daß die Individualisierung bzw. Privatisierung (einschließlich der Individualisierung der Haushaltsgesten) nicht zufällig mit dem Rückgang der Zahl fest angestellter, mit im Haus wohnender Hausangestellter zusammenfällt, die mehr und mehr durch punktuelle Leistungen ersetzt werden. Zeitlich begrenzte Präsenz ist eher akzeptabel.

Persönliche Dinge und Gesten gehören der Intimsphäre an – entweder der Intimsphäre der Unordnung und des Drecks oder der Intimsphäre, die stolz auf ihre Schätze ist, die nur ihr allein gehören. Aber sie sind auch Teil einer Identitätsstrategie, Teil von Entscheidungen hinsichtlich der Haushaltsorganisation, die in Prinzipien wurzeln, welche das Dasein insgesamt betreffen. Natürlich gibt es auch Fälle, in denen selbst diese Entscheidungen delegiert werden. Das war bei Yann der Fall, als er seine ideale Putzfrau hatte. Und es ist heute weitgehend auch bei Marie-Alix der Fall, was die Erziehung ihrer Kinder betrifft. Doch im allgemeinen besetzen diese Entscheidungen einen zu zentralen Platz innerhalb der täglichen Strukturierung der Gesten, auf denen die Identität gründet, als daß sie delegiert werden könnten. Sie sind das, was dem Handeln einen persönlichen Sinn gibt, das, was das Handeln in ein sinnvolles Leben eingliedert. So kann beispielsweise die Vorgehensweise beim Ausmisten der Wohnung oder des Kleiderschranks keineswegs auf eine simple Verrichtung reduziert und banalisiert werden. Da müssen präzise Entscheidungen getroffen werden und vor unserem inneren Auge leben Momente unseres Lebens wieder auf. Für Yolande ist dies das einzige, was sie nicht an jemand anderen delegieren könnte: »Denn das ist etwas Persönliches. Man kann doch nicht hingehen und jemand anderen entscheiden lassen, welche Dinge man aufhebt und welche man wegwirft!«

Zwischen verschämter Intimität, persönlichen Schätzen und strategischen Entscheidungen variiert die als strikt privat definierte Sphäre von einer Lebensgeschichte zur anderen. Für Lola sind es die Handgriffe, die mit ihrer Wäsche zu tun haben, an denen nicht gerührt werden darf, für Yolande ist es das Ausmisten, für Maïté alles, was mit ihrem letzten Kind zu tun hat. Was von der einen problemlos abgegeben werden kann, befindet sich für die andere im Zentrum ihrer Intimität und umgekehrt. Das Kind ist hier ein besonders unsicheres Terrain. Da es sich im Zentrum des Familialen befindet, gleichzeitig aber einen beträchtlichen Arbeitsaufwand mit sich bringt, gleitet es mit erstaunlicher Leichtigkeit vom höchstpersönlichen Bereich in denjenigen, der am leichtesten delegiert wird (Kaufmann, 1996a). Andere Tätigkeiten weisen hinsichtlich ihrer Positionierung eine größere Beständigkeit auf. Die schmutzige Wäsche und die Unterwäsche werden beispielsweise sehr oft dem intimen Bereich zugerechnet, den es zu schützen gilt. Eher maskuline und technische Aspekte (die mehr mit dem Haus als mit dem Körper zu tun haben) verweisen hingegen auf ein professionelles Universum und werden leichter aus der Sphäre der tabuisierten Gesten herausgelöst.

Der Preis

Und dann ist da noch ein letzter Hemmschuh für das Weggeben von Hausarbeit: der Preis. Hausarbeit von jemand anderem erledigen zu lassen, bedeutet natürlich höhere Ausgaben. Die finanzielle Frage ist also durchaus relevant. Es ist jedoch selten, daß wirklich Kosten und Nutzen gegeneinander aufgerechnet werden. Viel eher kommt das finanzielle Argument ins Spiel, um einer bereits getrof-

Familienarbeit delegieren

fenen ablehnenden Entscheidung mehr Nachdruck zu verleihen. Nachdem sie hinsichtlich des Bügelns zunächst gezögert hatte, hat sich Yolande nun entschlossen, die Sache selbst in die Hand zu nehmen: »Heute kann ich es selbst machen, also tue ich das auch. Und das Geld kann ich dann für andere Dinge ausgeben.« Maïté fällt das Bügeln furchtbar schwer. Warum läßt sie es dann nicht für sich machen? »Na ja, es ist wegen der Zeit, inzwischen habe ich doch mehr Zeit. Und dann kostet es 50 Francs in der Stunde – irgendwie würde ich es ein wenig dumm finden, jemand anderen zu bezahlen, wo ich doch Zeit habe.« Ihr Fall illustriert eine sehr verbreitete Haltung. Sie hätte die Mittel, aber sie kann sich trotzdem nicht überwinden. Die Ausgabe wird also viel stärker zur aktuellen Organisation in Beziehung gesetzt als zu den Vorteilen, die dadurch entstehen könnten (beispielsweise mehr Zeit für sich selbst zu haben oder beruflich mehr zu arbeiten und deshalb mehr zu verdienen). Es wird immer nur in die eine Richtung gerechnet: man hätte mehr auszugeben. Carole würde gerne ihre Fenster putzen lassen. Aber das erscheint ihr »zu teuer« angesichts dessen, daß sie es ja »selber machen kann«. Sie erlaubt es sich also nicht, diese Möglichkeit in Betracht zu ziehen.

Innerhalb der Paarbeziehung kommt das finanzielle Argument auf eine ganz spezielle Weise zum Einsatz. Nach dem klassischen Schema bietet die Frau ihre Schönheit, ihre beziehungsmäßige und emotionale Kompetenz und ihre Hausarbeit im Austausch gegen die Stärke, die gesellschaftliche Position und das Einkommen des Mannes an (de Singly, 1987). Dies erklärt, warum sie sich tendenziell dagegen wehrt, Hausarbeit wegzugeben. Denn dies würde ihren eigenen Einsatz in Sachen Hausarbeit reduzieren und außerdem eine größere finanzielle Ausgabe für den Haushalt bedeuten, was die Austauschbeziehung aus dem Gleichgewicht brächte. Sie müßte dies dann durch andere Werte ausgleichen, von denen sie nicht so recht weiß, welche das sein könnten, und von denen sie annimmt, daß sie sie teurer kämen als die Hausarbeit. Nur sehr selten kommt es vor, daß die Positionen umgekehrt sind, daß der Mann also weniger Geld nach Hause bringt als die Frau und dies durch einen anderen Beitrag, insbesondere Hausarbeit, kompensiert. Bei David ist das so, doch auch hier bestätigt sich dieses Gleichgewichtsprinzip: Derjenige, der lieber Hausarbeit als Geld beisteuert, neigt eher zur Sparsamkeit, wenn es um die Delegation von Hausarbeit geht. Und derjenige, der sich in Sachen Hausarbeit

Warum wird so wenig häusliche Arbeit abgegeben?

weniger engagiert, befürwortet tendeziell Ausgaben für den Haushalt. Davids Arbeitsplatz ist schlechter bezahlt als der seiner Frau, und er kümmert sich mehr um das Haus als sie. Um zu vermeiden, daß sich dieses Ungleichgewicht noch mehr zuspitzt, würde er gerne einige Arbeiten delegieren können (davon träumt er heimlich), aber seine Position hindert ihn daran. Er ist sogar gezwungen, eine radikal sparsame Haltung einzunehmen und sich gegen jede Art von Ausgaben zu stellen, die ein noch stärkeres berufliches Engagement seiner Frau nötig machen würden: »Ich meckre immer, wenn sie Geld ausgibt. Am liebsten würde sie immer alles verbessern. Ich finde es gut so wie es ist. Als wir uns kennenlernten, hat sie sogar zu mir gesagt, ich würde in einem Pappkarton leben. Meine Matratze war zu kurz, so daß die Füße unten rausschauten. Aber das hat mich nicht gestört.« Heute würde ihn das stören, genauso wie ihn gewisse Mängel ihrer aktuellen Organisation stören und die Tatsache, daß sie so wenig Hausarbeit weggeben. Aber sagen kann er das nicht, nicht einmal allzu intensiv daran denken.

VII. Die Entscheidung

Es gibt also zahlreiche Hindernisse, die einer Delegation von Hausarbeit im Wege stehen. Und manchmal beziehen sie ihre Stärke mitten aus der Funktionsweise der Familie. Einen Teil der Hausarbeit wegzugeben, das ist ein bißchen so wie seine Hausfrauenseele verlieren. Dennoch wäre es falsch, von diesen Widerständen ein einseitiges und statisches Bild zu zeichnen. Andere Kräfte wirken in die andere Richtung, und die Entscheidung oder Nicht-Entscheidung sind Ergebnis einer ständigen Konfrontation dieser verschiedenen Kräfte. Im folgenden werden wir uns einige Antriebsfaktoren anschauen, bevor wir dann die Kontexte, in denen sich die Entscheidung herausbildet, einer genaueren Betrachtung unterziehen.

Die Abneigung

Am stärksten ist der Wunsch, eine bestimmte Tätigkeit von jemand anderem erledigen zu lassen, wenn sie als besonders mühsam empfunden wird. Was Carole am meisten haßt, ist das Fensterputzen. Das würde sie als erstes in Auftrag geben. Bei Francine konzentriert sich die Abneigung auf die Fenster und das Bügeln. Als die Kinder noch klein waren und sie zu viel zu tun hatte, befreite sie sich genau von diesen beiden Aufgaben: »Ich habe jemanden eingestellt, um das für mich zu erledigen.« Heute steht sie zeitlich weit weniger unter Druck und hat deshalb diese Aufgaben wieder selbst übernommen. Die Abneigung gegen eine Tätigkeit führt also nicht automatisch zu deren Delegation, sondern kommt als ein Antriebsfaktor unter anderen hinzu. Sind die Rahmenbedingungen günstig, kann er allerdings eine entscheidende Rolle spielen.

Wenn einem eine Aufgabe besonders lästig wird, ist der erste Reflex nicht der Versuch, sie loszuwerden, sondern im Gegenteil, seine ganze Energie darauf zu verwenden, zu den gewohnten Automatismen zurückzufinden. Denn deren Schwächung ist der Grund für den Widerwillen. »Wenn es mal nicht läuft, dann stellt man sich nicht groß Fragen«, sagt Maïté, »Augen zu und durch.« Dieses Prinzip ist sehr verbreitet; es kann sogar dann noch beibehalten

Die Entscheidung

werden, wenn die Abneigung ihren Höhepunkt erreicht. Bevor es dazu kommt, daß man eine gewisse Distanz zu sich selbst gewinnt und sich langsam mit dem Gedanken anfreundet, diese Aufgabe von jemand anderem erledigen zu lassen, was unausweichlich eine Infragestellung der gegenwärtigen Organisation bedeuten würde, muß diese Organisation wirklich gescheitert oder der Körper von einer unheilbaren Aversion befallen sein. Kehren wir noch einmal zu Francine zurück. Manchmal, wenn sie während ihrer Hausarbeit einen Durchhänger hat, lastet die Arbeit zentnerschwer auf ihr. Sie träumt davon, sich von dieser Plackerei zu befreien. Doch dieser Traum ist ein Sakrileg. Jetzt, wo sie die nötige Zeit dafür hat, empfindet sie es als ihre Pflicht, diese Arbeiten zu erledigen. Die einzige Lösung besteht somit darin, wieder zu ihrem Rhythmus zurückzufinden. Für den Fall, daß ihre Pein sie aber zu überwältigen droht, hat sie sich schon einen subtilen Kriegsplan zurechtgelegt: die beiden Aufgaben voneinander trennen und sich dann erlauben, wenigstens die Delegation der mühsameren der beiden Tätigkeiten in Erwägung zu ziehen: das Fensterputzen. Im Gegenzug ist damit jedoch der Gedanke, ähnliches hinsichtlich des Bügelns anzuvisieren, zu einem noch größeren Tabu geworden: »Nein, also mit dem Bügeln, da gibt es nichts zu rütteln! Ich habe mich damit abgefunden, nein, nein!« Sie ruft das aus, schreit beinahe, als könne sie so ihre unzulässigen Träume vertreiben.

Die passende Gelegenheit

Ganz im verborgenen werden heimliche kleine Szenarien entworfen. Scheinbar sind sie reine Hirngespinste, um sich selbst etwas Gutes zu tun und die Härte des Alltags ein wenig zu lindern. In Wirklichkeit aber ebnen sie bereits ideologisch den Weg zur Delegation von Hausarbeit. Später wird dann irgendein Ereignis, etwa daß man »zufällig auf die passende Person trifft« (Raymonde) oder »sich eine Gelegenheit bietet« (Francine), als Auslöser für die Entscheidung genügen. Plötzlich wird sie mit einer überraschenden Leichtigkeit getroffen, und die Widerstände lösen sich im Nu in Luft auf.

Bevor wir uns mögliche auslösende Ereignisse außerhalb des Haushalts ansehen, sollte noch ein Wort zum Ehemann gesagt werden. Er selbst kann nämlich auch die Rolle eines Auslösers spielen,

Familienarbeit delegieren

gerade weil er (mehr oder weniger) außerhalb der häuslichen Dynamik steht. Er ist der wichtigste Zuschauer und Zuhörer für die Klagen und die Pein, die Müdigkeit und den Ärger seiner Frau. Und im Gegensatz zu ihr ist er nicht in der Situation, seinen Körper immer antreiben zu müssen, um die Automatismen ständig wieder in Gang zu bringen. Deshalb fällt es ihm leichter, ein kritisches Auge auf die Sache zu werfen, und er kann mit größerer Unbefangenheit Reformvorschläge für den Haushalt einbringen: den Kauf eines Haushaltsgeräts, die Nutzung einer Dienstleistung oder das Anstellen einer Person. Die Rolle der Frau besteht darin, für diese Vorschläge taub zu sein und sich ihnen mit ihrem Schweigen und der Kraft ihres tätigen Körpers, die das Fundament der familialen Organisation ist, zu widersetzen. Im Vergleich zum Gewicht dieser Gesten ist der Mann in doppelter Hinsicht unbelastet. Er hat die Unbeschwertheit der häuslichen Verantwortungslosigkeit. Und er hat die Möglichkeit, im Hinblick auf Haushaltsdinge freier und weniger festgefahren zu denken.

Deshalb ist er auch oft der Erste, wenn es darum geht, Gelegenheiten, die sich bieten, gedanklich durchzuspielen und Informationen, auf die er zufällig stößt, dafür zu nutzen, bestimmte Veränderungen vorzuschlagen. So stimulieren etwa die Möglichkeiten der steuerlichen Abschreibung sein reformerisches Genie. Er entwirft Pläne und berechnet mögliche Einsparungen. Von manchen seiner Ideen ist er hellauf begeistert, und er versucht, sie in die Tat umzusetzen – was auch immer die tatsächlichen Folgen für die häusliche Organisation sein mögen (welche er falsch einschätzt). Seine Frau hingegen geht von der bestehenden Organisation (über die sie die Kontrolle hat) und deren Erhalt aus. Solange die Haushaltsmaschinerie noch einigermaßen funktioniert, weigert sie sich, irgendwelche passenden Gelegenheiten ins Auge zu fassen. Doch wenn die Maschine dann tatsächlich eines Tages stehen bleibt (Überlastung, Müdigkeit, Funktionsstörungen und diverse Krisen), ergreift sie die Gelegenheit auf radikalere und umfassendere Weise als ihr Mann. Und bedeutend entschiedener, denn sie ist es, die das Kommando hat. Da sie in ihrer Position die Verantwortung für den Haushalt trägt, ist sie zu überraschenden Wendungen verurteilt. Erst beugt sie sich den Umständen, doch dann ändert sie plötzlich um hundertachzig Grad ihre Meinung und nimmt das Ruder in die Hand. Als Francines Kinder noch klein waren, fiel es ihr schwer, mit allem fertig zu werden. Aber das war damals für sie die Zeit

Die Entscheidung

der intensivsten häuslichen Mobilmachung, und Delegation klang wie Demission: Sie wagte nicht einmal, davon zu träumen. Eines Tages erfuhr sie, daß eine Nachbarin eine Stelle als Haushaltshilfe suchte, und innerhalb weniger Minuten richtete sie sich gedanklich an ganz neuen Orientierungspunkten aus. »So hat es angefangen.«

Die Krisen

Solange der häusliche Alltag reibungslos verläuft, besteht kein Grund, Hausarbeit in Auftrag zu geben. Krisen und Funktionsstörungen hingegen drängen auf eine Reform der Organisation. Der bedeutendste Fall ist derjenige eines unerträglichen Zeitdrucks und der Unfähigkeit, dem physisch noch standzuhalten. »Ich war dermaßen überlastet, ich kam einfach nicht mehr nach, da habe ich mir gesagt: Ich muß eine Lösung finden« (Carole). In solchen Fällen handelt es sich um eine umfassende Krise, die auf alle Bereiche des Alltagslebens ausstrahlt (Überlastung, Müdigkeit, schlampige Arbeit, latente Unzufriedenheit). Je größer die Auflösungserscheinungen sind, um so intensiver wird nach einer Lösung gesucht. Die Funktionsstörung kann aber auch lokal begrenzt sein oder nur bei einer bestimmten Gelegenheit auftreten, wie das »Sandkorn im Getriebe«, und einen dazu zwingen, ausnahmsweise Hilfe in Anspruch zu nehmen. Sie kann auch punktuellen Charakter haben, etwa wenn bestimmte Arbeitszeiten es nötig machen, ein Kind betreuen zu lassen. Und dann gibt es noch technische Funktionsstörungen (Umgang mit Geräten), für deren Behebung dem Haushalt die nötigen Kenntnisse fehlen.

Im letzten Fall ist das Schema einfach: Ein bestimmtes Problem führt zur Nachfrage nach Delegation, um das Problem direkt zu beheben. Wenn sich die Krise jedoch ausweitet und zu einer umfassenden Krise wird, ist der Lösungsweg weniger klar. Das wichtigste ist, zunächst auf irgendeine Weise den Druck zu verringern. In diesem Stadium fließen der technische Bereich und der Beziehungsbereich, der Haushalt und die Familie tendenziell ineinander. Und die Krise bricht woanders aus (in der Beziehung oder mit den Kindern), nicht dort, wo sie eigentlich hätte stattfinden müssen (der Organisation des Haushalts im engeren Sinne). Deshalb stehen meist familiale Spannungen am Anfang einer Reform der Haushaltsorganisation.

Familienarbeit delegieren

Jérôme findet, daß Rénata zu wenig Zeit für ihn hat, und ihr rauschhafter Aktivismus geht ihm auf die Nerven. Anfangs hat er lediglich ab und zu eine Bemerkung gemacht und dabei noch gelacht. Doch irgendwann änderte sich sein Tonfall, und es kam zu richtigen Szenen. Und in den wirklich intensiven Momenten kamen dann auch die unangenehmsten Fragen zur Sprache: Genügt es, Seite an Seite zu leben, um zusammenzuleben? Liebt man sich wirklich, wenn man so wenig Zeit miteinander teilt? Dieser Abgrund mußte schnellstens geschlossen werden – mit Hilfe eines Ausweichmanövers an der Peripherie: Rénata erklärte sich bereit, eine Putzhilfe einzustellen (vier Stunden pro Monat). »Unsere Beziehung wurde immer schlechter, da habe ich mir gesagt, so geht das nicht mehr weiter.« Sie ist ziemlich stolz auf diesen siegreichen Kampf gegen sich selbst. Die Veränderung bleibt jedoch begrenzt. Die vier Stunden pro Monat wurden sofort routinisiert und milimetergenau in die Gewohnheiten eingepaßt, welche unantastbar sind. Im Geheimen träumt Jérôme davon, diese vier Stunden auszuweiten. Rénata hat er davon noch nichts gesagt, aber ein neuer Konflikt bahnt sich schon an.

Wegbereitende Träume

Ein ausgeprägter Widerwille gegen bestimmte Tätigkeiten, Arbeitsüberlastung oder Spannungen in der Partnerschaft können Auslöser dafür sein, daß darüber nachgedacht wird, Hausarbeit zu delegieren. Zunächst sind das nur vage Träumereien ohne rechten Realitätsbezug, und doch bereiten sie schon das Terrain vor. »Das ist einfach nur so eine Idee, die mir im Kopf herumschwirrt« (Christelle). Der erste Reflex besteht darin, mit dem Träumen aufzuhören und sich selbst wieder in Aktion zu setzen. Patricia: »Solange ich es noch kann, mache ich es auch, ich komme schon zurecht.« Doch wenn das Ergebnis zu wünschen übrigläßt, dann taucht auch der Traum als psychologische Stütze auf dem Weg zur Entscheidung wieder auf. »Manchmal sage ich mir: jetzt reichts mir aber, ich suche mir jemanden!« Im letzten Stadium schließlich kann der Traum zu einer Quasi-Entscheidung werden. So haben sich die Dinge auch in Francines Kopf entwickelt (hinsichtlich des Fensterputzens). Sie ist sich jedoch heute noch nicht sicher, ob sie den letzten Schritt getan hat: »Ich glaube, das muß man erst mal

Die Entscheidung

noch seh'n, ich denke darüber nach, das wäre schon schön. Also ich weiß noch nicht, ob ich es tun werde.« Denn charakteristisch für einen solchen wegbereitenden Traum ist, daß er instabil und den alltäglichen Ereignissen unterworfen ist. Sobald sich eine Gelegenheit bietet, kann er wesentlich zur Entscheidung beitragen. Er kann jedoch auch auf unbestimmte Zeit ein heimlicher Traum bleiben.

Träumereien, vage und verborgene Gedankenspiele, die pausenlos kommen und gehen, hinterlassen kaum Spuren im Gedächtnis. Deshalb ist es schwierig, sie einzufangen; sie sind dafür bestimmt, im Hintergrund oder gar ganz geheim zu bleiben. Wenn ein Traum die klare und deutliche Form eines richtigen Projekts annimmt, wird er jedoch salonfähig. Der Traum von Constance beispielsweise ist inzwischen zu einer richtigen Strategie, ja sogar zu einer Doppelstrategie geworden (die offiziell-partnerschaftliche Variante und die geheim-persönliche). Dabei sollte jedoch nicht vergessen werden, daß die meisten Träume nicht diese elaborierte und stabile Form besitzen und selten Teil einer so detailliert geplanten Zukunft sind.

Constance ist zur Zeit arbeitslos und kümmert sich um alles im Haus. Sie steht kurz davor, eine neue Stelle anzutreten, und möchte sich deshalb von den Aufgaben im Haushalt befreien. Ihr Mann hätte im Augenblick eigentlich relativ viel Zeit und hat bereits verkündet, die Lösung sei doch einfach: Er würde das übernehmen, was sie zur Zeit macht (oder zumindest einen Teil davon), und so könnten sie die Kosten für eine Haushaltshilfe sparen. »Wir wissen noch nicht, was wir tun werden. Er würde zur Zeit am liebsten das Putzen und Bügeln übernehmen und keine Haushaltshilfe einstellen.« Diese scheinbar großzügige Entscheidung bringt Constance in eine gewisse Bedrängnis, weil sie sie daran hindert, die Delegation der Hausarbeit konkret zu organisieren. Denn sie hat den Eindruck, daß ihr Mann den Arbeitsaufwand nicht richtig einschätzt, den er (abstrakt) zu übernehmen gedenkt: »Weil er sich aus allem zurückgezogen hat, hat er überhaupt keine Vorstellung mehr davon, was da auf ihn zukommt. Ich glaube, er hat keine Ahnung, was das bedeutet, welch ein Aufwand das ist, vor allem mit den Kindern.« Es besteht also die Gefahr, daß die Haushaltslasten, sobald ihr Mann erst mal mit der Realität konfrontiert ist, auf sie zurückfallen (zumal dann keine Vorkehrungen getroffen wurden, um die Arbeit abgeben zu können). Mit anderen Worten: Sie sieht be-

Familienarbeit delegieren

reits, wie die Falle wieder über ihr zuschnappt. Sie ist jedoch wild entschlossen, das nicht kampflos hinzunehmen. Da sie sich nicht direkt gegen das gutgemeinte Angebot ihres Mannes stellen kann (wer möchte schon einen Ehemann verprellen, der freiwillig die Hausarbeit übernehmen will?), hat sie eine subtile Strategie entwickelt, um die Katastrophe zu vermeiden. Punkt eins: heimlich die Alternative vorbereiten. »Ich werde sehen, ob da mit meinem Mann das Chaos ausbricht, und wenn ja – ich habe mich bereits informiert und eine Frau gefunden, die einverstanden wäre.« Punkt zwei: sich von dieser Situation, die ein zweischneidiges Schwert ist, nicht einwickeln lassen. »Wenn er alles voll und ganz schafft, um so besser, wenn nicht, dann muß man eben jemanden einstellen. In unseren Gesprächen mache ich klar: Ich werde nichts übernehmen. Der Januar wird sein Testmonat sein.« Eine genaue Ergebniskontrolle ist wesentlich, um die Entscheidung nicht zu lange hinauszuzögern und auch nicht das kleinste Risiko einzugehen. Im Januar wird alles perfekt erledigt werden müssen, sonst wird Constance ihren persönlichen Plan in Kraft treten lassen.

Am Ende des Interviews gesteht sie uns übrigens, daß ihre Zweifel an den Übernahmefähigkeiten ihres Mannes so groß sind, daß die Übereinkunft zwischen den beiden Eheleuten für sie nur Proforma-Charakter hat. Sie ist felsenfest entschlossen, die Situation im Januar zu klären, sobald ihr Mann auch nur die geringsten Schwächen zeigt: »Ich glaube, ich werde der Sache ein bißchen nachhelfen müssen, um zu erreichen, daß jemand eingestellt wird.« Eine Unbekannte bleibt jedoch noch in ihrer Gleichung: ihre eigene Reaktion, wenn ihr Mann es nicht schafft, mit der Situation zurechtzukommen. Wäre sie nicht versucht, ihm zu helfen, das nochmal zu machen, was er schlecht gemacht hat, und das zu übernehmen, was er vergessen hat? Sie ist fest entschlossen, hart zu bleiben und sich, wenn nötig, selbst dazu zu zwingen, nichts anzurühren, denn das ist genau der Knackpunkt, das spürt sie ganz deutlich. Manchmal, in mutlosen Augenblicken, sieht Constance wie in einem Alptraum ihren Mann vor sich, wie er die Falle weit öffnet, damit sie hineintappt. Oder sie stellt sich, ebenso alptraumhaft, vor, wie sie sich selbst in die Falle begibt. Sie muß also strikt an ihren Prinzipien und an ihrer Strategie festhalten. Wenn sie einige konkrete Aspekte im Detail betrachtet, tun sich zahlreiche Schattenzonen auf. Da ist zum Beispiel der Überblick über die Gesamtorganisation, den zu übernehmen er völlig unfähig sein wird.

Die Entscheidung

An diesem Punkt wird sie sich nicht komplett heraushalten können. Oder noch präzisere Aspekte, konkrete Handgriffe, wie das Aufräumen der Wäsche. Also hat sie eine Liste mit einzelnen Punkten aufgestellt, die sie wie eine Art Geländer vor dem Absturz bewahren soll: »Was das Aufräumen der Wäsche angeht – einverstanden. Aber ich werde kein Bügeleisen anrühren, nicht ein einziges Mal, und weder einen Besen noch einen Staubsauger ...« Und nach kurzem Schweigen fügt sie hinzu: »... sofern ich es schaffe, die Sache durchzuziehen«. Denn der Feind, das weiß sie ganz genau, lauert vor allem in ihr selbst, in ihren Gelüsten, die sie dazu verleiten könnten, einen Fehler zu begehen. Denn es bedarf einer standhaften Kämpferseele und einer erfahrenen Politik, um den Alltag dermaßen in ein Schema zu pressen, und einer überdurchschnittlichen mentalen Stärke. Die Dinge so zu nehmen, wie sie kommen, ist einfacher und erholsamer.

Ein bißchen, viel, alles

Die Entscheidung, bestimmte Bereiche der Hausarbeit in fremde Hände zu geben, führt eine neue Logik in das Denken und Handeln ein, die in einem Gegensatz zum normalen häuslichen Betrieb steht. Deshalb ist es wesentlich, daß klare Grenzen gezogen werden. Wenn der erste Schritt erst einmal getan ist und man sich an den Gedanken gewöhnt hat, Hausarbeit abzugeben, weichen auch die Widerstände gegen die Delegation weiterer Bereiche. Ist man mit der Qualität der erbrachten Leistung zufrieden, kann das dazu führen, daß die Nachfrage nach Dienstleistungen weiter steigt. Schauen wir uns den Werdegang von Marie-Alix an: »Anfangs konnten wir nur das Kind betreuen lassen, denn da hatten wir einfach keine andere Möglichkeit.« Also kam jeden Tag von 16 Uhr 30 bis 19 Uhr 30 ein junges Mädchen ins Haus. Unaufgefordert räumte sie auch die Unordnung auf, die die Kinder gemacht hatten. Marie-Alix hatte deshalb mit ihr eine Auseinandersetzung. Sie wollte nicht, daß sich diese beiden Tätigkeiten vermischten (sie hätte sich schuldig gefühlt, wenn zwischen 16 Uhr 30 und 19 Uhr 30 nicht die ganze Aufmerksamkeit den Kindern gegolten hätte). Doch noch während dieser Auseinandersetzung kam ihr der Gedanke, eine andere Art von Arbeit zu einem anderen Zeitpunkt am Tag erledigen zu lassen. »Sie konnte

Familienarbeit delegieren

auf diese Weise ein wenig mehr Geld verdienen und ich hatte weniger Arbeit. Sie war daran interessiert, ihr Einkommen aufzustocken, und ich daran, entlastet zu werden.« Auf diese Weise verabschiedete sich Marie-Alix schrittweise aus dem häuslichen Universum.

Mitunter wird der Wunsch, Arbeit zu delegieren, unwiderstehlich. So schwierig die ersten Schritte sind, so schnell können in der Folge die Widerstände dahinschmelzen – vor allem unter außergewöhnlichen Umständen, die den normalen Lebensrhythmus durcheinanderbringen, also wenn sich die Lebensweise ändert. Maïté war (und ist), was ihre Hausarbeit angeht, sehr gut organisiert. Dann nahm sie eine neue Stelle an, die es mit sich brachte, daß sie viel unterwegs war. Zunächst entschloß sie sich für eine punktuelle Delegation: die Kinderbetreuung (das ist heute bei ihr übrigens genau der Punkt des größten Widerstands gegen die Delegation). »Zunächst ging es nur darum, daß sich jemand um die Kinder kümmerte und vor allem darauf achtete, daß sie nach der Schule die Hausaufgaben machten.« Doch dann zögerte sie nicht, ihre Nachfrage unvermittelt auszuweiten: »Sie machte einfach alles, wirklich alles. Sie ersetzte mich rundum.« Am schwierigsten ist es, das ganze im Lot zu halten, wenn sehr viele, aber eben doch nicht alle Bereiche abgegeben werden. Denn dann besteht das Risiko, daß die Rollen unklar werden und nicht entschieden ist, wer denn nun die häuslichen Operationen leitet. Je mehr eine vollständige Delegation daraus wird, desto geringer wird diese Gefahr. Ist ein gewisses Maß an Hausarbeit aus der Hand gegeben, geht der Rest ganz schnell. Dann entsteht der Wunsch, sich auch noch von der mentalen Belastung durch die Organisation zu befreien – ein Wunsch, der im folgenden Satz sehr gut zum Ausdruck kommt: »Sie machte einfach alles.« Früher hatte auch Carole diese Art Hausangestellte, die »einfach alles machte«. Ein wunderbarer Traum, der zwei Jahre dauerte. »Sie machte absolut alles. Ich kümmerte mich um rein gar nichts mehr. Ich kam nach Hause und streckte die Füße unter den Tisch. Ich stand nicht mal vom Tisch auf, denn der wurde abgeräumt. Es war traumhaft.« Das Mädchen legte ihr sogar die Serviette zusammen. Sie mochte eigentlich die Art und Weise nicht, wie sie sie zusammenlegte. Aber lieber kritisierte sie das Mädchen, als selbst ihre Serviette zusammenzulegen. So groß war bei ihr das Verlangen geworden, überhaupt nichts mehr zu tun. »Ich habe alles abgegeben, ich hatte nicht mehr die

Die Entscheidung

geringste Verantwortung. Sie hat richtiggehend mit uns gelebt, sieben Tage die Woche, auch sonntags. Ich mußte mich um nichts mehr kümmern.«

Dann kamen die Kinder (die am Ausgangspunkt dieser Revolution gestanden hatten) in die Kindertagesstätte und ihre berufliche Situation änderte sich. Das System kippte in sein Gegenteil um. Heute gibt sie überhaupt keine Arbeiten mehr weg und kann sich das angesichts ihrer unzureichenden Organisiertheit auch nicht mehr vorstellen. Die radikale Delegation vollzieht sich in ganz speziellen Kontexten und wird vor allem von Frauen in Anspruch genommen, die auf keine so intime und persönliche Weise mit den Haushaltsdingen verwoben sind. Dieser in seiner Reinform eher selten anzutreffende Typus erlaubt es uns jedoch festzustellen, in welchem Maße die Aktivitätsmuster von einem Extrem ins andere übergehen können. Auf eine Phase ohne jede Delegation kann eine nächste mit umfangreicher Delegation folgen und umgekehrt. Selbst starke Widerstände sind keine feste Größe, sondern müssen immer in Relation zu diesem Hin und Her gesehen werden, das heißt, wenn der Kontext günstig ist, können bisher unüberwindliche Barrieren wie durch Zauberhand verschwinden.

VIII. Die Haushaltshilfe

Der Entscheidungsprozeß, der zur Delegation von Hausarbeit führt, verläuft alles andere als unkompliziert. Da müssen Widerstände beseitigt und Hindernisse umschifft werden, bevor eine solche Entscheidung definitiv getroffen und umgesetzt werden kann. Dieser Entscheidungsprozeß ist so schwierig und komplex, weil uns die häusliche Welt mit ihren ganz speziellen Spielregeln so nahe ist: unser Kapital an erworbenen Gewohnheiten muß mit Zähnen und Klauen verteidigt werden, und bei weitem nicht alles kann so gedacht und zur Sprache gebracht werden, als handelte es sich um ein rein technisches Problem.

Ist die Entscheidung dann endlich gefallen, stellt sich auch schon das nächste Problem, denn auch die Beziehung zu der Person, die man mit der Hausarbeit beauftragt, läßt sich nicht einfach regeln wie eine rein funktionelle Frage. Dafür ist uns das familiale Universum mit seinen impliziten basalen Codes, seinem vielsagenden Schweigen und seinen Fetischgegenständen – alles heimtückische Fallen für die Haushaltshilfe – viel zu nah. Diejenige, die die Anweisungen gibt, und diejenige, die sie entgegennimmt, müssen sehr vorsichtig ans Werk gehen, wenn ihre Austauschbeziehung über längere Zeit Bestand haben soll. Sie müssen ihre Gesten, Worte und Gefühle genauestens kontrollieren.

Ein Blick in die Geschichte

Um die heutige Situation besser zu verstehen, sollte man einige Aspekte aus der Geschichte der bezahlten Hausarbeit heranziehen. Ursprünglich war das Hauspersonal in hohem Maße durch seine symbolische Funktion gekennzeichnet: Anzahl und Art des Personals markierten »den Aufstieg in eine höhere Kaste – die Kaste der Leute, die sich bedienen ließen« (Perrot, 1992, S. 184). Dies erklärt auch die starke Hierarchie in diesem Beruf, an deren Spitze eine wahre Aristokratie der Dienstbarkeit stand: Hauspersonal vom Feinsten, im wesentlichen männlich und sichtbares Zeichen eines Luxus, der seinerseits eine bestimmte gesellschaftliche Position anzeigte. Das änderte sich im 19. Jahrhundert in dreifacher Hinsicht:

Die Haushaltshilfe

durch die Feminisierung, die Proletarisierung und die Ausrichtung auf Rentabilität des Hauspersonals. »Das Wort ›Gesinde‹ verliert mit der Feminisierung an Bedeutung und es ist nunmehr die Rede vom Haushalt, einer Vokabel, in der auch die Vorstellung von Arbeit anklingt« (Fraisse, 1979, S. 59).

Die Jahre um 1900 markierten einen Wendepunkt. Die von im Haus lebendem Personal geleistete, bezahlte Arbeit erreicht ihren Höhepunkt und verbreitet sich auch in der Welt des Kleinbürgertums, was allerdings zugleich den Anfang ihres Endes einläutet. Denn eine neue Empfindsamkeit bahnt sich ihren Weg, mit der die Integration Fremder in die Familie nicht mehr vereinbar ist. Der Wunsch nach Intimität macht die ständige Präsenz Dritter in der Wohnung zunehmend unerträglich. Die einzige Möglichkeit bestünde darin, den Eindringling ganz in die Familie zu integrieren, ihm zu untersagen, selbst eine Familie zu gründen, und ihn so als eigenständige Person zu verleugnen, ihn also zum Verschwinden zu bringen, indem man ihn unsichtbar macht (Martin-Fugier, 1979). Doch auch die Hausangestellten selbst sind Teil des Trends dieser Zeit, der auf die Stärkung des Selbstbewußtseins und auf die »Personalisierung des Bediensteten« hindrängt, die in die »Abschaffung dieses Systems« mündet (Perrot, 1992, S. 190). Anfang des 20. Jahrhunderts erhebt sich der Chor der bürgerlichen Frauen, um die zu niedrige Zahl und die »schlechte Qualität« der Hausmädchen anzuprangern. Es kommt zu einer doppelten Entwicklung. Einerseits muß der Beruf noch weiter abgewertet werden, um der Hausangestellten weiterhin den Status einer eigenständigen Person vorenthalten zu können. Der einfachste Weg ist der über das Alter: Das »junge Mädchen« ohne Ausbildung und aus einfachen Verhältnissen verspricht, eine anachronistisch gewordene gesellschaftliche Rolle fortzuführen. Andererseits kommt es zu einem Rückgang des im Haus lebenden Dienstpersonals, das durch punktuelle Dienstleistungen ersetzt wird, die von Personen mit eigener Wohnung und eigener Familie angeboten werden. Externe Dienstleistungen treten (zusammen mit der zunehmenden Technisierung des Haushalts) Schritt für Schritt an die Stelle des Hauspersonals. Inzwischen sind Haushalte, die ihre Angestellten im eigenen Haus beherbergen, höchst selten geworden (weniger als ein Haushalt von tausend), und die Zahl geht weiter stark zurück. Gleichzeitig aber steigt bei immer mehr Haushalten die Nachfrage nach Dienstleistungen von außen, vor allem was die Bereiche der

Familienarbeit delegieren

Hausarbeit und der Kinderbetreuung angeht (Eneau, Moutardier, 1992).

Die »jungen Mädchen«

Zwar ist die ständige Anwesenheit von Angestellten im Haus höchst selten geworden (nur im ländlichen Bereich, auf großen Höfen hat sich das Hauspersonal einen gewissen Status bewahrt), doch die Vorstellung von einer starken Integration der Haushaltshilfe in das familiale System ist nicht vollständig verschwunden. Sie manifestiert sich insbesondere bei alten oder kranken Menschen, die auch starke affektive und beziehungsmäßige Bedürfnisse haben (Caradec, 1996). Oder im Fall dieses besonderen Typs von Anstellung (ein Erbe der Vergangenheit), der heute eine ganz spezielle Wendung genommen hat: die »jungen Mädchen«.

Dieser Ausdruck spricht für sich: Es sind nicht einfach nur Mädchen, sondern »junge« Mädchen, egal, wie alt sie sind, und dieser Pleonasmus weist sowohl auf eine bestimmte Art von Beziehung als auch auf einen bestimmten Personentyp hin: aus einfachem Milieu, bemuttert und in den familialen Ablauf integriert, aber mit einer untergeordneten Position. Da es sich aber mittlerweile vor allem um punktuelle Leistungen (Babysitten, Putzstunden) handelt, kommt es zu einer Banalisierung dieses Ausdrucks, und inzwischen haftet ihm viel eher Unterordnung und Nicht-Professionalität (und somit die niedrige Bezahlung) an als Integration in die Familie. Das »junge Mädchen« wird immer mehr zu einem Synonym für den »kleinen Job«. Doch es gibt auch noch wirkliche »junge Mädchen«, die für eine gewisse Zeit in eine Familie integriert sind – Zeugnisse einer Epoche, die im Begriff ist, zu verschwinden. Raymonde hat mehrmals solche Mädchen auf ihrem Bauernhof gehabt. Sie hat sie erzogen und auf das Erwachsenenleben vorbereitet. Dafür waren sie ihr mit Leib und Seele ergeben: »Ich hatte junge Mädchen aus armen Familien bei mir. Sie sind sehr dankbar. Da war eine, die wußte weder ein noch aus. Sie war 14 Jahre alt, als sie zu mir kam, und schrecklich mager. Ich habe ihnen das Arbeiten beigebracht. Und als sie dann geheiratet haben, habe ich für ihre Aussteuer gesorgt. Ich habe sie glücklich gemacht und auf ihre Rolle als Hausherrinnen vorbereitet.« Raymonde spricht darüber als spräche sie über ihre eigenen Kinder. »Im Haus legten wir im-

Die Haushaltshilfe

mer alle unsere Geschenke unter den Weihnachtsbaum. Sie hätten die Freude dieser Mädchen sehen sollen, wenn sie genau wie unsere Kinder ein Geschenk bekamen!« Die Integration in die Familie vollzog sich jedoch an einem ganz spezifischen Platz und im Austausch gegen eine Arbeitsleistung. Raymonde hatte sich so an dieses System gewöhnt, daß es ihr reichlich schwer fiel, die Anwesenheit einer unabhängigeren Haushaltshilfe zu akzeptieren (die sie angestellt hatte, weil sie kein »junges Mädchen« mehr gefunden hatte). »Aber das, das funktionierte überhaupt nicht! Sie konnte sich einfach nicht zurückhalten und mußte zu allem ihren Senf dazugeben, egal worum es ging – die hat mich vielleicht Nerven gekostet! Eine Haushaltshilfe muß sich einfügen können, sonst kann das nicht funktionieren.« Wohlgemerkt: Es geht nicht darum, sich zu bemühen, ihr ein wenig entgegenzukommen, sondern allein darum, daß sie sich in die Funktionsweise des Haushalts einfügen kann.

Die unsichtbare Delegation

In der modernen Welt, in der Werte wie Intimität und partnerschaftliche Kommunikation an vorderster Stelle stehen, ist die ständige Anwesenheit einer fremden Person unannehmbar geworden. Raymonde selbst sieht die »jungen Mädchen« inzwischen auch mit anderen Augen: »Da war diese Verpflichtung, immer jemanden mit am Tisch zu haben, ob mittags oder abends. Das war sogar für die Partnerschaft ein Problem.« Bei denen, die nie mit solchem Hauspersonal zu tun hatten, ist die Ablehnung noch stärker: »Ich habe keine Lust, jemanden von außen in meinem Privatleben zu haben. Wir möchten nicht, daß jemand Fremdes schon beim Frühstück da ist, die ganze Zeit, jeden Tag. Unser Leben, das sind wir vier« (Constance). Maïté hatte schon einmal eine Haushaltshilfe, die manchmal Tag und Nacht dablieb, um sich während ihrer Abwesenheit um die Kinder zu kümmern. Die »Omi« hing schließlich sehr an der Familie und fühlte sich zu Hause. »Für die Kinder war sie die Omi. Es gefiel ihr so gut bei uns, daß sie schließlich auch noch dann kam, wenn wir Eltern eigentlich zu Hause waren. Also da wurde es wirklich lästig. So im Stil: morgens um neun an der Tür klopfen, um uns das Frühstück zu bringen. Na ja, das war schon nett, aber auch aufdringlich, oder?«

Familienarbeit delegieren

Maïté konnte dieses Drängen auf Integration ins Familienleben um so weniger ertragen, als der Idealfall für sie eine völlig unsichtbare Delegation gewesen wäre. Nicht nur eine Person, die nicht ständig da ist und zu der sie nur ein Minimum an Kontakt pflegt, sondern auch eine Leistung, die in ihrer Abwesenheit erbracht wird, also eine Form des Eindringens, die ignoriert werden kann: »Mein Traum wäre es, nach Hause zu kommen und alles ist schon gemacht, meine Ruhe zu haben, wenn ich nach Hause komme.« Die Faktoren, die die Angst vor der Anwesenheit einer Fremden schüren, sind zahlreich: Einbruch in die Intimität, Unterschiede hinsichtlich der Art und Weise wie die Dinge erledigt werden, daraus resultierender Ärger sowie Irritation aufgrund eines Rollenkonflikts. Warum macht diese andere Frau im Innersten unserer intimen Welt all das, was man doch eigentlich auch selbst erledigen könnte? Francine fühlte sich immer sehr gestört, wenn sie und ihre Putzfrau gleichzeitig anwesend waren. Deshalb zog sie es vor, »nicht da zu sein, wenn sie da war«, und erfand alle möglichen Vorwände, um die Räumlichkeiten zu verlassen: »Wenn jemand so in mein Leben eindringt, dann stört mich das irgendwie. An den Nachmittagen, an denen die Putzfrau kam, zog ich es deshalb vor, einkaufen zu gehen oder sonst irgendwas zu tun – eben einfach nicht da zu sein, wenn sie da war.« Denn die Putzfrau war nicht nur in ihrer Wohnung, sie war, wie sie sehr schön sagt, in ihrem Leben. Darüber hinaus spürte Francine bei der Angestellten das gleiche Gefühl des Gestörtseins: »Auch für sie war das besser, wenn ich nicht da war. Sie war das so gewohnt und konnte in aller Ruhe ihre Sachen machen.«

Die gleichzeitige Anwesenheit bringt unausweichlich Emotionales und eine Beziehungsebene mit ins Spiel (Caradec, 1996) und ist, ob man das will oder nicht, Anlaß für eine Reaktivierung des alten Modells der Bemutterung oder des Herrschens. Abwesend zu sein, während die Leistung erbracht wird, mindert dieses Risiko.

Uneinigkeit und Eifersucht

Eine andere ersetzt Sie. Wenn sie Sie schlecht ersetzt, ihre Arbeit zu wünschen übrig läßt oder sie auf eine andere Weise als die ihre vorgeht, riskiert sie Kritik und Entlassung. Wenn sie Sie zu gut ersetzt, kann sie paradoxerweise ebenfalls zu einer Quelle von Problemen werden, weil sie die Rolle der Hausherrin ebenso gut oder gar bes-

Die Haushaltshilfe

ser spielt, als diese selbst es tun könnte, und deshalb zu einer Rivalin wird. Die Rivalität, die sich zunächst auf der Ebene der Hausarbeit auftut, kann regelrechte Angstzustände auslösen, wenn sie sich auf die ganze Rolle ausweitet. Raymonde erinnert sich an ein »junges Mädchen«, das sich die Arbeit zu sehr zu Herzen genommen hatte. Zunächst bezog sich ihr Übereifer, über den sich Raymonde wahrlich nicht beklagen konnte, nur auf den Haushalt. Doch wenn es um die Kinder ging, war das für Raymonde etwas anderes, vor allem bei dem Baby. »Also was ich nicht akzeptiert habe, das war, daß sie das Baby morgens holen ging, wenn es aufwachte. Denn für mich war das der schönste Moment, morgens mit ihm zu schmusen und so. Und ich habe mir gesagt: Die nimmt mir meinen Platz weg! Und das konnte ich nicht hinnehmen! Wenn ich mit den Kindern schimpfte, rannten sie instinktiv zu ihr, sie nahm einfach meine Rolle ein! Doch dann ist sie weggegangen – zum Glück, denn ich konnte nicht mehr.«

Auch Célestine hat eine solche unangenehme Erfahrung gemacht. Als ihre Kinder noch klein waren und sie beruflich sehr eingespannt war, hatte sie (neun Jahre lang) eine Vollzeit-Haushaltshilfe. »Sie führte sich auf, als ob das alles hier ihr gehören würde, sie faßte alles an und erledigte jede Arbeit, die sich bot. Während meiner Abwesenheit hatte sie die Oberhand über mein Haus.« Sie empfing sogar Kunden ihres Mannes. »Es gab Kunden, die glaubten beim ersten Mal, das sei die Hausherrin. Ich will damit nur sagen, daß sie unausweichlich einen großen Platz einnahm, da ich ja den ganzen Tag nicht da war.« Angesichts einer solchen Invasion machten sich bei Célestine Zweifel breit. Was war das für ein seltsames Leben? Doch ihre Schlußfolgerung war klar und ohne Widerruf: Wenn sie weiterhin zu ihrer Entscheidung für ein berufliches Engagement stehen wollte (das ihr wichtiger war als alles andere auf der Welt), mußte sie ihre Gefühle unter Kontrolle halten und sich weigern, Eifersucht zu empfinden. Denn genau das war es, was sie fühlte: Eifersucht. »Ich mußte Zugeständnisse machen. Ich habe mir gesagt, wenn ich eifersüchtig bin, dann muß ich aufhören zu arbeiten.« Unglücklicherweise kreuzte dieses vage Gefühl den Weg eines bösen Gerüchts, das in der Nachbarschaft kursierte: »Sie hatte schließlich einen zu großen Platz in unserem Haus eingenommen. Manche Leute gaben mir unterschwellig zu verstehen, daß ich sie zu viel mit meinem Mann allein ließ. Ich habe das nie geglaubt. Aber ich habe deswegen eine sehr schlimme Zeit durchgemacht.«

Familienarbeit delegieren

Das Heraufbeschwören einer sexuellen Beziehung zwischen Hausmädchen und Hausherrn rührt oft von romantischen Phantasien her (Fraisse, 1979). Darin wird der schmerzhafteste Aspekt der Vorstellung von Rivalität symbolisiert. Da an die Stelle des Hauspersonals heute außerhäusliche Leistungen getreten sind, schwindet diese Möglichkeit. Aber das Symbol wirkt auf diffuse Weise weiter, wenn die Hausherrin das Gefühl hat, daß eine andere Frau ihre Rolle besser ausfüllt.

Unterschiedliche Gewohnheiten

Es gibt keine zwei Personen, die etwas genau gleich tun. Im Hinblick auf praktische Fragen der Erledigung von Aufgaben sind die Beziehungen zwischen Auftraggeberin und Angestellter also bereits strukturell konflikthaft. Selbst wenn die Arbeit gut gemacht ist, ist sie vielleicht nicht so gemacht, wie die Hausherrin sie macht. »Ich mußte es immer wieder sagen, weil sie es einfach nicht so gemacht hat wie ich. Aber es war schon gut gemacht« (Carole). »Jeder hat eben seine eigene Art und Weise, etwas zu machen. Aber man hätte schon gern, daß es so gemacht wird, wie man es auch selbst macht« (Maïté). Denn das Ordnungsprinzip, das in einem Haus herrscht, kann nur das der Hausherrin sein, und es kann nicht mehrere verschiedene Ordnungsprinzipien gleichzeitig geben. Nach einer Phase, in der sie ihren Ärger zunächst noch zurückgehalten hatte, entschloß sich Maïté, ganz genaue Anweisungen zu geben: »Ich war gezwungen, ihr zu sagen, daß ich es so und nicht anders wollte.« Zum Beispiel was die Zutaten der Mahlzeiten betraf. »In die Gemüsesuppe gehört einfach dieses oder jenes hinein.« Oder was das Reinigen bestimmter Gegenstände anging: »Das Spülbecken muß nach jedem Spülgang gescheuert werden.« In der Regel geht es um Mindeststandards beim Putzen. Aber paradoxerweise kann auch etwas zu gut Gemachtes Kritik hervorrufen: »Für meinen Geschmack war das alles ein bißchen zu gut gemacht. Ich gebe Ihnen ein präzises Beispiel: Wenn sie mir die Blusen über die Bügel hängte, knöpfte sie jeden einzelnen Knopf zu! Und ich mußte dann morgens alle Knöpfe wieder aufmachen, um die Bluse anzuziehen!« (Carole).

Unterschiede hinsichtlich solcher Gewohnheiten rufen Ärger hervor. Und wenn der Wunsch, die Arbeiten zu delegieren, nicht

Die Haushaltshilfe

sehr stark ist, der Ärger aber groß, dann ist es ziemlich wahrscheinlich, daß die Angestellte schnell wieder entlassen wird. Wenn jedoch eine starke Motivation zur Delegation zugrunde liegt, besteht die einzige Möglichkeit darin, seinen Ärger zu kontrollieren und seinen Groll hinunterzuschlucken. Da ihr das Berufsleben so wichtig war, war Célestine voll und ganz auf ihre Haushaltshilfe angewiesen. Auch wenn deren Gewohnheiten (und der Platz, den sie gegenüber ihrem Mann eingenommen hatte) für sie unerträglich waren, hielt sie ihre Kritik zurück und versuchte, nicht darüber nachzudenken. Eine Selbstkontrolle, die ihren eigenen Worten nach viel mit Weisheit zu tun hatte: »Denn ich bin ein weiser Mensch. Was erledigt ist, ist erledigt. Als ich sie genommen habe, habe ich mir gesagt, daß mir ein großer Dienst erweisen wird, und jetzt wird es beinahe zu einem Zwang. Wenn man verheiratet ist und Kinder hat und wenn der Mann auch einen Beruf und noch andere Verpflichtungen hat, dann ist man eben gezwungen, jemanden zu haben, na ja, und da muß man eben Kompromisse eingehen. Es gibt Dinge, die hätte man lieber anders, aber es lohnt sich nicht, darum zu bitten.« Yolande denkt genauso darüber. Der schwierigste Moment ist der, wenn sie den ersten Blick in ihre Wohnung wirft. Sie zwingt sich dazu, Befriedigung zu empfinden, und bereitet schon vorher diese positive Wahrnehmung vor: »Ich habe immer schon im voraus ein hundertprozentiges Vertrauen. Um mir dieses Vertrauen zu nehmen, muß schon etwas wirklich Einschneidendes passieren. Beim Heimkommen sage ich mir: Oh, das ist gut, es ist sicher alles ganz toll! Alles wird ganz sauber sein! Natürlich muß es dann auch wirklich sauber sein, sie muß die Arbeit korrekt erledigt haben. Aber wenn das der Fall ist, dann o.k., dann fange ich nicht an herumzukritteln. Ich bin nicht scharf darauf, es selbst machen zu müssen!«

Auch Éliane wiederholt dieselbe Litanei: »Was gemacht ist, ist gemacht. Das, was mich ärgern könnte, versuche ich zu übersehen.« Ihre Gesten jedoch scheinen ihre Worte Lügen zu strafen. Denn das erste, was sie tut, wenn sie nach Hause kommt, ist, alle »falsch« aufgeräumten Dinge an »ihren« Platz zurückzustellen. Die Kritik ist nicht beseitigt, sondern wird nur zurückgehalten. Éliane ist zwiegespalten. Da ist einerseits der bewußte Teil von ihr, der die Prinzipien der Toleranz und die Weigerung zu kritisieren gespeichert hat: »Wenn sie kommt, weiß ich, es ist erledigt. Es ist gemacht. Ich weiß, es ist mehr oder weniger gut gemacht, aber es

Familienarbeit delegieren

ist gemacht, und was gemacht ist, ist gemacht. Ich kann das dann in Ruhe lassen und vergessen.« Aber andererseits ist da tief in ihrem Körper ihre eigene Ordnung der Dinge abgespeichert: »Es ist stärker als ich. Sobald ich nach Hause komme, muß ich erst mal alles an seinen richtigen Platz stellen.« Und offen gesagt fällt es verdrängter Kritik ganz schön schwer, im stummen Universum reiner Körperreflexe zu verbleiben. Manchmal rutschen einem Sätze heraus, die von der Doppelbödigkeit dieses Denkens zeugen. »Manchmal passiert es mir, daß ich ihr gegenüber kleine Bemerkungen mache. Man muß aber dazu sagen, daß es an tausenderlei Kleinkram und Staubfängern nur so wimmelt! Das ist wirklich ärgerlich!« Sie hat sich enorm Mühe gegeben, weniger zu kritisieren: »Am Anfang habe ich oft etwas gesagt, wenn sie irgendwelche Sachen übersehen hat, die einem direkt ins Auge sprangen.« Aber sie hat gespürt, daß die Delegation an sich dadurch in Frage gestellt werden könnte. Jetzt hat sie ihre Kritik zwar besser unter Kontrolle, aber verschwunden ist sie nicht: Éliane agiert auf zwei verschiedenen gedanklichen und sprachlichen Ebenen, wechselt zwischen anerkennendem Schweigen und einer Kritik hin und her, die, wäre sie nicht so gut unter Kontrolle, die Delegation als solche ernsthaft gefährden könnte. Auch Rénata ist zu einem solchen doppelbödigen Denken verurteilt. Da sie der drängenden Bitte Jérômes ausgesetzt ist, kann sie die vier Stunden, für die sie jemanden zum Putzen hat, nicht in Frage stellen. Aber der heimliche Ärger treibt sie so sehr um, daß sie sich nur dadurch beruhigen kann, daß sie die Dinge an ihren richtigen Platz zurückstellt. »So sehr sie die Idee akzeptiert, Unterstützung zu bekommen, so sehr bügelt sie doch immer hinterher. Sie ist nie zufrieden, wenn sie es nicht selbst macht« (Jérôme). Wie viele andere Arbeitgeberinnen auch, ist Rénata hin- und hergerissen zwischen Toleranz und Kritik. Mal gewinnt das eine die Oberhand, mal das andere. Manchmal läßt sie ihrem Ärger freien Lauf: »In der Badewanne ist unten so ein Metallding, na ja, und das muß man eben richtig schrubben, dann glänzt es einfach wunderbar! Du liebe Güte, das ist doch etwas Grundlegendes, warum kapiert sie das nicht?« Ein andermal liefert sie uns den Diskurs der Selbstkontrolle: »Na ja, gut, das ist schon ein wenig penibel, und man kann schließlich nicht von jedem erwarten, daß er so penibel ist. Und irgendwie stimmt es auch: Was macht es schon aus, wenn das Ding da unten eben matt ist?« Der Tonfall dieser beiden Sätze weist einen deutlichen Unterschied auf.

Die Haushaltshilfe

Der erste ist leidenschaftlich, der zweite so matt wie der Gegenstand, den sie beschreibt. Rénata legt nur eine oberflächliche Toleranz an den Tag. Sie ist gefangen in einer Situation, in der sie Hausarbeit in Auftrag geben *muß*, in ihrem Innersten empfindet sie aber gar keine Notwendigkeit dafür und kann ihren Ärger nur mit Mühe zurückhalten.

Die ungebremste Kritik

Haushalte, die jemanden anstellen, haben es nicht darauf abgesehen, das Unterordnungsverhältnis zu reproduzieren, dem das Hauspersonal früher ausgesetzt war. Sie bemühen sich, ihre Angestellten, wenn auch vielleicht nicht als Gleichgestellte, so zumindest als eigenständige Personen mit eigener beruflicher Legitimität zu betrachten. Und doch bringen Unterschiede in den Gewohnheiten die Unterordnung durch die Hintertür wieder ins Spiel. Das Modell, an dem man sich zu orientieren hat, ist das des Arbeitgeberhaushalts: Jede Praxis, die davon abweicht, ist inakzeptabel, und die Angestellten werden dazu ermahnt, sich nach dem Modell zu richten. Die Haushaltshilfe, die auf diese Weise in ihren eigenen Gewohnheiten verleugnet wird, kann gezwungen sein, sich in einem solchen Maße selbst unsichtbar zu machen, daß sie sich sogar als Person verleugnet. Arbeitgeberhaushalte, in denen das Getriebe der Kritik angelaufen ist, können schließlich die Tatsache aus den Augen verlieren, daß auch die Hausangestellte über einen Teil der Wahrheit verfügt. Dies tritt besonders bei Konflikten zutage. Nie wird auch die andere Version der Geschichte berücksichtigt. Eines Tages wurde Marie-Alix von ihren Kindern gefragt: »Warum saugst du nie? Das Haus ist schmutzig.« Sie war sich sofort sicher: das Kindermädchen hatte dieses verleumderische Gerücht in die Welt gesetzt. Also entließ sie sie einfach, ohne die geringste Diskussion.

Einer der während unserer Befragung am häufigsten genannten Kritikpunkte bezog sich auf die mangelnde Initiative der Haushaltshilfen. »Man muß ihr alles sagen«, entrüstet sich beispielsweise Éliane, »sie ergreift nie auch mal selbst die Initiative.« Nun sind aber die Angestellten strukturell in einer Position, in der sie gar keine größeren Initiativen starten können. Denn Voraussetzung dafür wäre, daß sie sich auf ihr eigenes Handlungsmodell stützen

Familienarbeit delegieren

können, was bei ihren Arbeitgeberinnen auf wenig Gegenliebe stieße.

Das blinde Überstülpen eines Modells dessen, wie etwas zu erledigen ist, hat noch andere unerwünschte Effekte. Jeder hat seine Gewohnheiten und seine je nach Handlung oder Gegenstand unterschiedlichen Anspruchsniveaus. Da kann es dann sein, daß die hohen Reinlichkeitsansprüche der Angestellten in bezug auf bestimmte Bereiche kaum wahrgenommen werden, während sie in anderen Bereichen wegen zu niedriger Ansprüche lebhaft kritisiert werden. Aus diesen unzähligen Mikro-Abweichungen bezüglich der jeweiligen Ansprüche resultiert deren Angleichung nach oben. Denn der beste Weg, Unzufriedenheit und Konflikte zu vermeiden, ist für die Haushaltshilfe der, das Niveau hochzuschrauben (sobald sie mit dem Terrain besser vertraut ist, kann sie ihr Vorgehen dann auch an der Nachfrage ausrichten). Obwohl Arlette genau weiß, daß sie ihren Haushalt nur grob erledigt (»en gros«, um ihren Ausdruck zu verwenden), zögert sie bei dem Gedanken, jemanden für die Hausarbeit anzustellen, denn sie hätte »Angst, daß das nicht gut gemacht wird«. Diese abstrakten Ansprüche finden ihren Niederschlag in einem Wort, das wir immer wieder zu hören bekamen: die Arbeit muß »tadellos« sein. Für Éliane wäre eine tadellose Arbeit endlich die Lösung für ihren Ärger: »Wenn die Arbeit tadellos wäre, würde ich ja gar nichts sagen, aber davon kann man nur träumen.« Für Lola wäre allein der Gedanke an eine tadellose Arbeit Anlaß genug, sich vorstellen zu können, die Hausarbeit zu delegieren: »Aber es müßte natürlich tadellos sein, und zwar überall, hinter dem Kühlschrank, überall, tadellos.«

Das abstrakte Hochschrauben der Ansprüche kann dazu führen, daß jeder Sinn für die Realitäten verloren geht. So kann es denn auch passieren, daß Frauen, die doch eigentlich wissen müßten, wieviel Zeit bestimmte Tätigkeiten in Anspruch nehmen, dazu neigen, die Sache ganz anders einzuschätzen, sobald sie von einer Angestellten ausgeführt werden. Die Kritik wird abstrakt und völlig aufgeblasen, und sie fixiert sich auf die Person der Haushaltshilfe, die aller möglichen Übel beschuldigt wird, was dann manchmal sogar auf den gesamten Berufsstand übertragen wird. Rénata ist an sich nicht dagegen, Hausarbeit zu delegieren, doch die angebliche Unfähigkeit des Berufsstands verbietet es ihr, jemanden einzustellen. »Wenn ich dann die Schweinerei sehen muß, sobald ich den Herd hochhebe, kann ich mir das gleich sparen. Wenn es nur eine

Die Haushaltshilfe

einzige gute Hausangestellte geben würde, nur eine einzige, dann würde ich keinen Moment zögern.« Trotz ihres ausgeprägten Wunsches, verständnisvoll zu sein, kann auch Célestine nicht umhin, ihre Kritik zu pauschalisieren: »Sie ist wirklich nicht gerade glänzend, aber mit einer anderen wäre es dasselbe. Es gibt da keine so richtig Patenten, wissen Sie.«

Jemanden bitten, den man gut kennt?

Im Zusammenhang mit der Arbeit, die die Haushaltshilfe erledigt, herrscht also immer ein Verdachtsmoment. Die Kritik ist zumindest latent immer da und kann beim kleinsten Anlaß plötzlich hervorbrechen. Um dieses Risiko zu verringern, muß ein zusätzliches Element ins Spiel gebracht werden: ein großes Maß an Vertrauen zu seiner Angestellten. Der entscheidende Faktor für Vertrauen ist Nähe. Es muß also eine nahestehende Person sein, jemand, den man kennt. »Wenn ich jemanden einstellen müßte, wäre das auf jeden Fall jemand, den ich kenne, jemand Vertrauenswürdiges. Im Zweifelsfall würde ich sogar am liebsten jemanden von meiner Familie nehmen« (Carole). Bevor man sich an ein einschlägiges Unternehmen oder an eine unabhängige Gehaltsempfängerin wendet, bemüht man sich also meistens zunächst einmal darum, die Ressourcen innerhalb eines engeren Kreises zu mobilisieren: die Nachbarschaft, oder besser noch, die Familie. Patricia hat kein Vertrauen zu »Fremden«, sie nimmt lieber die Dienste ihrer Familie in Anspruch (abgesehen von ihrer Schwester, die ist ihr zu »eifersüchtig« und zu »neugierig«). Ein Familienmitglied für einen arbeiten zu lassen, stellt einen jedoch vor neue Probleme. »Ich wäre da vorsichtig, mit jemandem aus der Familie, da würde ich lieber die Finger von lassen. Man weiß nie, zu welchen Problemen das führen kann« (David). Natürlich handelt es sich bei einem Familienmitglied um jemanden, den man kennt und dem oder der man leichter Zutritt zur eigenen Intimität gewährt (was allerdings nicht immer der Fall ist). Aber gleichzeitig ist das auch eine Person, die zu einem Netz ganz spezifischer Austauschbeziehungen gehört (Déchaux, 1996), innerhalb dessen das, was man gibt, und das, was man bekommt, von ganz besonderer Art ist: Zuneigung und soziale Bindung. Was sollte man also als Gegenleistung für die Arbeit geben? Hierzu wird nichts genaues gesagt, in den Köpfen der Befragten

Familienarbeit delegieren

scheint zu diesem Punkt wenig Klarheit zu herrschen. Diese vage Idee von einer nicht genau bestimmbaren Schuld, die sich auf diffuse Weise anhäuft, läßt manche davor zurückschrecken, in dieser Richtung etwas zu unternehmen: »Ich möchte keine solchen Beziehungen zu Familienmitgliedern haben. Ich habe keine Lust, irgend etwas schuldig zu sein. Das kann nur zu Mißverständnissen, Problemen und Konflikten führen« (Constance). Und dies um so mehr, als bereits der Schritt, jemanden um Hilfe zu bitten, schwierig ist und die Austauschbeziehungen aus dem Gleichgewicht bringt, weil ein systemfremder Faktor ins Spiel kommt. »Familie? Nein, das möchte ich nicht, ich finde, es wäre höchst delikat, jemanden aus der Familie zu fragen« (Christelle).

Der Haushalt ist also in einem Widerspruch gefangen: Einerseits möchte man eine Person, die man kennt, aber andererseits möchte man sich auf keine Verpflichtungen einlassen und frei bleiben. Frei, niemandem etwas zu schulden (außer Geld). Frei, das Experiment wieder abbrechen zu können. Frei, bei Bedarf mehr Arbeit zu fordern. Frei, kritisieren zu können. Diese Freiheiten fallen weg, wenn man sich an die Familie wendet. Mehr noch: Es kommt zu einem Integrationsprozeß, aus dem immer schwerer auszusteigen ist. In Maïtés Erinnerung ist in dieser Beziehung eine schlechte Erfahrung haften geblieben: »Das ist gar nicht so einfach mit der Familie. Von fremden Menschen kann man verlangen, was man will, schließlich bezahlt man sie ja. Aber wenn es jemand aus der Familie ist, die Mutter, die Schwiegermutter oder die Schwester, dann ist es viel schwieriger. Vor einiger Zeit hatte ich für eine Weile meine 19jährige Großnichte bei mir. Na ja, und es war wirklich alles andere als blitzsauber, wenn ich nach Hause kam. Wenn das irgend jemand gewesen wäre, hätte ich gesagt: Sie hätten ja wohl auch den Herd putzen können! Schließlich habe ich dafür bezahlt und fertig. Nein, das ist ganz und gar nicht dasselbe. Angestellte ist Angestellte, und Familie ist Familie.«

Zwischen Nähe und Anonymität

»Ideal ist jemand, der oder die nicht zur Familie gehört, aber dennoch integriert werden kann. Jemand Fremdes, die aber eine vertrauenswürdige Person ist, die auch gut mit den Kindern kann« (Constance). Ein Fremde, die keine Fremde bleibt, sondern sich

Die Haushaltshilfe

perfekt in das Familienleben einfügt. Nicht alle, die jemanden anstellen, haben einen solchen Integrationswunsch. Viele bevorzugen eine unsichtbare Dienstleistung. Dennoch bringen fast alle diese gleiche Definition der idealen Angestellten vor, eine Definition, die zwischen zwei Extremen liegt, die beide abzulehnen sind. Sie darf weder zu nahe stehen noch zu unbekannt sein. »Niemand aus der Familie, jemand Außenstehendes, zu dem man aber dennoch eine gewisse Beziehung hat. Ich würde lieber jemanden nehmen, den man über Beziehungen gefunden hat. Bei jemand, den man nicht kennt, der einfach so hereinschneit, da hätte ich kein Vertrauen« (Christelle). Das zentrale Kriterium ist das Vertrauen, das selbst wieder auf einem Begriff von »Bekanntschaft« zu der Person beruht, die man anstellt. »Es muß jemand sein, den man kennt, dem man vertrauen kann« (Bernadette). »Jemand Fremden kenne ich nicht; im Zweifelsfall kann er alles mögliche anrichten. Ich habe mehr Vertrauen zu jemandem, den ich kenne« (Patricia). Wer könnten diese Personen sein, die man kennt, die einem aber nicht nahe stehen? Hier kristallisiert sich ein relativ eng gesteckter Rahmen heraus, der sich zwischen Familie und Anonymität ansiedelt: Nachbarinnen, Bekannte von Bekannten. Dieses Kennen über mehrere Ecken ist häufig äußerst dürftig; es genügt, daß »jemand Vertrauenswürdiges« von einer Person »gehört« hat, sie sei »gut« (Christelle), und schon ist das nötige Vertrauen da. Wichtig ist, sich davon zu überzeugen, daß einem die Person »bekannt« ist – auf welcher realen Basis dieser Eindruck auch immer beruhen mag.

Die Definition dieses Vertrauens ist also reichlich konfus, der Gegenstand des Vertrauens hingegen genau definiert: Zunächst geht es um die Qualität der geleisteten Arbeit (in diesem Punkt sind die Gerüchte, die in einem Netz von Bekannten um mehrere Ecken herum kursieren, ein zentraler Informationsträger. Die Arbeitgeberhaushalte sind entscheidend für den Ruf der Angestellten). Des weiteren geht es um Vertrauen hinsichtlich der Achtung von Eigentum. Es geht darum, nicht um die kleinen und großen Schätze fürchten zu müssen, die man besitzt (die wirkliche Gefahr ist meist sehr gering, aber in der Phantasie ist sie groß). Und schließlich geht es um Achtung vor der Intimität. Es muß jedes Risiko vermieden werden, daß Geheimnisse gestohlen werden, daß das, was am eigenen Leben am allerpersönlichsten ist, ausgeplaudert oder der Absonderlichkeit verdächtigt wird, oder daß vermutete Abweichungen von der Normalität aufgedeckt werden könn-

Familienarbeit delegieren

ten. Das Paradox besteht nun aber darin, daß gerade Personen aus diesem Bereich zwischen Nähe und Anonymität diese intimen Geheimnisse tendenziell am wenigsten respektierten. Nahestehende Menschen bringen Verständnis auf und können schweigen; weit von einem entfernte Profis können zwar kritischer sein, doch ihre Worte verlieren sich im Sand der Anonymität. Personen hingegen, die einem lokalen Netz von Bekanntschaften angehören, haben eine zweifelhafte Position inne. Da sie unter der Unterordnung leiden, aber zum Schweigen verurteilt sind, und da sie selbst von einem Ruf abhängig sind, der für ihren Marktwert entscheidend ist, setzen sie sich dadurch zur Wehr, daß sie ihrerseits auch am Ruf der Haushalte, in denen sie angestellt sind, mitwirken. Die Information verbreitet sich um so schneller, als sie einem lokalen Netz angehören: Ihre Worte haben Gewicht, weil man sie kennt. Gerade weil sie einem bekannt sind und man ihnen deshalb (der offiziellen Theorie zufolge) Vertrauen entgegenbringen kann, geht man also paradoxerweise ein Risiko ein, wenn man ihnen tatsächlich vertraut. Auch wenn die Haushalte diese Gefahr intuitiv spüren, können sie sie doch nicht umgehen. Sie sind Gefangene der gesellschaftlichen Definition von Vertrauen, so wie sie sich nun einmal entwickelt hat.

Jemanden aus der Familie bezahlen?

Jemanden anzustellen, der einem näher steht (also eher jemand aus der eigenen Familie als aus dem Bekanntenkreis vor Ort), kann solche Unannehmlichkeiten verhindern. Aber dann ist ein anderer Preis zu zahlen: der Freiheitsverlust. Um diesen in Grenzen zu halten, bemühen sich die Haushalte, die entsprechenden Austauschbeziehungen aus ihrer familialen Logik herauszulösen, indem sie eine mehr oder weniger große monetäre Gegenleistung erbringen. Indem sie das tun, kommen sie dem oben beschriebenen Zwischenbereich sehr nahe, und der Unterschied zwischen einer Person aus der Familie, die man bezahlt wie eine Angestellte, und einer Angestellten, die man so gut kennt, daß sie schließlich zur Familie gehört, ist plötzlich nicht mehr sehr groß.

Ein Familienmitglied für seine Arbeit zu bezahlen, ist jedoch keine einfache Angelegenheit, denn die Logik des Marktes läuft der familialen Logik, innerhalb derer erwartet wird, daß man ohne je-

Die Haushaltshilfe

des Kalkül gibt und sich zur Verfügung stellt, völlig zuwider. Die Kunst besteht darin, die Leistung von den übrigen Austauschbeziehungen abzukoppeln. Mit den eigenen Kindern stellt das kaum ein Problem dar. Bernadette, die das Fensterputzen haßt, hat mit ihren Töchtern ein Geschäft vereinbart: »Zehn Francs pro Fenster. Das war eine Dienstleistung, für die wir sie bezahlt haben.« Die Bezahlung hat einen erzieherischen Wert und bewegt sich noch innerhalb des gewöhnlichen Taschengeldrahmens. Doch zwischen Erwachsenen ist das nicht so einfach. Es ist völlig unmöglich, ein Äquivalent zum Taschengeld zu finden. Deshalb kommt es zu einer wahren Flut von Leistungen und Gegenleistungen und zu ständigen Verhandlungen, im Rahmen derer der Haushalt, für den die Arbeit geleistet wird, versucht, die Monetarisierung zu verstärken, um sich der Macht der Gabe zu entziehen. Die angestellte Person hingegen weist die Bezahlung im Namen ihrer familialen Rolle zurück. Patricia wäre eine klar und deutlich monetarisierte Austauschbeziehung lieber: »Ich hätte überhaupt nichts dagegen, sie zu bezahlen, ich fände das normal, aber sie wollen das nicht.« Wenn sich die beiden Partner hinsichtlich dieser Frage nicht einig sind, gewinnt im Rahmen der Familie immer die Logik der Gabe die Oberhand: man kann nicht dafür bezahlen. »Für mich ist es ein Grundprinzip, immer zu fragen, was ich schuldig bin. Das ist normal, schließlich tun sie eine Arbeit. Natürlich weiß ich genau, daß sie nein sagen werden, aber das hindert mich nicht daran, ihnen ein andermal ein Geschenk zu machen. Doch manchmal passiert dann dasselbe: Ich bekomme das Geschenk zurück. Dann lade ich sie eben ins Restaurant ein.« Patricia meint es vielleicht nicht immer ganz ernst, wenn sie eine Bezahlung anbietet (denn sie weiß, daß sie nicht bezahlen wird). Die Bezahlung als solche tritt hinter dem Umstand, sie anzubieten, zurück. Die Tatsache, zu verkünden, daß man etwas schuldig ist, ermöglicht es, in symbolischer Währung zu bezahlen und den Druck ein wenig zu mindern. Doch die symbolische Handhabe ist riskant: Wenn man zu oft wiederholt, daß man Schuldner ist, kann es genau den gegenteiligen Effekt haben. Deshalb gibt sich Patricia nicht damit zufrieden, eine Bezahlung anzubieten, sondern versucht wirklich, die Zurückweisung zu umgehen, indem sie verschiedene Gegengaben anbietet. Die Verhandlungen nehmen kein Ende, die Unklarheiten bleiben bestehen, und es werden immer neue Versuche gestartet, zu einem Ausgleich zu kommen. Der Umgang mit der Beziehung ist sehr komplex. Für Maïté

Familienarbeit delegieren

ist er nicht weniger komplex. Sie versucht die beiden Austauschlogiken voneinander zu trennen und zu vermeiden, daß irgendwelche Überschneidungen entstehen. »Meine Schwiegermutter macht das umsonst. Sie würde niemals Geld dafür nehmen. Deshalb bringe ich ihr einen Blumenstrauß mit oder versuche, ihr sonst irgendwie eine Freude zu machen. Sie bezahlen zu wollen, würde sie verletzen. Meine Mutter hingegen hat da keinerlei Skrupel. Das macht eine Aufwandsentschädigung von soundsoviel pro Tag, und fertig.«

Austauschbeziehungen innerhalb der Familie sind nur selten an einem der beiden Extrempole angesiedelt, sind also selten ganz umsonst oder ganz mit Geld abgegolten, sondern befinden sich meist irgendwo dazwischen und navigieren zwischen verschiedenen Definitionen. Das Geschenk illustriert diese Ambiguität in perfekter Weise. Es ermöglicht zu vermeiden, daß die Leistung völlig umsonst erbracht wird, ohne jedoch in einen explizit monetären Austausch umzukippen. Das Geschenk eröffnet den Zugang zu einem schwammigen Zwischenbereich zwischen unentgeltlicher und bezahlter Leistung, der es den beiden Partnern leichter macht, zu einem Ausgleich zu kommen. Es ist jedoch durchaus auch möglich, die exakte Position eines Geschenkes auf einer monetären Skala zu verorten. Am einen Pol situiert sich das wirkliche Geschenk, das nur gelegentlich gemacht wird und mehr einem Impuls als einem Kalkül gehorcht. Zwei oder dreimal im Jahr hat Raphaël plötzlich Lust, seiner Mutter Blumen zu schenken, um ihr zu danken, daß sie ihm den Haushalt macht. In der Mitte befindet sich das eher regelmäßige Geschenk, das jedoch nicht versucht, den Wert der Arbeit zu kompensieren. »Oh, innerhalb der Familie ist das unentgeltlich, man hilft sich einfach gegenseitig. Aber wenn sie wieder geht, schenke ich ihr natürlich irgendwas, irgendeine Kleinigkeit, etwas nettes Kleines, nichts Großartiges« (Carole). Am anderen Pol verbirgt sich hinter dem Geschenk ein richtiger Tauschhandel, ein beidseitiges, kalkuliertes Geben und Nehmen, bei dem aber gleichzeitig Geld umgangen wird. »Wenn sie zum Bügeln kommt, dann bekommt sie manchmal eine Pflanze, manchmal eine kleine Vorspeise, manchmal ein Dessert oder kostenlosen Weizen für ihre Hühner mit, irgend so etwas. Wir kommen so sehr gut zurecht, da gab es nie Probleme« (Raymonde).

Die Haushaltshilfe

Scham und Schweigen

Die Beziehungen zwischen Arbeitgebern und Arbeitnehmern sind auch nicht viel einfacher. Die mehrdeutige Mischung aus Vertrautheit und beruflicher Distanz zieht eine ständige Unschlüssigkeit nach sich, und jenseits des gewöhnlichen Plauderns kann das Miteinanderreden zu etwas höchst Delikatem werden. Denn sobald es um ernste Dinge geht, kann es sein, daß derjenige, der redet, plötzlich das Register wechselt und von der Vertrautheit zur Distanz, von der Toleranz zur Kritik, von der Gleichheit der Positionen zur Herrschaft übergeht, was dann Irritation hervorruft. Die beiden Partner neigen deshalb dazu, Gesprächslücken möglichst zu vermeiden und sie durch Routinisierung zu kontrollieren. Auf diese Weise kann es zu Diskussionen kommen, können Anweisungen gegeben und Kritik geübt werden. Das Wesentliche jedoch bleibt tief im Impliziten vergraben. Marie-Alix hätte einiges zu sagen gehabt, aber sie begnügte sich mit dieser merkwürdigen Gewohnheit, die sich eingeschliffen hatte: zwei oder drei Ratschläge auf ein Stück Papier zu schreiben. »Das Ganze funktionierte über kleine Notizen. Ich schrieb: Darauf achten, gut unter dem Bett und unter den Heizkörpern vorzukehren und die Spinnennetze sauber zu entfernen.« Constance hat das Haushaltsuniversum in zwei Teile geteilt: das »Normale«, zu dem sie nie etwas sagt (auch wenn sie daran denkt), und das »Außergewöhnliche«, bei dem sie ihren Worten freien Lauf läßt. Das heißt, auf ungewohnte Tätigkeiten muß die Haushaltshilfe hingewiesen werden (Fensterputzen, gründliches Aufräumen usw.). Von diesen Situationen profitiert sie natürlich, um gleich noch einige Botschaften hinsichtlich der Art und Weise, wie die Dinge zu erledigen sind, zu vermitteln: »Wenn es um den normalen Haushalt geht, dann weiß sie, was sie zu tun hat, aber wenn es etwas ist, was aus der Reihe fällt, dann kann ich ihr sagen, wie sie es machen soll.« Célestine hat eine ähnliche Methode. Sie zwingt sich dazu, die Arbeit im voraus zu planen, um leichter darüber reden zu können. »Ich bereite sie rechtzeitig darauf vor. Zum Beispiel sage ich zu ihr: Am Dienstag machen wir die Fenster. Dann weiß sie, daß sie anpacken muß«.

Doch Anweisungen auszusprechen ist selbst dann nicht einfach, wenn es in derart ritualisierter Form abläuft oder auf kleine Unsicherheitslücken beschränkt ist. Marie-Alix hat mehrmals versucht, über solche kleinen Notizen hinauszugehen und ihre Wünsche ge-

Familienarbeit delegieren

nau zu formulieren: ohne Ergebnis. »Was die Erziehung der Kinder angeht, haben wir uns manchmal ein bißchen Zeit genommen, zusammen einen Orangensaft getrunken, und ich habe ihr gesagt, was mir da wichtig ist. Aber in bezug auf den Haushalt habe ich es einfach nicht geschafft, meine Anweisungen zu erteilen.« Die wenigen Male, die sie es versucht hat, war die andere schrecklich beschämt. Diffuse oder manifeste Scham vergiftet die Beziehungen. Denn keiner weiß, was der eine für den anderen ist, und die Erwartungen und Positionen ändern sich ständig, weil die Unsicherheit omnipräsent und Transparenz unmöglich ist. In diesem undurchsichtigen Universum kann die kleinste Kritik wie eine grundsätzliche Infragestellung verstanden werden. »Die Schranktüren waren staubig und so. Als ich ihr die Leviten gelesen habe – aber schon auf eine freundliche Art, denn schließlich mochte ich sie – da hat sie angefangen zu weinen! Also das ist dann schon peinlich und sehr, sehr unangenehm« (Maïté). Gespräche können sogar so schwierig werden, daß man es vorzieht, diese schwierige Beziehung zu beenden. »Ich habe es ihr gesagt und es war ihr peinlich. Sie hat sogar geweint. Ich wollte ihr nicht weh tun, aber wir haben es dabei belassen, ich mußte mich von ihr trennen« (Yolande).

Die Scham hat vor allem mit der Herrschaftsbeziehung zwischen Arbeitgeberin und Arbeitnehmerin zu tun. Eigentlich möchte man die Haushaltshilfe gleichberechtigt behandeln. Aber wie soll man ihr dann Anweisungen geben? Yolande schafft es einfach nicht, bei einer klaren Position zu bleiben: »Manchmal fühle ich mich schuldig. Sich bedienen zu lassen, ist gar nicht immer so einfach. Es ist mir schon passiert, daß ich mich verpflichtet gefühlt habe, mich vor der Person, die ich angestellt habe, zu rechtfertigen. Damit möchte man ihr irgendwie auch zu verstehen geben: Ich möchte hier niemanden quälen oder ausnutzen.« In anderen Momenten wiederum gelingt es ihr, zu diesem Gefühl, das zu nichts führt, kritische Distanz zu beziehen: »Dann kann es aber auch sein, daß ich mir sage: Das ist doch idiotisch! Denn der Person, die zu mir kommt, kommt diese Arbeit ja schließlich auch gelegen.« Doch unglücklicherweise hält diese Windstille niemals lange an, die Scham und die Unfähigkeit, eine banale Beziehung aufzubauen, kommen wieder an die Oberfläche. Nichts ist einfach in der Welt des Haushalts. Soviel ist sicher.

Dritter Teil
Die emotionale Arbeit

Nachdem wir uns in den Strudel des Haushaltstanzes haben hineinziehen lassen und seine komplexen Rhythmen verfolgt haben, nachdem wir den Kreis der Tänzer auf Personen erweitert haben, die nicht zum Haushalt gehören, ist unser Ziel nun eine tiefere Ebene, nämlich die der eigentlichen Geste. Was sind das für Mächte, die einen zur Hausarbeit bewegen? Welche Beziehungen bestehen zwischen Körper und Geist? Wer entscheidet und wie wird entschieden? Welche konkreten Mechanismen der menschlichen Maschine sind in den tagtäglichen Bewegungen am Werk?

IX. Der innere Handlungsantrieb

Wie läßt sich das Mysterium des Handelns erklären? Wenn man sagt, der Akteur entscheide souverän über seine Handlungen, dann wird dies nur einem winzigen Teil der Wirklichkeit gerecht. Wenn man sagt, die gesellschaftlichen Strukturen seien entscheidend für die Praktiken der Akteure, dann ist damit noch nichts über das Handeln selbst gesagt. Was sind das für Kräfte, die den menschlichen Körper ganz konkret in Bewegung versetzen, ihm den Anstoß geben? Ohne vorzugeben, damit einer Erklärung näherzukommen, hatte ich in früheren Arbeiten (Kaufmann, 1994, S. 29) vorgeschlagen, für diese Kräfte den Begriff »innerer Handlungsantrieb« zu verwenden. Damals wurde mir die Ungenauigkeit dieses Begriffes vorgeworfen (Déchaux, 1995). Inzwischen ist es möglich geworden, einen Schritt weiter zu gehen.

»Das muß eben einfach gemacht werden«

Welche Faktoren sind es, die einen zur Hausarbeit bewegen? Im Gegensatz zum Forscher haben die befragten Personen eine einfache Antwort parat: das muß eben einfach gemacht werden, also macht man es auch, das ist alles. »Man fragt sich doch auch nicht, warum man atmet«, resümiert Christelle. Man muß es machen, so wie man essen, schlafen und sich verteidigen oder fliehen muß, wenn man angegriffen wird. Man muß es machen, wie man rechts fahren, antworten, wenn man angesprochen wird, und morgens zur Arbeit gehen muß. Und genauso muß man sich eben waschen, sein Haus putzen und sein Geschirr spülen. Diese Selbstverständlichkeit ist so groß, daß man sich die Frage nach dem Warum gar nicht stellt, oder anders gesagt: weil man sich die Frage nach dem Warum nicht stellt, ist die Selbstverständlichkeit so groß. »Das ist eine Notwendigkeit, das muß einfach gemacht werden, da stellt man sich keine Fragen« (Yolande). Der Interviewer, der diese Frage dennoch aufwirft, geht einem auf die Nerven. Die Antworten, die er erhält, sind kurz und in einem sehr bestimmten Ton formuliert, der auf einen Themenwechsel drängt, mit Hilfe dessen man sich aber auch selbst vor der Versuchung zu bewahren sucht, in

Die emotionale Arbeit

den Strudel verbotener Reflexionen gezogen zu werden. Francine hat die perfekte Formel dafür gefunden, kurz und definitiv: »Das muß eben einfach gemacht werden, Punkt!«

Wenn man sich die Äußerungen genauer anhört, hat man jedoch den Eindruck, daß der Zurückweisung einer Diskussion zu diesem Thema oft ein Moment der Stille vorausging, geprägt von Überraschung und Zögern. Die Überraschung erstaunt nicht weiter, denn schließlich wird dieses Thema für gewöhnlich verdrängt. Aber da ist auch ein Zögern, einige gestotterte Worte, und das Verlangen, diese Selbstverständlichkeit, die man in seinem tiefsten Inneren spürt, und die diffuse Wahrnehmung von Antwortelementen auch zur Sprache zu bringen. Der innere Handlungsantrieb wird in einer vagen gedanklichen Ferne erspürt. Die Selbstverständlichkeit muß zwar so beschaffen sein, daß sie nicht in Frage gestellt werden kann, doch der Antrieb, der sie hervorbringt, wird durchaus gespürt und kann seine Spuren in der Erinnerung hinterlassen. Der Akteur ist zwar nicht in der Lage, zwischen den verschiedenen antriebsauslösenden Faktoren zu differenzieren, doch was für ein Prozeß das ist, der einen zum Handeln bewegt, kann relativ gut analysiert und beschrieben werden. Im besten Fall ist die Selbstverständlichkeit so stark einverleibt, daß sie den Körper ohne Rekurs auf die Ratio in Bewegung zu versetzen vermag. »Das passiert ganz von selbst, ganz automatisch, eine klare Sache, die mich keine Anstrengung kostet« (Francine). Der innere Handlungsantrieb verschmilzt hier mit dem Automatismus und nimmt, wie er, seinen Platz direkt im Körper ein, wodurch der Kopf mit all seinen Fragen umgangen werden kann. Die Gesten sind ungezwungen und gehen leicht von der Hand. »Solche Automatismen sind gut, man muß nicht groß nachdenken und es ist nicht anstrengend« (Célestine). Der Automatismus, dieses allzeit verfügbare Gedächtnis für die angemessenen Gesten und Rhythmen in einem gegebenen Kontext, ist ein zentraler Bestandteil des inneren Handlungsantriebs. Aber die Kontexte sind veränderlich und oft verwickelt, sowie dem Einfluß widersprüchlicher Zwänge ausgesetzt, die sie prägen. Hier kommt nun der innere Handlungsantrieb ins Spiel, der ein breiteres Spektrum als nur den inkorporierten Automatismus umfaßt. In ihm fließen alle Handlungsanstöße, seien sie inkorporiert oder kontextbedingt, zusammen, und er synthetisiert sie innerhalb von Sekunden zu einer einzigen Handlungsevidenz: dieses oder jenes ist zu tun. Das eine Mal muß man etwas tun, was man schon immer

Der innere Handlungsantrieb

getan hat – die routinisierte Gewohnheit. Ein andermal hingegen veranlassen einen ein momentanes Gefühl, der auf einer Interaktion lastende Zwang oder die Unterwerfung unter eine Konformität dazu, es anders zu machen. Der innere Handlungsantrieb sorgt für höchst fein abgestimmte Regulierungen und definiert eine einzige mögliche Antwort – eine Arbeit, die so weit wie möglich geheim gehalten wird, indem vermieden wird, daß sie ins Bewußtsein dringt. Dadurch gelingt es dem Körper, auch jenseits seiner regelmäßigen Gewohnheiten locker und gehorsam zu bleiben.

Je weniger erfolgreich diese heimliche Arbeit des inneren Handlungsantriebs ist, desto stärker muß der Kopf intervenieren und desto träger wird der Körper. Der innere Handlungsantrieb tritt aus dem Impliziten heraus und dringt immer stärker ins Bewußtsein. Er ist dann keine Kraft mehr, die zum Handeln bewegt, sondern ein Grundsatz, an den sich der Akteur immer wieder selbst erinnern muß, um sich zum Handeln zu zwingen. Zwischen seinem Körper mit seinen Bewegungen und diesem äußeren Grundsatz, über den er reflektiert, kommt es zu einer Distanz. Raymonde ist zur Zeit völlig durcheinander: »Ich mache es schon, ja, ja, ich mache es, weil ich es eben machen muß, na gut, aber ... Ich mache es, weil es gemacht werden muß, aber ich muß zugeben, ich mache es nicht allzu gern; manchmal ...« Manchmal fragt sie sich sogar, ob es wirklich so selbstverständlich ist, daß sie das machen muß – eine Frage, die natürlich die Selbstverständlichkeit noch mehr schwächt und weitere Fragen aufwirft. Ist jemand an diesem Punkt angekommen, dann ist er völlig sich selbst und seinen Zweifeln überlassen und muß auf die Bequemlichkeit eines inneren Handlungsantriebs verzichten.

Die Macht des Blicks

Man denkt sich nicht irgendwann plötzlich eine bestimmte Haushaltstätigkeit aus; sie entsteht nicht aus dem Nichts. Wie wir gesehen haben, ist die Erinnerung an die Vergangenheit, auf die sie sich stützt, zu einem Großteil in den Gegenständen gespeichert, in der Ordnung der Dinge, die uns umgibt und unsere Bewegungen lenkt. Oder genauer: in dem Verhältnis der Menschen zu den Dingen, die ihnen vertraut sind. Dabei handelt es sich um eine zweifache Ordnung, eine Ordnung, die laufend in zwei verschiedenen

Spielarten gedoppelt wird, welche – einem Echo gleich – einander antworten. Da ist zunächst natürlich die eigentliche Ordnung der Dinge, also der Platz, den die Dinge in ihrer räumlichen Materialität besetzen. Aber dann ist da noch der Plan für diese Ordnung, der im Individuum selbst abgespeichert ist, ein mentales Schema, dessen Besonderheit darin besteht, nur selten ins klare Bewußtsein vorzudringen und gleichzeitig kognitiv und inkorporiert zu sein. Es ist dieses mentale Schema und nicht die materielle Ordnung, die das entscheidende Element und den letztgültigen Orientierungspunkt darstellt: mit ihr müssen die Dinge in Übereinstimmung gebracht werden (Douglas, 1987). Ihr Bett zu machen, ist für Lola eine solche Selbstverständlichkeit, daß sie sich weigert, diese Tätigkeit als Hausarbeit zu betrachten: »Ich denke überhaupt nicht darüber nach.« Ihr Körper setzt sich von selbst in Bewegung, ohne daß sie ihm etwas befehlen müßte. »Ich hasse es, wenn das Bett nicht gemacht ist.« Allein schon der Anblick zerknitterter Laken löst die Handlung aus; unwillkürlich zieht und glättet sie sie, bis sie mit dem Schema in ihrem Kopf wieder konform gehen. Im allgemeinen ist die Zahl der Dinge, die in Unordnung kommen können, begrenzt. Der Großteil dessen, was sich in einem Haus angesammelt hat, bleibt an seinem Ort. Das mentale Schema kommt deshalb nur punktuell und bezogen auf bemerkte Anomalitäten ins Spiel. Das Instrument, mit Hilfe dessen die Geste ausgelöst wird, welche die Übereinstimmung wiederherstellt, ist der Blick. Im Rahmen einer anderen Forschungsstudie habe ich bereits gezeigt, wie wichtig die Rolle des Blicks ist, weil er es erlaubt, den Körper zu lenken und unter Umgehung der bewußten Ebene kognitive Arbeit zu leisten (Kaufmann, 1996). In unserem Fall von Unordnung im Haushalt entdeckt er die Abweichungen vom Schema und leitet das Handeln ein, was ihm nicht schwer fällt, da es sich um gewohnte Abläufe handelt.

Nach der Wiederherstellung der Ordnung wird dann eine doppelte Befriedigung empfunden. Zum einen natürlich die Freude darüber, daß die Dinge aufgeräumt sind. Aber auch eine Entspannung und Ruhe im Denken. Denn bevor die erlösende Handlung ausgelöst wurde, hatte der Blick die Information überbracht, daß ein Verstoß gegen das Schema stattgefunden hatte. »Wenn man sieht, daß das Chaos die Oberhand über einen gewinnt, dann ist das lästig und macht mich total nervös« (Arlette). Diese mentale Irritation führt zu Ärger, dem entscheidenden Element, das zum Handeln veranlaßt, sofern es nicht bereits direkt dazu kam. »Ich kann das nicht ertragen, wenn ich sehe, daß etwas rumliegt, irgendwo stört mich das.« Das fragliche »Irgendwo« wird so ungern gestört, daß Renata, wenn irgend möglich, immer sofort reagiert – daher ihr zügelloser Aktivismus. Auch Célestine präferiert die sekundenschnelle Reaktion auf das unangenehme Gefühl, das durch eine Störung des mentalen Schemas ausgelöst wurde (wenn auch in einem ruhigeren Rhythmus als Rénata). Ihr bevorzugtes Objekt ist der Staub und ihre Lieblingswaffe der Besen. »Ich kann das nicht leiden, wenn Staub herumliegt. Ich finde, das zerstört das Ganze. Also kehre ich. Ich kehre zehnmal am Tag, ich kehre überall: ich kann einfach keinen Staub sehen, da muß ich sofort einen Besen nehmen.« »Das zerstört das Ganze« – wohlgemerkt nicht nur das ästhetische Gesamtbild, das aus der Ordnung im Haus entsteht, sondern auch die Ordnung in ihrem Kopf und, allgemeiner ausgedrückt, die Kombination dieser beiden Ordnungen: die Übereinstimmung mit der ihr vertrauten Welt, die zu schaffen ihr gelungen ist.

Der Körper wurde in Bewegung versetzt. Die Handlung hat zum Ziel, und zwar zum einzigen Ziel, die Übereinstimmung mit dem mentalen Schema wiederherzustellen. Mit einem schnellen Blick wird die Bestätigung eingeholt, daß das Ergebnis korrekt ist, daß da kein Staubkorn mehr ist, und daß der Gegenstand wieder an seinem richtigen Platz steht. Dabei handelt es sich um keine wirkliche kritische Begutachtung, sondern beurteilt wird einzig und allein die Übereinstimmung mit dem inkorporierten Schema. Patricia bringt das deutlich zum Ausdruck: »Das muß eben gemacht werden, und man muß es auch gut machen, aber was gemacht ist, ist gemacht.« Man sollte sich keinesfalls allzu viele Fragen über das Warum und das Wie oder die Qualität des Werkes stellen. Dies oder jenes wurde so gemacht, wie es eben gemacht werden muß, also ist es sauber, also ist es aufgeräumt. Nur die Entdeckung einer Unregelmäßigkeit kann den Prozeß aufs neue in Gang bringen.

Die Macht der Vorstellung

Gewohnheiten sind nicht einfach nur Reflexe; in ihnen ist eine Kultur, sind Vorstellungen und Gedanken gespeichert. Ein momentaner innerer Handlungstrieb reaktiviert diese Gewohnheiten und damit auch diese Vorstellungen (auch wenn sie oft implizit

Die emotionale Arbeit

bleiben). Der auf diese Weise erzeugte Antrieb basiert auf unterschiedlichen Ursachen. Manchmal zieht er seine Kraft allein aus dem Rhythmus der Gewohnheit, aus der Tiefe seiner Inkorporierung. Ein andermal ist es eine bestimmte Vorstellung, auf der die Gewohnheit basiert, die zum Handeln veranlaßt – eine so unumstößliche Selbstverständlichkeit, daß der Körper gar nicht anders kann, als sich ihr zu unterwerfen. In diesem zweiten Fall findet eine heimliche Durchquerung des Bewußtseins statt (eines undeutlichen Bewußtseins), das dem Automatismus unter die Arme greift, und zwar so systematisch, daß sich die Vorstellung von einem »Man muß dieses machen« und einem »Man muß jenes machen« aufdrängt.

Dieser Mechanismus kann mit Hilfe eines bestimmten Indikators analysiert werden: dem Umgang mit unangenehmen Gefühlen. Unangenehme Gefühle stellen sich dann ein, wenn entweder gedankenintern oder zwischen Körper und Geist ein Mißklangs entsteht – wir werden das später noch genauer sehen. Zum jetzigen Zeitpunkt interessieren wir uns nur für die Methoden, mit Hilfe derer solche negativen Gefühle gemindert werden können. Das Ziel ist immer dasselbe: Man muß in Schwung kommen. Doch dafür gibt es unterschiedliche Mittel. Erste Lösung: die Regelmäßigkeit eines Rhythmus, der die Automatismen verstärkt. Deshalb wird das Geschirrspülen im Durchschnitt als weniger unangenehm empfunden als das Bügeln oder das Fensterputzen (Zarca, 1990). Zweite Lösung: die imperative Macht der Überzeugung, die die Zweifel ausräumt. Ein Beispiel hierfür wäre das Toilettenputzen. Theoretisch erscheint dies als eine höchst unappetitliche Tätigkeit; die ekligsten aller Verschmutzungen und ein unangenehmer Gestank dürften eigentlich nicht gerade imstande sein, große Begeisterung hervorzurufen. Nicht umsonst wird diese Tätigkeit dort, wo sie berufsmäßig ausgeübt wird, am niedrigsten eingestuft. Nun stellt sich aber – und dies ist kein Zufall – gerade im Zusammenhang mit einigen scheinbar sehr unangenehmen Aufgaben das stärkste Pflichtgefühl ein – dank des Wunders der Selbstverständlichkeit. Diese stark körperbezogenen Orte, diese Orte der Intimität und körperlicher Verunreinigungen, müssen am makellosesten sauber sein, sauberer als alle anderen. Zumindest wirkt der innere Handlungsantrieb in diese Richtung. Daher auch die Häufigkeit, mit der während unserer Befragung die Sauberkeit von Bad und Toilette als Beispiel für eine indiskutable Pflicht herangezogen wurde. »Die Toiletten müssen hundertprozentig sauber sein.« Und Francine ergänzt die logische Folge: »Deshalb macht mir das auch nichts aus. Denn schließlich ist das etwas, wo ich kompromißlos bin.« So kompromißlos, daß sich die Geste mit einem perfekten Automatismus vollzieht, und sie handelt, ohne darüber nachzudenken. Christelle hingegen denkt durchaus ein wenig nach, aber paradoxerweise eher, um ihren Drang zu bremsen, schon wieder die Toilette zu putzen. Jeden Morgen gerät sie in Versuchung. Der Handgriff könnte sich ganz spontan ergeben, ohne die geringste Mühe. »Das macht mir überhaupt nichts aus, denn es liegt mir wirklich sehr daran, daß es richtig sauber ist.« Aber sie hat sich geweigert, diesem Drang einfach nachzugeben und ihr Handeln einer kritischen Betrachtung unterzogen. Daraus hat sie die Schlußfolgerung gezogen, daß eine tägliche Reinigung übertrieben wäre, daß alle zwei Tage auch genügt und daß die dadurch eingesparte Zeit anderweitig sinnvoller eingesetzt werden könnte. Doch die Tage, an denen sie ihrem Antrieb freien Lauf lassen kann, beginnen leichter als diejenigen, an denen sie sich bremsen muß, um etwas anderes zu machen. So kann es also durch das Wunder des inneren Handlungsantriebs geschehen, daß das Reinigen der Toilette als angenehmer empfunden wird als manch andere Aufgabe.

Ein Mechanismus des Augenblicks

Der innere Handlungsantrieb an sich stammt nicht aus der Vergangenheit; er ist ein Kind des Augenblicks, führt verschiedene Impulse zusammen und sortiert sie, um daraus den Schwung für das Handeln zu ziehen. Einige dieser Impulse entstammen dem direkten Kontext. Die augenblicklichen Empfindungen und Gefühle, der Verlauf einer Interaktion, die Machtverhältnisse und sogar die physischen Rahmenbedingungen drängen zu dieser oder jener Art von Handlung. Ich möchte hier nicht näher auf die verschiedenen Faktoren eingehen, sondern mich auf einen anderen Aspekt konzentrieren: die Reaktivierung der unterschiedlichen Rahmen, die das Verhalten determinieren. Das Gedächtnis des Vergangenen (und die Handlungsleitlinien, die es enthält) ist bei verschiedenen Instanzen abgelagert und wird durch den inneren Handlungsantrieb reaktiviert. Impulse, die aus diesem Gedächtnis stammen, spielen für den Handlungsantrieb eine ebenso wichtige Rolle wie

Die emotionale Arbeit

Impulse aus der direkten Gegenwart. Ein Verhaltensmodell, das seit Jahrhunderten tradiert wird, erfährt die gleiche Behandlung wie ein vorübergehender Einfluß; sie treten zueinander in Konkurrenz und werden miteinander kombiniert; das Ergebnis entscheidet über das Handeln. Das, was in diesem Handlungsantrieb des Augenblicks ineinanderfließt, kann in der Analyse jedoch auseinandergehalten werden. Im folgenden interessiere ich mich für die Art und Weise, wie der innere Handlungsantrieb das Gedächtnis der Vergangenheit reaktiviert, welches in zwei scheinbar gegensätzlichen Bereichen gelagert ist: einerseits im tiefsten Inneren jedes Individuums, in seinen Gewohnheiten, die es sich zutiefst einverleibt hat, und andererseits in Verhaltensmodellen, in gesellschaftlichen Normen, die von außen aufgezwungen werden. Beide enthalten das Gedächtnis der Vergangenheit und geben es weiter, jedes auf seine Art. Welche Wechselwirkungen bestehen zwischen ihnen? Die Art und Weise, wie der innere Handlungsantrieb sie mobilisiert, erlaubt es, hier ein wenig klarer zu sehen.

**Verinnerlichte Selbstverständlichkeiten und
äußere Verpflichtungen**

Wir haben unsere Interviewpartner immer auch dazu befragt, was sie als inneren Antrieb und was als äußeren Druck empfinden. Die Ergebnisse waren enttäuschend. Das Bemerkenswerteste war eigentlich die äußerst große Komplexität und Vielfalt der Kombinationen. Das, was im einen Augenblick als innerlich empfunden wurde, wurde im nächsten äußerlich und umgekehrt. Es schien schwierig, irgendwelche Gesetzmäßigkeiten herauszuarbeiten. In einer solchen Situation besteht die bequemste Befragungstechnik darin, Extremfälle zu nehmen (besonders das, was am leichtesten zu beobachten ist; in diesem Fall also Situationen, in denen ein Haushalt unter äußerem gesellschaftlichem Druck steht, ohne jedoch irgendwelche verinnerlichten Impulse zu spüren). Dieser Methode habe ich mich auch in unserer Untersuchung bedient. Man sollte dabei jedoch nicht vergessen, daß es sich dabei um ein laborähnliches Experiment handelt. Die Grenzen sind in Wirklichkeit nie so klar zu ziehen, und der Prozeß unterliegt ständigen Schwankungen.

Eine einfach Situation ist diejenige junger Haushalte, die gerade erst damit beginnen, sich einzurichten. Sie haben noch wenige Din-

Der innere Handlungsantrieb

ge um sich herum angesammelt, wenige Tätigkeiten, niedrige Ansprüche an die Ordnung und begrenzte Interessen in bezug auf Haushaltsfragen. Doch abweichend von dieser Ungezwungenheit und Entspanntheit ihres Alltags haben sie auch noch andere Modelle im Kopf; Modelle, mit denen sie in ihrer Kindheit – das tadellose Elternhaus –, Modelle, mit denen sie in Zeitschriften, im Fernsehen oder anläßlich einer Einladung konfrontiert wurden – eine traumhaft eingerichtete Wohnung. Zunächst bleiben diese Bilder äußerlich, so weit entfernt, daß sie scheinbar nicht einmal erinnert werden, als seien sie vorübergegangen, ohne Spuren zu hinterlassen. In Wahrheit jedoch hinterlassen sie zunächst nicht wahrnehmbare Spuren, die sich aber Schritt für Schritt eine an die andere reihen und schließlich eine Nische im Denken erobern. Eine neue Norm entsteht, an der von nun an der Alltag kritisch gemessen wird. Der Druck ist noch stärker, wenn jemand, der einem nahe steht, Träger der Norm ist, wenn seine Bemerkungen, Gesten und Blicke Bände sprechen und – versteckt, aber mit Nachdruck – seine Mißbilligung zum Ausdruck bringen. Dann rückt das, was zuvor nur ein weit entferntes Modell oder bestenfalls eine vage Möglichkeit war, in den Horizont des Wahrscheinlichen und wird zu etwas, das man eines Tages zu erreichen sucht.

Wenn Yanns Mutter ihn besuchen kommt, kann sie einfach nicht anders, als erst einmal ein oder zwei Stunden lang seine kleine Wohnung aufzuräumen (was wohl auch dringend nötig ist). Dies scheint keine willentliche Aktion zu sein, vielmehr scheint sie einem inneren Handlungsimpuls nicht widerstehen zu können. Sie beginnt ganz vorsichtig mit einigen punktuellen Aufräumarbeiten. Dabei schweigt sie oder redet von anderen Dingen. Doch wenn dann ihre Körpermaschine erst einmal in Gang gesetzt ist, legt das Ganze an Geschwindigkeit zu. Dann fühlt Yann ein starkes Unbehagen (»Das ist doch peinlich!«) und weiß nicht, was er sagen soll, er fingert auch ein bißchen an den Sachen herum, spürt aber genau, daß seine Gesten unecht sind, und das Unbehagen wird durch das Schweigen, das diese Szene begleitet, noch verstärkt. Er ist hin- und hergerissen zwischen widersprüchlichen Gefühlen. Einerseits ist er verärgert über den mütterlichen Übergriff, wütend darüber, daß ihm das peinlich ist, aber gleichzeitig ist er auch ganz froh, daß ein wenig Hausarbeit erledigt wird, und schließlich gelangt er sogar zu einer kritischen Betrachtung seiner aktuellen Situation. In diesem Augenblick ist er dann vollkommen davon überzeugt, daß das, was er hier

Die emotionale Arbeit

und jetzt vor Augen hat, die Norm ist, nach der er sich richten sollte, daß er sich wirklich ein wenig Mühe geben sollte und daß es nicht so weitergehen kann mit seiner Schludrigkeit. Aber bereits am nächsten Tag scheinen diese guten Vorsätze wieder verflogen zu sein. Und doch beginnt hier etwas Neues bei ihm Einzug zu halten, an dem er sich orientiert. Es stellt zwar noch kein zwingendes System dar, das ihn tatsächlich zum Handeln bewegt, aber dahin wird es sicherlich bald kommen.

Bei jungen Haushalten ist die Wahrnehmung einer zwingenden äußeren Norm Teil eines Entwicklungsprozesses. Je besser sie ihren Haushalt organisieren, desto mehr machen sie sich diese Norm zu eigen. Bei schon etablierteren Haushalten ist es nicht mehr so, daß die Wahrnehmung einer äußeren Norm alles verändern kann, sie führt aber zu kognitiven Dissonanzen und dazu, daß Gesten mühsam werden. Nehmen wir das Beispiel von Bernadette. Sie erklärt, sie wolle sich nicht übertrieben um Haushaltsdinge kümmern (das sagt sie, um ihre Überzeugungen mit der Realität der Tatsachen, nämlich der offensichtlichen Unordnung bei ihr, in Einklang zu bringen). Doch es gelingt ihr nicht, sich selbst voll und ganz davon zu überzeugen, und sie behält immer auch noch eine andere normative Referenz im Blick. Diese drängt sich mit aller Kraft in den Vordergrund, sobald sich Bernadette das Urteil der anderen über sie vorstellt: »Man muß den Haushalt machen, da läßt sich nicht dran rütteln. Wenn du ihn nicht machst, dann sagst du dir: Mist, meine Wohnung ist ja ekelhaft. Und schließlich kommen ja auch Freunde vorbei, da müssen die Dinge schon sauber und ordentlich sein.« Auch bei Francine ist es der Blick der anderen, der sie zum Handeln drängt: »Also mir ist das egal, wenn es staubig ist. Aber wenn dann jemand kommt, mit dem Finger über die Möbel fährt und sieht, daß es staubig ist, dann ist mir das schon peinlich.«

Unabhängig davon, ob dies als wirkliche Bedrohung erlebt wird oder ihr einfach nur als subtiles Hilfsmittel dient, um sich selbst wieder in Gang zu bringen, erlaubt ihr diese Eventualität auf jeden Fall, sich zwingende Verpflichtungen zurechtzulegen, die die Tatsache ausgleichen, daß sie Haushaltsdinge eigentlich sehr anstrengend findet und wenig Spaß daran hat. Sie beschreibt sich selbst folgendermaßen: »Ich bin keine Frau für drinnen.« Wenn es nur nach ihr ginge, würde sie den Staub lieber lassen, wo er ist. Doch die Pflicht lastet auf ihr. Dieses Gefühl eines Zwangs tritt in ihren Äußerungen deutlich zutage: »Bügeln und Fensterputzen sind

Der innere Handlungsantrieb

Dinge, die *muß* ich eben machen, aber ich mache sie wirklich nicht gerne. So ist das eben mit dem Bügeln, man muß es halt machen. Man ist gezwungen, den Haushalt zu machen. Oder sagen wir: man zwingt sich dazu, ihn zu machen.«

In manchen Fällen stellt sich auf diesem Wege das ursprüngliche Gleichgewicht erfolgreich wieder ein. Obwohl die Norm dann nach wie vor als äußere Norm empfunden wird, die nicht den eigenen Bedürfnissen entspringt, wird sie doch in den Automatismen verinnerlicht, die die Person mit ihren Gesten und mit sich selbst wieder in Einklang bringen. Ein gutes Beispiel hierfür ist Maïté. Sie hat eine bestimmte Vorstellung von Hygiene verinnerlicht – oder vor allem davon, was das Gegenteil von Hygiene ist – und reagiert augenblicklich, sobald sie nur das kleinste Schmutzkörnchen entdeckt. »Ich kann es nicht ertragen, wenn etwas klebrig, schmutzig oder staubig ist.« Doch Haushaltstätigkeiten, die jenseits davon liegen, insbesondere Aufräumen und Bügeln, erscheinen ihr eindeutig als eine Form von äußerem Zwang: Sie macht sie, weil sie eben gemacht werden müssen. Und dabei erledigt sie diese Arbeiten dennoch gut und zügig. Im Fall des Bügelns sieht man das sehr gut. Für sie ist das Bügeln eine ganz besonders unangenehme Arbeit, von der sie auch gar nicht so recht weiß, wofür sie gut sein soll: »Bügeln, also das ist wirklich der Horror! Das ist schrecklich, grauenhaft!« Was sie jedoch nicht davon abhält, trotzdem regelmäßiger und ausführlicher zu bügeln als viele andere Frauen, die von der Wichtigkeit dieser Tätigkeit eher überzeugt sind. Und ohne sich irgendwelche Fragen zu stellen, glättet sie Bettlaken, Handtücher und Lappen und stapelt sie übereinander. »Ich hasse Kissenbezüge – aber ich bügle sie.« Allein die Abfolge ihrer Gesten, die Bewegungen ihres Körpers sind es, die an die Stelle von Antworten treten, wenn sie von Zweifeln gepackt wird; sie verhindern sogar, daß überhaupt irgendwelche Zweifel aufkommen.

Daß es auf diese Weise wieder zu einem inneren Gleichgewicht kommt, ist indessen selten. Im allgemeinen führt die Feststellung, daß eine Norm außerhalb von einem selbst liegt, zu innerer Unruhe, die nur dadurch beseitigt werden kann, daß man sich bemüht, das von außen vorgegebene normative Schema stärker zu verinnerlichen. Dies erklärt, warum es äußerlichen Modellen gelingt, sich durchzusetzen. Dies liegt nämlich nicht etwa daran, daß sie an sich einen so großen Einfluß hätten, sondern daran, daß für die Person,

Die emotionale Arbeit

die sie wahrnimmt, der einzige Weg zur Beseitigung der kognitiven Dissonanzen, die sich bei ihr eingeschlichen haben, darin besteht, die Verinnerlichung voranzutreiben. Der erste Eindruck, den wir bei unserer Befragung gewannen, war der einer verwirrenden Komplexität des Verhältnisses zwischen Innen und Außen. Als wir jedoch in unserer Analyse weiter voranschritten, schälte sich ein zentraler Mechanismus heraus, nämlich die fortwährende Tendenz zur Verinnerlichung (auch wenn sie von vielen Hindernissen gebremst werden mag). Erinnern wir uns noch einmal an die schöne, zweistufige Äußerung Francines: »Man ist gezwungen, den Haushalt zu machen. Oder sagen wir: man zwingt sich dazu, ihn zu machen.« Es geht also darum, zwingende Normen, die zunächst als äußerliche Orientierungspunkte wahrgenommen werden, immer mehr zu verinnerlichen. Das erste Stadium ist das eines noch wenig fundierten Automatismus; die kleinste Handlung türmt sich noch wie ein riesiger Berg vor einem auf. Francine, die relativ wenig bügelt, und selbst das nur unter Zwang, ist logischerweise überzeugt, daß sie viel bügelt: »Ich bügle alles! Wirklich alles! Alles! Außer Putzlappen, Handtücher, Slips und solche Sachen. Man bügelt ja wohl keine Socken!« Wenn die Inkorporierung dann weiter vorangeschritten ist, können die Normen in innere Handlungsantriebe transformiert werden und aus dem tiefsten Inneren zu kommen scheinen. Und wieder ist es Francine, die das sehr gut erklärt. Sie sagt von sich selbst, sie sei »keine Frau für drinnen«. Draußen, in ihrem Garten, fühlt sie sich wohler, sie könnte stundenlang draußen bleiben. Doch da ist eine leise Stimme, die sie zur Ordnung (zur häuslichen Ordnung) ruft. Erste Version: reiner äußerer Zwang. »Das geht eben vor. Ich kann es mir nicht erlauben, zu lange draußen zu bleiben.« Dann die zweite Version: der Widerhall in ihr selbst. »Und ich spüre es ganz genau, ich spüre, daß ich drinnen was zu tun habe.« Wird der innere Handlungsantrieb noch stärker verinnerlicht, entfaltet er seine ganze strukturierende Macht und entzieht sich den Risiken einer Infragestellung durch das Denken, was bewirkt, daß die Automatismen noch reibungsloser funktionieren. Es bedarf keiner Umwege mehr – weder über äußere Zwänge oder über die Blicke, durch die sie vermittelt werden, noch über das Denken. Der Körper trägt in sich selbst seine eigenen Orientierungen; der Bezugsrahmen ist Auslöser der Bewegung.

Diese Verschiebung des inneren Handlungsantriebs hin zum Körper hat mehrere Konsequenzen für das Individuum. Sie stellt

Der innere Handlungsantrieb

tendenziell seine Einheit wieder her, während eine Person, die selbst bei der kleinsten Geste verschiedenen, untereinander oft widersprüchlichen Instanzen unterworfen ist (den inkorporierten Automatismen, dem Denken, den äußeren Normen), eher gespalten ist. Dank dieser Einheit kommt es zu einer neuen Möglichkeit innerhalb der Ökonomie der Empfindungen: der Lust zu handeln. Damit ist nicht einfach nur die Entspanntheit des Körpers aufgrund eines gut geölten Automatismus gemeint, sondern eine tiefe Motivation, ein Geschmack am Handeln, manchmal sogar ein Vergnügen. Éliane macht eine sehr deutliche Unterscheidung zwischen »dem Staub« und dem Aufräumen. Der Staub ist ihr »einigermaßen schnuppe«: »Wenn ich irgendwo Staub sehe, bringt mich das nicht gleich in Versuchung, einen Lappen zu holen. Manchmal sehe ich es und lasse es.« Der Zwang, der durch die Verhaltensnorm als solche ausgeübt wird, ist nicht eindeutig genug, sie zögert. Wenn es hingegen um das Aufräumen geht, reagiert ihr Körper massiv und erlebt einen Antrieb, der nicht durch den leisesten Zweifel getrübt ist: »Man kann nicht gerade sagen, daß es ein Vergnügen ist, aber es gefällt mir schon, wenn alles erledigt ist.«

Ein anderes Beispiel: Constance. Sie repräsentiert einen ziemlich klaren Fall von Funktionieren unter äußerem Druck. Sie tut alles, was zu tun ist, aber sie fühlt sich dazu gezwungen und findet keinerlei persönlichen Gefallen daran. Nur eine Tätigkeit bildet hier die Ausnahme: das Kochen. Sie liebt es, zu kochen (um genau zu sein: vor allem »kleine Snacks« zuzubereiten, die etwas Besonderes sind). Das hat einen einfachen Grund: Sie ist eine echte Feinschmeckerin. Die Lust zu handeln kommt hier also ganz einfach von einer Lust, die ganz nah beim Biologischen anzusiedeln ist. Das Kochen wird übrigens ziemlich oft als eine der Tätigkeiten genannt, die Spaß machen, weil sich die Kreativität, die damit in Verbindung gebracht wird, von anderen, eher repetitiven Tätigkeiten abhebt, und weil es direkt in eine Phase mit starkem beziehungsbezogenen Inhalt mündet: das Essen. Irénée träumt von einem Leben, in dem sie mehr Zeit hätte, um Blumen zu arrangieren und sorgfältig kleine Gerichte zuzubereiten. Dann wäre sie auch eine noch bessere Mutter, als sie es gegenwärtig ist. Nicht nur, daß sie kulinarische Meisterwerke vollbrächte, die den Kindern Freude machen würden, sondern das Essen wäre auch noch gesünder, besser für ihre Zukunft usw. Doch trotz dieses Drangs, der sie peinigt, weigert sie sich, bei anderen, eher routinemäßigen Haushaltstätigkeiten Zeit

Die emotionale Arbeit

einzusparen. Denn nicht allein das Gefühl zählt. Es ist Teil eines Gesamtsystems mit genau umrissenen Prioritäten, im Rahmen dessen eine als äußerlich wahrgenommene Verpflichtung sogar eine wichtigere Rolle spielen kann als das Vergnügen.

Normen und Gewohnheiten

Die Inkorporierung ist also ein fortwährender Prozeß des Arbeitens an sich selbst mit dem Ziel, auf der Grundlage verinnerlichter Normen die eigene Einheit herzustellen. Das vollkommen inkorporierte normative Schema wird zu einer Gewohnheit. Doch damit ist das gesellschaftliche Leben dieser Gewohnheit, die in einem Individuum steckt, noch längst nicht vorbei. In der Regel besteht ihr Schicksal darin, an andere Personen weitergegeben zu werden, die sie ihrerseits in ihren Bestand an verinnerlichten Schemata aufnehmen. Es ist interessant zu beobachten, wie diese Weitergabe abläuft. Im Rahmen einer erstaunlichen Umkehrung der Situation kann nämlich das, was für den einen eine Gewohnheit ist, für den anderen die Rolle einer äußeren Norm spielen. Wenn Yanns Mutter bei ihrem Sohn zu Besuch ist, kann sie es sich nicht verkneifen, aufzuräumen und den Haushalt zu machen, so wie sie ihn immer gemacht hat. Yann sieht ihr dabei zu und sagt sich, daß er wohl Nachholbedarf in Sachen Hausarbeit hat und daß er wirklich die Art und Weise ändern sollte, wie er die Sache angeht. Die verinnerlichte Gewohnheit der Mutter wurde bei ihm zu einer äußerlichen Bezugsgröße. In diesem Fall findet zunächst ein Gang durch das eigene Denken statt, und dieser Umweg ist nötig, damit die Arbeit an sich selbst beginnen und die äußere Norm als Hilfsmittel benutzt werden kann, bevor sie dann inkorporiert und zur Gewohnheit wird.

Doch dieser reflexive Umweg, der parallel zur Transformation der Gewohnheit in eine Norm stattfindet, findet nur bei relativ allgemeinen Schemata, einer grundsätzlichen Handlungsethik statt (oder aber, was jedoch seltener vorkommt, im Falle einer ganz präzisen Geste, die aus irgendeinem Grund die Aufmerksamkeit erregt). Der ganze Rest, diese unendlich vielen kleinen Handgriffe, werden nur aus den Augenwinkeln beobachtet, manchmal sogar ohne groß darauf zu achten. Doch diese Form der Weitergabe von Handlungsmodellen kann genauso wichtig sein wie diejenige, wenn normative Schemata den Umweg über das Denken machen.

Denn mit Hilfe des Blickes verfügt der Körper über eine beeindruckende Fähigkeit zum direkten Speichern handlungsanleitender Schemata (Kaufmann, 1995). Der Umweg über eine äußere Norm ist dann nicht wahrnehmbar, weil er das Bewußtsein außen vor läßt. Die Gewohnheit des einen geht direkt in eine Gewohnheit des anderen über, ohne dieses Zwischenstadium, in dem die Gesten noch mühsam und anstrengend sind.

Dieses direkte Verfahren findet man besonders oft bei Lernprozessen innerhalb der Familie. Das Kind nimmt eine Vielzahl von Bildern in sich auf, die es später reaktualisieren und wieder verwenden können wird, oft ohne daß es sich dessen bewußt wird. Oder es verinnerlicht noch im frühen Alter eine Geste, die es später nur noch unter größten Schwierigkeiten in Frage stellen kann. Yolande, 54 Jahre alt, erinnert sich mit Schrecken daran, wie sie früher die Treppe wischen mußte. Ihre Mutter zwang sie, jeden Tag zusammen mit ihrer Schwester die Treppe zu wischen: »Wir mußten *jeden* Tag die Treppe wischen. O je, o je, dieses ständige Treppenputzen! Und meine Schwester wischt heute noch jeden Tag die Treppe!« Tausendmal hat sie versucht, sie zur Vernunft zu bringen, ihr aufzuzeigen, wie unnötig, ja sogar lächerlich dieses exzessive Wischen ist. Ihre Schwester hört ihr zu, aber ändern tut sich nichts. Jeden Morgen wischt sie aufs neue die Treppe. Viele solcher inkorporierten Schemata treten niemals aus dem Bereich des Impliziten heraus. Sie drehen sich oft um klitzekleine Details bezüglich einzelner Haushaltstechniken und gehen unmerklich von einer Person auf die andere über.

Bei der Variante des reflexiven Umwegs über eine äußere Norm kommt es zu einer ganz anderen Form der situationsspezifischen Umsetzung der Geste. Hierbei spielt insbesondere die Frage der Normalität eine Rolle. Während jede Norm per definitionem die Normalität widerzuspiegeln hat, ist der Status der Gewohnheit im Hinblick auf die Normalität zweideutig. Da eine Gewohnheit für die persönliche Identität konstitutiv ist, muß sie sich einerseits (auf die eine oder andere Weise) als etwas Besonderes präsentieren, gleichzeitig jedoch kämpft jeder dafür, die Normalität seiner Gewohnheit unter Beweis zu stellen, und zögert nicht, hierfür die von ihm verinnerlichten Normen als universell zu proklamieren. Daher kommt das häufig anzutreffende Gefühl der Scham, wenn es um die eigenen Gewohnheiten geht. Man weiß sehr wohl, daß eine bestimmte Sache nicht von allen auf die gleiche Weise gemacht wird, und doch tut man so, als machten es alle so, und redet sich das so lange ein, bis man irgendwann vergißt, daß es auch anders sein kann. In unseren Interviews wurde oft eine persönliche Geste als Illustration für die Normalität herangezogen. »Schließlich geht es gar nicht anders, das machen doch alle so!« (Patricia). Doch kaum war der Satz gefallen, relativierten die Befragten unter dem Blick des Interviewers das Gesagte und begründeten die Legitimation ihrer Verfahrensweise auf persönlichere Weise neu: »Na ja, ich weiß natürlich nicht, ob das alle so machen wie ich, aber auf jeden Fall ist es logisch, es so zu machen« (Patricia). Die meisten beschränkten sich auf ein »So ist es nun mal!« (Christelle) oder auf ein »Es ist wie es ist, fertig!« (Lola), was den Vorteil hat, eine inkorporierte Selbstverständlichkeit zu verkünden, ohne deren Gültigkeitsbereich näher bestimmen zu müssen. Mit anderen Worten: implizit wird anerkannt, daß Gewohnheiten sehr persönlich, ja sogar sehr speziell sind und auf einer Art und Weise, die Dinge im Detail zu handhaben, basieren können, die etwas Höchstpersönliches hat. Wir sehen hier, wie wenig die Transformation einer gesellschaftlichen Norm in eine inkorporierte Gewohnheit einfach nur eine Reise von außen nach innen ist, und daß das Schema dabei nicht unverändert bleibt. So sehr die Norm einerseits Universalität für sich zu beanspruchen sucht, so sehr ist sie gleichzeitig Teil der persönlichen Handlungsweisen, auf deren spezifischer Verkettung Identität beruht. Auf der Grundlage eines Vorrats an verinnerlichten Gewohnheiten, die ihm eigen sind, wird das Individuum es selbst und unterscheidet sich von anderen.

X. Die Gewohnheit

Eine kleine Geschichte des Konzepts

Gewohnheit beruht auf einer einfachen, routinierten, nichtssagenden Geste, auf jener Art Geste, die ohne Bedeutung zu sein scheint. Im Banne dieser Alltagswahrnehmung scheint auch der Begriff ohne Bedeutung zu sein. Nun haben aber die großen Denker der menschlichen Maschine schon seit langem die Vermutung, daß die Gewohnheit im Gegenteil etwas ganz Wesentliches sein und den Status eines Konzepts verdienen könnte. François Héran (1987) hat ein brillantes historisches Panorama der gelehrten Gebrauchsweisen des Gewohnheitsbegriffs erstellt und dabei die subtilen Variationen hervorgehoben, besonders, wenn er sich in seine lateinische Form kleidet: den *Habitus*. Die Ahnengalerie ist beeindruckend: Aristoteles, Platon, Husserl, Merleau-Ponty, Schütz u. a. Bei all den verschiedenen Ansätzen dieser ganz unterschiedlichen Gelehrten bleibt doch der theoretische Faden, der sich durch »die lange Geschichte« dieses Konzepts zieht (Héran, 1987, S. 388), derselbe: Es ist die »Aktivierung des Passiven« (S. 392), also die Fähigkeit der Gewohnheit, Wissen in Form eines Schemas zu inkorporieren, das anschließend reaktiviert werden kann. Damit sind wir weit entfernt von einer bedeutungslosen unscheinbaren Geste. Im 19. Jahrhundert scheint das Interesse an dem Konzept weiter gewachsen zu sein. Logischerweise hat sich damals die im Entstehen begriffene Soziologie (Durkheim und insbesondere Weber) seiner bemächtigt (Camic, 1986). Und dann, Anfang des 20. Jahrhunderts, verlor die Gewohnheit plötzlich ihren ruhmreichen Glanz und fiel in die theoretische Anonymität der bedeutungslosen unscheinbaren Geste zurück. Was war geschehen?

Die Geschichte eines jeden Konzepts verdient es, genauer unter die Lupe genommen zu werden. Manche dieser Geschichten erinnern einen an die Intrigen, die in Kriminalromanen gesponnen werden. So auch die Geschichte des Konzepts der Gewohnheit, hinsichtlich derer uns François Héran von stillschweigenden Vereinnahmungen und Unterschlagungen zu berichten weiß, mit denen sich die »apostolische Reihe der Theoretiker« (S. 388) ziert, welche dem Konzept nach Belieben einen persönlichen Anstrich

Die emotionale Arbeit

gegeben und es sich dann auf die eigenen Fahnen geschrieben haben. Warum die Gewohnheit als theoretisches Konzept in den 20er Jahren von der Bildfläche verschwand, ist hingegen noch weitgehend ungeklärt (Camic, 1986). Einiges weist jedoch darauf hin, daß sie ihrem zu großen Erfolg zum Opfer gefallen ist. Erfolg zieht die Massen an, das ist allgemein bekannt. Unter denen, die, angezogen durch diesen Erfolg, auf den Geschmack kamen, befand sich auch die behavioristische Psychologie, die sich mit dem Aushängeschild der harten empirischen Wissenschaftlichkeit schmückte und der es gelang, das Gewohnheitskonzept zu ihren eigenen Gunsten in eine ganz andere Richtung zu lenken, sie auf einen simplen Reflex zu reduzieren und so eine ganze philosophische Tradition ins Dunkel des Vergessens zu stoßen. Diese Unterschlagung gelang um so leichter, als sie dem Alltagswissen entgegenkam. Entgegen dem, was zahlreiche intellektuelle Bemühungen zu zeigen geschafft hatten, wurde die Gewohnheit wieder zur unbedeutenden unscheinbaren Geste.

Spätere Versuche, die Gewohnheit aus ihrem Schattendasein zu befreien, mußten äußerst diplomatisch vorgehen. Die Verwendung des Gewohnheitsbegriffs war für jeden, der theoretische Ambitionen hatte, unmöglich geworden. Man mußte seine eigenen Umwege finden und sich andere Begriffe ausdenken. André Leroi-Gourhan (1987) beispielsweise, der die klassische Definition der Gewohnheit übernahm und Präzisierungen hinsichtlich ihrer Entwicklungsdynamik vornahm, erfand die schöne Umschreibung der »mechanischen Handlungsketten«. Harold Garfinkel (1967) benutzte einen verwandten Begriff, der, wie die Gewohnheit, im Alltagswissen bereits eine Bedeutung hatte, nämlich die Routine, hauchte ihm aber einen von dieser Tradition weit entfernten reflexiven und kognitiven Inhalt ein. Eine weitere Strategie bestand in der Verwendung des lateinischen Begriffes, dem die Geschichte weniger Schaden zugefügt hatte. Auf diese Weise konnte Marcel Mauss (1989) klammheimlich den Weg weiterverfolgen, den Durkheim eröffnet hatte. Der Beitrag Pierre Bourdieus (1978; 1987) war weniger heimlich. Er verstand es, dem Konzept mit einem großen Knall seine ganze theoretische Größe zurückzugeben und es wieder mitten ins Rampenlicht zu katapultieren – auf seine ihm eigene Weise, die sich auf die Strukturen fixiert, die konkreten Bewegungen des Körpers, die kleine, fälschlicherweise für bedeutungslos gehaltene Geste, die Gewohnheit, wie das Alltagsdenken sie sieht, aber vernachlässigt. Nun besteht aber die Besonderheit und der Reichtum der Gewohnheit gerade darin, ein großes Konzept und eine kleine Geste zugleich zu sein. Sie ist ein wichtiges Kettenglied im Verständnis des Verhältnisses zwischen Individuum und Gesellschaft. Aber sie ist auch ein lebendiges Element, das in der Konkretheit des tagtäglichen Lebens beobachtet werden kann. Deshalb ziehe ich den Begriff der Gewohnheit dem lateinischen Ausdruck *Habitus* vor. Denn er bezeichnet beide Aspekte auf einmal, verbindet sie und läßt einen nie vergessen, daß der Schlüssel für den Wissensfortschritt in der alltäglichen Wirklichkeit, wie wir sie kennen, zu finden ist.

Die Gewohnheit als Modell

Mein Ziel besteht nun zunächst nicht darin, eine formale Theorie der Gewohnheit zu entwickeln – hierfür ist es zweifellos noch zu früh. Aber ich möchte von der Empirie ausgehen, um konkret zu beobachten, wie sich die Gewohnheit in verschiedenen Kontexten entfaltet. Dies scheint, wie Bernard Lahire (1996) bemerkt, derzeit die Methode zu sein, die am besten dafür geeignet ist, das Wissen voranzubringen. Er kritisiert, daß sich die konzeptuelle Rhetorik der Handlungstheorien in eine Sackgasse manövriert hat. Während dieser Arbeitsphase bleibt die Definition bestimmter Begriffe noch relativ ungenau. Ich benutze »Gewohnheit« und »Automatismus« beinahe unterschiedslos. Sofern doch ein kleiner Unterschied gemacht wird, besteht er darin, daß die Gewohnheit auf ein breiteres Schema verweist, auf eine Gruppe von Gesten, auf Verkettungen, während sich der Automatismus mehr auf einen eher elementaren Reflex beschränkt. Dabei darf jedoch nicht vergessen werden, daß die Reflexe, von denen ich sprechen, immer auf einem enormen inkorporierten Wissen basieren. Egal, ob es sich um große Gewohnheiten mit aller Komplexität handelt oder um unscheinbare Automatismen – niemals sind es nur kleine Gesten ohne Bedeutung.

Erinnern wir uns noch einmal an das, was im letzten Kapitel gesagt wurde. Das Individuum hat die ununterdrückbare Neigung, an sich selbst mit dem Ziel zu arbeiten, vorgegebene Handlungsschemata immer besser zu inkorporieren. Das Idealmodell, das dabei angestrebt wird, ist der vollkommene Automatismus, der alle Zweifel ausräumt und den Körper von seiner Schwerfälligkeit befreit. Doch in der Regel bleibt dieses Modell ein Idealzustand, der immer nur teilweise verwirklicht wird. Es fordert dazu auf, sich weiter um eine noch stärkere Inkorporierung zu bemühen, jedoch ohne daß das Ziel jemals vollständig erreicht werden könnte. Warum ist das so? Zunächst einmal, weil das normale Leben kompliziert ist. Eine Person wird nie zwei genau gleiche Tage erleben. Mit jedem neuen Augenblick muß hinsichtlich dieses oder jenes Details improvisiert werden, man muß sich vorwärts tasten und die passenden Anschlußmöglichkeiten finden. Das ist wie bei einem Walzer: Obwohl die Bewegungen theoretisch festgelegt sind, empfinden und erfinden sie die Tänzer ständig neu (Hess, 1989).

Der zweite Grund ist, daß die Gewohnheit für das Denken (mehr oder weniger) zugänglich bleiben muß. Dieser Punkt ist ziemlich komplex und rechtfertigt einige nähere Ausführungen. André Leroi-Gourhan (1987) kritisiert den Ansatz, Instinkt und Intelligenz als zwei völlig voneinander getrennte Einheiten gegenüberzustellen, als zu vereinfachend. Er betont statt dessen die vielfältigen Wechselwirkungen zwischen ihnen. Was das Tier betrifft, weist er dessen Reduktion auf eine Welt der Instinkte zurück. Bei hochentwickelten Spezies sind die genetischen Voraussetzungen in einem »artspezifischen Gedächtnis« (Leroi-Gourhan, 1987, S. 275 ff.) vereint, einer erworbenen Verhaltensprogrammierung. Und was den Menschen betrifft, wendet er sich gegen dessen Reduktion auf die rationale Intelligenz und gegen das Vergessen der archaischen Strukturen, die ihr Fundament bilden. Nun befindet sich die Gewohnheit genau zwischen diesen beiden und hat aus diesem Grund einen zutiefst dualen Charakter. Ihr erstes Gesicht, der reflexhafte Automatismus, taucht unausweichlich in die animalische Vergangenheit des Menschen hinab, zu der er in keinem Gegensatz steht, auf der er aber auch nicht einfach nur aufbaut, sondern er verbündet sich mit den alten Verhaltensweisen und formuliert sie für eine bessere Anpassung an den aktuellen Kontext um (Damasio, 1995). Nehmen wir das Beispiel der Körperpflege. Sie ist biologisch determiniert, insbesondere durch bestimmte Hormone. Doch die Reinlichkeitsgesten haben im Laufe der Geschichte tausend verschiedene Formen angenommen und spezifische Gewohnheiten hervorgebracht (Vigarello, 1992). Aber trotz aller Revolutionen hinsichtlich der Schemata des Alltäglichen wurde nie wirklich *tabula rasa* mit der inkorporierten Vergangenheit gemacht, sondern letztere wurde nur neu interpretiert und kombi-

Die Gewohnheit

niert. Sich waschen, essen, schlafen, Sex haben, seine Kinder erziehen, sich schützen, kämpfen – in all diesen Bereichen und noch vielen anderen sind unsere Gewohnheiten nach wie vor eng mit den untersten Schichten der Pyramide (Leroi-Gourhan, 1987), mit unserer animalischen Vergangenheit verknüpft (Cyrulnik, 1993). Doch die Gewohnheit hat auch noch ein ganz anderes Gesicht: Sie speichert menschliches Wissen (Connerton, 1989) und nimmt mit dieser kognitiven Funktion aktiv an der Weiterentwicklung von Verhaltensweisen teil. Sie speichert das Neue (und formuliert das Alte um). Diese komplexe kulturelle Arbeit kann nicht ohne Kontrolle bleiben. Außerdem würde ein zu maschinenmäßiger Automatismus die Herrschaft übernehmen, das Leben unerträglich und das Individuum zu seinem Sklaven machen (Rapoport, 1993). Das Individuum muß unbedingt der Herr im Hause bleiben, der Herr über seine Gewohnheiten. Und letztere müssen dieses Wunder vollbringen, wie ein gut geöltes Getriebe zu funktionieren, gleichzeitig aber für die Anweisungen dessen, der sie gibt, offen zu bleiben oder zumindest in der Lage, sich zu öffnen, sobald dies notwendig wird. In der Regel jedoch bleibt die kognitive Kontrolle über die Gewohnheit eher lax, ist kaum wahrnehmbar und selbst routinisiert (Gehlen, 1986), um letzterer zu erlauben, in diesem Zwischenbereich zu verharren und so ihre strukturierende Kraft zu entfalten.

Eine ähnliche Distanz wird im Hinblick auf Empfindungen gewahrt. In seiner Theorie der Emotionskontrolle räumt Norbert Elias der Gewohnheit einen herausragenden Platz als Instrument des Selbstzwangs ein (Déchaux, 1993), das es erlaubt, im Laufe des Prozesses der Zivilisation die Triebregungen immer weiter zurückzudrängen, ohne sie jedoch ganz auszuschalten: Sie werden kontrolliert und gelenkt. Technisch wäre es möglich, sie völlig zu beseitigen, doch sie spielen eine Rolle von größter Wichtigkeit und müssen deshalb, wie wir noch sehen werden, erhalten bleiben. Folglich reduziert sich die Gewohnheit nicht auf den maschinenartigen Automatismus, der ihr als Modell dient. Sie weist Lücken und Angriffspunkte für die Empfindungen (wie auch für das Denken) auf. Die Art und Weise, in der es zur Intervention der Gefühle kommt, kann unterschiedlich sein: Manchmal kommt es zu unvermittelten und gewaltsamen Gefühlsausbrüchen auf der Vorderbühne, aber in der Regel hat man es nur mit einem vagen Hintergrund aus undeutlichen, fernen, selbst routinisierten Empfindun-

Die emotionale Arbeit

gen zu tun, so daß auch hier die Gewohnheit in einem Zwischenbereich verharren kann.

Als wir unsere Gesprächspartner zu ihren Empfindungen befragten, rekurrierte die typische Antwort auf das Idealmodell des puren Automatismus, des zwingenden Handlungsantriebs, der Unterwerfung unter eine Pflicht. So zum Beispiel Yolande: »Es macht mir nichts aus, ich mache es, weil es eben gemacht werden muß, aber ein Vergnügen ist es nicht gerade. Aber es ist auch nicht besonders unangenehm. Man muß es eben machen, also macht man es, und fertig.« Oder Bernadette, die sich noch ein wenig mehr auf eine theoretische Definition versteift: »Das ist nicht schlimm, denn schließlich ist es eine Pflicht.« Gleichzeitig haben aber auch viele unter größten Verrenkungen versucht, irgendwie diese diffusen, unterschwelligen Empfindungen zu beschreiben. Beispielsweise Yann: »Es ist nicht wirklich unangenehm, aber es ist trotzdem eine Aufgabe, wie man so schön sagt.« Die Negativform des Satzes ist bezeichnend. Denn sie affirmativ beim Namen zu nennen, hätte den Empfindungen eine zu offizielle Existenz verliehen. Francine gibt sich alle Mühe, dieses unterschwellige und gleichzeitig paradoxe Vergnügen zur Sprache zu bringen, das sie beim Reinigen der Toiletten empfindet. Doch auch ihr gelingt es nur rudimentär und in der Negativform: »Diese Dinge sind im Grunde gar nicht so unangenehm.«

Die Etablierung von Gewohnheiten

Eine neue Gewohnheit entsteht häufig als Gegenreaktion auf Gefühle. Der Prozeß beginnt damit, daß ein neues Handlungsmodell Einzug in die Gedanken hält: Es wäre doch gut, das Geschirr regelmäßig abzuspülen und nicht mehr mit Spinnennetzen zu leben. Doch solange die Norm nicht in Fleisch und Blut übergegangen ist, gibt sich der Körper träge und schwerfällig: Der Widerwille ist auf seinem Höhepunkt. Nur die Etablierung einer Gewohnheit kann ihn beseitigen. Einen günstigen Kontext, um diese Entwicklung zu beobachten, liefern uns erneut die jungen Haushalte, die gerade erst dabei sind, sich einzurichten. Die Konstruktion von neuen Sauberkeits- und Ordnungsgewohnheiten kommt oft erst dadurch zustande, daß zunächst der Widerwillen gegenüber bestimmten Gesten steigt. Dies weist darauf hin, daß die Ansprüche

Die Gewohnheit

größer geworden sind, der Körper jedoch noch nicht mitzieht. Hugues zum Beispiel hat seit seinen Anfängen im Haushalt bereits große Fortschritte gemacht. Er hat ziemlich leistungsfähige Handlungsketten entwickelt. Aber es gelingt ihm einfach nicht, sie wie wirkliche Automatismen zu erleben. Ständig denkt er über das nach, was er tut, fragt sich, ob er fest genug schrubbt und ob er gut genug organisiert ist. Das ständige Nachdenken und Zweifeln weckt in ihm diesen Rest von Widerwillen, den er loszuwerden hofft. Er scheint auf dem besten Weg zu sein.

Raphaël ist dem Ziel eines kontrollierten Haushalts noch nicht so nah. Nicht einmal ganz elementare Handlungsketten werden bei ihm in die Tat umgesetzt: »Ich schaffe es einfach nicht, das Geschirr direkt nach dem Essen abzuwaschen. Ich hasse das.« Er hat es zwar ein paarmal versucht, aber er schafft es einfach nicht. Die Handlung ist zu unangenehm und setzt eine Organisations-, Antizipations- und Vorstellungsfähigkeit voraus, zu der er im Haushaltsbereich nicht fähig ist. Mangels dieser versucht er, sich mit Hilfe der unausweichlichen Notwendigkeit einer Handlung zum Handeln zu zwingen. Seine Strategie ist folgende: Er stapelt das schmutzige Geschirr in das Spülbecken, das, da es relativ groß ist (und die Zahl seiner Utensilien relativ klein), alles beinhalten kann, was er braucht. Wenn es dann Zeit ist, sich zu Tisch zu begeben, denkt er darüber nach, was er brauchen wird, sucht es heraus und wäscht es ab (über dem Stapel). Dabei kann es ihm passieren, daß er diese Übung für eine Mahlzeit mehrmals wiederholen muß. Zum Beispiel spült er zuerst einen Topf, um eine Dose Bohneneintopf zu erhitzen, dann einen Teller, Besteck und ein Glas, und schließlich einen kleinen Löffel für seinen Joghurt. In diesem Fall sind es dann drei Spülvorgänge, einer davon (ein kurzer) sogar während der Mahlzeit. Raphaël handelt nicht freiwillig so. Er ist sich bewußt, daß seine Organisation nicht sehr rationell ist, aber er sieht auch keine Möglichkeit, wie er zu einem anderen System kommen könnte. Das ständige Spülen nervt ihn; die schlechten Gerüche in der Wohnung und der Anblick des ekelhaften Spülbergs stören ihn; die Suche nach den Gegenständen, die er spülen muß, ermüdet ihn. Er denkt über diese schlechte Organisation und über Änderungsmöglichkeiten nach: »Es wäre schon toll, wenn ich es endlich lernen würde, das Geschirr direkt nach dem Essen zu spülen. Aber zur Zeit ist das nicht mein Stil.« Zu *seinem* Stil gehört es, für den Augenblick zu leben, so wie er sich ihm bietet, und

Die emotionale Arbeit

Haushaltsfragen mit einem derartigen Mißtrauen zu begegnen, daß er ihnen weder die Zeit noch die Mühe zukommen lassen kann, die es ihn kosten würde, ein besseres System zu entwickeln. Raphaël ist sich jedoch der Richtung, in die die notwendige Entwicklung gehen muß, vage bewußt. Im übrigen sollte man sich von seinen rudimentären Methoden nicht täuschen lassen: Er hat bereits einige Etappen hinter sich. So befreit er beispielsweise inzwischen die Teller und Töpfe von den Essensresten, bevor er sie in das Spülbecken stellt (während er vorher einfach alles aufeinanderstapelte). Er ist sich bewußt geworden, daß dieser erste kleine Aufwand längerfristig ein großes Plus bedeutet, und versucht sich nun davon zu überzeugen, daß es mit anderen Handlungen genauso sein könnte: »Besser organisiert zu sein, ist letztlich schon angenehm.«

Die Handlungsketten

Die Inkorporierung von Gewohnheiten vollzieht sich nicht in einem Zug. Verschiedene elementare Bausteine können zwar stark verinnerlicht und automatisiert sein und damit dem Idealmodell sehr nahe kommen, doch diese festen, automatisierten Elemente müssen auch miteinander verknüpft werden, um längere »Operationsketten« zu bilden, und hier kommen dann auch Denken und Empfinden ins Spiel, um Entscheidungen zu treffen. Je umfangreicher die Handlungsabläufe sind und je ungewohnter der Kontext, desto mehr bedarf es zur Verknüpfung der einzelnen Elemente der aktiven Präsenz der Person, bis hin zu einem »bewußten Verhalten«. Letzteres, so führt André Leroi-Gourhan (1987, S. 288 ff.) aus, kommt im Rahmen eines wellenförmigen Modus ins Spiel: immer abwechselnd eine Phase des Rückzugs, während der eines der festen, automatisierten Elemente am Zug ist, und dann eine Phase der Klarheit, um ein Element ans andere zu fügen (oder um eine andere Orientierung oder neue Verkettungen auszuwählen).

Die ganze Kunst (in unserem Fall die der Haushaltsführung) besteht nun darin zu versuchen, zusätzlich auch noch ganze Handlungsketten, die regelmäßig auftreten, zu routinisieren, um dadurch den Druck durch die Empfindungen und das Denken zu vermindern, das heißt also, sich nicht mit einzelnen automatisierten Elementen zufriedenzugeben, sondern auch noch die Art und Weise, wie sie miteinander verknüpft sind, vollständig zu inkorporieren.

Die Gewohnheit

Den darin besonders erfolgreichen gelingt es, relativ lange Handlungsketten zu automatisieren. Maïté erzählt uns von dem Tanz, den sie allmorgendlich aufführt: »Das geht ganz automatisch. Ich stehe auf, und während der Kaffee durchläuft, räume ich das Geschirr auf, das ich am Abend zuvor gespült habe; das geht ganz automatisch. Dann lasse ich alles auf dem Tisch stehen und kümmere mich erst mal ums Badezimmer. Anschließend gehe ich in die Küche zurück und räume, sobald alle gefrühstückt haben, den Tisch ab und mache die Küche sauber.« Das Zwischenspiel des Badputzens ist hier besonders interessant. Es wurde ganz offensichtlich eines schönen Tages eingeführt, um eine Lücke zu füllen. Inzwischen ist es zu einem unverrückbaren Orientierungspunkt geworden. Ein außenstehender Beobachter könnte die Angemessenheit des Putzens der Toilette, während man sich um das Frühstück kümmert, also die Vermischung dieser Tätigkeiten, mit Skepsis betrachten. Maïté jedoch stellt sich nicht die geringste Frage.

So langsam bekommen wir eine Vorstellung von ihrer ungeheuren Fähigkeit, Haushaltstätigkeiten zu automatisieren, mit der sie aber lediglich für eine Minderheit repräsentativ ist. In der Regel ist die Routinisierung von langen Abläufen eher zerbrechlich und bedarf der Unterstützung, um in die Tat umgesetzt zu werden. Die häufigsten Formen einer solchen Unterstützung sind erstens die Ritualisierung von Gesten, die dem Handeln einen starken Sinn verleiht und so die Motivation verstärkt, und zweitens ein fester Rhythmus, bestehend aus diesen immer gleichen Schritten im Tanz mit den Dingen, bei dem eine Mikro-Geste unweigerlich die nächste nach sich zieht. Das inkorporierte Schema fügt die einzelnen Bewegungen in Handlungsmodelle ein; diese Eingliederung findet anhand einer »rhythmischen Konditionierung« statt (Leroi-Gourhan, 1987, S. 357). Arlette ist, was das Niveau ihrer Haushaltsorganisation angeht, nicht gerade brillant (und dieses Niveau sinkt tendenziell immer weiter ab). Und doch gelingt es ihr hier und da, gegen diese Entwicklung Widerstand zu leisten, indem sie sich an verschiedene Handlungsketten hält. So hat sie beispielsweise eine ganz spezielle Abfolge für ihre Mahlzeiten entwickelt. Diese bestehen aus drei Teilgerichten (Vorspeise, Hauptspeise, Nachspeise), zwischen denen sie jeweils einen kurzen Spülgang einlegt. Auf den ersten Blick ähnelt diese Methode dem, was Raphaël, der Mann mit dem vollen Spülbecken, macht, der ja wie Arlette allein lebt. In Wirklichkeit jedoch ist das etwas völlig anderes. Nicht nur, weil

Die emotionale Arbeit

Arlette nach und nicht vor den einzelnen Gängen abwäscht und ihr Spülbecken leer bleibt, sondern vor allem weil diese Handlungskette sehr positiv erlebt wird und einen Raum darstellt, innerhalb dessen sie herausragende Haushaltsfähigkeiten unter Beweis stellt. Sie nimmt sich übrigens viel Zeit, um ihre wenigen Utensilien abzuwaschen, und das Ganze verleiht ihren Mahlzeiten, die ihr sonst leer vorkämen, eine gewisse Form und einen Rhythmus. Was sie selbst am meisten erstaunt, ist die Befriedigung, die sie dabei empfindet, und zwar mehr noch beim Abwaschen als beim Essen. Der Grund für diese Befriedigung ist klar: In einem Ozean relativer Desorganisation und des Widerwillens gegen Haushaltsdinge ist es ihr gelungen (ohne sich dessen so recht bewußt zu sein), eine kleine Insel des Gleichgewichts, eine harmonische Abfolge von Gesten zu erschaffen. Und da ist noch ein Erfolg, der sie mit Stolz erfüllt und von dem sie in einer so verallgemeinernden Art und Weise redet, als wäre ihr ganzes Leben so gut organisiert. Es ist der Augenblick, wenn sie nach Hause kommt, direkt vor dem Essen, wenn sie sich endlich einmal von einem Rhythmus davongetragen fühlt: »Ich verliere nie meine Zeit, da reiht sich eins ans andere, zack-zack-zack ... Ich komme heim, mache den Anrufbeantworter an, und während ich die Nachrichten abhöre, packe ich zack-zack die Sachen aus, um das Essen zuzubereiten.«

Diese Verkettung von Gesten ist jedoch nichts im Vergleich zu dem, was die besten Aktivisten des Haushaltsuniversums zu leisten imstande sind. In diesem Punkt ist Rénata ein wirkliches Phänomen, das je nach Standpunkt Bewunderung oder Entsetzen hervorruft. Nehmen wir das Beispiel ihrer Abende unter der Woche, die immer nach dem gleichen Schema ablaufen. Gegen 22 Uhr kommt sie nach Hause, nachdem sie ihren Frisiersalon geschlossen und dort saubergemacht hat. Dann »wirft« sie erstmal »eine Maschine an« mit der Wäsche aus dem Salon. Während die Waschmaschine läuft, bereitet sie für ihren Mann das Abendessen zu (»Und da gibts nie was aus der Gefriertruhe!«), der dann allein vor dem Fernseher ißt. Für sich selbst macht sie ein Sandwich und ißt es im Stehen, während sie die Wäsche vom Vortag von der Leine nimmt. Wenn sie damit fertig ist, ist gerade auch die Waschmaschine durch; sie hängt die Wäsche auf. Dann räumt sie den Tisch ab und spült das Geschirr (vom Essen ihres Mannes). Sie macht schnell die Küche sauber und hängt auch noch die anderen Zimmer an. »Überall ein kleiner Streich Hausarbeit, jeden Abend das Bad, und

Die Gewohnheit

jeden zweiten Abend mit dem Besen durch das große Zimmer.« Dann kommt der große Augenblick des Bügelns. »Also ich bügle jeden, wirklich jeden Abend!« Zweifellos hat sie angesichts des beträchtlichen Berges an Bügelwäsche allen Grund dazu. »Dazu muß man sagen, daß ich, was die Wäsche angeht, superpenibel bin. Ich wechsle sogar jeden Abend die Laken und bügle sie.« Wenn dann schließlich der Moment des Zubettgehens kommt, schläft sie sofort ein – »Gegen halb zwei, zwei gehe ich ins Bett. Da fallen mir dann gleich die Augen zu« –, um am nächsten Morgen schon früh wieder auf denselben Höllenzug aufzuspringen und ihr Tagwerk anzugehen.

Variationen und Änderungen von Gewohnheiten

Gewohnheiten sind persönlich und so tief eingeschrieben, daß es schwer fällt, sie zu ändern. Sie durchleben jedoch Stadien, die auf keinen Fall vergessen werden sollten. Am meisten kommt es vor, daß sich ihr Platz innerhalb einer Handlungskette ändert. In diesem Fall ist die Gewohnheit zwar Teil wohlbekannter Abläufe, diese haben jedoch immer eine spezielle Form, wobei die Variationen ihrerseits auch wieder ihre eigene Regelmäßigkeit aufweisen können. Yann hat für das Bügeln seiner Hemden ein Wintersystem und ein Sommersystem. Im Winter bügelt er nur den Kragen, den vorderen Einsatz und die Manschetten (also das, was aus seinem Jackett herausschaut). Im Sommer, wenn er kein Jackett trägt, bügelt er die Hemden ganz. Arlette hat den gleichen Grundsatz: nur das bügeln, was man sieht. Dieser Grundsatz wird bei den Blusen ganz strikt eingehalten, bei den T-Shirts jedoch schon viel weniger. Im ersten Fall handelt es sich also um eine regelmäßige Variation; im zweiten Fall ist ein Großteil der freien Improvisation überlassen.

Wenn Arlette T-Shirts bügelt, kommt in Ansätzen das Denken ins Spiel; sie neigt dazu, sich Gedanken über die Nützlichkeit bestimmter Handgriffe zu machen und sie in Frage zu stellen. Solche zögerlichen Gewohnheiten, die vage ins Bewußtsein dringen, haben wir während der Befragung des öfteren beobachtet. Kündigt die Zerbrechlichkeit einer solchen Gewohnheit eine sich abzeichnende Veränderung an? Dies ist keinesfalls sicher. Denn die über den Körper und über den Kopf laufende persönliche Konfrontation mit der eigenen Geste offenbart im Grunde nur wieder deren

Die emotionale Arbeit

strukturierende Wirkung. Nur selten gelingt es einer Person, sie zu ändern, selbst wenn sie sich sagt, daß sie das tun müßte. Constance beispielsweise hat seit langem ein Problem mit ihren Geschirrtüchern, gegen die sie einen schwierigen Kampf führt. Sie haßt das Bügeln und beschränkt es auf die Elemente, bei denen es wirklich nicht anders geht (die Kleidungsstücke, die man obendrüber trägt). Bei den Geschirrtüchern jedoch macht sie, ohne so recht zu wissen, warum, eine Ausnahme. Wie bei Lola stammt diese Widersinnigkeit, diese Geste, die so gar nicht in ihr Gesamtsystem paßt, aus einer unbekannten Vergangenheit. Logischerweise hat sie also versucht, diese nicht ins Gesamtbild passende Gewohnheit zu ändern. Umsonst. Entgegen der Überzeugung in ihrem Kopf fuhr ihre Hand unerbittlich fort, die Geschirrtücher zu bügeln! Da sie also nicht frontal angreifen konnte, dachte sich Constance ein raffiniertes Umgehungsmanöver aus. Ohne sich das selbst so richtig einzugestehen, richtete sie es so ein, daß sie regelmäßig die Wäsche auf dem Wäscheständer »vergaß« (der Wäscheständer steht in der Nähe der Küche; sie muß an ihm vorbeigehen, um zu dem Schrank zu gelangen, in dem sich die Stapel gebügelter Geschirrtücher befinden). Parallel dazu ist es ihr gelungen, eine neue Gewohnheit zu entwickeln: ganz plötzlich und unabwendbar zu entscheiden, daß ein Geschirrtuch schmutzig ist und durch ein anderes ersetzt werden muß (während diese Entscheidung vorher eher Teil eines regelmäßigen Rhythmus war). Das Ergebnis hat tatsächlich die gewünschte Wirkung: Unter dem Druck der Dringlichkeit hat sie nicht die Zeit, zum Schrank zu gehen, und erlaubt sich deshalb die Abweichung, ein nicht gebügeltes Geschirrtuch vom Ständer zu nehmen. Bis zum jetzigen Zeitpunkt hat sie mit Hilfe dieser Siegesstrategie ungefähr die Hälfte der Zeit fürs Geschirrtücherbügeln eingespart. Dazu muß jedoch gesagt werden, daß sie sich nur eine sehr begrenzte Gewohnheit vorgenommen hat.

Obwohl die Schlacht also am Ende siegreich war, kann dieses Beispiel eher dazu dienen, Negativlektionen daraus zu ziehen. Damit es Constance gelingen konnte, eine auf einen ganz konkreten Punkt begrenzte Gewohnheit zu ändern, bedurfte es eines sehr günstigen Kontextes, einer machiavelistischen List und einer nicht nachlassenden Hartnäckigkeit. *A contrario* läßt sich also daraus schließen, daß der persönliche Kampf gegen die eigenen Gewohnheiten in der Regel eine höchst schwierige Angelegenheit ist. Dies erklärt auch, warum die meisten Änderungen anläßlich der Kon-

Die Gewohnheit

frontation mit anderen Gewohnheiten stattfinden, welche plötzlich eine andere Wahrheit offenbaren. Schauen wir uns noch eine weitere Geschirrtücher-Bügel-Geschichte an. Célestine erläutert uns, wie sie beschlossen hat, damit aufzuhören: »Am Anfang habe ich das gemacht. Und dann kam eines Tages eine Freundin zu Besuch, die meinte zu mir: Bügelst du das etwa? Und ich habe gesagt: Aber na klar! Darauf sie: Ich aber nicht. Und es geht sehr gut ohne! Und da habe ich mir gesagt, vielleicht hat sie ja recht. Und seither mache ich es nicht mehr, und ich finde, das geht genauso gut, Geschirrtücher lassen sich auch ungebügelt gut zusammenlegen.« Die Szene ist vielsagend. Auf die Bemerkung ihrer Freundin hin ist Célestine nicht etwa ins Grübeln gekommen, sondern ging, ohne sich groß Fragen zu stellen, von einer Gewohnheit zur anderen über. Das Gewicht des äußeren Einflusses ist entscheidend für solche Umwälzungen. Patricia erinnert sich: »Früher habe ich alles gebügelt: Slips, Socken, einfach alles, alles.« Und doch bewegte sie ein Zweifel, den ihr Mann gesät hatte: »Er sagte zu mir: Das ist doch lächerlich, die Socken, die kannst du doch einfach zusammenlegen.« Doch diese kognitiven Störungen schafften es nicht, die Gewohnheit zu destabilisieren. Dazu kam es erst unter dem Eindruck einer brutaleren Bemerkung aus dem Mund einer Person, die eher eine Autorität in diesem Bereich darstellte: »Dann hat eines Tages meine Schwiegermutter zu mir gesagt: Du spinnst doch!«

Äußerer Druck allein reicht jedoch nicht aus, damit es zur Änderung einer Gewohnheit kommt. Die Gewohnheit muß bei der Person selbst bereits heimlich in Ungnade gefallen sein. Die Intervention von außen verstärkt dann die inneren Inkohärenzen und wird zu einem Werkzeug, das dabei behilflich ist, sie zu reformieren. Im Fall von Patricia war das gesamte Bügeln eine Gewohnheit, die sie von zuhause mitbekam: »Das war so ein Familiending, weil ich eben immer gesehen habe, wie meine Mutter das gemacht hat.« Zwischen dieser Gewohnheit und dem, was ihre eigene Konzeption des Bügelns hätte sein müssen, bestand jedoch eine offensichtliche Kluft. Dies ist auch der Grund, warum ein Gegenangriff (seitens ihrer Mutter) trotz seiner Heftigkeit folgenlos bleibt: »Wenn sie jetzt vorbeikommt, macht es sie ganz krank, daß ich die Socken nicht bügle!« Angesichts der Macht von Gewohnheiten, die es sich richtig gut eingerichtet haben, kann der äußere Druck nichts ausrichten. Sie ändern sich nur, wenn Gründe, die zu den inkorporier-

Die emotionale Arbeit

ten Schemata passen, diese Änderung rechtfertigen. So stellt beispielsweise der Ärger des Partners aufgrund von kleinen Gewohnheiten, die von seinen eigenen abweichen, nur selten einen ausreichenden Grund für deren Änderung dar. David ist von einigen Gesten seiner Frau, die seiner Ansicht nach leicht zu ändern wären, hochgradig genervt: »Das Marmeladenglas zu öffnen, aber dann den Deckel nicht wieder draufzumachen; den Frühstückstisch nicht abzuräumen, wenn sie geht; das geht einem irgendwann wirklich auf den Wecker, das ist wirklich ärgerlich!« Deshalb hat er einen systematischen Guerillakrieg angefangen, der jedoch bis jetzt nur wenig Früchte getragen hat: Die Veränderungen bleiben an der Oberfläche. »Sie achtet schon ein wenig darauf, aber sie tut es nur für mich, das merke ich genau, außerdem vergißt sie es manchmal. Ich würde mir eigentlich wünschen, daß es Schritt für Schritt von ihr selbst kommt.«

Das persönliche System von Gewohnheiten

Zur Reform von Gewohnheiten kommt es durch Kleinkriege, die Geste für Geste, unter dem Druck von Ereignissen und mit dem beachtenswerten Fehlen einer Gesamtstrategie geführt werden. Natürlich arbeitet das Individuum an seiner Einheit, indem es an seinen inkorporierten Schemata herumbastelt, um sie untereinander kohärenter zu machen. Patricia hat einen Schritt in diese Richtung getan, indem sie damit aufgehört hat, alles zu bügeln. Vorher jedoch bestand hier eine totale Diskrepanz zu allen ihren sonstigen Haushaltspraktiken. Doch trotz des Wunsches nach Einheit gelingt es vielen Gewohnheiten, sich unter dem vielfältigen Druck von außen eine Platz zu erobern, obwohl sie überhaupt nicht ins Gesamtbild passen – ganz zu schweigen von denjenigen, die früher einmal inkorporiert wurden und bestehen blieben, obwohl man sich seither verändert hat. Nicht zu vergessen ist auch die Tatsache, daß die menschliche Identität oft zerbrechlich, veränderlich und bunt zusammengewürfelt ist. Welche Gesten akzeptabel sind, richtet sich nicht nach einem einheitlichen Schema. Ergebnis: Jede Lebensgeschichte birgt ihre Schätze an Gesten, die für die Person, in der sie wohnen, eigentlich unangebracht sind: Arlette und ihr Geschirr, Constance und ihre Geschirrtücher.

Die Gewohnheit

Solange sie in der Minderheit sind und von einer zentralen Gruppe harmonischer Gesten dominiert werden, kann ihre Andersartigkeit in Vergessenheit geraten. Diese zentrale Gruppe darf jedoch nicht wie ein Block gedacht werden; in ihrer Zusammensetzung ist sie je nach Situation sehr speziell. Sie ist das Ergebnis der Geschichte einer Person, die im Laufe einer Folge von Ereignissen, die sie erlebt hat, eine Geste nach der anderen integriert hat, die ihrerseits selbst ihre Geschichte haben. Die Integration verlief so kontrolliert wie möglich und unter Berücksichtigung der Konformität der Geste mit den gesellschaftlichen Normen (Ist dieses Verhalten normal? Wird es nicht als merkwürdig betrachtet werden?) und der Einheit der Person (Steht dieses Verhalten auch nicht im Widerspruch zu meinen sonstigen Überzeugungen und Handlungsweisen?). Doch diese beiden Filter lassen einen großen Freiraum bei der Auswahl der Gesten, die inkorporiert werden sollen, und beim Zusammenfügen der einzelnen Handlungsketten. Nehmen wir das Beispiel Irénées. Worte reichen nicht aus, um ihre Liebe zu Blumen zum Ausdruck zu bringen. Wenn sie die Zeit dafür hätte, würde sie ihr Leben damit verbringen, Blumensträuße zu komponieren und ihre Wohnung damit zu schmücken: »Das mit den Blumen, das braucht Zeit.« Nun ist dies aber dieselbe Irénée, die sich plötzlich gegen die Vorstellung ereifert, sich um ihren Garten kümmern zu müssen: »Das ist doch Zeitverschwendung, ich verstehe das nicht, die Rosen schneiden, hier und da irgendwas abschneiden, das ist doch idiotisch, also nee!« In Innenräumen sind Blumen Ausdruck einer Liebesbeziehung, sind die damit verbundenen Gesten ein reines Vergnügen, und die Zeit vergeht viel zu schnell. Gegenüber Gartenarbeit hingegen empfindet sie eine heftige Abwehr: das ist verlorene Zeit. Ein anomales Verhalten? Gespaltene Persönlichkeiten? Ganz und gar nicht. Für Irénée ist dieser Gegensatz vollkommen logisch und resultiert aus der Geschichte ihrer verschiedenen Wohnungen, durch die sie daran gewöhnt wurde, in Innenräumen zu leben. Draußen sind die Blumen nicht mehr dieselben, sie gehören einer Welt an, die nicht die ihre ist. Sie ist sie, Irénée, ausgestattet mit einer ganz spezifischen Identität, gerade weil diese Verknüpfung in einer anderen Biographie anders ausgefallen wäre.

Die emotionale Arbeit

Eröffnungsrituale

Gewohnheiten sind widerstandsfähig, sie verkrusten und sie haben ein Eigengewicht, das ihre Veränderung schwierig macht. Selbst dann noch, wenn sie in Ungnade gefallen sind, ihre Selbstverständlichkeit verloren haben und nur noch widerwillig wiederholt werden, fährt der Körper fort, die erlernten Tanzschritte zu machen, und ist immer noch bestrebt, sich dem Automatismus anzunähern, der für ihn das Idealmodell ist. Da dies aber kaum mehr gelingen wird, ist das Individuum gezwungen, einen Kunstgriff anzuwenden, um das Handeln wieder anzukurbeln und zur früheren Wirksamkeit seiner Gewohnheiten zurückzufinden. Es ermuntert sich selbst, mobilisiert sich ganz bewußt und setzt dabei verschiedene Hilfen und Tricks ein.

Ein Ritual unterscheidet sich dadurch von einer einfachen Gewohnheit, daß eine kognitive Dimension hinzukommt. Im Fall des Rituals trägt die Geste Züge eines Glaubens, sie wird als Trägerin einer Bedeutung erlebt. Dieser Glaube ist oft kaum formalisiert, schwach und diffus, aber die Person »spürt«, daß da mehr ist als ein maschinenartiger Automatismus. Hören wir noch einmal Irénée zu, wie sie von ihren Blumen spricht: »Wenn ich einen Blumenstrauß arrangiere, habe ich das Gefühl, mein ganzes Leben schöner zu machen. So empfinde ich das, es geht mir gut; wenn ich einen Blumenstrauß zurecht mache, geht es mir gut.« Nun ist es aber nicht möglich, sein Leben damit zu verbringen, daß man Blumensträuße arrangiert. Es gibt nun mal auch Haushaltstätigkeiten, die als lästig empfunden werden. Dies gilt besonders oft für das Bügeln. Der Trick ist dann der folgende: Die unangenehme Handlung wird zunächst mit einem Eröffnungsritual eingeleitet, das seinerseits positiv erlebt wird. So gibt es zahlreiche Frauen (auch unter den glühendsten Anhängerinnen des Bügelns), die erst einmal ihr Arsenal von Krimskrams ausbreiten und diverse Initiationstänze aufführen, bevor sie die Arbeit wirklich in Angriff nehmen. Dadurch versuchen sie, mit der Handlung zu verschmelzen. Bei Irénée ist es die Zeremonie der drei Stühle. Schon kurze Zeit später wird sich ihre Bügelei unter ziemlich beklagenswerten Umständen vollziehen, aber für den Moment glaubt sie noch, daß sie dem schlimmen Schicksal dank der drei Stühle entgehen kann. Sie stellt sie langsam und liebevoll auf: einen für die Hemden, den zweiten für die Hosen und den dritten für den Rest. Und sie kann sich die-

Die Gewohnheit

ses Wunder gar nicht erklären, daß sie dies voller Leichtigkeit und Ungezwungenheit tut, sogar mit Vergnügen. Denn jedesmal hat sie den Eindruck und glaubt (wenigstens ein bißchen) daran, daß ihr Körper nun endlich gehorsam geworden ist und ihr das Bügeln nun keine Probleme mehr bereiten wird. Und dann, ganz plötzlich, kaum daß sie das Bügeleisen in der Hand hat, verpufft das Wunder und ihr Körper wird wieder träge und schwerfällig – die Episode mit den drei Stühlen war wie immer nur ein kleines Zwischenspiel. Francine verwendet beinahe das gleiche Verfahren, allerdings mit nur einem Stuhl, jedoch geht sie bei der Vorbereitung dessen, was sie ihre »schönen Stapel« nennt, noch raffinierter vor. Das Adjektiv »schön« ist hier keineswegs übertrieben, denn ihrer Vorgehensweise liegt ganz offensichtlich ein ästhetisch motiviertes Streben zugrunde. Die Zeit, die sie mit dem liebevollen Zurechtmachen eines schönen Stapels verbringt, geht weit über das hinaus, was für die reine Funktionalität vonnöten wäre. Francine hat Freude an diesen Gesten, eine direkte und konkrete Freude an dem Stapel, aber auch Freude an dieser Anmut, die sie ihrem Körper erfolgreich eingeschrieben hat, an dieser wunderbaren Übereinstimmung mit der Haushaltsgeste. »Und dabei mache ich doch einen so schönen Stapel! Ich lege alles zusammen und ordne es nach Kategorien. Aber auch wenn ich es noch so schön mache, ist da nichts zu machen, es läuft einfach nicht so, wie es sollte.« Wie bei Irénée bleibt also der Initiationstanz ohne Folgen. Gleiches widerfährt Bernadette, obwohl sie eine andere Taktik anwendet: statt den Stuhl oder den Stapel zu bearbeiten, arbeitet sie an ihrem Körper: »Ich mache es mir bequem, entspanne mich, ziehe mich aus, ziehe mein Nachthemd an und bin barfuß. So fühle ich mich wohl.« Doch unglücklicherweise wird sie sich trotz dieser Vorbereitung schon sehr bald gar nicht mehr so wohl fühlen.

Stützen für das Handeln

Der Ritualisierungsbedarf verschwindet nicht, sobald man das Bügeleisen in die Hand genommen hat. Positive Ankerpunkte im Umfeld unterstützen den Antrieb und verstärken die Gewohnheiten. Auch der Raum, der gewählt wird, spielt hier eine Rolle. In der Regel findet das Bügeln im Wohnzimmer vor dem Fernseher statt. Das Zimmer muß groß, gemütlich und hell sein. Maïté erin-

Die emotionale Arbeit

nert sich, daß sie einmal einen Versuch in einem kleinen Zimmer gestartet hat, das speziell für das Bügeln eingerichtet worden war: »Es war grauenhaft! Schrecklich!« Sie hatte das Gefühl zu ersticken, und ihr Widerwille stieg beträchtlich an. Das Zimmer muß also im Gegensatz dazu »groß und gemütlich sein« und es muß »ein guter Film laufen« (Constance). Diese Definition der Eigenschaften des Zimmers und die Nähe zum Fernseher lassen die Wahl also meistens auf das Wohnzimmer fallen. Letzteres erlaubt es außerdem, durch die Gegenwart weiterer Personen im Raum und durch die Fenster das Gefühl von Isolation zu vermeiden. »Ich hasse es, hier eingesperrt zu sein, ich bügle immer dort drüben, vor der großen Balkontür. Da kriegt man alles mit, was passiert und so. Meine Mutter macht das genauso« (Raymonde). Die doppelte Tätigkeit (die Arbeit mit den Händen und die Freizeitbeschäftigung mit den Augen und Ohren) schafft die Illusion, man löse damit die Probleme, die einer jeden dieser beiden Tätigkeiten innewohnen. Das Bügeln wird weniger unangenehm, weil man sich gleichzeitig durch das Fernsehen entspannt, und das Freizeitvergnügen löst kein schlechtes Gewissen aus, weil man ja gleichzeitig etwas Sinnvolles tut. Wichtig ist also, »sich keine Schuldgefühle machen zu müssen, weil die Hände ja schließlich beschäftigt sind« (Brief Nr. 10). Dabei werden keine Überlegungen dazu angestellt, wie effizient die Arbeit mit und ohne Fernsehen verläuft (Beobachtungen zeigen, daß das Arbeitstempo zurückgeht, wenn die Aufmerksamkeit für das Fernsehen steigt), wobei das auch schwer zu beurteilen wäre, weil der jeweilige Anteil der beiden Tätigkeiten variabel ist: manchmal wird szenenweise ferngesehen. Jede Frau hat ihre eigenen Rituale. Von manchen wird das Radio dem Fernsehen vorgezogen. »Ich mache mein kleines Transistorradio an, und dann erscheint mir die Arbeit gleich weniger hart« (Brief Nr. 7); »Ich schlucke die bittere Pille nur, wenn ich sie mir durch ein wenig Musik versüßen und mich damit in Schwung bringen kann« (Brief Nr. 17). Der Hinweis auf eine musikalische Stütze war in manchen Briefen der Auslöser für beinahe lyrische Ausführungen, die einen Eindruck von der Vorstellungswelt vermitteln, die mit dieser ritualisierten Atmosphäre verknüpft ist: »Wenn ich zuhause bleibe, dann nehme ich meine trockene Wäsche mit in meinen Garten, um sie in einer schön hellen und schön warmen Ecke zu bügeln, nebenbei Musik zu hören, auf dem Regal eine Tasse dampfender Kaffee. Erlauben Sie mir, Ihnen zu sagen, Herr

Die Gewohnheit

Kaufmann, daß das Bügeln für mich eine Entspannung ist, ich könnte fast sagen, eine Freizeitbeschäftigung« (Brief Nr. 3).

Wenn ihre vorbereitenden Beschwörungszeremonien gescheitert sind, bleibt Francine nur noch das Fernsehen als letzter Ausweg: »Es tröstet mich ein wenig, wenn ich mich vor den Fernseher stelle.« Den Einsatz des Fernsehens gestaltet Maïté in Abhängigkeit davon, wie groß die Leistung ist, die sie zu erbringen hat. Wenn nur wenig zu bügeln ist (Aufwand von weniger als zehn Minuten), sieht sie dafür keine Notwendigkeit. Sobald es aber voraussichtlich länger dauert, steht »die große Installation vor dem Fernseher« an. Patricia ist da weniger festgelegt: entweder das Fernsehen oder, wenn das Programm uninteressant ist, ein Gespräch mit ihrem Mann, wobei der Mann also in seiner Unterstützungsfunktion problemlos an die Stelle des Fernsehens treten kann. »Egal, ob es das eine oder das andere ist – wichtig ist, daß man die Zeit vergißt und nicht immer nur daran denkt.« Eine solche Flexibilität bei der Suche nach Stützen ist jedoch selten, denn letztere haben in der Regel ganz präzise Eigenschaften. Constance beispielsweise hätte eigentlich nichts dagegen, wenn ihr Mann während des Bügelns an ihrer Seite wäre, aber er müßte schon auch eine vom Haushaltsstandpunkt her nützliche Tätigkeit ausüben. Wenn er hingegen nur dasitzt, um zu lesen oder fernzusehen, stört sie seine Anwesenheit und hat einen negativen Effekt. Es wird auch nicht nur einfach irgendwie ferngesehen. Das Beispiel Arlettes illustriert das sehr gut. Vor einigen Jahren noch fiel ihr das Bügeln leichter; es war ein Vorwand, um ohne schlechtes Gewissen einen guten Film ansehen zu können. Heute hat sich das Verhältnis zwischen den beiden Tätigkeiten umgekehrt: Das Fernsehen ist zu einer starken Stütze für eine Handlung ohne jede Antriebskraft geworden. Auch ihre Art und Weise fernzusehen, hat sich geändert. Früher hat sie die Filme sehr viel genauer verfolgt. Während sie aber ihren Kopf mittels Fernsehen vom Bügeln befreien wollte, zwingt sie nun unglücklicherweise die Tatsache, daß ihr die Handgriffe so schwer fallen, dazu, um so mehr daran zu denken. Um sich dadurch nicht noch mehr Ärger aufzuhalsen, so daß ihr auch so das Filmvergnügen verdorben wird, sucht sie sich nun bewußt mittelmäßige Programme aus: »Irgend so einen Scheiß, denn etwas richtig Gutes kann man nebenher nicht anschauen.«

Hugues hingegen gibt sich nicht mit solch einer unverläßlichen Stütze im Hintergrund zufrieden: Er folgt genau dem Rhythmus

Die emotionale Arbeit

der Musik. Er stellt auf volle Lautstärke, weil sein Körper das braucht, damit die Bewegungen in Schwung kommen. Hausarbeit ohne Musik kann er sich gar nicht mehr vorstellen. Lola steht beim Bügeln noch mehr unter Strom. Sie stellt nicht nur die Musik sehr laut, sondern singt und tanzt auch noch gleichzeitig dazu: »Und mit der Musik ist es dann plötzlich schon fast angenehm. Ich singe in meiner Küche mit und tanze um mein Bügeleisen herum.« Sie fühlt sich beim Tanzen so gut, daß ihr schon der Gedanke gekommen ist, es auch einmal woanders zu probieren, aber sie weiß nicht so recht, wie sie diesen Traum verwirklichen könnte: »Ich könnte vielleicht auch ohne Bügeleisen tanzen, aber so ist es nun mal, so ist es nun mal!« Bis auf weiteres tanzt sie erstmal mit ihrem Bügeleisen. Doch die Liste der Vergnügen ist noch nicht zuende. Lola, die doch eigentlich von sich sagt, sie sei vom Versorgen der Wäsche nicht gerade begeistert und bügle »so gut wie nichts«, außer ihre hundert Taschentücher, ist in Wahrheit eine begeisterte Liebhaberin von Wäsche. Gerüche spielen bei ihr eine sehr große Rolle (im positiven wie im negativen Sinne), und das Bügeln ruft ihr Kindheitserinnerungen ins Gedächtnis. Und dann ist da noch die Wärme des Bügeleisens, ein weiterer Faktor des Wohlbefindens: »Ich liebe den Dampf, und es ist angenehm, wenn es warm ist.« Frau C. (Brief Nr. 2) gibt sich ganz der Musik hin, jedoch in einem ruhigeren Tempo. Das Bügeln ist der einzige Moment, in dem es ihr gelingt, sich zu entspannen. »Damit es so richtig angenehm wird, braucht man Musik mit einem langsamen und gleichmäßigen Rhythmus«. Den Rhythmus ihrer Gesten gleicht sie der langsamen Musik an, die sie am liebsten mag. Bei dieser Gelegenheit erinnert sie uns auch gleich an dieses andere Schlüsselelement für die Freude am Bügeln: seinen privaten Charakter. Das Bügeln bedeutet für sie einen der angenehmsten Augenblicke, »der einzige, in dem ich *die* Musik einstellen kann, die *mir* gefällt«. Ein Moment, der nur ihr allein gehört, der offiziell der Arbeit und der Aufopferung für die anderen gilt, heimlich aber ein Privatvergnügen ist.

XI. Die Empfindungen: Schmerz und Pein

Die Gewohnheit, die so tief verankert ist, daß der Körper den Tanz von ganz allein aufführt, ist ein Idealmodell, das nur selten erreicht wird. In der Regel benötigt die Person vielfältige Hilfen, um den Antrieb aufrecht zu erhalten. Doch auch diese erweisen sich oft als unfähig, einen unausweichlichen Handlungstrieb auszulösen. Trotz der Stützen schafft es der Automatismus nicht, den Körper rückhaltlos mitzureißen. Und je weiter Modell und Realität auseinanderliegen, um so widerspenstiger reagiert der Körper, und ein Gefühl des Widerwillens macht sich breit. Dieser Widerwille stellt einen aussagekräftigen Indikator für die Stärke des inneren Handlungsantriebs dar. Je stärker der Widerwille, desto niedriger der Grad der Inkorporierung.

Solche Behauptungen laufen dem gesunden Menschenverstand zuwider, der eine objektivistische Ansicht vertritt: Es gibt Aufgaben, die sind aus technischen Gründen unangenehm, und es gibt Personen, die packen die Dinge beherzt an, und andere, die das weniger tun. Im Gegensatz dazu hat unsere Untersuchung gezeigt, daß ganz andere Aufgaben als erwartet, als besonders unangenehm empfunden werden und daß das, was für den einen unangenehm ist, beim anderen noch lange nicht die gleiche Empfindung auslöst. Unsere Studie gibt zu erkennen, daß die Lästigkeit von bestimmten Aufgaben Ergebnis einer gesellschaftlichen Konstruktion ist. Die manchmal ausgeprägten physischen Empfindungen (Rückenschmerzen, Erschöpfung usw.) wären dann also reine Erfindung? Selbstverständlich nicht. Aber man muß ihnen in dem Gesamtzusammenhang, der sie hervorbringt und erklärt, einen neuen Platz zuweisen.

Müdigkeit und Schmerzen

Nach Ansicht von Constance braucht man nicht groß nach weiteren Gründen zu suchen. Daß das Bügeln so unangenehm ist, hat physische Gründe: »Das macht mich müde, nach zwei Stunden Stehen habe ich Rückenschmerzen.« Christelle entwickelt eine komplexere Analyse. Natürlich spürt auch sie die Müdigkeit. Aber

Die emotionale Arbeit

sie bemerkt, daß diese sich mit Ärger und Irritation vermischt. Die Tatsache, daß sie an ihre Müdigkeit denkt, daß sie die Wohlbegründetheit des Weiterbügelns in Frage stellt, erhöht im Gegenzug noch die Schwere der Müdigkeit. Ihr Körper wird schwerfällig, weil sie erschöpft ist, aber gleichzeitig auch, weil ihr die Motivation abhanden kommt. Solange die Gesten für denjenigen, der sie ausführt, einen klaren Sinn haben, solange der Geist der Gesten mit ihrer Umsetzung verschmilzt und das Bügeln einem als wichtig und selbstverständlich erscheint, stehen die Chancen gut, daß es einem leicht fällt, ja sogar Vergnügen bereitet, und daß die Müdigkeit weitgehend in den Hintergrund rückt. Wenn hingegen die Frage nach dem Warum (Warum bügle ich das? Warum ich? Warum jetzt?) eine Distanz zwischen den Gedanken und dem Körper schafft und das Bügeln als Zwangsarbeit empfunden wird, die man so schnell wie möglich hinter sich bringen möchte, ist es sehr wahrscheinlich, daß es unangenehm wird und die Schmerzen sehr schnell in den Vordergrund treten. Müdigkeit und Schmerz dürfen nicht losgelöst von dem gesellschaftlichen Kontext betrachtet werden, der auf sie Einfluß nimmt. Nehmen wir das Beispiel zweier eng verknüpfter Aufgaben: das Bügeln und das anschließende Aufräumen der Wäsche. Manche Frauen lieben das erste und hassen das zweite (oder umgekehrt), manche erschöpft das erste, nicht aber das zweite (oder umgekehrt). Das Verhältnis zwischen den beiden Typen von Empfindungen ist nicht beliebig: Man verspürt Müdigkeit, weil man eine Tätigkeit nicht mag. Francine liebt das Aufräumen der Wäsche, aber sie haßt das Bügeln. Sobald sie das Bügeleisen in der Hand hat, überkommen sie Müdigkeit und Schmerzen. Und dabei ist sie clever genug und analysiert mit klarem Blick die mentale Disposition, in die sie sich selbst bringt: »Ich suche für mich nach irgendwelchen Schmerzen, daß ich zum Beispiel Schmerzen im Arm habe, und gleichzeitig weiß ich, daß ich nach Entschuldigungen suche, weil ich das nicht gerne mache.« Für Maïté hingegen ist das Aufräumen das Allerunangenehmste: »Das macht mich geistig und körperlich total müde.« Obwohl die Müdigkeit körperlich gespürt wird, ist sie nicht rein physischer Natur. Der Kontext der Tätigkeit und ihre Repräsentation spielen eine wesentliche Rolle.

Die Empfindungen: Schmerz und Pein

Ekelerregende Berührungen

Ein weiteres Argument des gesunden Menschenverstands lautet, bestimmte Aufgaben seien ganz einfach deshalb unangenehm, weil sie eklig sind, weil sie bewirken, daß man mit verschiedenen Formen von Schmutz und Dreck in Berührung kommt und schlechten Gerüchen ausgesetzt ist. Doch schauen wir uns diesen Punkt einmal genauer an. Lola reagiert sehr empfindlich auf das Berühren bestimmter Substanzen und auf Gerüche, und zwar auf gute (das ist einer der Gründe, warum sie so gerne bügelt) wie auf schlechte. Beim Geschirr kommt nun all das zusammen, was sie haßt: schlechte Gerüche und daß ihre Hände mit Schmutz in Berührung kommen. »Das widerliche Wasser, die Schwämme, daß man das Wasser während des Spülens wechseln muß, der Geruch des Spülmittels, dieses dreckige Wasser, die Hände in diesem schmutzigen, fettigen Wasser.« Sie haßt das, weil es »dreckig« ist, und findet das Geschirrspülen als unangenehm, weil es »schmutzige Arbeit« ist. Allerdings legt sie keineswegs die gleiche Abscheu an den Tag, wenn es um die schmutzige Wäsche geht. Sie bevorzugt zwar schon das Bügeln, aber auch *schmutzige* Wäsche findet sie erträglich – sie verzeiht ihr und nimmt ihre Gerüche fast gar nicht wahr. Denn die Wäsche belegt in ihrem haushaltlichen Wertesystem den obersten Platz.

Bei Yann ist es genau umgekehrt. Die Wäsche ist das, womit er sich am wenigsten auskennt, ihre Makel werden deshalb um so offensichtlicher. Für ihn ist die einzige Aufgabe, die nicht ganz so unangenehm ist, das Geschirrspülen. Dank des Geschirrspülens hat er entdeckt, daß manche gut routinisierten Tätigkeiten es ihm erlauben, »den Kopf frei zu machen« und die augenblicklichen Probleme zu verjagen. Außerdem hat er diese erstaunliche Parallele zwischen dem inneren Zurruhekommen und dem Ordnungmachen im Haushalt entdeckt. Er nennt das »die doppelte Reinigung«: Sein Kopf befreit sich von den Verunreinigungen des Tages, während seine Hände das Geschirr sauber machen; seine Gedanken ordnen sich, während er im Haus Ordnung schafft. Was diese doppelte Reinigung betrifft, kann nichts an das Geschirrspülen heranreichen. Vor allem aufgrund der Fettschicht im Spülbecken und der Berührung seiner Hände mit allem was klebt und pappt. Denn er weiß, daß er am Ende siegen wird, daß das Geschirrspülen ein Happy End haben wird: die wiedergefundene Reinheit. Die manuelle Wahrnehmung

Die emotionale Arbeit

des Feindes, den es zu besiegen gilt, macht sein Vergnügen also nur noch größer. Und um die Sache zu vervollständigen, muß auch noch folgendes hinzugefügt werden: Yann ist von einer wahren Obsession befallen, was das Händewaschen betrifft. Da er mit Leder arbeitet, behalten seine Hände immer Spuren dieser Arbeit zurück, und dafür schämt er sich. Das Geschirrspülen gibt ihm das Gefühl, dieses Problem loszuwerden (ein weiterer Vorteil). »Wenn man Geschirr spült, wäscht man gleichzeitig auch die Hände, da hat man alles in einem, das ist praktisch.« Lola wäre in Yanns Welt völlig fremd, genauso wie Yann in Lolas Welt überhaupt nichts verstehen würde. Was beim einen Widerwillen erzeugt, erzeugt beim anderen Vergnügen; jede Lebensgeschichte inszeniert die Gegenstände und Materialien auf ihre eigene Weise.

Der paradoxe Widerwille

Die Illusion der Objektivität ist bequem. Mit ihr entgeht man lästigen Fragen, die man sich stellen müßte und die einen durcheinander bringen könnten. Deshalb neigten die Befragten häufig zu Verallgemeinerungen und schlugen einen überzeugten Ton an, wenn sie uns die Gründe für ihren Widerwillen gegenüber bestimmten Dingen beschrieben. Dabei vergaßen sie, daß andere darüber ganz anders denken könnten. Lola fällt es schwer, sich Yanns Welt vorzustellen und umgekehrt. Für Lola ist das Geschirrspülen objektiv unangenehm, für Yann all das, was mit Wäsche zu tun hat.

Der Tonfall wird jedoch etwas zögerlicher, wenn es um die Kategorie von Gesten geht, die man als besonders abstoßend und unangenehm empfindet, obwohl sie von der Gesellschaft offiziell als etwas eingestuft werden, das eigentlich nicht abstoßend und unangenehm sein darf. Wenn man die Mechanismen, die Widerwillen erzeugen, verstanden hat, wird klar, daß jeder Handgriff, egal welcher, in den Sog des Widerwillens geraten kann. Genauso wie Kloputzen ohne die geringste Abscheu erledigt werden kann, können auch Tätigkeiten, die eigentlich als angenehm definiert sind, zu etwas Grauenerregendem werden. Alles hängt davon ab, ob zwischen Körper und Geist eine Harmonie zustande kommt oder nicht. Doch für den alltäglichen Menschen gibt es innerhalb dieses seltsamen Mechanismus, zu dem er keinen Zugang hat, noch einen weiteren Anlaß für Ärger.

Die Empfindungen: Schmerz und Pein

Nehmen wir das Beispiel von Tätigkeiten, die man sich freiwillig zusätzlich aufgehalst hat. Man sagt sich beispielsweise, daß es doch eine gute Sache wäre, einen gepflegten Rasen zu haben (ohne eine genaue Vorstellung davon zu haben, was für einen Arbeitsaufwand regelmäßiges Mähen bedeutet), oder daß die Kinder gerne ein Haustier hätten (und vergißt, sich genau zu überlegen, welche Arbeit damit verbunden ist). Es scheint sich um eine freie Entscheidung zu handeln, aus reinem Vergnügen. Aber in Wirklichkeit ist diese Entscheidung oft die automatische Folge eines Ereignisses und läßt nur wenig Entscheidungsspielraum (der Hauskauf führt einen, ob man will oder nicht, in das Reich des Rasenmähens ein; der Goldfisch, den man vom Jahrmarkt mitgebracht hat, läßt einen unweigerlich die Freuden des Unterhalts eines Aquariums entdecken etc.). Und hat sich die Tätigkeit dann erst einmal bei einem niedergelassen, wird es schwierig, sie wieder in Frage zu stellen. Ihr offiziell freiwilliger und optionaler Charakter widersetzt sich einer Einordnung in die Rubrik der normalen Haushaltspflichten, die mehr oder weniger routinisiert werden können, weil »man sie eben machen muß«. Die betreffende Zusatztätigkeit muß also ständig dadurch bestätigt werden, daß man sich die Gründe in Erinnerung ruft, die, zumindest theoretisch, ausschlaggebend für die Entscheidung waren. Sobald gegen die Tätigkeit Widerwille aufkommt, werden also diese Gründe ins Bewußtsein gerufen, und über einen Mechanismus, den wir bereits kennengelernt haben, vergrößert sich die Distanz zwischen Körper und Geist, wobei der Blick auf sich selbst ein Gefühl der Fremdheit und Äußerlichkeit der Geste erzeugt, wenn die Gründe keine Gültigkeit mehr haben. So können auf völlig unverständliche Weise Tätigkeiten, für die man sich bewußt einschieden hat und die eigentlich eher eine Art Hobby darstellen, in der Hitparade des Widerwillens plötzlich einen der vordersten Plätze einnehmen. Beim einen ist das der Rasen, beim anderen das Reinigen des Grills oder der Plastikwanne. Wie es der Zufall wollte, kam bei unserer Stichprobe ein wahrer Jammerchor von Leuten zusammen, die alle von ihren Katzen genervt sind. Dieser Chor reicht von Hugues, der sich noch am Anfang seiner Haushaltsorganisation befindet und sich nun, völlig überlastet, fragt, warum er sich diese zusätzliche Arbeit aufgehalst hat – »Die Katzenkiste ausmisten zu müssen, ist wirklich das Letzte« –, bis hin zu Irénée, der guten Fee der Wohnung, die auch noch am unbedeutendsten Handgriff im Haushalt Gefallen findet,

Die emotionale Arbeit

sich aber, wenn die Rede auf Katzen kommt, plötzlich versteift und (sie, die sich normalerweise sehr gewählt ausdrückt) sich nicht mehr unter Kontrolle hat: »Das geht über meine Kräfte, die gehen mir dermaßen auf die Nerven, das macht eine unglaubliche Arbeit, ihr Fressen zuzubereiten, diese blöden Viecher, das ist wirklich unmöglich!«

Den Höhepunkt erreicht all das mit einem Kind. Es ist mehr als eine willentliche Entscheidung; es wird geliebt und vergöttert, ein wahres Heiligtum und kleiner Gott im Hause. Wie aber könnte ein Gott, den man verehrt, unerträglich werden? Wie könnte er Anlaß für Tätigkeiten sein, die zu den schwersten, lästigsten und unangenehmsten gehören? Derart blasphemische Gedanken kann man sich nicht eingestehen; sie sind Teil des Familiengeheimnisses; und gleichzeitig versuchen die Familien, alle Gefühle zu verdrängen, die den legitimen Kategorien entgegenlaufen. Doch manchmal ist die Pein zu groß, und die Wahrheit bricht hervor. Erinnern wir uns an die Geschichte von Marie-Alix. Sie hatte ein wahres Drehbuch des Glücks entworfen: Es sich so einrichten, daß man früher von der Arbeit nach Hause kommt, um mit den beiden Kindern zu spielen, ihnen kleine Mahzeiten zuzubereiten und dann lachend und redend gemeinsam zu Abend zu essen. Dieses idyllische Bild eines gelungenen Familienlebens stand grundsätzlich jeder Vorstellung von Widerwillen und Lästigkeit entgegen und wurde nicht einmal als »Aufgabe« gesehen. Das war etwas ganz anderes, das war Zeit, über die man frei bestimmte und die gerade einen Gegensatz zum Reich der Haushaltspflichten bildete. Nun war aber die Realität leider ganz anders. Kaum zuhause angekommen, wurden ihre Versuche, mit den Kindern zu spielen, durch unlösbare Streitigkeiten zunichte gemacht (»Die machten einen Blödsinn nach dem anderen«), und bis zum Essen wurde die Stimmung immer gespannter und drückender. »Es war schlichtweg die Hölle.« Ein unerträgliches Paradox: Das, was die Gesellschaft höchst positiv kodiert, war zu einer der lästigsten »Aufgaben« geworden, lästiger, als andere Tätigkeiten, die doch eigentlich »objektiv« den Ruf haben, lästig zu sein. Es ist übrigens bezeichnend, daß sich Marie-Alix nun für das Bügeln statt für die Kinder entschieden hat. Für die Kinder hat sie ein Kindermädchen eingestellt, das sich nach der Schule bis 19 Uhr 30 um sie kümmert – Mahlzeiten inklusive. Da sie sich aber nicht völlig von den häuslichen Tätigkeiten ausgeschlossen fühlen will, behält sie sich lieber das Bügeln vor.

Die Empfindungen: Schmerz und Pein

Das Prinzip der doppelten Einheit

Widerwille ist das Ergebnis eines äußerst variablen Mechanismus: Das, was für den einen unangenehm ist, ist es für den anderen noch lange nicht. Ist es angesichts dieser Variationen überhaupt möglich, Konstanten zu isolieren, die die Entstehung des Widerwillens erklären? Bernard Zarca (1990) hat zumindest einen interessanten Aspekt in die Diskussion eingebracht, indem er die Distanz zur geschlechtlichen Kodierung von Tätigkeiten analysiert hat. Eine Aufgabe, die als weiblich angesehen wird (zum Beispiel der Umgang mit der Wäsche), löst negative Gefühle aus, wenn sie von einem Mann erledigt wird, und umgekehrt wird eine Aufgabe, die als männlich betrachtet wird (zum Beispiel das Auto) unangenehm, wenn sie von einer Frau erledigt wird. Es wäre möglich, diese Analyse zu verfeinern, Aufgabe für Aufgabe, und zu erklären, wie für jeden Typus von Handgriff der Widerwille und die Lästigkeit auf eine spezifische Weise hervorbrechen.

Mein Anliegen ist hier ein anderes. Ich möchte nicht Tätigkeit für Tätigkeit analysieren, sondern die Person in den Mittelpunkt stellen. Denn der Widerwille ist je nach Kontext der Tätigkeit und je nach persönlicher Geschichte unterschiedlich groß. Unter diesem Gesichtspunkt möchte ich ein Prinzip herausarbeiten, daß mir wichtig und notwendig erscheint: die Beachtung der doppelten Einheit. Der Widerwille kann dank des tiefen Verankertseins der Automatismen beschwichtigt werden. Dies ist jedoch nur unter der Voraussetzung möglich, daß eine doppelte Einheit besteht: die Einheit des Selbst und die Einheit des Selbst mit der Geste. Allerdings können hier allerlei Arten von Dissonanzen ins Spiel kommen, die dem Widerwillen und der Lästigkeit Tür und Tor öffnen.

Der häufigste Fall ist der, daß jemand zwischen verschiedenen Orientierungspunkten für sein Handeln hin- und herschwankt, was insbesondere durch einen unerwünschten Effekt des inneren Handlungsantriebs ausgelöst wird. Er bewegt einen zwar dazu, etwas zu machen, aber was genau? Wenn der Automatismus gut läuft, ist die Antwort klar: Er treibt dazu an, das zu machen, was gemacht werden muß. Doch das funktioniert selten perfekt. Da gibt es immer noch eine Kraft, die einen auftreibt, noch mehr zu tun und es noch besser zu machen. Daraus entstehen dann zwei verschiedene Anspruchsniveaus, an denen man sich orientiert: Ein niedriges, das für normale Zeiten Gültigkeit hat, wenn der Körper das erforderliche

Die emotionale Arbeit

Minimum erledigt. Und ein hohes Niveau, das Idealmodell, das für gewöhnlich latent bleibt, aber durch ein bestimmtes Ereignis (zum Beispiel einen Besuch) oder eine plötzliche Aufräumwut reaktiviert wird. Bei manchen Haushalten finden sich aufgrund ihrer Geschichte strukturell beide Niveaus. Beispielsweise bei jungen Paaren, die ihre Ansprüche höher schrauben; bei ihnen kommt es in Form eines spiralförmigen Hin-und-Her zwischen den beiden Definitionen zu einer Weiterentwicklung. Wenden wir uns noch einmal Lola zu (und ihrem Geschirr, das ihr ganz eindeutig einige Probleme bereitet). Noch vor einigen Monaten sah ihr häusliches Reich ganz anders aus als heute. Es war kaum eingerichtet und von einer gewissen Lässigkeit geprägt. Die Art und Weise, wie sie das Geschirr spült, zeugt noch immer von dieser Zeit. Denn immer stand die Wäsche im Vordergrund, weil die ihr Spaß machte, das Geschirr aber wurde vernachlässigt. Doch seit geraumer Zeit bereitet ihr das Geschirrspülen, letzter Hort der Unordnung, mit tausend Fragen Kopfzerbrechen. Neue Unzufriedenheiten und Regungen treten an den Tag. Sollte sie die Gläser nicht lieber doch abtrocknen, anstatt sie einfach nur abtropfen zu lassen? Sie schwankt noch hin und her zwischen dem Mehraufwand, der damit verbunden wäre, und der neuen Scham, die sie beim Anblick der Schlieren auf den Gläsern empfindet. Und dieses Zögern, dieses Hin- und Herschwanken zwischen verschiedenen Orientierungspunkten, macht die Tätigkeit nur noch unangenehmer. Es gibt jedoch eine Lösung: auf das höhere Niveau überwechseln, einen neuen Schritt in den Tanz mit den Dingen einfügen, der alle Fragen ausräumen wird. Das ist übrigens zweifellos das, was geschehen wird: das schrittweise Aufkommen neuer Ansprüche, die Teil von Lolas häuslichem Etablierungsprozeß sein werden.

Für Éliane und Arlette hingegen gibt es keine Lösung. Éliane mag es nicht, wenn »die Dinge schmutzig sind«, und träumt von einem idealen Haus, in dem der Haushalt perfekt gemacht ist (so, wie sie ihn früher gemacht hat). Doch ihr Körper reagiert nicht (oder nicht mehr) spontan auf Staub. Sie findet sich mit dieser Faulheit ab und rechtfertigt sie mit niedrigeren Ansprüchen: »Das geht auch so sehr gut.« Dennoch will es ihr einfach nicht gelingen, sich selbst voll und ganz davon zu überzeugen. Ihr Traum läßt ihr keine Ruhe und – ein Teufelskreis – macht die Bewegungen ihres Körpers noch schwerfälliger. Arlette bringt ihre inneren Widersprüche mit zwei vollkommen konträren Sätzen auf den Punkt:

Die Empfindungen: Schmerz und Pein

»Das ist eine zwiespältige Sache, denn ich hätte es gerne sauber, ohne daß ich selbst dafür sorgen müßte. Und oft macht man zu viel.« Ihr Leben ist in zwei Teile geteilt: die normalen Zeiten, zu denen sie sich mit einem Minimum zufrieden gibt (»Ich mache den Haushalt grob«), und andere Momente, in denen »alles makellos sein muß«. Dieses hohe Niveau tritt entweder dann zutage, wenn sie bei anderen arbeitet (»Also da bin ich oberperfektionistisch!«), oder wenn sie für einige Tage verreist. Was den ersten Fall, also ihre Arbeit bei anderen Leuten angeht, ist das kein Problem für sie, im Gegenteil, sie ist froh, daß ihr Automatismus dort so gut funktioniert. Aber im Hinblick auf das Verreisen hat sie ihre Zweifel: »Das ist schon ein wenig bescheuert, denn schließlich bin ich dann ja nicht mal zuhause.« Das hohe Niveau hat also nicht unbedingt die Stellung eines Idealmodells inne, ist nicht das Ziel, das zu erreichen wäre, würde der Körper gehorchen. Es kann auch einfach nur *ein* Orientierungspunkt unter anderen sein, der eben in bestimmten Situationen angemessen ist. Dennoch ist es ein dominanter Orientierungspunkt, der auch verwirrt, weil er verhindert, daß sich das niedrige Nivau als sicherer Hafen durchsetzt. Das niedrige Niveau (wenn Arlette ihren Haushalt »grob« macht) ist immer nur ein Notnagel; sie bleibt hin- und hergerissen zwischen gegensätzlichen Ansprüchen. Bei Arlette variieren die Orientierungspunkte übrigens in Abhängigkeit von den Räumen und springen dem Beobachter direkt ins Auge: »Im allgemeinen ist es bei mir soweit einigermaßen korrekt. Wie du siehst, ist es hier doch ganz o. k., aber da hinten in der Ecke ist nicht gekehrt.«

Bis hierher sind wir bei einem relativ einfachen Schema geblieben: das Niveau, an dem man sich mißt, variiert; es gibt Höhen und Tiefen, aber auf einer festen Skala. Doch daß es nur eine einzige Skala gibt, ist keineswegs zwingend. Häufig bietet sich den Personen die Möglichkeit, mit Rollen herumzuexperimentieren oder in alternative Lebensentwürfe hineinzuschnuppern, wodurch sich neue mögliche Orientierungspunkte für ihr Handeln auftun. Die Vielfalt der möglichen Bezugsrahmen zerstört jedoch die Antriebskraft des inneren Handlungsimpulses. Nehmen wir zunächst ein einfaches Beispiel. Die eben beschriebene Spaltung, die das Handeln schwächt, wirkt manchmal punktuell, nur in einem ganz präzisen Kontext. Maïté beispielsweise spürt, daß ihr das Bügeln schwerer fällt, wenn Sommer und schönes Wetter ist. Im Winter stellt sie sich keine Fragen, lebt den Augenblick, fühlt sich, unterstützt von eini-

Die emotionale Arbeit

gen Ritualen, mit ihren Gesten im Einklang: »Im Winter, wenn das Wetter schlecht ist, kann man sich mal einen Film im Fernsehen ansehen oder Musik hören, da fällt es einem leichter.« Im Sommer hingegen sieht sie sich woanders (am Strand) und in einer anderen Rolle (Freizeit), und ihr Geist wendet sich von ihrer gegenwärtigen Tätigkeit ab, was die Automatismen schwächt: »Wenn du hier zuhause bist und siehst, daß es draußen schön ist und du an den Strand gehen könntest, aber noch drei Stunden Arbeit hast, dann würdest du am liebsten alles aus dem Fenster werfen.«

Wenn dieses Hin- und Herschwanken zwischen zwei verschiedenen Konzeptionen des Selbst von Dauer ist, kann es auch zu einer strukturellen Spaltung kommen. Wie wir gesehen haben, stellt sich Lola inzwischen neue Fragen hinsichtlich des Geschirrspülens. Sie beginnt, sich selbst als perfekte Hausfee zu sehen. Aber sie ist sich ihrer selbst nicht ganz sicher, hinterfragt diese Entwicklung: Sollte sie wirklich in diese Richtung weitergehen? Ist das das wahre Leben? »Manchmal fragt man sich, ob es nicht ein wenig bescheuert ist, seine Zeit mit Putzen zu verbringen.« Dann wird das Geschirrspülen wieder zu dem, was es war: lästig, eklig und etwas, was den Tanz nicht verdient. »Da sage ich mir dann: was, um alles in der Welt, tue ich hier? Woanders würde es mir besser gehen.« Um mit der Handlung zu verschmelzen, darf man sich nicht woanders hinwünschen, und man darf auch nicht zwischen verschiedenen Rollen hin- und herspringen. Nun sind Frauen aber heutzutage einem chronischen Hin-und-Her ausgeliefert (Kaufmann, 1994). Es bieten sich ihnen zwei relativ unversöhnliche Rollen: die Verwirklichung eines unabhängigen Selbst nach dem Vorbild männlicher Laufbahnen, was ein starkes Engagement im beruflichen Bereich erfordert, oder das Eintauchen in das familiale und häusliche Universum, der unwiderstehliche Drang, die gute Hausfee in diesem kleinen Reich zu werden.

Im allgemeinen wird keine dieser beiden Rollen völlig aufgegeben. Deshalb muß man beide unter einen Hut bringen, sie miteinander versöhnen und zwischen den ungewissen Grenzen des Einsatzes im Haushalt hin- und hernavigieren. In diesem Fall kommt mit jeder einzelnen Geste ein gespaltenes Selbst zum Vorschein: Soll man das machen oder nicht? Es schnell machen oder gut? Je stärker der Zweifel ist, um so stärker drängt der Widerwille an die Oberfläche. Und je größer der Unterschied zwischen den beiden Drehbüchern, die man mit sich herumträgt, um so häufiger kommt

Die Empfindungen: Schmerz und Pein

es zu Zweifeln. Schauen wir uns noch einmal Arlette und ihre Haushaltsgeschichte an, die von genau solchen tiefgreifenden Zweifeln und diesem Hin-und-Her geprägt ist. Seit ihrer Scheidung wehrt sie sich gegen die Rolle der guten Hausfee – eine Rolle, die für die Frau zur Falle wird, wenn ihr Mann sie verläßt, weil sie dann alles verliert (wie im Fall von Arlette, die lange Zeit nur zuhause war und deshalb jetzt große Schwierigkeiten hat, auch nur eine unqualifizierte Arbeit zu finden). »Ich will wohl unbewußt mit diesem Bild der Frau brechen. Ich bin keine Frau für drinnen, ich bin eine Frau für draußen.« Aber wie soll sie das anstellen? Ihre neuen Überzeugungen haben die Selbstverständlichkeiten zunichte gemacht, auf denen ihre Gesten beruhten, weshalb diese schwerfällig geworden sind und ihr Körper die Befehle verweigert. Sie spürt sogar, daß ihre ganze Organisation Stück für Stück völlig aus dem Gleis geraten könnte. Das hat sie dazu gebracht, dieser Entwicklung bestimmte Riegel vorzuschieben und einige Automatismen zu stärken. Doch wie weit soll diese Restauration der haushaltlichen Fundamente gehen? Wie kann man genug machen, ohne gleich wieder zu viel zu machen? Wie eine »Frau für draußen« werden, ohne daß sich diejenige drinnen völlig auflöst? Sie hat so sehr das Gefühl, daß ihr alle Orientierungspunkte entgleiten, daß sie sich inzwischen sogar fragt, ob das noch normal ist: »Das macht mir zur Zeit richtig angst.« Zum Glück kann sie der Besuch ihrer Eltern wieder beruhigen: »Das überrascht mich jedesmal: sie machen einen völlig entspannten Eindruck, sie scheinen das normal zu finden, also muß es wohl o. k. sein.« Arlette steht heute also an einem Punkt, wo sie, immer in der Defensive, darum kämpft, ein häusliches und existentielles Chaos zu vermeiden und das Puzzle der elementaren und konstitutiven Gesten zu einem harmonischen Ganzen zusammenzufügen.

Die zwiespältigen Taktiken der Hausfee

Will die Frau gegen ihre Festschreibung auf die Rolle der Hausfee angehen, rutscht der innere Handlungsantrieb stärker auf die kognitive Ebene und verliert die Qualitäten der Inkorporierung. Die Gesten kosten mehr Mühe, Widerwille entsteht. Das Pikante an dieser Situation ist, daß der Widerwille nur durch eine (kontrollierte) Stärkung der Rolle besiegt werden kann! Da ist also einer-

Die emotionale Arbeit

seits ihre kritische Haltung gegenüber dem völligen Aufgehen im Haushalt, eine Haltung, die sie tendenziell aus den Fesseln ihrer Gesten löst, andererseits aber muß sie im Moment des konkreten Eintauchens in das Handeln genau dieses Gefühl des Aufgehens im Haushalt wieder stärken. Eine verbreitete Methode besteht darin, nach der Anerkennung und Unterstützung derer zu streben, die einem nahestehen: Die Hausfee muß sie in ihrer Nähe wissen, sie braucht sie, um ihnen eine Freude machen zu können. Sie braucht diesen Blick, um für einige Augenblicke Hausfee sein zu können, nur so kann ihr das Handeln leicht von der Hand gehen. Christelle schafft es unter der Woche einfach nicht, ihren Haushalt zu machen, obwohl sie doch eigentlich Zeit hätte. Wundersamerweise bereitet ihr das »am Wochenende überhaupt keine Probleme mehr«. Die Woche über bleibt ihre Arbeit unsichtbar: »Mein Mann merkt gar nicht, was man alles gemacht hat, keiner sieht die ganze Arbeit, die du erledigt hast.« Das unbestimmte »man« ist sehr bezeichnend: »Man« ist nicht einfach nur sie, Christelle, sondern das sind alle Frauen, die in den Zwiespältigkeiten der Rolle der Hausfee gefangen sind. In Momenten, in denen sie angesichts bestimmter Aufgaben (Bügeln, Fensterputzen) zögert, würden ihr ein klein wenig Unterstützung ihres Mannes, einige Worte, ein Blick genügen, und die Handlungsabläufe, die sie technisch durchaus beherrscht, gingen ihr wieder leichter von der Hand. Doch leider bringt er diese minimale Anstrengung nicht auf. Deshalb muß sie ihn selbst auf das aufmerksam machen, was sie geleistet hat: »Siehst du diesen Wäschestapel da? Ich habe noch zwei Stunden gebraucht, um den fertigzukriegen.« Denn sie hat bemerkt, daß allein schon die Tatsache, darüber zu reden, ihre Arbeitsfähigkeit wenigstens ein bißchen wiederherstellt, selbst wenn ihr niemand zuhört: »Ich muß darüber reden, selbst wenn er mir nicht zuhört, aber dann fühle ich mich irgendwie erleichtert, und es läuft schon wieder besser.«

Damit diese Strategie Christelles, die übrigens weit verbreitet ist, auch tatsächlich zum gewünschten Ziel führen kann, muß klar zwischen der momentanen Situation (wenn sich die Hausfee positiv in Szene setzt) und ihrer ethischen Grundhaltung (der Kritik am Festgeschriebensein auf den Haushalt) getrennt werden. Eine andere und subtilere Art und Weise, den Widerspruch zu lösen, besteht darin, mit den Zwiespältigkeiten zu jonglieren, also die Rolle der Hausfee zu lieben, zugleich aber die anderen Hausfeen zu kritisieren; ins häusliche Universum einzutauchen, sich zugleich aber da-

Die Empfindungen: Schmerz und Pein

gegen zu wehren, darauf festgeschrieben zu werden. Der Umgang damit ist höchst kompliziert und widersprüchlich und bringt, wie wir im Laufe unserer Untersuchung oft beobachten konnten, stark kodifizierte Systeme hervor: Der innere Handlungsantrieb wird einigen rituellen Gesten untergeordnet, die für Offenheit und Bewegungsfreiheit stehen. Auf dieser Grundlage können sich die Automatismen dann frei entwickeln, denn schließlich sind diese rituellen Gesten ja Garanten gegen ein statisches Eingeschlossensein in der ungeliebten Rolle. Ich habe bereits darauf hingewiesen, daß kleine Zimmer ohne Fenster (die unter dem Gesichtspunkt technischer Rationalität oft sehr gut geeignet wären) von den Büglerinnen massiv abgelehnt werden. Im Gegensatz dazu erledigen sie ihre Arbeit lieber im größten und hellsten Zimmer der Wohnung, möglichst nahe am Fenster. Und außerdem auch noch im schönsten Zimmer, welches das Familienleben und die Offenheit für Besucher symbolisiert, und nicht etwa an einem Spezialort, der von einer stigmatisierenden Aufgabe eingenommen ist. Die Phobie vor dem Eingeschlossensein ist besonders stark, wenn Tätigkeiten als sehr statisch empfunden werden. Die Hausfrau fühlt sich gerade dann in der Falle, wenn ihr Körper zur Unbeweglichkeit verdammt ist, »festgenagelt«, »wie angewurzelt« oder »eingesperrt« – um einige oft verwendeten Ausdrücke anzuführen. Nicht jeder versteht sich so wie Lola auf die Kunst des Tanzens.

Aus diesem Grund zieht Irénée das Fensterputzen dem Bügeln vor: »Beim Fensterputzen bist du wenigstens in Bewegung und kannst dich abreagieren.« Beim Bügeln hingegen fühlt sie, wie sich ein Gewicht auf ihre Schultern legt und sie zu erdrücken droht: »Aber wenn ich diesen Bügelhaufen sehe, das ist wirklich furchtbar, da kriege ich richtig Angst, stehe da wie angewurzelt und kann mich nicht mehr rühren. Es ist dieses Unbewegliche am Bügeln, was ich so unangenehm finde.« Dieses Beispiel zeigt erneut, wie sehr die Objektivität der Geste eine abhängige Variable ist, die in hohem Maße von der Wahrnehmung geprägt wird. Irénée ist eigentlich nicht typisch für diese Frauen, die in bezug auf ihre häusliche Rolle Zweifel haben. Im Gegenteil, sie verschmilzt in einer unglaublichen Weise mit ihrem Haus und ist fähig, längere Zeit völlig allein und in aller Stille dort zu verbringen, um dem Vergnügen der einfachen Haushaltsgesten zu frönen. Sie hat eine ästhetische Sichtweise von ihren Bewegungen und ihren fließenden Handlungsabläufen im Umgang mit den Dingen. So sieht sie sich übrigens auch beim Fensterputzen. Es ist zwar ein Tanz, der weniger kunstfertig ist als derjenige, den sie mit feineren Gegenständen aufführt, aber doch ein Tanz mit festem, beinahe wildem Rhythmus. Natürlich ist sie dabei tatsächlich sehr viel in Bewegung, aber wichtig ist vor allem, daß sie sieht und fühlt, wie sie sich bewegt und die Materie beherrscht. Im Gegensatz dazu empfindet sie das statische Bügeln als erdrückend. Und dabei ist das Bügeln doch gar keine so bewegungslose Tätigkeit. Sie bewegt sich, aber sie spürt es nicht. Das ist das gleiche Phänomen wie bei dem Gefühl des Eingesperrtseins: Es geht weniger um eine physische Realität des Eingesperrtseins als vielmehr um das entsprechende Gefühl in einem spezifischen Kontext. Irénée ist ganz offensichtlich auf das Bügeln fixiert. Dennoch scheint sie mit ihrer Rolle nicht ganz so bruchlos zu verschmelzen, wie man zunächst meinen könnte. Ein unterschwelliger Zweifel hat sich aufgrund einer Lücke in ihrem System von Gesten bei ihr festgesetzt. Er hat sich in das Bügeln eingeschlichen und es ist ihm gelungen, dort Widerwillen zu säen.

Das ständige Sichwiederholen derselben Tätigkeiten spielt eine ähnliche Rolle wie die Unbeweglichkeit und das Eingesperrtsein. Wenn eine Frau das Gefühl hat, in der Rolle der Hausfee gefangen zu sein, kann die ständige Wiederholung derselben Handgriffe als Beweis für diese Falle empfunden werden. »Es ist wirklich unangenehm, weil es einfach so monoton ist, immer wieder dasselbe zu tun« (Francine). »Besonders lästig beim Geschirrspülen ist, daß man immer wieder denselben Handgriff machen muß« (Lola). Doch diese negative Wahrnehmung des ständigen Sichwiederholens ist nur *eine* Seite der Medaille, denn zugleich ist die Repetitivität auch das, was die Automatismen stärkt und die Gesten erleichtert. Das ständige Wiederholen derselben Handgriffe ausschließlich negativ zu sehen, würde bedeuten, sich um ein Werkzeug zu bringen, das das Leben leichter macht, und durch diesen Verlust wird die Wiederholung nur noch negativer empfunden. Deshalb muß mit den Zwiespältigkeiten der Wahrnehmung der Hausfrauenrolle besonders vorsichtig und subtil umgegangen werden. Eine Möglichkeit ist, nur bestimmte Wiederholungen offen an den Pranger zu stellen.

Die Empfindungen: Schmerz und Pein

Dissonante Gewohnheiten

Jede inkorporierte Gewohnheit hat ihre Geschichte, die manchmal weit zurückreicht. Das Individuum kennt diese Geschichte nicht und gibt im Augenblick der Inkorporierung auch nicht seine Meinung dazu ab. Die Logik bei der Übernahme von Gesten ist nur schwer zu durchschauen. Sie kommen »einfach so« und nisten sich ein. Bei der Übernahme einer Rolle ist eine solche Passivität sehr viel seltener, denn hier kommt das Denken ins Spiel und achtet darauf, daß die Einheit des Selbst gewahrt wird: Kann ich es mir erlauben, eine solche Rolle zu besetzen, und unter welchen Bedingungen? Bei Gewohnheiten gehen die Transaktionen sehr viel heimlicher vonstatten, und man muß es mit der Identitätsdefinition nicht ganz so genau nehmen. So konnte es passieren, daß Irénée eine besondere Fixierung auf das Bügeln entwickelt hat: Sie, die wahrhaftige Hausfee und Haushaltskünstlerin, ist im Laufe ihrer Geschichte – die übrigens eine eigene Untersuchung wert wäre – so weit gekommen, das Bügeln genauso fürchterlich zu finden und denselben Widerwillen zu spüren, wie eine ganz gewöhnliche Arlette.

Auch der umgekehrte Fall läßt sich beobachten: eine leicht von der Hand gehende, ja sogar angenehme Tätigkeit in einem Meer von Widerwillen und Nachlässigkeit. Erinnern wir uns zum Beispiel an Yann, der das Geschirrspülen liebt, bei dem er sich nebenbei gleich seine von der Arbeit gezeichneten Hände reinigen kann. Bei Irénée bestätigt sich das Prinzip der doppelten Einheit: Wenn sie so bügeln könnte wie sie die Fenster putzt oder den Haushalt macht (verschmolzen mit ihren Gesten und Überzeugungen), dann hätte sie nicht diesen Widerwillen. Die Situation, vor die uns Yann stellt, ist verwirrender: Wie kann es sein, daß diese Gesten keinen Widerwillen hervorrufen, obwohl sie doch so gar nicht zum Rest passen? Dieses Beispiel zwingt uns, das Prinzip der doppelten Einheit zu präzisieren. Es zeigt uns folgendes: Wenn ein Automatismus aufgrund der spezifischen Geschichte dieser Geste sehr stark inkorporiert ist, genügt es, mit einem einzigen Fragment des Selbst in Einklang zu sein, um das Aufkommen von Widerwillen zu verhindern. Als ob die Stärke der identitären Einheit durch die punktuelle Kraft eines Automatismus kompensiert werden könne. Es sieht sogar ganz so aus, als ließe sich die Definition noch genauer fassen und bestünde ein direktes Verhältnis zwischen dem Grad der Inkorporierung und der möglichen Distanz zum dominanten

Die emotionale Arbeit

Identitätsaspekt: Je näher eine Gewohnheit einem wirklichen Reflex kommt, um so mehr kann sie es sich erlauben, dissonant zu sein. Dabei kann es jedoch zudem vorkommen, daß die dissonante Gewohnheit auch noch zu einer weiteren Facette des Selbst eine Verknüpfung herstellt. Das geschieht derzeit mit Yann, der auf seine Schlamperei nicht gerade stolz ist. Zunehmend ist er der Auffassung, daß es doch gut wäre, sich ein wenig mehr Mühe zu geben. Das heißt, ab und zu wird aus dem Geschirrspülen schon das Idealmodell, und vielleicht wird es ja zum Wegbereiter seiner künftigen Haushaltsrevolution.

Das latente Abwägen

Eine Gewohnheit nistet sich »einfach so«, mir nichts dir nichts, ein und versucht, das Individuum nach ihrem Belieben zu lenken. Wie wir gesehen haben, bleibt sie porös und öffnet sich manchmal für Gefühle oder das Denken. Das soll uns im folgenden beschäftigen. In bestimmten Situationen wird die *black box* geöffnet und hinterfragt. Dann verliert die Gewohnheit ihre strukturierende Funktion, der Körper wird nicht mehr im gleichen Maße von einem Rhythmus mitgerissen, und es macht sich Widerwille gegen die Tätigkeit breit. Das ist dann der Fall, wenn zwei verschiedene Anspruchsniveaus oder alternative Lebensentwürfe die Gesten in Frage stellen, aber auch dann, wenn die Wirksamkeit der Gesten in technischer Hinsicht in Zweifel gezogen wird. Eine Handlung, die in keinem Verhältnis zu der Energie steht, die dafür aufgewendet wurde, widersetzt sich einer stillschweigenden Inkorporierung. Statt dessen hebt der Architekt des Alltags, der in uns schlummert, den Zeigefinger und beginnt, uns Fragen zu stellen.

Das Beispiel, das uns während der Befragung von einem wahren Haushaltsjammerchor am häufigsten gegeben wurde, ist ohne jeden Zweifel das Fensterputzen. Erstens: Man muß stundenlang ununterbrochen reiben, ohne sich jemals des Resultats sicher sein zu können. Célestine ist außer sich: »Man denkt, man hat die eine Seite gut gemacht, dann schaut man noch einmal auf die andere, und schon sieht man wieder einen kleinen Schmierer. Ständig muß man wieder von vorne anfangen, mal die eine Seite, mal die andere. Also ich finde, das ist richtige Schwerstarbeit, wenn es zu einem Ergebnis führen soll.« Zweitens: Ein heftiger Regenguß genügt,

Die Empfindungen: Schmerz und Pein

um all das gerade vollbrachte wieder zunichte zu machen. Noch einmal Célestine: »Und eine Stunde später fängt es an zu regnen, und alles war für die Katz.« Raymondes Worte klingen wie das Echo von Célestines Aussage: »Wenn ich mir sage: Heute machst du die Fenster, dann braucht nur ein Regenschauer zu kommen, und schon kann man von vorne anfangen.« Daher also die Frage: Warum sich solche Mühe machen, wenn der Regen von jetzt auf nachher alle Mühe umsonst macht? Raymonde fährt fort: »Da sage ich mir dann: Hätte ich nicht besser ein Buch genommen und mich ein wenig entspannt? Und wenn meine Fenster dreckig sind, was solls, ich putze sie ein andermal.« Eine Arbeit, deren Wirksamkeit zweifelhaft ist, lastet schwerer auf einem und führt zu einem kritischen Blick auf sich selbst. Das denkende Individuum fragt dann das andere: Warum eine Aufgabe, die doch alles andere als selbstverständlich ist, ausgerechnet jetzt erledigen? Und das andere, das Körper-Individuum, das dadurch allen Grund hat, sich faul zurückzulehnen, kann gar nicht anders, als ersteres, dasjenige, das die Entscheidungen trifft, darin zu bestärken, die Handlung auf später zu verschieben.

Auch das Bügeln gibt häufig Anlaß für ein kritisches Abwägen von Aufwand und Ergebnis. Man muß die Wäsche drehen und wenden, sie zusammenlegen und stapeln, den Bügeltisch aufklappen, die Wäschestücke bügeln, beim Zusammenlegen nochmals darüberbügeln. Célestine fragt sich, wie vernünftig all diese Handgriffe überhaupt sind: »Da steht man und gestikuliert herum, stellt das Bügeleisen von einer Ecke in die andere, nimmt ein neues Wäschestück, fängt wieder von vorne an ... also ich finde ... man werkelt die ganze Zeit herum, aber für das, was man letztlich macht, verliert man viel zu viel Zeit.« Und wie beim Fensterputzen ist der Prozeß, der alles wieder zunichte macht, von frustrierender Schnelligkeit: Mit jedem Tag, der vergeht, kommen neue Falten in die getragenen Kleidungsstücke. »Ich finde, man wendet ganz schön viel Zeit für Kleidungsstücke auf, die man dann vielleicht einen halben Tag lang trägt. Ich finde, das ist letztlich eine große Zeitverschwendung« (Raymonde).

Die Klage wegen der verlorenen Zeit: »Es ist die Zeit, die Zeit, die Zeit, das ist es, was so ätzend daran ist, das ist wirklich Wahnsinn, es nimmt kein Ende« (Yann); »Wenn ich das Gefühl habe, meine Zeit verschwendet zu haben, dann regt mich das hinterher auf« (Bernadette). Was genau ist denn die Ursache für diesen Zeitverlust? Die technische Kritik verbündet sich hier heimtückisch mit dem gespaltenen Selbst und plustert sich mit Hilfe des kleinsten Rollenkonflikts auf. Wenn der Sinn der Handlung klar ist, kommt es nicht zu dieser Vorstellung von verlorener Zeit, weil dann das Denken mit dem sich bewegenden Körper eins ist und keine analytische Distanz aufgebaut werden kann. Sobald jedoch eine solche Distanz existiert, steht das Individuum neben seinem sich bewegenden Körper als wäre er ein anderer. In diesem Fall kommt es also zur Spaltung des Selbst: Die Geste wird einem fremd und zu einem kühlen Analyseobjekt. Dann werden Nützlichkeit und Wirksamkeit einer Handlung hinterfragt, es wird darüber nachgedacht, wie vernünftig dieser Automatismus ist, und es wird eine systematische Kosten-Nutzen-Rechnung der »verlorenen Zeit« aufgestellt. »Verloren« ist diese Zeit nämlich in doppelter Hinsicht: aufgrund technischer Ineffizienz und weil sie im Rahmen einer anderen Rolle sinnvoller oder angenehmer hätte genutzt werden können. Ich vergeude meine Zeit, wenn ich die Fenster putze, wenn kurz darauf ein Gewitter doch alles wieder zunichte machen kann; ich vergeude meine Zeit aber auch, weil es doch am Strand viel angenehmer wäre. In dieser Dualität der Faktoren, die »verlorene Zeit« produzieren, bestätigt sich das Prinzip der doppelten Einheit, hier jedoch in seiner Negativversion. Das Individuum kämpft um seine Einheit, es kämpft darum, im Hinblick auf jede einzelne Geste mit sich selbst in Einklang zu sein. Doch gleichzeitig ist es verschiedenen Formen von Druck ausgesetzt, die seine Gewohnheiten ins Kreuzfeuer einer kritischen Betrachtung nehmen. Deshalb ist das Individuum dazu verurteilt, bei seinen Bemühungen um Einheit niemals locker zu lassen. Denn der Teufelskreis der kritischen Distanzierung hat die ärgerliche Tendenz, immer größere Kreise zu ziehen. Der Widerwille gegen eine Tätigkeit führt zu einem kritischen Blick auf sich selbst, was einen wiederum dazu veranlaßt, die verlorene Zeit zu berechnen, was das Gefühl des Widerwillens weiter verschärft.

Fensterputzen

Irénée findet das Bügeln lästig und unangenehm, weil sie das Gefühl hat, sich dabei nicht bewegen zu können, »wie angewurzelt« dastehen zu müssen. Auch Célestine findet das Bügeln mühsam,

Die Empfindungen: Schmerz und Pein

aber aus genau dem gegenteiligen Grund: Sie hat das Gefühl, »herumzugestikulieren« (während sich Irénée in Wirklichkeit wesentlich mehr dabei bewegt als Célestine!). Rasenmähen, eine Tätigkeit, die man zusätzlich auf sich nimmt, ist für die einen besonders lästig, für die anderen Entspannung. Man muß also vorsichtig sein und diese wesentliche Tatsache im Auge behalten, daß die häusliche Welt immer das Ergebnis einer persönlichen Konstruktion ist. Nur unter dieser Bedingung können auch Verallgemeinerungen gemacht werden. So kann man herausarbeiten, daß bestimmte Aufgaben im Durchschnitt als unangenehmer empfunden werden als andere (Zarca, 1990). Die beiden Tätigkeiten, die diese triste Hitliste anführen, verdienen es, daß wir uns ein wenig ausführlicher mit ihnen beschäftigen: Fensterputzen und Bügeln.

Das Fensterputzen ist diejenige Tätigkeit, die die meisten Negativstimmen bekommt. Diese schlechte Plazierung läßt sich leicht erklären, wenn man die Tätigkeit etwas differenzierter betrachtet, denn sie vereint ein Maximum an Faktoren auf sich, die einen selbstkritischen Blick auslösen können. Die Frage ihrer zweifelhaften Wirksamkeit haben wir bereits behandelt, doch es kommen noch weitere belastende Momente hinzu. So handelt es sich um eine Tätigkeit, die zwar in geringem Maße weiblich konnotiert ist, dennoch meistens von Frauen ausgeführt wird (Zarca, 1990) und eine große physische Anstrengung erfordert. Für Célestine, die 82 Jahre alt ist, geht das beinahe über ihre Kräfte. »Also vor dem Fensterputzen, da graust es mich wirklich. Das fällt mir ziemlich schwer, ich bin nicht groß, deshalb muß ich auf einen Schemel steigen, um den oberen Teil putzen zu können.« Doch für die Ermüdung sind nicht nur physische Gründe verantwortlich. Wenn alle möglichen Gründe zusammenkommen, um einen selbstkritischen Blick auszulösen, macht sich eben auch der mit den Handgriffen verbundene Schmerz in seiner vollen Intensität bemerkbar und trägt wesentlich dazu bei, daß die Tätigkeit Widerwillen hervorruft.

Ein weiterer Aspekt ist, daß zunächst die bewußte Entscheidung getroffen werden muß, zur Tat zu schreiten. Fensterputzen tut man nicht so oft; deshalb muß man den Zeitpunkt für die Handlung bewußt wählen. Ein regelmäßiger Rhythmus, wie etwa beim Spülen nach jeder Mahlzeit, verhindert, daß man sich Fragen stellen muß. Fehlt ein solcher Rhythmus, ist man gezwungen, nachzudenken und zu entscheiden, wann der richtige Augenblick ist, um zur Tat

Die emotionale Arbeit

zu schreiten. Dies wiederum löst alle möglichen anderen Fragen und Zweifel aus, die die Tätigkeit als solche hinterfragen: Warum nicht auf morgen verschieben? Warum nicht einfach hinnehmen, daß ein bißchen Staub auf den Fenstern liegt? Gibt es im Leben nicht wichtigere Dinge? Ist das nicht Zeitverschwendung? Was das Fensterputzen angeht, wird die Entscheidung durch den Umstand noch erschwert, daß häufig zwei verschiedene Anspruchsniveaus nebeneinander existieren. Das Idealmodell der meisten Frauen ist eine richtig saubere, klare Scheibe, denn schließlich kann man ein Fenster nicht nur halb putzen. Doch auf der anderen Seite ist es, wie wir am Beispiel von Célestine gesehen haben (die immer zwischen den beiden Seiten des Fensters hin- und herwechselt, um die Schmierer zu entfernen), eine langwierige Arbeit, will man wirklich zu diesem perfekten Resultat gelangen. Und wenn dann sowieso eine Stunde später der Regen ... Diesen so häufig vernommenen Satz vom Regen, der die Arbeit zunichte macht, gilt es, richtig zu verstehen. Er steht für eine reale Angst (obwohl die Annahme, Regen mache innerhalb kürzester Zeit alles wieder dreckig, etwas übertrieben erscheint), ist zugleich aber auch Parabel einer eher diffusen Unannehmlichkeit: Auch ohne den großen Regen werden die Fenster relativ schnell wieder dreckig. Bei Patricia vermischen sich Hirngespinst und Realität: »Und außerdem habe ich nie Glück: Es regnet immer eine Viertelstunde, nachdem ich fertig bin.« Ohne sich des Widerspruchs bewußt zu werden, schließt sie direkt eine realistischere Version an: »Und wie lange wird es dauern? Zwei Tage saubere Fenster, das ist alles. Also das ist keine sehr sinnvolle Arbeit.« Ideal wäre es, wenn die Fenster zunächst lange blitzsauber blieben und dann urplötzlich schmutzig würden. Aber in Wirklichkeit ist es das genaue Gegenteil: Sie sind schon bald wieder ein bißchen schmutzig, und der Prozeß schreitet langsam, aber stetig voran. Das hat zwei Konsequenzen. Erstens: Es ist technisch gesehen schwierig, die Entscheidung zum Fensterputzen zu treffen. Zweitens: Die Idealnorm der absoluten Sauberkeit ist nicht anwendbar – deshalb gibt es zwei verschiedene Definitionen der Norm. Eine Maximaldefinition, wenn die Fenster gerade frisch geputzt sind, und eine tolerantere Definition für normale Zeiten, die durch einen gewissen Verschmutzungsgrad und eine noch akzeptable Trübung der Scheiben gekennzeichnet ist. Das ist übrigens der Grund, warum Célestine in den ersten Tagen nach getaner Arbeit nicht so genau hinsehen will: »Wenn es gemacht ist, ist es gemacht, und fer-

Die Empfindungen: Schmerz und Pein

tig!« Denn allzu viele Fragen verhindern, daß sich der Automatismus einstellt. Raymonde ist über ihren Mangel an Organisation verärgert und erklärt: »Man müßte auch mal ein wenig Abstand haben können.« Damit meint sie: mehr über diese Frage nachdenken und klären, nach welchen Regeln gehandelt werden soll. Doch leider ist es für gewöhlich nicht das Nachdenken, das zur Wahrheit im Haushalt führt. Im Gegenteil: Reflexiv Distanz einzunehmen, heißt tendenziell, daß der kritische Blick nur noch stärker auf einem lastet. Und das Problem beim Fensterputzen besteht darin, daß dieser Abstand von vornherein einfach schon zu groß ist.

Bügeln

Bügeln rangiert auf Rang zwei der negativen Hitliste der Haushaltstätigkeiten, und zwar aus sehr ähnlichen Gründen. Im Vergleich zum Fensterputzen hat es für Frauen den Vorteil, sehr stark weiblich aufgeladen zu sein. Außerdem unterliegt es einem regelmäßigeren Rhythmus, im Rahmen dessen beispielsweise die Größe des wartenden Bügelbergs meist der auslösende Faktor ist. Maïté hat es sich genau so eingerichtet, daß die maximale Arbeitszeit von einer Stunde nicht überschritten wird, weil das Bügeln danach zu einer echten Plage wird: »Man könnte sagen, das ist auch eine Form von Organisation.« Dennoch ist die Entscheidung relativ beliebig und läßt sich oft auch ziemlich leicht verschieben. »Das Bügeln«, sagt Carole, »kann immer warten.« Das sagt sich wohl auch Célestine, die gerade erst mit Müh und Not ihre schmerzhafte Begegnung mit den Fenstern hinter sich gebracht hat und es nun alles andere als eilig hat, sich in einen neuen Kampf zu stürzen: »Weil ich das nicht gerne mache, sage ich mir, wenn ich den Haufen auf dem Stuhl sehe: Ach, das hat Zeit bis morgen! Und am nächsten Tag dann: Ach, das mache ich morgen!« Das Fensterputzen verfügt hier jedoch im Vergleich zum Bügeln über einen klaren Vorteil: Der Arbeitsaufwand wird durch das Vertagen kaum größer, denn eine dickere Staubschicht von den Fenstern zu entfernen, ist nicht viel aufwendiger (allerdings ein relativer Vorteil, weil er das Verschieben um so leichter macht). Was nun das Bügeln angeht, wächst die Arbeit proportional zur Länge und Häufigkeit des Hinausschiebens, und mit ihr die Intensität des Widerwillens. Denn ein großer Haufen erfordert nicht nur eine größere physische An-

Die emotionale Arbeit

strengung, sondern ist auch der konkrete Beweis für eine schlechte Organisation, was die Stimmung nicht gerade hebt. »Ich warte immer so lange, bis es nicht mehr anders geht«, sagt Francine, »aber dann hat sich so viel angesammelt, daß ich zwei Stunden bügeln muß. Und das ist einfach zu viel, das ist wirklich hart«.

Anders als beim Fensterputzen gibt es beim Bügeln keine zwei verschiedenen Definitionen des Anspruchsniveaus. Denn die Kleidungsstücke sind nach dem Waschen hier gelandet, weil sie schmutzig waren, nicht einfach nur, weil sie zerknittert waren. Die Entscheidung hängt also nicht davon ab, ob etwas als knittrig betrachtet wird. Jedes Kleidungs- oder Wäschestück wird immer wieder in einer ganz bestimmten Art und Weise gebügelt (oder nicht gebügelt). Diese Routinen können jedoch kaum verbergen, daß die Definition, dessen, was und wie gebügelt werden muß, stark variiert. Der Grund für diese Unterschiede ist, daß es keine einheitliche gesellschaftliche Norm gibt. Jeder bügelt auf seine Weise das, was zu bügeln ihm wichtig erscheint. Wir haben weiter vorne bereits gesehen, wie es zu plötzlichen Änderungen hinsichtlich der Orientierungspunkte kommen kann: Wenn man mit anderen Normen in Berührung kommt, veranlaßt einen das, sich selbst zu hinterfragen. Während die Automatismen nach außen hin scheinbar perfekt funktionieren, bestehen in Wirklichkeit hinsichtlich des einen oder anderen Wäschestücks nicht selten gewisse Zweifel (zum Beispiel die Leintücher, die Geschirrtücher, die Sokken etc.). Und diese vereinzelten, aber stechenden Zweifel tragen ein jeder sein Quentchen dazu bei, daß die Beweggründe für das Handeln ihre Selbstverständlichkeit verlieren. Dann kann das Bügeln – wie das Fensterputzen, wenn auch auf andere Weise – schnell zu einer lästigen Angelegenheit werden.

XII. Die Empfindungen: Zufriedenheit und Vergnügen

Die Gewohnheit ist offen für Empfindungen. Sobald Automatismen weniger tief verwurzelt sind und Lücken aufweisen, kommt Widerwille auf. Bei positiven Empfindungen gilt das umgekehrte Prinzip: Die Öffnung hat hier zur Folge, daß der innere Handlungsantrieb gestärkt wird. Schon diese wenigen Bemerkungen führen uns mitten hinein in die komplexe und kaum bekannte Ökonomie der Empfindungen, die einen wesentlichen Platz zwischen Automatismus und Rationalität einnimmt. Doch bleiben wir zunächst noch bei den einfachen Daten: Wie schon beim Widerwillen wollen wir die Analyse mit der Beschreibung jener Situationen und Kontexte beginnen, in denen das Gefühl von Vergnügen aufkommt.

Die Belohnung

Der erste Kontext, den wir hier näher betrachten wollen, ist über einen Kompensationsmechanismus direkt mit dem Widerwillen verknüpft: Je mehr Mühe eine Tätigkeit gekostet hat, desto mehr Befriedigung verschafft sie, wenn sie dann vollbracht ist. »Das wars, fertig, und dann bist du zufrieden« (Francine). »Danach hast du dann die Befriedigung, daß alles sauber und ordentlich ist, dann bist du zufrieden« (Bernadette). Obwohl es sich um einen automatischen Effekt handelt, wird diese Empfindung dadurch nicht weniger real und mitunter sogar sehr intensiv empfunden. Daß ausgerechnet Irénée das Wort Vergnügen in den Mund nimmt, ist kein Zufall: »Mein einziges Vergnügen, das ich habe, ist, wenn alles fertig ist.« Denn in dem Moment, wo »alles fertig ist«, ist es wirklich eine Freude. Und es gibt verschiedene Formen, diese Genugtuung zu empfinden. Für Carole beispielsweise, die wenig Spaß an der Hausarbeit hat, ist es doppelt so schön, wenn sie dann endlich mit dem Bügeln fertig ist: »Ich atme tief durch, das tut gut, und habe einen sauberen Stapel vor mir. Dann bin ich ruhig und kann es vergessen. Alles hat seine Ordnung.« Bereits kurz bevor die Arbeit beendet ist, fühlt sie diese Vorfreude in sich aufsteigen, wenn sie

Die emotionale Arbeit

sich den befreienden Augenblick vorstellt und spürt, wie er immer näher rückt. Zu diesem Zeitpunkt ist es zwar noch ein weniger ausgeprägtes, aber, wie alle Vorzeichen, auch ein mit vielen Versprechungen aufgeladenes Vergnügen. »Und wenn man dann ans Ende kommt, also das ist wirklich bescheuert, das ist wirklich komisch, dann fühlt man sich innerlich ganz anders, macht absichtlich langsam, um den letzten Bügelstrich zu genießen.« Dazu muß man sagen, daß Carole über ihre Unordentlichkeit unglücklich ist und bedauert, daß die Regungen, die sie manchmal verspürt, nie den Punkt erreichen, in die Tat umgesetzt zu werden, insbesondere was das Bügeln angeht. Sie weiß, in einem anderen Leben hätte sie es mögen können. Doch da es zu diesem erhebenden Szenario nicht kommt, wurstelt sie sich so gut es geht durch und versucht, wenigstens die Befriedigung nach getaner Arbeit möglichst lang auszukosten. Zunächst leitet sie dieses Vergnügen schon bevor sie mit dem Bügeln fertig ist ein, indem sie so früh wie möglich ans bevorstehende Fertigwerden denkt. Nach getaner Arbeit hält sie dieses gute Gefühl so lange es geht am Leben, wodurch es ihr inzwischen gelungen ist, zumindest das Aufräumen der Wäsche als vollkommen angenehme Aufgabe zu empfinden. Wenn sie die Wäsche in die Schränke räumt, kommt es ihr vor, als würde sie die Goldmünzen eines Schatzes zählen. »Wenn ich das dann sehe, dann sage ich mir: das ist doch gut.« Die Art und Weise jedoch, wie sie die Kleidungsstücke berührt, wie sie (die sie doch normalerweise sehr nervös ist) zur Ruhe kommt, ihre Gesten besänftigt und in sich versunken ist, läßt erkennen, daß ihr Vergnügen tiefere Wurzeln haben muß: eine wirkliche Liebe zur Wäsche. Lola hat scheinbar die gleiche Freude an ihren Wäschestapeln, vor allem an ihren beeindruckenden Taschentuchstapeln aus ihren hundert Taschentüchern. Sich in diese Stapel zu versenken, bereitet ihr eine wirkliche Freude, die bereits mit den ersten Handgriffen einsetzt und ihren Höhepunkt beim Aufräumen erreicht. »Also das ist dann wirklich toll, dieser riesige Stapel von Taschentüchern, alle sauber geordnet und auf die gleiche Größe zusammengelegt, und wenn ich die dann in meinen Schrank lege, das ist wirklich ein toller Moment ...« Lola tanzt nun nicht mehr, die Phase der Aufregung ist vorbei, wie Carole befindet sie sich in einem Zustand fast religiöser Kontemplation. Und diese fast heilige Freude ist auch mit dem Schließen der Schranktüren noch nicht vorbei: »Jedesmal, wenn ich meinen Schrank öffne, liegen da meine Stapel.« Allein

Die Empfindungen: Zufriedenheit und Vergnügen

schon dieser Anblick ruft ihre Mühe, ihr Organisationstalent, ihren Stolz und ihren Sieg in Erinnerung. Und es ist jedesmal eine kleines Vergnügen.

Die Freude über das Ende der Arbeit kann mehr oder weniger früh einsetzen und sich mehr oder weniger lang hinziehen. Sie kann kurz und heftig sein oder schwach und anhaltend. Manche Frauen empfinden sie stark, während sie für andere kaum spürbar ist. Der Grund für diesen Unterschied ist in der Strukturierung des Handlungsrahmens zu suchen. Wenn die Automatismen tief verankert und lückenlos sind, sind die Empfindungen (ob positiver oder negativer Art) schwach. Da macht auch die Befriedigung am Ende keine Ausnahme. Wenn hingegen die Handlung selbst bereits von negativen Gefühlen begleitet wird, ist es ziemlich wahrscheinlich, daß ihr Ende die gegenteiligen Empfindungen hervorruft: Je negativer die Empfindungen in der ersten Phase waren, desto wahrscheinlicher ist es, daß das Ende der Handlung Befriedigung verschafft. Mit anderen Worten: Wie groß die Freude ist, ist kein Produkt des Zufalls oder strikt persönlicher Dispositionen. Die Befriedigung nach getaner Arbeit steht vielmehr in einem direkten Verhältnis zur Strukturierung des Handlungsrahmens. Die vielleicht traurige Schlußfolgerung daraus ist: Auch das Vergnügen entfaltet sich nicht fern von gesellschaftlichen Vorgaben.

Einige Beispiele sollen dieses Ergebnis illustrieren. Maïté ist gut organisiert und hat fast keine Zeit, sich irgendwelche Fragen zu stellen, weil sie einen ziemlich straffen Arbeitsrhythmus hat. Sie läßt sich von den Automatismen, die sie entwickelt hat, mitreißen. Was empfindet sie, wenn sie mit einer umfangreichen Arbeit fertig ist? Natürlich Befriedigung, jedoch eher undeutlich und diffus: »Das hält nicht lange an, vielleicht fünf Minuten, dann sage ich mir: Das wars, es ist sauber, und fertig.« Außerdem ist es ihr wichtig, die Grenzen dieses Vergnügens zu betonen: »Ich habe nie richtigen Spaß daran, es ist einfach nur, daß man eben gerne ein sauberes Haus hat.« Als würde sie auf Maïtés Äußerungen antworten, bemerkt Patricia, die nicht über so gut geölte Automatismen verfügt, daß eine zu gute Organisation einen daran hindert, die Freuden des Haushalts kennenzulernen: »Wenn man seinen Haushalt regelmäßig jeden Tag macht, dann gibt einem das nicht die gleiche Befriedigung.« Dabei vergißt sie allerdings die Schattenseite, den Preis, der in Form von negativen Gefühlen zu zahlen ist, die sich einstellen, sobald der Blick auf die Indikatoren der Unordnung fällt. Bereits

Die emotionale Arbeit

eine minimale Veränderung der wahrgenommenen Bilder (einige Staubkörnchen, die sich auf einem Möbelstück niedergelassen haben) genügt, um dort Ärger auszulösen, wo eben noch Befriedigung herrschte. Das ist sowohl das Plus und der Preis der Ökonomie der Empfindungen als auch das Los der Welt, in der die Leidenschaft regiert: Von einem Augenblick zum anderen kann man vom Schlechtesten ins Beste, aber auch vom Besten ins Schlechteste geworfen werden. Arlette kennt diese plötzlichen und heftigen Veränderungen der Gefühlslage sehr gut. Bei ihr hängen diese Schwankungen mit verschiedenen Anspruchsniveaus zusammen, die eine ständige Quelle von Ärger sind. Sie weiß, wie es ist, wenn der Körper rebelliert, und fühlt um so flammender die Befriedigung nach getaner Arbeit. »Es gibt zwei Vergnügen dabei: Schon das Aufräumen ist ganz gut, man ist zufrieden, aber das Aufregendste ist dann danach die Befriedigung, wenn ich wirklich ganz fertig bin, das ist total angenehm.« Zwischen der ruhigen Zufriedenheit Maïtés und der Aufregung Arlettes liegen Welten. Doch bleiben wir mit Lola im Reich der Leidenschaften. Sie spült jeden Morgen nach dem Frühstück das Geschirr eines ganzen Tages. Bereits mittags lösen die Blicke, die sie auf das Spülbecken wirft (welches sich zu füllen beginnt), erste Anzeichen von Ärger in ihr aus. Am Abend steigt die Anspannung um eine weitere Stufe an, und beim Aufwachen am nächsten Morgen erreicht sie ihr Maximum (Lola verfolgt sehr genau, wie der Spülberg im Becken anwächst). Nach dem Frühstück bringt ein »Reflex« dann endlich die Erlösung und versetzt sie in Aktion. Und dann kommt es zu einer wirklichen inneren Explosion. »Da sage ich mir dann: Geschafft! Geschafft! Du liebe Güte, ist das sauber!« Noch ein oder zwei Stunden nach der Heldentat und nach diesem großen Glücksmoment, kann sie nicht anders, als immer wieder Blicke auf das Spülbecken zu werfen: Es ist noch immer sauber, glänzend, und es steht nichts drin. Noch immer sammelt sie einige Glückskrümel zusammen. »Wenn ich dann so hinübersehe, ist das Spülbecken wirklich wunderbar! Wunderbar!« Bis es dann Mittagszeit wird, der (24-Stunden-)Zyklus wieder in eine seiner unangenehmeren Phasen tritt und alles von vorn anfängt.

Die Empfindungen: Zufriedenheit und Vergnügen

Der Stolz

Wahrscheinlich wird Lola künftig weniger intensive Gefühle entwickeln. Denn es ist in der Tat oft so, daß die starken Gefühle zu Beginn des Haushaltszyklus später regelmäßigeren Rhythmen und tiefer verankerten Gewohnheiten weichen. Weniger intensiv bedeutet jedoch nicht, daß diese Empfindungen zu vernachlässigen wären. Genauso wie sich Zärtlichkeit von Leidenschaft unterscheidet, aber deshalb nicht weniger eine Form ist, Liebe zu leben, verdienen es auch ruhigere Haushaltsemotionen, daß man sich mit ihnen beschäftigt. Besonders diejenigen, die mit dem Stolz einhergehen, dem Stolz, daß es einem gelungen ist, den Körper für eine bestimmte Handlung unter Kontrolle gebracht zu haben, oder bewiesen zu haben, daß man mit einer komplexen häuslichen Organisation zurechtkommt. Es handelt sich hier um eine diffuse Freude, die Teil eines größeren Ganzen ist, nämlich des »Gefühls der Pflichterfüllung« (Heller, 1979; S. 172), das mit der Rolle der Hausfrau und der Erfüllung ihrer familialen Pflichten zu tun hat. »O nein, wir waren nicht reich! Doch welche Gerüche! Welch eine Liebe zur getanen Arbeit und welch ein Stolz, sie an unsere Lieben weiterzugeben!« (Brief Nr. 4). Die gute Bügelarbeit reiht sich hier in das Handeln der familialen Gruppe ein, um sich so ihre Position zu sichern und ihr Recht auf respektvolle Behandlung zu verdeutlichen. Dieses Handeln vollzieht sich in der Wiederherstellung der häuslichen Ordnung, die ständig durch das Chaos bedroht ist, aber gleichzeitig konstituiert diese materielle Arbeit auch die familiale Gruppe als solche, die auf der imaginären Ebene präsent ist, während die Hände sich zu schaffen machen. Deshalb erzeugt auch die kontemplative Betrachtung der geschaffenen Ordnung, die etwa durch einen ordentlichen Wäschestapel perfekt symbolisiert wird, ein so tiefes Gefühl der Befriedigung. Denn in diesem Augenblick konzentrieren sich die gesamte häusliche Organisation und die Strukturierung der familialen Gruppe auf diese gebügelte, zusammengelegte, aufgeräumte Wäsche. Die Befriedigung nach getaner Arbeit ist der Lohn für die Mühen, eine Art Kompensation für den vorausgegangenen Ärger und den Widerwillen gegen die anstehende Tätigkeit. Im Gegensatz dazu entsteht die Zufriedenheit, die aus dem Stolz fließt, nicht als eine Reaktion, sondern ist das logische Endergebnis einer ganzen kollektiven Organisation.

Die emotionale Arbeit

Die Nostalgie

Manche positiven Empfindungen, wie auch der Stolz, entstehen, wenn unangenehme Gesten innerhalb bestimmter Handlungsketten durch andere Dinge ausgeglichen werden oder aber einen Platz einnehmen, der sehr bedeutungsschwanger ist. Dabei kann es sich um ergänzende Vergnügen handeln, Stützen, die die Handlung angenehmer gestalten sollen (Fernsehen oder Musikhören während des Bügelns), oder um das Glück, das aus der Verknüpfung einer Geste mit der Hingabe an die Familie, der Liebe zu den Personen, entspringt. In diesem Zusammenhang wird oft das Kochen erwähnt. »Vor allem wenn die Kinder kommen, dann kocht man gerne, weil man es für die Familie tut« (Raymonde). »Kochen macht Spaß, man hat Lust, den anderen eine Freude zu machen, ich koche für die anderen. (Christelle). Auch das Bügeln bestimmter Kleidungsstücke (vor allem der Kinderkleidung) kann solche Empfindungen auslösen. Dabei kommt es häufig zu einer erstaunlichen Vermischung von Vergangenheit, Gegenwart und Zukunft. Während man dieses Kleidchen bügelt, stellt man sich das Kind schon darin vor, Gegenwart und Zukunft fließen ineinander. Vor allem aber fließt die Vergangenheit mit ein; die Gesten bringen längst vergangene Bilder, Bruchstücke aus der eigenen Kindheit, nostalgische Fragmente eines Familiengedächtnisses wieder zum Vorschein, woraus eine tiefe Empfindung, ein wonniges, leicht trauriges, aber lustvolles Vergnügen entspringt.

In Frau B.s Erinnerungen sind die Bilder von anno dazumal noch sehr lebendig und bis in kleinste Details gegenwärtig: »Es gab da diese kleinen Boutiquen der Plätterinnen, die ich so unglaublich bezaubernd fand. Dort sah man auf Kleiderbügeln Brautkleider, Kommunions- und Taufkleidchen, kleine Häubchen mit Spitzen dran, die man mit einer Art Lockenstab bügelte. Man konnte dort bewundern, wie fein die Stoffe, wie zart die Spitzen und wie hauchdünn diese Geschmeide waren. Das war auch die Zeit, als man die Sachen noch gestärkt hat, was eine ganz schön schwierige Angelegenheit war. Zu viel Stärke, und die Wäsche fühlte sich an wie Karton, zu wenig, und sie war zu weich. Und dann gab es damals Vorhänge aus Baumwolle, die auch gestärkt wurden, damit sie in Form blieben. Wenn sie gerade erst frisch vors Fenster gehängt worden waren, sah das wirklich sehr hübsch aus! Doch Vorsicht vor Nebel oder Feuchtigkeit, was ja in der Gi-

Die Empfindungen: Zufriedenheit und Vergnügen

ronde nichts Ungewöhnliches ist: Dann hingen die Vorhänge in einem erbärmlichen Zustand herab. Also wurden sie nach allen Regeln der Kunst behandelt, und die Ehre war gerettet.« Kindheitsszenen tauchen häufig in Form vollständiger, allerdings aus dem Kontext gerissener Bilder auf und treten um so mehr in den Vordergrund, als ihnen die Distanz zu den heutigen Gesten einen Hauch von Exotik verleiht. Man sollte sich von dieser Entfernung jedoch nicht täuschen lassen: Über solche Fragmente des Familiengedächtnisses werden Werte weitergegeben und ihre Gültigkeit bestätigt (Muxel, 1995), wie insbesondere die Liebe zur Wäsche, zum Umgang mit ihr und den entsprechenden Gegenständen, sowie die Diszipliniertheit der einzelnen Gesten. Frau T. erinnert sich noch an die spanische Hausangestellte, die ihre Eisen auf einem Kochgestell erhitzte (ein Rost, in den man glühende Kohlen legte), das dann eine intensive Wärme ausstrahlte:»Um sich beim Herausnehmen der Eisen nicht zu verbrennen, benutzte diese Frau sorgfältig gefaltete Flanelltücher. Sie nahm eines der Eisen heraus, hielt es in die Nähe ihrer Wange, um die Temperatur zu prüfen, dann spuckte sie einmal kurz auf die Unterseite des Eisens, um eine endgültige Diagnose abzugeben. Je nach Bläschenbildung begann sie dann mit dem Bügeln oder legte die Eisen ins Feuer zurück. Zuvor rieb sie ihr Eisen auf einem dicken Stoffstück, um die Gleitfläche zu säubern und gleichzeitig die Gleitfähigkeit zu testen. Für den Fall, daß das Eisen schlecht gleitete, hatte sie ein kleines Stück Kerze bei der Hand, mit dem sie schnell über die Unterseite des Eisens fuhr, um sie dann gleich wieder abzureiben. Dann war die Fläche toll, glänzend sauber. Und sie ging ans Werk.«

Auch die Tante von Frau B. spuckte auf das Eisen, um die Temperatur zu prüfen. Präzision und Anmut der Gesten sowie die Gerüche sind ihr lebhaft in Erinnerung geblieben. Beim Erzählen werden »eine große Freude und Nostalgie« in ihr wach, wobei sie sich durchaus nicht auf die Vergangenheit beschränkt. Diese starke Erinnerung erklärt zu einem Großteil, warum sie sich heute, wie damals ihre Tante, in das Lager derer einordnet, »die das Bügeln lieben«: »Ich erinnere mich, daß ich es in meiner Kindheit (heute bin ich sechzig Jahre alt) am Geruch erkannte, wenn im Haus gebügelt wurde. Die alte Tante, bei der ich aufgewachsen bin, stellte zwei Gußeisen auf ihren Kohleherd. Die Oberfläche des Herds wurde jeden Tag mit Schmirgelleinwand gescheuert, und es war ausgeschlossen, dort irgendwelche Fettspuren zu finden, die das

Die emotionale Arbeit

Eisen schmutzig gemacht hätten. Sie legte eine dicke Decke auf den Tisch und darauf ein altes, doppelt gefaltetes Leintuch. In Reichweite eine kleine Schüssel mit Wasser. Dann tauchte sie die Fingerspitzen in das Wasser und bespritzte ihre Wäsche, um sie zu befeuchten. Das war eine sehr anmutige Geste. Ihr Eisen stellte sie auf einen Untersatz aus emailliertem Guß, der die gleiche Form hatte, wie der Sockel des Eisens. Das war ein sehr hübscher Gegenstand, der Guß war verschnörkelt und das Emaille schön blau. Und dann gab es da noch eine doppelt gefaltete Zeitung, die als eine Art Thermostat diente. [An diesem Punkt ihrer Erzählung geht sie zum unbestimmten Pronomen über und bezieht sich damit selbst stärker in Handlung ein]. Um herauszubekommen, ob das Eisen auch heiß genug war, spuckte man auf die Unterseite. Wenn die Spucke auf dem Metall klebte, war das Eisen noch nicht heiß genug (das war der ›Mindesttest‹). Um herauszubekommen, ob das Eisen nicht schon zu heiß war, bügelte man über ein Stück Zeitungspapier. Wenn das angesengt war, mußte man noch warten, da sonst die Gefahr bestand, daß die Wäsche anbrannte. Es war dieser Geruch nach angesengtem Papier, der das Haus erfüllte.«

Das Selbst und die Dinge

Die Handgriffe, die man ausführt, können dieses kleine, wunderbare, innere Kino, diese zarte, träumerische Nostalgie auslösen. Der Kopf füllt sich mit schönen Bildern. Umgekehrt können manche Gesten auch genau dadurch, daß sie den Kopf frei machen, Vergnügen bereiten, allerdings ein anderes. »Ich arbeite gern im Garten, weil ich da alles vergessen kann« (Bernadette). Die Bewegungen des Körpers, die innere Balance zwischen Selbst und Geste sowie die Selbstvergessenheit in der Geste schalten den wachen Geist, den Fragensteller, aus. Die mentale Last wird leichter und es kommt zu einer gesetzten Gelassenheit. Jeder hat seine eigene Art und Weise, bestimmte Hausarbeiten zu diesem therapeutischen Zweck einzusetzen. Bei Raymonde ist es das Rasenmähen: »Also der Rasen, o ja, das macht mir so richtig Spaß, den Rasen zu mähen, dabei fühle ich mich gut.«

Das Vergnügen des Einklangs mit sich und der Geste, der Selbstvergessenheit, während sich der Körper in Aktion befindet, entspringt dieser inneren Einheit, dem Sieg über die Kräfte der Spal-

Die Empfindungen: Zufriedenheit und Vergnügen

tung und der Übereinstimmung zwischen dem tiefsten Inneren und den Dingen, die einen umgeben: Körper, Geist und Dinge verschmelzen in der Geste, dem Dreh- und Angelpunkt der Einheit, und werden eins. Deshalb mutet es ein wenig künstlich an, die verschiedenen Komponenten dieser Einheit unterscheiden zu wollen. Ein solches laborartiges Experiment ist jedoch nützlich, um die verschiedenen Varianten des Vergnügens, bei denen mal das Denken, mal der Körper und mal die Dinge im Mittelpunkt stehen, näher kennenzulernen. Célestine ist vor allem eine Liebhaberin der Gegenstände, dieses unbeweglichen Volkes, das sie umgibt und mit einer ganzen Familiengeschichte aufgeladen ist: »Aufräumen bedeutet, die Gegenstände, die man liebt, wieder in die Hände zu nehmen, sie zu befühlen. Bei einem Buch beispielsweise erinnert man sich daran, wann man es bekommen hat, und sieht eine Menge Dinge an sich vorbeiziehen. Das ist schön.« Schon der Anblick der Gegenstände genügt, um Emotionen auszulösen; ihre Berührung ruft noch stärkere Empfindungen hervor. Die Dinge stehen nicht außerhalb der Gefühlswelt, sondern beherbergen ein reiches emotionales Leben. Ihre einzige Begrenzung besteht darin, daß sie den Prozeß nicht selbst steuern können. Sie empfangen, was ihnen das Individuum gibt, und sie geben zurück, was das Individuum empfängt. Célestine hat lange Zeit gegeben, und heute, im Alter von 82 Jahren und umgeben von ihrem Schatz, den sie geduldig zusammengesammelt hat, genügt es, die Gegenstände zu berühren, und schon empfängt sie viel. Marie (die Frau von David) kämpft gegen ein häusliches Universum an, das von feindlichen Mächten – mit Namen Abscheu und Widerwille – bewohnt wird, die aus den Dingen ebenso große Feinde machen, welche es auf sie abgesehen haben. Und doch hängt sie an zwei oder drei Gegenständen, die einen ganz besonderen Reiz für sie haben. Vor allem die Kinderkleider von Lisette. »Man spürt richtig, daß sie anders ist, wenn sie sich darum kümmert«, sagt David. »Da kriegt sie dann auch alles problemlos hin, während sie sonst total chaotisch ist. Und es macht ihr Spaß, sie findet Gefallen daran. Man spürt das ganz genau, sie liebt die Sachen, berührt sie, streicht darüber und so.« Wie die Liebe zu Personen einen über sich selbst hinauswachsen läßt, so auch die Liebe zu Dingen, die die geliebten Menschen symbolisieren. Dann ist die Selbstaufopferung noch selbstverständlicher und massiver, und die Geste steht im Mittelpunkt eines vollkommen kohärenten und starken Ganzen.

Die emotionale Arbeit

Indem die Gegenstände die Liebe zu den Personen repräsentieren, bewirken sie, daß die Person im Einklang mit sich selbst ist. Dies kann sich auch auf eher egozentrische Weise vollziehen, indem die Eigenliebe in den Vordergrund rückt, beispielsweise beim Bügeln der eigenen Kleider. Doch auf der Palette der Vergnügen, die die Dinge dem Selbst verschaffen, spielt nicht nur die Harmonie mit sich selbst eine Rolle. Da ist auch noch die innere Qualität, die Ordnung, die zwischen den inkorporierten Orientierungspunkten und dem Platz entsteht, der den Gegenständen in der häuslichen Kosmogonie zugewiesen wird. Célestine ist für diese innere Musik der Dinge sehr empfänglich, und eine gelungene Geste bereitet ihr Wohlbehagen: »Es ist ein Vergnügen, die Dinge wieder an ihren Platz zurückzustellen und zu sehen, daß es genau so geworden ist, wie ich es mir vorgestellt habe.« Irénée analysiert sehr genau das Ineinandergreifen verschiedener Formen von Ordnung: »Da ist vor allem dieser Aspekt des Ordnungmachens: das bedeutet, Ordnung in sein Leben zu bringen und Ordnung in seinen Kopf zu bringen, indem man in seiner Wohnung Ordnung macht.« Die verschiedenen Ordnungssysteme sind eng miteinander verknüpft, und zwar vom gewöhnlichsten (der ganz normalen Ordnung im Haushalt) bis hin zu einem mentalen Gleichgewicht. Das läßt einen auch besser verstehen, warum das Durcheinander von Dingen zu so leidenschaftlicher Betätigung führen kann, und warum ein Staubkorn die Macht hat, das schöne intellektuelle Gebäude des Denkens über den Haufen zu werfen. Denn alles hängt zusammen. Und wenn alles zusammenhängt, kann kein Element dem anderen radikal überlegen sein, so daß es auf die anderen verzichten könnte. Auch die höchste Vernunft muß sich demütig vor dem kleinsten Staubkorn beugen.

Rénata weiß ganz genau, daß es bei ihr ein Staubkorn nur selten schafft, irgendwelche Fragen auszulösen. Noch bevor sich in ihrem Geist Unsicherheiten breit machen könnten, hat sie es entfernt. Ihr Problem besteht genau darin, daß sie zu viel macht und einen so unbändigen Arbeitsrhythmus hat, daß dadurch ihr Eheleben in Gefahr gerät. Sie würde gern ein wenig ruhiger werden: »Ich würde gern ein wenig zurückschrauben, weniger angespannt sein, sogar einfach mal aufhören und ein Buch in die Hand nehmen. Das wäre schön.« Zwischen diesem idealen Selbst und der derzeitigen Organisation befindet sich also eine Kluft. Nur eine einzige Tätigkeit macht hier eine Ausnahme und bringt auf wundersame Weise

Die Empfindungen: Zufriedenheit und Vergnügen

alles in Übereinstimmung: das Bügeln. Hier sind ihre Gesten langsamer, sie entspannt sich und empfindet schließlich ein wahres Vergnügen: »Ich spüre, wie ich ruhiger werde, das tut mir gut, es ist angenehm.« Woher kommt diese therapeutische Kraft des Bügelns? Rénata führt technische Gründe dafür an: »Weil man so peinlich genau arbeiten und aufpassen muß.« Nun erledigen aber andere Frauen das Bügeln so, wie Rénata den Haushalt macht, nämlich auf eine beinahe gewalttätige Weise. Das scheinbar so peinlich Genaue am Bügeln ist nur ein bequemes Argument, um nicht tiefer forschen zu müssen. Ein tieferer Grund liegt darin, daß Rénata ihre Vorgehensweise beim Bügeln seit ihrer Kindheit nie geändert hat und sie dieses von weit her kommende Erbe fortgeführt hat, während andere Gesten neu erfunden wurden. »Meine Mutter hat mir das beigebracht. Das ist das einzige, was sie mir beigebracht hat, sie hat mir beigebracht, daß man genau Acht geben muß, und daß das Bügeln etwas peinlich Genaues ist.« Aus diesem In-Einklang-Sein mit sich selbst und der Geste, der Entspannung des Körpers und der Übereinstimmung mit der inkorporierten familialen Vergangenheit entsteht ein starkes und komplexes Vergnügen: »Also das ist ja schon verrückt, aber ich liebe das Bügeln! Einfach weil es etwas so peinlich Genaues ist, und ich liebe es, peinlich genaue Sachen zu machen, ich liebe das!«

Mit Hugues wenden wir uns noch einer weiteren Variante des Vergnügens zu, das mit der Vergewisserung der Identität verknüpft ist. Hugues ist es gelungen, in bezug auf eine einzelne Haushaltstätigkeit, die wie eine Insel aus einem Ozean der Nachlässigkeit ragt, zu diesem Gefühl des Einsseins mit sich selbst zu gelangen. Genauer gesagt handelt es sich um ein Installationsritual: Jeden Abend bereitet er den Frühstückstisch vor und programmiert die Zeituhr der Kaffeemaschine. Mit dieser Geste projiziert er sich in die morgendliche Szene und kostet bereits von dem Vergnügen, das auf ihn wartet. Auf diese Weise ist diese abendliche Zeremonie Schritt für Schritt selbst zu etwas geworden, was über das reine Antizipieren des kommenden Vergnügens hinaus angenehm ist. Es fällt Hugues ziemlich schwer zu erklären, warum: »Es ist schon komisch, das kam einfach so von selbst, das ist zu einem richtig guten Augenblick geworden, ich muß mich gar nicht dazu zwingen, ich habe Lust dazu, es macht mir Spaß.« Ganz offensichtlich schwingt in diesem Vergnügen ein wenig Stolz darüber mit, es geschafft zu haben, eine Haushaltstätigkeit so positiv zu erleben, was

Die emotionale Arbeit

auf das mögliche Nahen einer intensivierten Haushaltsorganisation hindeuten könnte. Mit Hilfe des Vergnügens führt diese Geste vielleicht zu dem Versuch, ein neues Selbst zu konstruieren und damit im Einklang zu stehen, eben zu einem neuen Umgang mit dem Häuslichen zu finden. Vergnügen ist nicht nur Endergebnis und Zeichen eines gefundenen Gleichgewichts. Manchmal steht es auch am Anfang einer Änderung der Gewohnheiten.

Die Sinnlichkeit

Dieses Panorama der Vergnügen abzuschließen, ohne die fleischlichsten, sinnlichsten unter ihnen anzusprechen, wäre ein schwerer Fehler. An diesem Punkt werden die Briefe geradezu poetisch, bleiben aber immer auch informativ. Leidenschaftliches Bügeln läßt den Körper erbeben: Auge, Nase, Hand und Ohren werden bemüht, um all die damit verknüpften Emotionen zu benennen: »Ich liebe den Geruch der heißen Wäsche, das Berühren des gebügelten Stoffes, selbst das Geräusch, wenn der Dampf aus dem Bügeleisen austritt« (Brief Nr. 15). Dem Geruch gebügelter Wäsche, der zutiefst mit mystifizierten Kindheitserinnerungen verwoben ist, begegnet man ständig. »In einem Haus, durch das der Geruch von Wäsche zieht, die gerade gebügelt wird, spüre ich das Leben, wie beim Duft von frischem Kaffee« (Brief Nr. 16). Der Geruch wird so stark mit bestimmten Gesten und der Zufriedenheit über eine gute Arbeit assoziiert, daß er in Abhängigkeit von der Qualität der Arbeit auszuströmen scheint: Frau M. hat den Eindruck, daß die Wäsche »immer mehr duftet, je mehr sie ihre Knitterfalten verliert«. Lola ist die vollendete Liebhaberin des Bügelns. Sie ist für alle Arten von sinnlichen Freuden sehr empfänglich: die Berührung, die Wärme, sogar für den Dampf. Und vor allem für die Gerüche. Sie lebt in einer Welt, in der die Gerüche eine große Bedeutung haben, vor allem der Duft von Wäsche. Es scheint, daß sie ihn stärker, intensiver riecht als der Durchschnitt der Bevölkerung. Und ihr Riechen ist komplexer. Im Gegensatz zum Geschirrspülen nimmt sie die Wäsche zwar voll und ganz in Schutz, sogar ihre schlechten Gerüche, wenn sie dann aber beim Waschen ist, muß sie das Negative daran so richtig auskosten, damit die künftige Freude am guten Geruch auch voll und ganz zur Geltung kommen kann: »Dreckige Wäsche, das ist wirklich so etwas richtig Dreckiges, Ekliges, das stinkt, das ist wirklich

Die Empfindungen: Zufriedenheit und Vergnügen

grauenvoll!« Dann kommt der Akt der Reinigung: »Sie dreht sich in einer Menge Wasser, und wenn sie dann wieder herauskommt, ist sie sauber und riecht gut. Das ist toll. Ich liebe frisch gewaschene Wäsche, die nach Weichspüler riecht.« Dann folgt eine sehr spezielle Zeremonie: Die Wäsche wird über die Heizkörper gehängt – auch dies aus Geruchsgründen, um ein Maximum an Duft herauszuholen: »Das riecht so gut, ich liebe das. Ich lege alles zum Trocknen auf die Heizkörper, dann riecht die ganze Wohnung danach.« Dann naht der Augenblick des Hauptvergnügens: das Bügeln, bei dem sie nebenbei singt und tanzt, mit sich und ihrer Wäsche, mit ihren Wäschestapeln und dem Duft verschmilzt – ein Fest der Gerüche, das auch lange nach dem Bügeln noch nicht zu Ende ist. »Und jedesmal, wenn ich ein Taschentuch herausnehme, duftet das nach gebügelter Wäsche. Und wenn ich mich dann damit schneuze, rieche ich das.«

Eng verknüpft mit dem Geruch ist die Wärme. In manchen Briefen ist die Rede von einer Reinigungssymbolik (und einer hygienischen Funktion des Bügelns, das Bakterien zerstöre). Doch wenn es um das Vergnügen geht, haben wir es mit einer anderen Wärme zu tun. Es ist eine direkte, persönliche, körperliche Wärme, die sich im Vergnügen des Berührens konzentriert, in der »angenehmen Berührung der warmen, feuchten Wäsche« (Brief Nr. 10). Wenn man dann mit der Hand über die Wäsche streicht (was man oft tut), hat das kaum einen funktionellen Nutzen. »Ich glaube, das macht man vor allem wegen der Wärme, die von der Wäsche ausgeht, man versucht, diese Wärme in sich aufzusaugen, indem man die Hand auf die Stelle legt, die man gerade gebügelt hat« (Brief Nr. 18). Für Frau G. strömt diese Wärme »Ruhe, Frieden und Gelassenheit« aus. Vielleicht, weil sie einen »instinktiv an die Wärme zuhause erinnert, wo man in Sicherheit ist und es sich gut leben läßt« (Brief Nr. 10). Das Vergnügen des Berührens und Streichens über die feuchte, geglättete Wäsche (viele Briefe bedauern, daß der alte Begriff des »Glättens« durch den nichtssagenden des »Bügelns« ersetzt wurde: »Statt hingebungsvoll zu glätten, ist man eifrig am Bügeln« (Brief 14)) gilt in Gedanken den geliebten, liebkosten Körpern. »Das kommt mir vor, als würde ich meine Familie entkleiden« (Brief Nr. 11). Die Kleidung ist der Haut so nah und das Streichen über die Wäsche so liebevoll, daß der Körper in den Gedanken nicht weit sein kann. »Und dann ist da noch dieser ganz besondere Augenblick, wenn man die Kleider derer, die man liebt, berühren und über sie hinwegstreichen

229

Die emotionale Arbeit

kann, als würde man sie selbst berühren. Da ist etwa ein Hemd zu bügeln fast so ein Gefühl wie eine Liebkosung. Man beginnt mit dem Kragen, der sich so vollkommen um den Hals schmiegt, dann die Schultern und die Manschetten, und schließlich den Leib, der flach daliegt, einen aber trotzdem an einen breiten, beschützenden Oberkörper erinnert ... Wenn man dieses Hemd dann zuknöpft, erinnert einen das an diese mütterliche Geste, die man bereits vergessen hatte, weil sich die Kinder schon sehr früh nicht mehr von einem anziehen lassen. Wenn man die Erstlingsausstattung eines Babys bügelt, um schon vor der Geburt alles herzurichten, stellt man sich dieses kleine Wesen vor, das bald da sein wird. Und wenn es dann da ist, bedeutet das Bügeln seiner kleinen Anzügchen, daß man mit all den Zärtlichkeiten auch dann noch fortfährt« (Brief Nr. 18).

Im allgemeinen ist dieses Gefühl des Vergnügens und der Freude ein umfassendes, das nicht zwischen der ganz direkten, »sinnlichen Freude an sauberer Wäsche« (Brief Nr. 4) und dem Vergnügen unterscheidet, das aus dem Stolz über die getane Arbeit, aus der Verbundenheit mit anderen Familienmitgliedern oder aus Kindheitserinnerungen entspringt. Der folgende Interviewauszug könnte den Eindruck erwecken, als habe bei der Befragten große Verwirrung geherrscht, weil sie diese verschiedenen Elemente innerhalb derselben Sätze miteinander vermengt. Doch gerade deshalb ist ihre Aussage so signifikant, stellt doch diese Vermischung denjenigen Aspekt des Vergnügens dar, der am schwersten auszudrücken ist und am tiefsten geht. »Die sinnliche Freude an sauberer Wäsche, wenn jedes Wäschestück sauber geordnet und duftend an seinem richtigen Platz liegt, Gerüche aus der Kindheit, die einem immer wieder neu in die Nase dringen, mütterliche Gesten, die man nachahmt wie eine Erinnerung an eine frühere Zeit, die dadurch gegenwärtig wird. Oh! Dieser Duft, diese Arbeit und diese Schönheit, die sie immer wieder zerstören und die ich immer wieder neu erschaffe!« (Brief Nr. 4).

Die Haushaltskunst

Die sinnliche Freude am Geruch und an der Berührung resultiert aus einer grundlegenden Übereinstimmung mit der Geste. Genauso ist es mit der Haushaltskunst. Die Ausbildung von Automatismen und die Selbstverständlichkeit innerer Handlungsantriebe brechen die Widerstände des Körpers und ermöglichen es, wirkungsvoll zu

Die Empfindungen: Zufriedenheit und Vergnügen

handeln. Manchen Frauen gelingt es auf dieser Basis, zu einer höheren Ebene ästhetischer Empfindungen durchzudringen: das ist wahre Haushaltskunst.

Im Zusammenhang mit dem Haushalt von Ästhetik zu reden, mag manche überraschen. So fühlt sich auch Irénée zunächst nicht so richtig wohl, wenn es darum geht, sich ihr geheimes Vergnügen einzugestehen: »Wenn ich sage, daß Abstauben für mich eine noble Tätigkeit ist, werden sich alle darüber lustig machen, aber für mich ist das wirklich so.« Sie ist außer sich vor Freude, als sie merkt, daß wir sie verstehen, und da sie nun Vertrauen gefaßt hat, ist sie bereit, ihre Kunst zu erläutern. Zunächst ist da das Vergnügen, die Lust, etwas zu machen und es gut zu machen: »Der Haushalt ist ein Opfer, aber er ist auch ein Vergnügen, das ist sicher.« Ein Vergnügen, das vom Stolz herrührt, und eine sinnliche Freude an den Gesten, aber auch ein wirkliches ästhetisches Vergnügen, eine Arbeit an der Schönheit. Die ersten Augenblicke, wenn ihre Familie morgens aus dem Haus ist und sie endlich mit ihrem Haushalt, der bereits auf sie wartet, allein ist, rufen bei ihr auf Anhieb starke Gefühle hervor, eine Art Vorgeschmack auf die Freuden, die sie erwarten. Dann nimmt sich Irénée Zeit und kostet das Vergnügen aus. Sie setzt sich hin oder geht in aller Ruhe durch die Zimmer, wandert mit dem Blick über jedes kleine Detail ihrer Wohnung. Sie ist sehr konzentriert und lauscht auf das, was ihr die Dinge sagen, denn sie kann hören, wie sie zu ihr sprechen. Dies geschieht zum Beispiel über einen Blick, der an etwas hängen bleibt: »Irgendwelche Dinge, die mir ins Auge stechen.« Und sie präzisiert diese Eindrücke: »Da stimmt irgendwas nicht, das bringt das Gleichgewicht durcheinander.« Dabei handelt es sich nicht um das Gleichgewicht der Gegenstände, die einen bestimmten Platz haben und dahin zurückgestellt werden müßten. Das Gleichgewicht, von dem Irénée spricht, ist ein ästhetisches: Sie komponiert ein Gemälde. Es kommt nur selten vor, daß sie ihre Arbeit genau wie am Vortag macht, oder daß sie die Dinge an denselben Platz stellt. Ihre Gesten sind niemals identisch. Sie spürt, daß sie in der Lage ist, Harmonien zu schaffen und nimmt diese in sich auf, sie verdaut im Geiste das, was sie sieht, und läßt dem Spiel der Formen und Farben in ihrer Phantasie freien Lauf. Es geht nicht einfach nur darum, irgendeinen Kleinkram oder ein Möbelstück woanders hinzustellen (obwohl sie die tatsächlich oft verrückt); es geht auch nicht einfach nur darum, zu dekorieren oder Blumenschmuck zu arrangieren (obwohl sie das liebt) – es

Die emotionale Arbeit

sind sämtliche Haushaltsgesten, auch die niedrigsten, wie etwa das Staubwischen, die von ihr auf diese Weise erlebt werden. Selbst das kleinste Darüberwischen läßt den Gegenstand in einem neuen Gemälde neu erstehen; jeder Tag ist eine Neuschöpfung. Irénée ist eine wirkliche Künstlerin, und sie redet auch wie eine: »Um den Haushalt zu machen, muß man lieben, was schön ist; das Schöne zieht mich unheimlich an.« Sie ist gerade mit dem Aufräumen eines Schrankes fertig geworden und kann nun gar nicht mehr aufhören, seinen Anblick zu bewundern: »Ich finde ihn unendlich schön!« Der Blick ist für Irénée etwas ganz Wesentliches. Er bringt die Dinge zum Sprechen und bewundert anschließend ihr Werk. Doch das ästhetische Vergnügen ist nicht nur kontemplativer Art, sondern liegt auch in der Aktion selbst, aber nicht nur in Gestalt der sinnlichen Freude an der Berührung. Da ist auch noch dieses Vergnügen, wenn sie spürt, daß sich die Dinge durch ihre Arbeit in der erträumten Weise verändern, wenn das Schöne auch in ihr selbst, in den Bewegungen ihres Körpers, in der Anmut ihrer Gesten erschaffen wird. Denn sie arbeitet auch an der Schönheit ihrer Gesten, sie tanzt die Gesten des Haushalts, um sich selbst harmonisch in das lebendige Gemälde einzufügen, das im Entstehen begriffen ist. Alles ist Teil desselben Ganzen: die Dinge, ob sie wundervoll oder erbärmlich sind, Blumen oder Staub, und selbst die Künstlerin ist Teil des Meisterwerks (bevor sie dann zurücktritt, um es zu bewundern). Irénée bildet eine Einheit mit ihrem Haus, sie bildet eine Einheit mit der Schönheit, die ihre Hände erschaffen.

Irénée erledigt auch für andere Leute den Haushalt. Auch in dem kleinen Reinigungsunternehmen, das sie leitet, packt sie die Dinge ohne zu zögern an. In diesem Rahmen will es ihr jedoch nicht gelingen, dieselben Höhen der Haushaltskunst zu erreichen, wie bei sich zu Hause. Nichtsdestotrotz ist und bleibt sie auch hier eine Künstlerin, und ihre Fähigkeit, häusliche Gegenstände zu sublimieren, ist enorm. Manchmal erlebt sie sogar bei dieser Auftragsarbeit ein richtig erhabenes Vergnügen, jedoch bleibt es hinter dem zurück, was sie bei sich daheim erlebt. Alles hängt von den Dingen ab, von der Art und Weise, wie sie zu ihr sprechen, und von der Art und Weise, wie die Leute, denen sie gehören, zu ihnen gesprochen haben. Wenn sie spürt, daß da wenigstens ein bißchen Liebe zu den Gegenständen vorhanden ist, daß sie sorgsam behandelt wurden und ihr Platz nach ästhetischen Gesichtspunkten ausgewählt wurde, die sie nachempfinden kann, dann ist Irénée bereit, sich darauf einzulassen: »Es ist

Die Empfindungen: Zufriedenheit und Vergnügen

eine Kunst, das muß man wissen. Wenn ich bei Leuten den Haushalt mache, die Geschmack haben und ihr Haus einzurichten wissen, dann bereitet mir das Vergnügen. Wenn es dagegen ein häßlicher Ort ist, wo die Leute einfach irgendwie alles Mögliche angehäuft haben, dann ist es nicht gerade ...« In diesem Fall kehrt Irénée zu den Minimalautomatismen zurück.

Die Kontrolle über das Vergnügen

Theoretisch entsteht Vergnügen nicht auf Kommando. Es kommt aus dem tiefsten Inneren des Selbst, ist nicht allen gegeben und eine Art Gnadenzustand jenseits der Basisorganisation. In Wirklichkeit jedoch reagiert es auch ein wenig auf Kommando, läßt sich bewußt einsetzen und kontrollieren. Und genauso wie die anderen Stützen des Handelns läßt es sich dafür einsetzen, einen schwachen inneren Antrieb zu stärken. Die sinnliche Freude an den Gesten oder an der Haushaltskunst entsteht manchmal in kleinen Portionen mitten in der scheinbar bedeutungslosesten, sogar der schwierigsten oder unangenehmsten Tätigkeit. Arlette, die hart gegen das ständige Schwächerwerden ihrer Automatismen ankämpft, erlebt dennoch manche Augenblicke mit leidenschaftlicher Begeisterung und der Geschicklichkeit einer wahren Hausfee. Lola, die 24 Stunden lang den Ärger wegen der Plackerei des Geschirrspülens in sich aufsteigen spürt, empfindet doch auch ein flüchtiges Vergnügen, das sich unter ihren zähen Widerwillen mischt: »Wenn das Wasser schön heiß ist und das Geschirrspülmittel gut riecht, ist es gar nicht mal so unangenehm.« Dieses Vergnügen ist also nicht nur den großen Künstlern vorbehalten, sondern auch ein Werkzeug im Alltag, das besonders dann zum Einsatz kommt, wenn der Automatismus brüchig zu werden droht. Denn dann müssen alle verfügbaren positiven Empfindungen mobilisiert werden, um die schlechte Laune zu bekämpfen, das Gleichgewicht wieder herzustellen und so die Fortsetzung der Handlung zu ermöglichen.

Auch das Vergnügen kann kontrolliert werden. Es muß sogar kontrolliert werden, damit es nicht übertrieben groß wird. Das nun ist schwer zu verstehen: Warum sollte man das Vergnügen in Grenzen halten, während es doch ein Werkzeug zur Stärkung des Handelns ist? Weil es in zu großen Dosen kontraproduktiv und destabilisierend wirkt. Die Ökonomie der Gefühle ist ein höchst

Die emotionale Arbeit

subtiles Spiel. Das Risiko besteht darin, daß das Vergnügen bei den Automatismen schmarotzt und ihr gutes Funktionieren sabotiert. Denn indem es ein Bewußtsein für die Geste erzeugt – so positiv dieses auch sein mag –, kann es die Handlungsabläufe stören. Vor allem, wenn sich das Vergnügen in die Länge zieht, immer tiefer geht, zu einer schmachtenden, sinnlichen Freude, zur reinen »l'art pour l'art« und frei von Zwängen wird, dann können Schönheit der Geste und übermäßiger Gefallen an der Kontemplation in Ineffizienz umschlagen. David befindet sich erst am Beginn seiner Haushaltsgeschichte und ist schlecht organisiert, obwohl er durchaus bestimmte Ordnungsvorstellungen mit sich herumträgt, die noch aus seiner Kindheit stammen: »Ich sehe oft solche Bilder vorbeiziehen, vor allem das von meinem kleinen Schreibtisch, den ich pausenlos aufgeräumt habe.« Er hat sich aus dieser Zeit einige innere Reflexe bewahrt: Ein Ding zu nehmen und es aufzuräumen ist für ihn eine spontane Geste, die ihm Vergnügen bereitet. »Das ist so eine Manie, die weit zurückliegende Wurzeln hat: Ich räume gern auf. Das macht mir von Anfang an Spaß, das Vergnügen besteht darin, die Dinge an ihren Platz zurückzustellen. Wenn ich meine Zeit verschwende, dann dafür.« Diese Zeitverschwendung manifestiert sich nicht nur in der Langsamkeit seiner Gesten. Wenn sich die Ästhetik der Gesten auch noch mit der Freude am Träumen vermischt, kann es tatsächlich dazu kommen, daß er so völlig planlos mit den Dingen herumhantiert, daß von Handlungsketten nicht mehr die Rede sein kann und einfach nur noch irgendwelche unnützen Sachen gemacht werden. Sobald David merkt, daß er überhaupt nicht vorangekommen ist, kommt der Augenblick, an dem die Empfindungen kippen. Er ist genervt von seinem Mangel an Effizienz und bricht das Aufräumen ab. David ist heute fest entschlossen, diesen Überschwang besser zu kontrollieren. Damit das Vergnügen nicht zu einem Negativfaktor wird, muß es diskret bleiben und darf nicht über ein gewisses Maß hinausschießen. Die Notwendigkeit, das Vergnügen unter Kontrolle zu halten, spiegelt sich auch in der relativierenden Art und Weise, wie darüber gesprochen wird: »Das ist wirklich ein Vergnügen – also Vergnügen, das ist vielleicht doch ein bißchen übertrieben, aber es ist eben nicht unangenehm« (Francine). Man darf sich das Vergnügen nicht zu sehr eingestehen, man darf sich dabei auch nicht zu sehr gehen lassen und sich nicht zu sehr von ihm in Beschlag nehmen lassen. Es muß zurückhaltend bleiben, ohne exzessive, leiden-

Die Empfindungen: Zufriedenheit und Vergnügen

schaftliche Gefühle hervorzurufen, kurz gesagt: es muß vernünftig und wohlüberlegt sein.

Idealerweise sollte man sogar versuchen, das Vergnügen möglichst nah an der Dosis zu halten, die ausreicht, um einen günstigen Arbeitsrhythmus auszubilden. Ein bißchen Vergnügen erlaubt es, die Handlung im Zusammenhang mit der Geste zu optimieren und den Antrieb zu stärken, zuviel birgt die Gefahr, die Handlung zu verlangsamen. Jeder stellt sich ganz persönlich seine eigene Dosis aus Vergnügen und Effizienz zusammen. Yolande, der die Effizienz wichtiger ist, findet, daß »Haushaltsarbeiten schnell erledigt werden müssen, ohne zu viel Zeit *damit* zu vertun, daß man seinen Gedanken nachhängt oder sich die Sache angenehm macht. Alles möglichst schnell erledigen«. Carole hat sich, was das Bügeln angeht, für das Gegenteil entschieden. Sie haßt Hausarbeit. Nur das Bügeln bildet da eine Ausnahme, denn dabei empfindet sie in der Endphase sogar richtiges Vergnügen. Sie hat uns ausführlich davon erzählt und jede einzelne Gefühlsetappe bis ins Detail beschrieben, womit sie bewiesen hat, wie gegenwärtig ihr ihre Gesten sind. Doch solche Empfindungen sind bei ihr selten, sehr selten. Sie ist sogar so überrascht von der Existenz dieses paradoxen Vergnügens, daß sie geneigt ist, das Bügeln in eine völlig andere Kategorie von Tätigkeiten einzuordnen und es immer wieder auf später zu verschieben, um erst das zu erledigen, was ihr schwerer fällt und was unangenehmer für sie ist: »Ich hebe mir den besten Bissen für den Schluß auf.« Da es ihr aber nicht gelingen will, die anderen Aufgaben zu erledigen, spart sie das Bügeln so lange auf, daß diese Tätigkeit, die doch offiziell die angenehmste ist, letztlich am wenigsten von allen sichergestellt ist. Die Befragung fand im Frühling statt – Carole hatte einen großen Berg Wäsche aus dem letzten Sommer noch immer nicht gebügelt. Wie sie uns sagte, wollte sie das demnächst erledigen – mit fast einem Jahr Verspätung! Im Reich der haushaltlichen Empfindungen hat jede Logik ihren Haken, und das Positive birgt immer bereits sein Gegenteil in sich und umgekehrt. Selbst das Vergnügen kann der Sache schaden.

XIII. Die Ökonomie der Empfindungen

Am einen Pol (in den finsteren, inkorporierten Tiefen) wirken heimlich die Automatismen, ein relativ geschlossenes Wissenslager. Am entgegengesetzten Pol (auf den lichten Gipfeln des rationalen Denkens) marschiert das kritische Bewußtsein vorbei und fängt, sobald es ihm gelingt, sich durchzusetzen, sofort an, alles zu beherrschen. Zwischen diesen beiden Polen öffnet sich ein weiter Raum, der quantitativ zweifellos den größten Teil ausmacht und innerhalb dessen die Handlungen und Gedanken von Empfindungen geleitet sind. Wir haben gesehen, wie Widerwille die Gesten erschwert und den Geist dazu bringt, sich Fragen zu stellen. Wir haben auch gesehen, wie das Vergnügen (solange es unter Kontrolle gehalten wird) die Aktivität unterstützen kann. Die Welt der Empfindungen ist keine Welt für sich und sie ist keine Welt, die nur zweitrangig wäre. Im Gegenteil: sie besetzt einen zentralen Platz im Denken und Handeln. Sie ist aber auch keine Welt, in der die Beliebigkeit regiert. Das Gefühl ist zwar ein flexibles Element, aber es ist Teil eines Gesamtmechanismus, der so präzise wie ein Uhrwerk arbeitet. Die Palette der Empfindungen ist unendlich groß, und eine jede spielt in komplexen Handlungsketten ihre ganz spezifische Rolle, wobei auch die unangenehmsten Gefühle plötzlich positive Funktionen bekommen können. Das ist es, was wir im folgenden am Beispiel einer Empfindung entdecken wollen, die als Auslöser von Handlungen eine wesentliche Rolle spielt: der Ärger.

Der vorbereitende Ärger

Das Ausführen von Aufgaben folgt einem Kreislauf von Empfindungen. Wenn eine Tätigkeit in dem Augenblick, in dem sie ausgeführt wird, als negativ empfunden wird, speichert die Hausfrau diese Assoziation, und in Zukunft weiß sie, daß ihr eine schwierige Phase bevorsteht. Sie weiß es in dem Moment, wenn sie zur Tat schreitet, aber sie weiß es auch schon viel früher, dank winziger Vorboten negativer Gefühle, die in ihre Gedanken dringen und die Handlung vorbereiten.

Die Ökonomie der Empfindungen

Lola, die mit ihrem Bügeleisen tanzt und vom Geschirrspülen genervt ist, denkt selten an diese beiden Aufgaben, bevor sie sich dann wirklich dahinterklemmt. Die erste stellt sie vor kein besonderes Problem, und die zweite ist Teil eines festen Rhythmus. Was das Bodenwischen angeht, steht die Sache jedoch anders: »O je, der Boden, der Boden! Das läuft nicht einfach so, ohne daran zu denken! Ich sage mir dann: Scheiße, ich muß es tun, ich muß es tun! Das ist zum Verrücktwerden!« Mehrmals täglich denkt sie daran, manchmal nur kurz, ein Gedankenblitz, der nur vage wahrgenommen wird, während sie an etwas anderes denkt. Doch die Unverbindlichkeit, mit der dieser Gedanke durch ihr Bewußtsein huscht, hindert ihn nicht daran, besitzergreifend und lästig zu werden. So lästig, daß sie irgendwann nicht mehr weiß, was unangenehmer ist: den Boden zu wischen oder ständig daran zu denken. Diese beiden Arten von Widerwille haben nicht dieselbe Qualität. Während des tatsächlichen Handelns ist es ein körperlich empfundener Widerwille: Müdigkeit, Schwerfälligkeit, Schmerz. In der Vorbereitung des Handelns ist es ein mentaler Widerwille: Ärger, Verdruß. Wenn sie jedoch im Interview davon spricht, vermischen sich diese beiden Formen des Widerwillens, denn im Rahmen eines Gesamtprozesses sind sie nur die zwei Seiten einer Medaille.

Alles beginnt mit dem Anblick des Gegenstandes, der Anlaß für diese dramatische Entwicklung ist. Bei Lola sind das die schmutzigen Fliesen, bei Agnès oder Irénée der sich auftürmende Wäscheberg. »Wenn ich diesen Berg sehe, wird mir angst und bange« (Irénée). Der Bruchteil einer Sekunde genügt, und schon löst das eingefangene Bild starke Empfindungen aus. Daher werden verschiedene Taktiken angewandt, um die problematischen Gegenstände zu verstecken. Beispielsweise befindet sich der Wäschekorb ständig auf Reisen. Agnès schiebt ihn laufend von einem Raum in den anderen: »Wenn er mich in einer Ecke nervt, schaffe ich ihn aus dem Blickfeld.« Doch der Schock, der dadurch ausgelöst wird, daß sie ihn dann an völlig unerwarteten Orten wieder entdeckt, löst eine noch stärkere Emotion aus: Ärger aufgrund der Arbeit, die noch zu erledigen ist, und aufgrund des unangenehmen Charakters der anstehenden Aufgabe, aber auch Ärger über sich selbst, ihren Mangel an Willenskraft und Organisation, ihre Unfähigkeit, die Haushaltsangelegenheiten einfach in die Hand zu nehmen.

Die emotionale Arbeit

Die widersprüchliche Aversion

Sich über sich selbst zu ärgern, setzt eine gewisse Distanz zu sich selbst sowie divergierende Orientierungspunkte für das Handeln voraus. Arlettes Beispiel zeigt: Diejenige, die herummosert und sich an einer Idealnorm orientiert, ist die denkende Arlette; diejenige, die handelt (oder eher nicht handelt) ist die Arlette aus Fleisch und Blut, die (ohne es allzu laut zu sagen) findet, man könnte die Sache auch auf später verschieben. Die denkende Arlette ärgert sich also über die Tatsache, daß die Arlette aus Fleisch und Blut sich weigert, ihr zu gehorchen. Doch wenn die Arlette aus Fleisch und Blut dann tatsächlich versucht, die Sache auszuführen, begegnet sie noch einem anderen unangenehmen Gefühl, das sich physisch bemerkbar macht: Die Gesten sind anstrengend. Jedes der beiden Selbst ist also mit einem ganz speziellen Widerwillen konfrontiert. Diese beiden verschiedenen negativen Gefühle, die durch zwei verschiedene Aspekte des Handelns hervorgerufen werden, sind im übrigen in widersprüchlicher Weise direkt miteinander verknüpft. Arlette haßt den Schmutz (die von ihrem denkenden Selbst proklamierte Idealnorm), aber sie haßt es auch, etwas gegen diesen Schmutz unternehmen zu müssen (die Norm des Augenblicks, die sich durch die Reaktion des Körpers durchsetzt). Die Norm des Augenblicks erlaubt es ihr also, den Schmutz da zu lassen, wo er ist, was dann aber das denkende Selbst ärgert, und immer so weiter. In unserer Untersuchung konnten wir viele Sätze einfangen, die diese widersprüchliche Aversion zum Ausdruck brachten. So sagte zum Beispiel Francine: »Also ich bügle wirklich nicht gern, aber einen zerknitterten Rock kann ich auch nicht leiden.« Im allgemeinen kommt es dann doch dazu, daß gehandelt wird, um sich von dem zweifachen Ärger zu befreien: »Es ist mir schon lästig, das zu machen, aber da ich es anders auch nicht ertragen kann, mache ich es eben« (Rénata).

Wenn das Selbst mit sich in Einklang ist, die Orientierungspunkte stabil sind und das Handeln auf reiner Wiederholung basiert, können Automatismen ihre volle strukturierende Kraft entwickeln. Wenn hingegen zwei verschiedene Handlungsmöglichkeiten bestehen, die auf einer widersprüchlichen Aversion beruhen, dann findet Handeln auf der Basis eines ständigen Ungleichgewichts statt, und Empfindungen spielen eine zentrale Rolle als Motoren für das Handeln, und zwar im Rahmen eines komplexen und

Die Ökonomie der Empfindungen

präzise funktionierenden Mechanismus, der insbesondere nach zwei Prinzipien funktioniert. Erstens: Das Kräfteverhältnis zwischen den beiden widersprüchlichen Aversionen ist entscheidend dafür, zu welcher Form von Handeln es kommt. Wenn das störende Gefühl aufgrund der Diskrepanz zwischen aktuellem Zustand und Idealnorm dominant ist, kommt es auf jeden Fall zum Handeln, auch wenn dieses als unangenehm empfunden wird. Je unterschiedlicher die beiden Empfindungen ausgeprägt sind, desto weniger wird das Handeln gebremst. Dies ist bei Rénata der Fall. Eigentlich möchte sie nicht so viel machen, aber was sie noch mehr haßt, ist der Schmutz, da zögert ihr Körper keinen Augenblick. Wenn hingegen der physische Widerwille am stärksten ist, dann wird Handeln problematisch, wenn nicht gar unmöglich. Darin besteht Caroles Drama: Es ist gut und schön, wenn sie sich selbst dazu ermahnt, sich ein wenig anzustrengen, aber ihr Körper weigert sich, ihren Befehlen zu gehorchen.

Zweitens: Ob der Mechanismus der widersprüchlichen Aversion im Rahmen der Regulierung des Handelns einen wichtigen Faktor darstellt, hängt von der Diskrepanz zwischen den beiden Bezugsnormen ab. Wenn diese Diskrepanz gering ist, spielt der handlungsvorbereitende Ärger nur eine marginale Rolle dafür, wie das Handeln nachher aussieht. Ist diese Diskrepanz hingegen groß, wuchern die Gefühle aus und erlangen eine zentrale Stellung. Das ist auch der Grund, warum sich Lola über ihren Kachelboden so aufregt, während sie doch in vielen anderen Bereichen so entspannt bleibt. Sie kann einfach nicht anders, als den Boden mit manischer Genauigkeit naß zu wischen (obwohl ihre Wohnung klein ist, braucht sie dafür mehrere Stunden) – so sieht nun mal ihr Handlungsmodell aus. Den gleichen Ärger empfindet Christelle, die alles bügelt, obwohl sie doch das Bügeln haßt: »Ich weiß, daß das idiotisch ist, aber ich bügle sogar die Geschirrtücher.« Aus der Inkohärenz der verschiedenen Handlungsmodelle und der Unschlüssigkeit ergeben sich widersprüchliche Orientierungspunkte. Und da es keine klaren Orientierungspunkte gibt, kommt es zu Regulierungen des Handelns, die auf der Ökonomie der Empfindungen basieren. Um den Ärger verschwinden zu lassen, ist das Selbst gezwungen, mit sich in Einklang zu kommen. Auf die gleiche Weise bewirkt auch bei Paaren die Kluft zwischen den verschiedenen Normen der beiden Partner Zusammenstöße und heimlichen Groll (Kaufmann, 1994). Wie das Selbst sind auch die Partner gezwun-

Die emotionale Arbeit

gen, miteinander in Einklang zu kommen, damit im Alltagsleben Frieden einkehren kann.

Das Crescendo des Ärgers

Im Kreislauf des Widerwillens spitzt sich der handlungsvorbereitende Ärger schrittweise zu. Diese Zuspitzung verläuft zwar nicht linear, da die Emotionen eher häppchenweise an die Oberfläche dringen, aber die Abstände, in denen das geschieht, werden tendenziell immer kleiner und die Emotionen intensiver. Schließlich kommt es zu einer abrupten Zuspitzung auf die Entscheidung hin, welche meistens dann getroffen wird, wenn die negativen Gefühle ihren Höhepunkt erreicht haben. Der Mechanismus läuft folgendermaßen ab. Die ersten Spuren von Ärger verharren zunächst noch auf einer abstrakten gedanklichen Ebene. Der Gedanke ist zwar unangenehm, löst aber noch keine Entscheidung aus. Taucht er dann jedoch erneut auf, drängt er einen schließlich dazu, Handlungsvorbereitungen zu treffen. »Wenn ich dann meinen Wäschekorb zwei oder drei Mal herumgeschoben habe, wird mir klar, daß es so nicht mehr lange weitergehen kann. Ich weiß dann ganz genau, daß es jetzt nicht mehr lange dauern kann und ich die Sache einfach anpacken muß« (Agnès). Doch häufig handelt es sich hier zunächst nur um ein Trugbild, das lediglich dazu dient, das innere Gleichgewicht wieder herzustellen, von dem sich letztlich aber keiner täuschen läßt. Im Geheimen ist klar, daß der Körper noch nicht bereit ist, sich in Bewegung zu setzen. Dennoch bewirkt diese Episode, daß der Mechanismus ein für allemal in Gang kommt; das Nahen der Handlung läßt einen, auch wenn es zunächst nur vorgetäuscht sein mag, antizipativ bereits die zweite Art von Widerwillen spüren. »In dem Moment, wo man sich dann wirklich dranmacht, ist plötzlich alles ganz anders, die Tapferkeit löst sich in Luft auf – man hatte einfach vergessen, wie schwer es ist. Das ist wie eine kalte Dusche« (Arlette). Daraufhin prägt man sich noch sehr viel genauer ein, wie anstrengend das Handeln ist. Die logische Folge ist, daß der Ärger beim Anblick der noch nicht erledigten Aufgabe in Zukunft noch viel größer sein wird, weil er nun auf einer noch klareren Vorstellung von der bevorstehenden Plackerei beruht. Das Ganze beginnt dann also schon auf einem höheren Niveau von Ärger, und so intensiviert sich auch der Prozeß, der zum

Die Ökonomie der Empfindungen

Handeln drängt, wodurch es eher zu einer Entscheidung kommt, und so weiter. Wenn der eine Widerwille stärker wird, wird es auch der andere, und das geht so lange so weiter, bis es zum befreienden Akt kommt.

Frauen, die in diesem Mechanismus der widersprüchlichen Aversion gefangen sind, entwickeln im allgemeinen ein Kontrollsystem, das allzu exzessive negative Gefühle vermeiden soll. So beispielsweise Constance: »Ich neige dazu, Dinge zu verschieben, aber ich versuche, das nicht zu übertreiben, sonst wird es nachher nur noch unangenehmer.« Glücklicherweise spielt selten allein die Ökonomie der Empfindungen eine Rolle. Meist kommt es zu einer Kombination von Rationalität und Automatismen, die den emotionalen Druck mindern. Nehmen wir den Fall des Wäscheberges, der darauf wartet, gebügelt zu werden. Sein Anblick kann im Rahmen des sich zuspitzenden Prozesses der widersprüchlichen Aversion Ärger auslösen. Er kann aber auch als Indikator und direkter Auslöser dafür dienen, daß schon nach einem kurzen und einmaligen emotionalen Vorspiel zur Handlung geschritten wird. Bei Irénée findet man beide Prinzipien. So lange der Wäscheberg noch überschaubar ist, läßt sie sich vom langsamen Walzer ihrer negativen Gefühlen wiegen: »Ich denke immer schon vorher daran und schiebe den Moment, in dem ich es machen werde, immer wieder hinaus. Ich sehe zu, wie der Stapel höher und höher wird und sage mir: Morgen dann! Morgen dann! Es ist schrecklich!« Würde der Wäscheberg nicht immer höher, könnte sie noch lange so weitermachen, ohne eine Entscheidung zu treffen. Aber er wächst von Tag zu Tag. Und jenseits einer gewissen Grenze greift sie plötzlich zu einem völlig anderen Handlungsmodell: »Es gibt so einen Moment, da weiß ich ganz genau, jetzt geht es nicht mehr anders.« Dann steht ihr das Wasser bis zum Hals, sie ist gezwungen, eine Entscheidung zu treffen – was ihr manchmal erstaunlich leicht fällt. Sobald der Stapel eine bestimmte Höhe erreicht hat, bringt er wieder einen Automatismus in Gang.

Wenn eine Tätigkeit hingegen nicht regelmäßig ausgeführt wird und keinen Gewohnheiten unterliegt, ist es schon sehr viel schwieriger, sich einer solchen Methode zu bedienen. Die Entscheidung ist dann stärker der Ökonomie der Empfindungen unterworfen. Schon seit Monaten findet Bernadette, daß ihre Schränke »richtig dreckig« sind. Da hat also eine rote Signallampe aufgeleuchtet, die jedoch nur auf ein Mindestniveau hinweist, ein In-Aktion-Treten aber keineswegs zwingend macht. »Es gibt da was, das schiebe ich

Die emotionale Arbeit

schon seit zwei Monaten immer wieder hinaus, nämlich die Schränke zu putzen. Also das ist sowas! Wenn ich nur daran denke! Da muß ich alles leerräumen. Aber ich muß mich wirklich endlich dranmachen!« Der Rest ist eine Frage des Ärgers und des inneren Kampfes in Form der widersprüchlichen Abneigung. Die Signallämpchen, die es erlauben, den durch den handlungsvorbereitenden Ärger entstehenden Druck zu verringern, leuchten mehr oder weniger hell. Wenn sie nur schwach leuchten (wie im vorliegenden Fall), dann führt das Nahen der Entscheidung unerbittlich dazu, daß sich die unangenehmen Gefühle verschärfen. Wenn die Signallämpchen jedoch hell aufflackern und von großer Bedeutung sind, dienen die Empfindungen lediglich als eine Art Umhüllung von Automatismen und zur Feinabstimmung.

In manchen Fällen scheint das Spiel der Empfindungen zu gar nichts zu führen. Der zweifache Widerwille wird chronisch, ohne daß je zur Tat geschritten würde. Der Mechanismus ist aber dennoch derselbe. Der Grund für das Scheitern liegt darin, daß der physische Widerwille stärker ist als der Ärger angesichts der anstehenden Aufgabe, so daß letztere sich nicht durchsetzen kann. Dieses Scheitern mag jedoch auch nur vorübergehender Art sein, lediglich eine Etappe innerhalb eines längerfristigen Prozesses. In der Regel kommt es übrigens durch das Auftreten mehrerer negativer Gefühle, die sich aneinanderreihen, auch zur Ausbildung einer neuen Haushaltsgeste. Am Anfang steht ein aufkommender Ärger, nur so ein vages negatives Gefühl, und zunächst deutet nichts darauf hin, daß es irgendwelche Folgen nach sich ziehen wird. Wenn es dann jedoch immer häufiger zu erfolglosen Anläufen kommt, zur Tat zu schreiten, führt das dazu, daß der Ärger immer größer wird, bis es schließlich zum befreienden Akt kommt. Dies wiederum kann zur Folge haben, daß Gewohnheiten ausgebildet werden, die den emotionalen Druck verringern. Die Ökonomie der Empfindungen hat dann lediglich in der Phase, die zur Ausbildung dieser Gewohnheiten geführt hat, eine entscheidende Rolle gespielt.

Die Tricks des Vergnügens

Das Reich der Empfindungen ist von so ungeheurem Reichtum, daß ihm auf diesen wenigen Seiten kaum Rechnung getragen werden kann. Da ich nicht auf sämtliche komplexen Details des Me-

Die Ökonomie der Empfindungen

chanismus der widersprüchlichen Aversion eingehen kann, habe ich mich auf zwei negative Empfindungen beschränkt: den Ärger und den Gedanken an den physischen Widerwillen. Aber natürlich können im Rahmen vielfältiger einfallsreicher und subtiler Strategien auch noch diverse andere Empfindungen eine Rolle spielen. So kommt oft, wenn der Ärger nicht ausreicht, ergänzend das Vergnügen in verschiedenen Ausprägungen mit ins Spiel, um eine Entscheidung für das Handeln zu forcieren. Das geschieht insbesondere im Fall von Eröffnungsritualen, die hier unter einem neuen Licht betrachtet noch einmal klarer werden.

Der Moment, in dem die Entscheidung getroffen wird, ist der problematischste. Entweder man schreitet tatsächlich zum erlösenden Akt oder dieser Schritt gelingt einem nicht, was den Ärger dann noch vergrößert. Dadurch, daß die negativen Gefühle desto intensiver werden je näher die Handlung rückt, kommt es zu dieser (notwendigen) Zuspitzung des Ärgers. Um ein ewiges Hin und Her zwischen Widerwille und Ärger zu vermeiden, müssen deshalb die Widerstände so früh wie möglich beseitigt werden. Eröffnungsrituale kommen genau an diesem entscheidenden Punkt ins Spiel. Durch ihre attraktiven Aspekte neutralisieren sie die negativen Kräfte und erlauben es, ohne großes Aufheben zum Handeln zu schreiten. Ist die Handlung dann erst einmal in Gang gebracht, ergibt sich der Rest wie von selbst.

Wenn es Raymonde gelingt, das Bügelbrett aufzustellen, ist sie gerettet: »Das schwierigste ist, sich zu entscheiden, sich zu sagen, daß man es einfach machen muß. Wenn dann erst mal das Bügelbrett aufgeklappt ist, bin ich soweit, es ist geschafft.« Yolande empfindet das in bezug auf das Aufräumen genauso: »Es kostet mich einiges, mich dranzumachen, aber wenn ich erstmal dabei bin, dann ist es o. k., dann wird das durchgezogen!« Constance benutzt (in bezug auf das Bügeln) eine sehr passende Formulierung: wenn sie erstmal »drin« ist, hat sie gewonnen. »Das Unangenehmste ist der Gedanke daran, daß man es machen muß. Wenn du dann drin bist und die Entscheidung getroffen hast, mußt du nur noch weitermachen.« Christelle hat sich einen raffinierten Trick ausgedacht, der es jedoch nötig macht, daß sie sich ein wenig selbst belügt. Um den Druck zu mindern, der durch die handlungsvorbereitenden Empfindungen auf ihr lastet, verkündet sie zunächst, sie werde nur einen Teil des anstehenden Wäschebergs bügeln. Sobald es ihr dann aber gelungen ist, »die Maschine anzuwerfen«, wie Raymon-

Die emotionale Arbeit

de sagt, spielt sie sich selbst die Rolle derer vor, die plötzlich und unerwartet noch ein weiteres Wäschestück hinzufügt: »Das lästigste ist, sich dranzumachen, aber wenn ich dann mal so weit bin, mache ich noch ein paar Kleinigkeiten mehr, manchmal sogar ziemlich viele, das läuft dann einfach so weiter.« Wir sollten allerdings nicht erwarten, daß sie diesen Aspekt noch weiter ausführt (eigentlich hat sie schon viel zu viel gesagt) – all das muß natürlich geheim bleiben, um funktionieren zu können.

Oft erweisen sich die ersten Gesten, die so viel Kopfzerbrechen bereitet hatten, aber auch als weit weniger mühsam als erwartet. Nicht selten bereiten sie sogar regelrecht Vergnügen, obwohl sie doch zuvor so unangenehm in Erscheinung getreten waren, daß man sich einfach nicht zur entsprechenden Handlung durchringen konnte. Ein neues Mysterium. »Ich bin immer ganz betreten, wenn ich sehe, wie der Berg mit Bügelwäsche immer höher wird. Dann schimpfe und fluche ich und versuche mit allen Mitteln, diese Plackerei hinauszuschieben. Und dennoch stellt sich, ohne daß ich mir das richtig eingestehen würde, ein zartes Gefühl des Vergnügens, ein Wohlbefinden bei mir ein, und ich frage mich dann schon, warum ich mir wegen der Bügelei immer einen solchen Kopf mache« (Brief Nr. 18). Dieses Mysterium läßt sich im Grunde genommen ganz leicht erklären: Die widersprüchliche Aversion bläht die bevorstehende Anstrengung in der Vorstellung künstlich auf. Außerdem werden negative Gefühle durch die Freude darüber, siegreich zur Tat geschritten zu sein, kompensiert und aufgehoben. Wenn man die lautlose Welt der Automatismen oder das kalte Reich des Intellekts verläßt und in das Reich der Empfindungen eintaucht, sollte einen nichts überraschen. Denn die sind unberechenbar und wechselhaft. Da, wo die Leidenschaft ist, können sich Positives und Negatives in ihren extremsten Formen miteinander vermischen.

Der spontane Impuls

Das Handeln aufgrund eines »spontanen Impulses« kommt dem, was eben beschrieben wurde, sehr nahe. Ein wesentlicher Unterschied besteht jedoch darin, daß der spontane Impuls nicht über den Ärger läuft. Wie bei der widersprüchlichen Aversion beginnt alles mit dem Blick. Die eingefangenen Bilder (von Wäschebergen

Die Ökonomie der Empfindungen

oder Staub auf den Möbeln) geben das Signal, daß eine Grenze überschritten wurde. Doch diese Bilder versetzen den Körper nicht unmittelbar in Bewegung und es kommt auch nicht zu dem uns mittlerweile bekannten Crescendo des Ärgers. Scheinbar geschieht zunächst rein gar nichts, bis dann der entscheidende Augenblick des »spontanen Impulses« da ist. In Wirklichkeit jedoch wurden Bilder gespeichert, welche den Körper heimlich, still und leise in Alarmzustand versetzt haben. Dann, ganz plötzlich, macht sich der Ärger Luft und löst den »spontanen Impuls« aus. Um diese Episode zu beschreiben, haben die von uns Befragten meistens den Ausdruck »es hat mich plötzlich gepackt« verwendet.

Wie der Mechanismus der widersprüchlichen Aversion funktioniert, ist relativ leicht nachzuvollziehen, weil Bruchstücke des bewußten Denkens miteinfließen. Obwohl er auf der Grundlage eines Wechselspiels zwischen zwei Empfindungen (Ärger und Widerwille) wirksam wird, kommt im zentralen Moment der Entscheidung doch das rationale Denken ins Spiel. Der »spontane Impuls« bedient sich einer anderen Art von Intelligenz, die weniger bewußt ist und die man die Intelligenz des Körpers nennen könnte. Der Grund dafür, daß der Ärger verdrängt werden muß, liegt paradoxerweise genau darin, daß starke Empfindungen das Individuum zum Nachdenken anregen. Hier muß also Paradoxes geleistet werden: denken ohne zu denken, die Signale speichern, ohne zu versuchen, bereits die Modalitäten des Handelns zu taxieren. Der Körper ist dazu zwar durchaus in der Lage, aber nur wenn es ihm gelingt, den bewußten Teil des Gehirns auszuschalten (Kaufmann, 1995). Wenn dann der Moment gekommen ist, muß diese nicht-bewußte Intelligenz ganz allein entscheiden, möglichst ohne das Denken zu konsultieren: Das ist der »spontane Impuls«. Und wieder einmal zeigt sich, wie treffend viele umgangssprachlichen Ausdrücke doch sind. Denn es sind tatsächlich die »Nerven«, die entscheiden, dieses kognitive Netz unterhalb des bewußten Denkens.

Von den »Nerven« und von einem »Impuls« zu sprechen, ist auch noch in zweiter Hinsicht passend. Denn charakteristisch für das Handeln, das durch einen »spontanen Impuls« ausgelöst wurde, ist in der Tat, daß es sich von Anfang bis Ende unter dem Zeichen der Nervosität abspielt. Das Handeln aufgrund eines Automatismus ist getragen von einem gleichmäßigen Rhythmus, und dasjenige, das durch einen vorbereitenden Ärger ausgelöst wird, kann schließlich zu einer gewissen Gelassenheit finden, weil der

Die emotionale Arbeit

emotionale Druck gewichen ist. Die Nervosität des spontanen Impulses jedoch kann nicht gestoppt werden. Der Kopf macht sich während der Arbeit nicht frei, sondern erhält so lange die Mobilisierung des Körpers aufrecht, bis der Streßauslöser verschwunden ist. Arlette gelingt es ausschließlich auf diese Weise, ihren Haushalt zu machen: indem sie ihm den Krieg erklärt – indem sie sich selbst den Krieg erklärt. »Also der Haushalt, das läuft bei mir nicht so im Stil: es mit einem Lächeln tun. Ich mache das genervt, es macht mich nervös, wenn ich das erledigen muß, und ich habe jedesmal das Gefühl, daß mein Streßpegel steigt.« Intensität und Dauer der Tätigkeit stehen in einem direkten Verhältnis zur Beschaffenheit des auslösenden Impulses: »Wenn ich es schaffe, mich in ein Eiltempo zu stürzen, dann bringe ich am meisten zustande und kann gar nicht mehr aufhören. Wenn es jedoch zu cool zugeht, dann mache ich gar nichts. Es hängt alles davon ab, welchen Rhythmus ich gerade erwische« (Arlette).

Die Methode beruht auf einem ganz besonderen körperlichen Zustand und auf der Fähigkeit, sich in diesen hineinzumanövrieren. Der Auslöser ist der Impuls, der sich anschließend in Streß verwandelt, welcher unablässig die Handlung antreibt. Doch diese Nervosität bleibt wirkungslos, wenn sie sich nicht auf eine weitere körperliche Disposition stützen kann: daß man physisch munter und in Form ist, was zwar zweifellos *auch* eine Folge des spontanen Impulses ist, aber eben nicht *nur*. Somit muß die Ökonomie der Empfindungen sogar in der Lage sein zu erkennen, ob der Körper in Form ist oder nicht, um das entsprechende Aktionspotential entwickeln zu können. Eine weitere Redewendung bringt dies sehr schön zum Ausdruck: »gut drauf sein«. Hören wir noch einmal Arlette zu: »Es gibt da schon so ein paar Kleinigkeiten, die laufen nach einem festen Ritual ab, aber abgesehen davon muß ich gut drauf sein, ich muß einfach gut drauf sein, um meinen Haushalt zu machen. Der große Hausputz, das kommt wie ein Anfall über mich, wenn das Wetter schön ist und ich gut drauf bin. Wenn ich müde bin, gelingt mir sowas nicht.« Der Körper begnügt sich nicht damit, auf äußere Stimulationen zu reagieren. Im Gegenteil, da ist eine intensive, unsichtbare, implizite Arbeit an sich selbst zugange, da ist eine heimliche Maschinerie am Werk, die die Bedingungen für eine Explosion positiver Energie vereint. »Wenn mich plötzlicher Heldenmut überfällt, dann mache ich einen Rundumschlag!« (Brief Nr. 11). Der große Heldenmut fällt jedoch nicht vom Himmel, sondern ist das Resultat einer langen und verschwiegenen Vorbereitung.

Die Lust

Das Gefühl, das einen plötzlich zum Handeln antreibt, kann auch eindeutig positiv wahrgenommen werden: die »Lust«, etwas zu tun. Wie beim spontanen Impuls wird der Körper mitgerissen, ohne daß er sich dagegen zur Wehr setzen könnte. Die innere Kraft, die den Antrieb schafft, ist jedoch nicht Ärger oder Nervosität (also eher negative Gefühle), sondern die Lust, die in der Nähe des Vergnügens angesiedelt ist. Die Basis des Handelns bildet nicht das Abgestoßensein (von der Unordnung), sondern das Angezogensein (von der Ordnung).

Zumindest theoretisch, denn in Wirklichkeit ist die Lust am Handeln gar nicht so verbreitet, wie es der Diskurs zunächst vermuten läßt. Hinter diesem Wort, das sich durch alle Interviews zieht, verbirgt sich oft wenig Attraktives und viel Ärger. Es ist nicht etwa so, daß da jemand versucht, den Interviewer anzulügen, vielmehr belügt man sich selbst ein wenig. Denn indem man die Gefühle eher in ein positives Licht rückt, schafft man die Voraussetzung dafür, daß die Tätigkeit tatsächlich als weniger unangenehm empfunden wird. Außerdem wird das Handeln effizienter, es kann leichter ausgelöst werden, auch ohne unnötig hohen Streßpegel. Indem man den Begriff der Lust verwendet, der doch eigentlich ein wenig blaß ist, macht man heimlich einen kleinen Schritt in das Niemandsland, das vom spontanen Impuls bis zur Lust reicht. »Ich sage mir nicht: ich werde das dann oder dann machen. Ich mache es einfach, wenn ich Lust dazu habe«, sagt Christelle, die aber doch eigentlich gar nie wirklich »Lust« dazu hat. Genauso ist es bei Patricia: »Den Haushalt machen, ist etwas ganz Automatisches. Ich mache es, wenn ich Lust dazu habe, wenn es mich packt.« Dabei stellt sie »wenn ich Lust dazu habe« und »wenn es mich packt« auf die gleiche Ebene, obwohl diese beiden Modalitäten in Wirklichkeit zu sehr unterschiedlichen Mechanismen gehören. Doch das Wort »Lust« bietet eine gute Möglichkeit, das Handeln auf eine Weise zu inszenieren, die eine positive Entwicklung nach sich ziehen kann. Diese Taktik ist auch durchaus realistisch, denn es kommt tatsächlich oft zu einer solchen Entwicklung von einem spontanen Impuls hin zu wirkli-

Die emotionale Arbeit

cher Lust, etwas zu tun. Die Grenze zwischen diesen beiden ist unmerklich und schwankend. Meistens entsteht Lust als Reaktion, ausgehend von negativen Gefühlsformen. Constance beispielsweise bügelt nicht besonders gerne und ist immer versucht, es auf den nächsten Tag zu verschieben. »Wenn man keine Lust hat zu bügeln, verschiebt man es einfach auf morgen.« Der Begriff »Lust« könnte hier auf den ersten Blick einfach nur wie ein sprachlicher Umweg oder wie der Versuch erscheinen, den ganz gewöhnlichen spontanen Impuls in positive Worte zu kleiden. Doch Constance beurteilt die Reaktion ihres Körpers ganz aufrichtig mit den Begriffen von Lust und Unlust. Ein spontaner Impuls allein als Auslöser genügt nicht, um sie wirklich in Aktion zu bringen. Sie muß sich auch in eine positive Stimmung versetzen; der spontane Impuls geht tatsächlich Hand in Hand mit der Lust aufs Handeln. Francine formuliert diese innere Alchimie der Gefühle sehr schön: »Ja, das ist nicht immer gleich, es gibt eben verschiedene Stimmungen.« Kraft des spontanen Impulses entdeckt man schließlich die Lust am Handeln. Leider ist letztere nicht sehr verläßlich und verschwindet manchmal plötzlich wieder, so daß man erneut gezwungen ist, Ärger in sich aufkommen zu lassen.

Die Alchimie der Empfindungen

Es ist höchst selten, daß bei der Entscheidungsfindung einzig und allein die Alchimie der Empfindungen eine Rolle spielt. Meist ist sie mit anderen Faktoren verknüpft (und die Gefühle sind ihrerseits abhängig von der heimlichen Beobachtung von Signalen). Francine hat ihrem Aphorismus über die Stimmungen übrigens noch einen Satz hinzugefügt: »Ja, das ist nicht immer gleich, es gibt eben verschiedene Stimmungen. Das hängt auch vom Wetter ab und so.« Doch es gibt auch Fälle, in denen die Alchimie der Empfindungen absolut zentral ist und der Antrieb aus dem tiefsten Inneren des Individuums kommt. Es kann sogar vorkommen, daß sie zur Bewältigung eines psychischen Problems und zur Wiederherstellung des »stimmungsmäßigen« Gleichgewichts eingesetzt wird. Yann beispielsweise bedient sich zu diesem Zweck unterschiedslos des Joggens oder der Hausarbeit: »Wenn es mir innerlich nicht so gut geht, mache ich den Haushalt. Der Schmutz wird beseitigt, und ich sage mir: Dann ist wenigstens *das* erledigt. Oder ich gehe

Die Ökonomie der Empfindungen

Joggen, das kommt aufs Gleiche raus.« In Wirklichkeit ist das aber nicht genau das gleiche – es besteht zumindest eine leichte Präferenz für das Joggen. Doch wenn er sich für die Hausarbeit entscheidet, dann ist wenigstens *das* erledigt. Er nutzt die Situation, um etwas zu erledigen, was unter anderen Umständen eine wahre Plackerei für ihn gewesen wäre. Das ist eine raffinierte Taktik, auf die er auch ziemlich stolz ist. Der Einsatz der Ökonomie der Empfindungen folgt hier einem dialektischen Prinzip, auf das wir jetzt schon mehrfach gestoßen sind: Man stützt sich auf ein negatives Gefühl (eine innere Unruhe), um eine Aktion in Gang zu bringen (und die Unruhe zu beseitigen). Auch Patricia könnte sich dieses Prinzips bedienen. Denn sie ärgert sich sehr darüber, daß sie die Woche über so handlungsunfähig ist, was die wenige Hausarbeit, die sie zu verrichten hat, so unangenehm macht, obwohl sie doch ausreichend Freizeit hat. Denkbar wäre in ihrem Fall entweder, diesen Ärger so stark anwachsen zu lassen, daß er sie schließlich doch zum Handeln veranlaßt, oder sich in einen Zustand zu manövrieren, in dem es dazu kommen kann, daß sie einen spontanen Impuls verspürt. Doch da ist absolut kein Impuls, und es kommt selten dazu, daß sie ans Werk geht. Statt dessen machen sich dumpfe körperliche Schwere und Faulheit breit. Denn die Ökonomie der Empfindungen läßt sich nicht so einfach lenken. Am Wochenende jedoch ändert sich für Patricia alles. Ihr Mann kommt von der Geschäftsreise zurück, sie fühlt sich in ihrer Hausfrauenrolle von anderen umgeben und unterstützt, und auf wundersame Weise steigt plötzlich die »Lust« in ihr auf. Eine echte Lust, die mit dem Handeln, das dann folgt, zusammenhängt. Dieses Handeln »tut gut«, beruhigt und ermutigt sie, es verjagt die schwarzen Gedanken. Während es ihr die Woche über völlig unmöglich war, zur Tat zu schreiten, und das Durcheinander der Dinge auch zu einem gedanklichen Chaos führte, wird am Wochenende plötzlich Handeln möglich, und es gelingt ihr auch, ihre Gedanken zu ordnen. Die Hausarbeit stellt ihr inneres Gleichgewicht wieder her. Das erklärt auch, weshalb sie sie scheinbar entgegen jeder Vernunft genau dann erledigt, wenn sie eigentlich am wenigsten Zeit hat und ihr Mann gerne etwas mit ihr unternehmen würde. Die Welt der Empfindungen hat nun mal ihre eigenen Beweggründe, von denen die Vernunft nichts weiß.

Vierter Teil
Was bleibt vom rationalen Subjekt noch übrig?

Der Rhythmus des Haushaltstanzes zieht die Individuen in seinen Bann. Mitgerissen von der Bewegung versuchen sie, ihr Leben nach ihrer Vorstellung zu organisieren und Einfluß auf den Lauf der Dinge zu nehmen, indem sie an ihrem Alltag herumbasteln. Bis jetzt hatten wir jedoch kaum Gelegenheit, sie in der Rolle großer Strategen zu erleben. Statt dessen haben wir gesehen, wie sie sich auf ihren Gewohnheiten ausruhen und, wenn nötig, ihr kritisches Bewußtsein ausschalten, um den Gewohnheiten wieder auf die Sprünge zu helfen; wir haben gesehen, wie sie sich dem Spiel ihrer Empfindungen ausliefern und ohne jeden Rückhalt dem Ärger und dem Vergnügen ergeben. Muß man daraus schließen, daß das rationale Individuum nur ein Trugbild ist, eine (notwendige) Illusion der Moderne?

XIV. Die diffuse Rationalität

Die Antwort ist nicht einfach. Wenn von einem rationalen Individuum erwartet wird, daß es zu jedem Zeitpunkt seine eigene Funktionsweise kritisch analysiert und bis in die kleinsten Details hinterfragt, dann müßte die Antwort »ja« lauten: Die Rationalität ist im Alltagsleben eine Illusion. Wenn man die Dinge jedoch realistischer betrachtet, und das Individuum, so sehr es auch von seiner Größe eingenommen sein mag, bereit ist zuzugeben, daß es nur selten auf diese rationale Weise in den Lauf der Dinge eingreift, und wenn man schließlich auch noch einräumt, daß Rationalität nicht das ist, was gemeinhin behauptet wird, dann kann die Antwort anders ausfallen. Zwar zeigt sich das rationale Denken oft von seiner wenig präsentablen Seite, wirkt zusammenhanglos, vielgestaltig und unzugänglich, spielt quantitativ gesehen eine eher untergeordnete Rolle und wird von Gewohnheiten und Empfindungen überschwemmt, aber bei manchen Gelegenheiten ist es dann doch von entscheidender Bedeutung. Das Merkwürdige ist: Will man die konkrete Funktionsweise und die Macht des rationalen Denkens sichtbar machen, dann muß man zunächst seine Beschränktheit eingestehen (jede andere Vorgehensweise läuft nur darauf hinaus, eine Illusion zu schaffen und theoretische Schaumschlägerei zu betreiben).

Dies ist also der Weg, den wir beschreiten werden. Angesichts der Tatsache, daß die herrschenden Repräsentationen des rationalen Denkens einer Illusion unterliegen, ist es unumgänglich, es zunächst zu dekonstruieren und seine Schwächen offenzulegen. Daraus dürfen dann jedoch keine voreiligen Schlüsse gezogen werden, etwa daß Rationalität bedeutungslos ist. Es geht zunächst einfach nur darum, ihre konkrete Funktionsweise herauszuarbeiten.

Die Fragen, die wir ansprechen werden, sind komplex und in den Sozialwissenschaften viel diskutiert. Dieser letzte Teil hat also einen eher theoretischen Inhalt – ich möchte mich deshalb vorab bei jenen Lesern entschuldigen, die sich in dieser konzeptuellen Landschaft vielleicht weniger wohl fühlen werden.

Was bleibt vom rationalen Subjekt noch übrig?

Sozialwissenschaften und Rationalität

Meine drei Kategorien des Handelns (Gewohnheiten, Empfindungen, Rationalität) scheinen auf den ersten Bick mit den Weberschen Typen, dem »traditionalen«, dem »affektuellen« (oder »emotionalen«) und dem »rationalen« (»zweckrationalen« und »wertrationalen«) Handeln (Weber, 1980, S. 12) verwandt zu sein. Die Verwandtschaft mit Weber hat jedoch ihre Grenzen. Weber interessiert sich vor allem für die Rationalität; die ersten beiden Typen des Handelns haben für ihn lediglich die Funktion des Geltendmachens. Für andere hingegen stellt die Berücksichtigung nicht-logischer Elemente des Handelns den spezifischen Kern jeder Soziologie dar. Auch ich vertrete die Ansicht, daß die Soziologie den Gegenstand, der ihrer wirklichen Bestimmung gemäß ist, tatsächlich in der Dichte des Impliziten findet.

Empirische Untersuchungen neigen übrigens mehr und mehr dazu, genau in diese Richtung zu ermitteln, weil sie ahnen, daß dort wahre Reichtümer an möglichen Entdeckungen auf sie warten. Doch sobald der Forscher dann in das Gewand des Theoretikers geschlüpft ist, wird er auf mysteriöse Weise von einem Irrglauben befallen und vergißt die Tiefen des Unbewußten oder kaum Bewußten. Statt dessen müßte man »eine praktische Ökonomie eines je nach Situation unterschiedlichen Maßes an Bewußtsein und Reflexivität« entwickeln (Corcuff, 1996, S. 33). Diejenigen, die gegen die Vorstellung einer omnipotenten Rationalität angegangen sind, haben sich entweder einem radikalen Determinismus zugewandt oder kamen, wie beispielsweise Herbert Simon in der Ökonomie, nur sehr langsam und mühsam voran, weil sie sich in einem Universum bewegten, das ihren Bemühungen nicht gerade wohlgesonnen war. Umgeht man die Feinheiten der Verästelungen des Konkreten, so verläuft die theoretische Reflexion im Sande der Irrealität. »Vergleicht man die unglaubliche Anzahl von Arbeiten, die im Zeichen der Rationalitätshypothese durchgeführt wurden, einmal damit, wie schwach doch die erhaltenen und erhofften Ergebnisse sind, dann kann man nur schwerlich umhin, daraus zu schließen, daß im Reich der Sozial- und Geisteswissenschaften irgend etwas nicht stimmt« (Caillé, 1995, S. 196–197).

Die Erklärung für dieses Mysterium gibt uns Jon Elster (1995, S. 140). Die rational-choice-Theorien »verweisen auf das Bild, das sich die Akteure von sich selbst machen«, und die Repräsentation

Die diffuse Rationalität

der Gelehrten basiert auf dieser Repräsentation des »gesunden Menschenverstands«. Die Vorstellung, die uns als denkende Wesen definiert, welche in der Lage sind, ihr Leben in die Hand zu nehmen und die Welt, die sie umgibt, zu kontrollieren, ist eine der für die Konstruktion unseres Selbst wesentlichsten und im Alltagsleben unantastbarsten Vorstellungen. Würde die Rationalitätshypothese zu verleugnen nicht bedeuten, sich selbst als wahren Menschen zu verleugnen? Somit drängt alles darauf hin, vor diesen Abgründen, von denen man annimmt, sie seien vor-menschlich, die Augen zu verschließen.

Doch nach allem, was wir gesehen haben, ist die Rationalitätshypothese vom empirischen Standpunkt aus falsch: Die Akteure handeln nicht auf diese Weise. Dennoch haben, so könnte man entgegenhalten, diejenigen Wissenschaften, die auf der Rationalitätshypothese basieren, wie etwa die mathematische Ökonomie, Modelle hervorgebracht, die sich als erklärungskräftig erwiesen haben. Schon wieder ein Mysterium! Um es zu knacken, muß man sich mit einem dialektischen Geist rüsten. Einerseits kann man zwar nur selten empirisch beobachten, daß das Individuum rationale Verhaltensweisen entwickelt, andererseits ist es Teil globaler Bewegungen, die (mehr oder weniger explizit) zu mehr Rationalität hin tendieren (insbesondere dank des in den Gewohnheiten gespeicherten Wissens). Obwohl die Rationalität im Konkreten beinahe unauffindbar ist, hat sie doch ihren Platz in unseren Handlungsmodellen. »So außergewöhnlich bei den Gesten, die man im Verlauf der Toilette, des Essens, des Schreibens, des Umhergehens und Transportierens aneinanderreiht, eine Rückkehr zur Lucidität auch ist, so ist sie doch entscheidend« (Leroi-Gourhan, 1987, S. 290 f.). Ein Körnchen Vernunft reicht aus, um dem Handeln eine bestimmte Richtung zu geben, die dann im statistischen Durchschnitt erkennbar ist, selbst wenn die Grauzone der wirklich gedachten Gedanken im praktischen Leben des Subjekts kein wirklich vorzeigbares Verhalten hervorbringt und Kosten-Nutzen-Kalküle und andere kühle Überlegungen in einem Ozean von Automatismen und Empfindungen unterzugehen scheinen. Doch wir interessieren uns an dieser Stelle weniger für Verhaltensmodelle als vielmehr für eben diese klägliche Grauzone.

Was bleibt vom rationalen Subjekt noch übrig?

Episoden einer Geschichte

Ein rationales Individuum zu sein, würde für den Akteur logischerweise bedeuten, daß er Kontrolle über seine Entscheidungen hat und Strategien entwickelt. Handlungsstrategien sind somit ein guter Ausgangspunkt für die Analyse der konkreten Funktionsweise der Rationalität. In bezug auf das normale Leben von Strategien zu sprechen, ist banal; jeder betrachtet jeden als einen kleinen Napoleon des Alltags. Die Realität jedoch entspricht eher einem Stendhalschen Fabrice: Wir tragen unsere Haushaltskriege aus ohne jeden Blick fürs große Ganze und ohne wirklichen Schlachtplan.

Angemessener wäre es wohl, von Fortsetzungsgeschichten mit mehreren Episoden zu sprechen, die wir durchleben, während wir die Seiten unseres Lebens umblättern, welche wir eher lesen als schreiben. Wir sind von aufeinanderfolgenden Ereignissen getragen, denen wir unterworfen sind und auf die wir zwar Einfluß zu nehmen versuchen, aber immer von Fall zu Fall und im Nachhinein. Die Entwicklung einer häuslichen Organisation im Laufe des Lebenszyklus folgt ganz und gar diesem an den jeweiligen Umständen orientierten Modus. David hatte zwar schon ein paar Vorstellungen im Kopf, wie alles werden sollte, aber er hatte sich keineswegs einen richtigen Plan für die Zukunft zurechtgelegt: »Das kam alles ganz intuitiv, wir haben nicht wirklich darüber nachgedacht.« Dieses Sich-den-Umständen-Anpassen hört man aus aller Munde: »Das hat sich einfach den Umständen entsprechend verändert, wir haben uns einfach danach gerichtet, wir haben uns immer wieder der Situation angepaßt« (Yolande). Zur Reflexion kommt es vor allem in bezug auf Detailregelungen, doch auch da hat man es nicht mit selbstgewählten Fragen zu tun – einzig die Antworten sind frei wählbar. Ein Problem ist von ständiger Aktualität. »Alles zu seiner Zeit, man sollte nicht versuchen, die Probleme zu sehr vorweg zu nehmen.« Und dabei ist Marie-Alix doch so gut organisiert, weitaus besser als der Durchschnitt. Sie analysiert die anstehenden Situationen, wiegt Für und Wider gegeneinander ab und entwirft Pläne. Doch sie sieht auch, daß dieser Wunsch, Einfluß zu nehmen, den Sprung auf die Stufe einer richtigen Strategie nicht schafft. Denn der Alltag lastet so schwer auf einem, daß es den Gedanken nur dann gelingt, sich in größere Höhen aufzuschwingen, wenn sie von diesem Gewicht befreit sind – in den Träumen. Und so gibt es Au-

Die diffuse Rationalität

genblicke, in denen sie »von einem super Haus mit überall Blumen und Dekorationen« träumt. Die Bilder sind sehr präzise; sie sieht ganz konkret das, was sie machen könnte: »Manchmal sagt man sich: Genauso könnte ich es doch machen.« Doch die Worte und Träume verlieren sich in einem Fluß, der einen mitreißt, oder zerschellen an den Felsen des Konkreten: »Aber dann, na ja ... dann hat man nicht mal Zeit, die Möbel umzustellen und sich Gedanken darüber zu machen, also ...« Und dabei kämpft Marie-Alix mit aller Kraft; nur allzu gerne würde sie die Zukunft des Möglichen entwerfen können. Doch der Feind lauert überall: die Hetze, die Müdigkeit, die Last der Dinge – und ihr Mann, der noch mehr als sie nach der Einfachheit des Augenblicks strebt und sich am liebsten im häuslichen Universum zusammenrollen würde wie im Mutterleib, ohne auch nur die geringste Anstrengung aufbringen oder nachdenken zu müssen. »Immer bin ich es, die etwas auf den Teppich bringt und zu ihm sagt: Paß auf, wir werden nicht mehr dasselbe Leben führen. Ich bin es also, die ihm irgendwelche Zukunftsszenarien unterbreitet.« Doch selbst auf diese bereits ausgearbeiteten Zukunftsentwürfe zu reagieren, ist noch zu viel von ihm verlangt. Er wehrt sich gegen diese geistige Belastung. Wenn seine Frau unbedingt möchte, dann soll sie sich doch in dieser Schlacht engagieren – er selbst zieht es vor, nach häuslichem Frieden zu streben: »Er sieht keinen Grund, darüber zu diskutieren. Er sagt einfach zu mir: Tu, was du willst. Oder daß er keine Lust hat, sich mit sowas herumzuschlagen. Oder daß ... hmm, ich weiß nicht, ... ich glaube, er hat einfach keine Lust, sich damit herumzuschlagen.«

Es kann auch vorkommen, daß bestimmte Ereignisse die Gewohnheiten durcheinanderbringen. Dann gilt es zu wissen, wie man reagieren muß, und sich zu überlegen, wie das Ganze wieder ins Lot gebracht werden kann. Auf diese Weise nimmt das Leben etappenweise seinen Lauf. Dies entspricht auch der dominanten Wahrnehmung: Sobald die Interviews stärker ins Konkrete gehen, geben die Befragten zu, daß ihren strategischen Planungen Grenzen gesetzt sind (Coupée, 1994). Das Leben ist wie eine Geschichte, die uns wiegt und die uns etwas erzählt. Mit jeder Seite, die umgeblättert wird, ändern sich die Kulissen, und die Handlung nimmt ihren Fortgang. Wir durchschreiten die Episoden, die vom Lebenszyklus abgesteckt sind. Dieser evolutive Eindruck verstärkt sich nach der Geburt von Kindern. »Mit den Kindern machst Du im Hinblick auf organisatorische Dinge einen entscheidenden Schritt nach vorne. Denn wenn nicht, dann bist du ganz schnell völlig überlastet, die Dinge wachsen dir über den Kopf« (Hugues). Es gibt keine andere Möglichkeit als voranzuschreiten, und mit jedem weiteren Schritt findet man sich in einem neuen Lebensabschnitt wieder. Während das Kind einen Sozialisationskontext nach dem anderen durchläuft, gibt es immer wieder Anlaß für neue Veränderungen in der häuslichen Organisation, neue Entscheidungen und eine neue Form des Familienlebens, die einem bisher unbekannt war. »Als dann die Kinder kamen und sie größer wurden, waren wir gezwungen, uns auch nach ihnen zu richten« (Patricia). Wie in einem Fortsetzungsroman, dessen Geschichte bereits geschrieben ist (während gleichzeitig den Akteuren relativ viel Freiheit gelassen wird). Dann kommen weitere Lebensabschnitte: der Berufseinstieg der Kinder, das leere Nest, die Pensionierung, die Entdeckung des »dritten Lebensalters«. Und schließlich ein langsamer Verlust der Autonomie, eine Negativentwicklung, die selbst auch wieder in Form von einzelnen Etappen erlebt wird und jedes Mal eine neue Welt, neue Institutionen und ganz spezifische Daseinsformen mit sich bringt.

Schwache Strategien

Stille Wasser sind tief: Hinter scheinbar fragilen Phänomenen verbirgt sich manchmal eine heimlich Kraft. So hat beispielsweise Marc Granovetter (1973) gezeigt, das sogenannte »schwache« soziale Beziehungen in Wirklichkeit sehr leistungsfähig sind. Genauso ist es mit dem strategischen Handeln. Die Analyse ihrer konkreten Funktionsweise zeigt eine bestürzende Kläglichkeit unserer Strategien, was von dem Bild, das wir uns von uns selbst zu machen versuchen, weit entfernt ist. Doch wie im Fall von Sozialbeziehungen steht diese offensichtliche Schwachheit nicht im Widerspruch zum gleichzeitigen Vorhandensein einer diffusen Kraft. Da nicht alles auf einmal untersucht werden kann, werde ich im folgenden zunächst mehr von der (nach außen hin sichtbaren) Schwäche der Strategien als von ihrer (heimlichen) Stärke sprechen.

Gleich einem Strohhalm wird das Individuum vom Fluß der alltäglichen Ereignisse mitgerissen. Um mit dem Gang seines Lebens Schritt halten zu können, klammert es sich an seine Gewohnheiten. Es kann nicht gegen den Strom schwimmen. Wenn Anpassungen und Entscheidungen unumgänglich werden, läßt es sich von seinen

Die diffuse Rationalität

Empfindungen leiten und nimmt sich manchmal auch die Zeit, um über etwas kühnere Handlungen nachzudenken. Und oft träumt es – von anderen Lebensläufen, anderen Flüssen, einem anderen Leben. Dabei kann es vorkommen, daß sich kleine Traumbrocken in seine normalen Handlungsweisen einschleichen, oder daß kleine Flußmündungen ein intensiveres und konkreteres Träumen auslösen und sich das Individuum die Fortsetzung dieser anderen Reisemöglichkeit ausmalt. Dann gelingt es den Strategien, die Herrschaft über die Ereignisse zu erlangen.

Dieses Flußgleichnis vermittelt eine Vorstellung davon, wie sich Strategien herausbilden. Ich möchte die drei wichtigsten Modalitäten näher erläutern.

Die erste ist, wenigstens zum Teil, ein Selbstbetrug, ein Trick, um sich selbst »einen Strategen« nennen zu können. Sie besteht darin, die Geschichte im Nachhinein neu zu schreiben, indem man dort Pläne und Entscheidungen dazuerfindet, wo in Wahrheit vor allem die Kraft der Strömung am Werk war. Dies bleibt jedoch nicht folgenlos. Denn indem auf diese Weise die Geschichte mit einer Erklärung versehen wird, werden Orientierungspunkte geklärt und Leitlinien für die Zukunft vorgegeben. Das heißt also: Indem man sich mit den Federn des Strategen schmückt, wird man auch tatsächlich ein bißchen Statege.

Die zweite Form der Strategienbildung entspringt alltäglichen Handgriffen. In unseren Gesten verbirgt sich der »Zustand eines Dämmerbewußtseins«, sie organisieren sich in einem »psychischen Halbdunkel, aus dem das Subjekt nur dann heraustritt, wenn es zu unvorhergesehenen Ereignissen im Ablauf der Sequenzen kommt« (Leroi-Gourhan, 1987, S. 283 und S. 290). Dies versetzt das Subjekt in die Lage, offensiver neue Handlungsalternativen und -kombinationen umzusetzen. Doch auch diese Art von Lebensplanung konstruiert sich vor allem auf »opportunistische« Weise, indem »Gelegenheiten, die sich im Laufe des Handelns bieten«, genutzt werden, insbesondere in Form von »Mini-Plänen« (Conein, Jacopin, 1993, S. 69–70), die typischerweise in Gestalt von Merkzetteln, Einkaufslisten und Kalendernotizen auftreten (Lahire, 1996). Strategisches Nachdenken und Planen vollzieht sich also vor allem in kurzen Sequenzen und in einem Bruch zur normalen Funktionsweise (Desjeux et al., 1996). Hier eröffnen sich dann wahre Möglichkeitsfenster für kalkuliertes Handeln, die viel zu der großen Verbreitung der Rationalitätsillusion beitragen. Ein anstehender Kauf oder irgendein anderes Projekt können den gewöhnlichen Mensch plötzlich zum Gegenteil dessen, was er normalerweise ist, machen: kritisch, skeptisch, analytisch. Er schleppt haufenweise Informationsmaterial an, vergleicht, bewertet, studiert Qualitäten und Preise, und dies mit einer Kompetenz, die einem Wissenschaftler das Wasser reichen kann. Diese Kalkül-Fenster sind jedoch eng an ganz bestimmte Produkte oder Projekte geknüpft. Je klarer sie begrenzt sind, um so eher kann es zu dieser Art von bewußtem und kalkulierendem Verbraucherverhalten kommen.

Die dritte Modalität für die Herausbildung von Strategien schließlich hat die Gestalt eines zweigleisigen Denkens. Ausgangspunkt ist ein Traum, sind Bilder, die einem durch den Kopf gehen. Dieses heimliche Privatkino ist wichtiger als es zunächst scheinen mag. Ein Bild reduziert sich nicht auf eine Welt von Zeichen (im Gegensatz zum Projekt). Es ist flexibler und dichter, ein offener Raum, der alles in sich aufnimmt und dazu einlädt, in ihm zu flanieren (Tisseron, 1996). In Gestalt kostenloser Filmszenen, die man sich selbst ausdenkt, um sich eine Freude zu machen, zieht eine endlose Zahl alternativer Lebensentwürfe an einem vorbei. Die verrücktesten von ihnen werden wieder vergessen oder verbleiben in der verschwommenen Welt der Träume. Diejenigen hingegen, die dazu geeignet sein könnten, in das wirkliche Leben einzufließen, können sich mehr oder weniger zielstrebig auf den Weg vom Traum zum konkreten Vorhaben begeben. Oft verharren sie lange in einem Zwischenbereich, halb Traum, halb Vorhaben, als würden sie darauf warten, daß ihre Stunde schlägt und ein richtiger Aktionsplan hervorgeht. Wenn dieser qualitative Sprung dann vollzogen ist, gerät die undeutliche Entstehungsphase des Vorhabens schnell in Vergessenheit, und die Träume werden wieder in den Schatten zurückgedrängt. Das Projekt wird, erhärtet und losgelöst von seinem Entstehungskontext, nun in einem ganz anderen Licht gesehen. Plötzlich erscheint es als rein verstandesmäßiges Produkt des *homo cogitans*, der sich damit brüsten kann, seine Existenz in ihrer Gesamtheit rational zu kontrollieren, während die Rationalisierung doch in Wirklichkeit erst ganz am Ende ins Spiel kam und lediglich aufgrund der Diskrepanz zu den normalen, gewöhnlichen Verhaltensweisen wirksam werden konnte. Handlungen mit mittlerer Reichweite und Bedeutung, die auf einen klar begrenzten und spezifischen Gegenstand ausgerichtet sind, eignen sich am besten für diesen Trick: der Kauf eines Hauses oder Autos, eine weite Rei-

Die diffuse Rationalität

se, die Wahl der Schule, auf die die Kinder gehen sollen. Geht es um allzu geringfügige Dinge, dann lohnt sich die Mühe für die Erzeugung der Rationalitäts-Illusion nicht: sie werden in den Bereich der gewohnten Handlungsweisen eingereiht. Und bei sehr wichtigen Fragen wäre die Erzeugung der Rationalitätsillusion zu anstrengend, weshalb sie eher in die Kategorie der A-posteriori-Rekonstruktionen fallen.

Das zweigleisige Denken – halb Traum, halb Vorhaben – ist sehr viel facettenreicher und vielschichtiger als die großspurigen Rationalisierungen, die im Rampenlicht stehen. Hier vermischen sich in fröhlicher Unordnung reine Hirngespinste, verrückte Pläne, realistische Zukunftsentwürfe und feste Vorhaben, Phantasiereien und Kalküle, wichtige Themen von existentieller Bedeutung und winzigkleine Detailfragen. Nicht selten kommt es vor, daß Szenen, die innerhalb dieses großen Durcheinanders nur vage wahrgenommen wurden, immer wieder auftauchen, mit anderen Bildern verschmelzen, neu bewertet werden wollen und erneut die Konfrontation mit dem Konkreten suchen. Im allgemeinen werden auf diesem Wege die rationalen Zentren des kritischen Denkens neu aktiviert. Sie kommen als Double des gegenwärtigen Handelns ins Spiel, kommentieren es scharf oder streuen ärgerliche Zweifel ein. Je größer der Ärger wird, desto lauter meldet sich das zweigleisige Denken zu Wort und steigt im Bewußtsein an die Oberfläche. Doch leider genügt es nicht, dort anzukommen, um sich durchzusetzen. Gleichzeitig muß es dem Ärger auch noch gelingen, die Gewohnheiten aus dem Gleichgewicht zu bringen. Solange dieses Ziel nicht erreicht ist, schaltet sich in gewissen Abständen zwar eine kritische Sichtweise ein, die aber bleibt folgenlos.

Um das Ganze an einem Beispiel anschaulicher zu machen, wollen wir die Geschichte von Marc und seinem Wickeltisch einmal näher betrachten. Das Möbelstück wurde im Badezimmer aufgebaut, weil es dort warm ist und das Baby dort gewaschen wird. Dies schien also eine bequeme Lösung zu sein. Er erinnert sich nicht mehr an die genaue Situation, in der diese Entscheidung getroffen wurde – zweifellos geschah das in aller Eile und ohne das Für und Wider groß gegeneinander aufzuwiegen. Nun wird jedoch seit einiger Zeit gerade das Wider immer offensichtlicher; ihre Organisation ist nicht mehr rationell. Denn sämtliche Kleidungsstücke, der Großteil der Ausstattung und die meisten Pflegeprodukte des Babys haben ihren Platz im Kinderzimmer. Man muß also stän-

Was bleibt vom rationalen Subjekt noch übrig?

dig hin- und hergehen und das Baby allein auf dem Wickeltisch liegen lassen. Marc ärgert sich jedesmal über seine Ineffizienz und Unentschlossenheit. Man müßte da wirklich bald etwas ändern und die Aufteilung der Räume neu organisieren. Doch schon einige Minuten später ist der Ärger verflogen, und das Leben nimmt wieder seinen gewohnten Lauf. Diese Szene wiederholt sich mehrmals am Tag und das seit ungefähr drei Monaten. Marc ist zwiegespalten. Sein Körper läßt sich nicht aus der Ruhe bringen und fährt fort, so zu agieren wie am ersten Tag. In regelmäßigen Abständen gerät er über seine mangelnde Weitsichtigkeit und Willenskraft in Wut. Doch obwohl sich scheinbar nichts ändert, vollzieht sich eine unsichtbare Entwicklung. Das kritische Denken gewinnt langsam an Boden. Es hat sogar schon das Stadium erreicht, in dem präzise Umräumprojekte entworfen werden. Im Augenblick behalten die Gewohnheiten allerdings noch die Oberhand; selbst die vernünftigsten Projekte müssen sich irgendwie mit dem Gewicht des Alltäglichen arrangieren.

Daß strategisches Handeln also scheinbar so schwach vertreten ist, bedeutet nicht, daß keine Entscheidungen getroffen werden. Natürlich bringt Alltagshandeln situationsbezogene Entscheidungen mit sich. Die Palette der Möglichkeiten ist dort, wo vielfältige Interaktionen zwischen Personen und Dingen und verschiedene lokale und globale Einflüsse zusammenfließen, unendlich groß (Thévenot, 1993), so daß der Mensch sein Handeln selbst dann lenken muß, wenn er das gar nicht möchte. Und da der Entscheidungszwang historisch gesehen zunimmt, lenkt der Mensch auch in zunehmendem Maße sein Handeln. Um mit Leroi-Gourhan (1987) zu sprechen, wird das Gedächtnis in immer zahlreichere Gegenstände und Institutionen nach außen verlagert. In diesen Speichern, auf die man Zugriff hat und deren Zahl und Vielfalt ständig zunimmt, hat das Individuum nicht nur die Macht, eine Wahl zu treffen, sondern ist sogar dazu gezwungen. Und es tut es paradoxerweise aufgrund der zunehmenden Innerlichkeit, die Norbert Elias (1991) herausgearbeitet hat. Die Externalisierung des Gedächtnisses treibt die Internalisierung der Selbstrepräsentation voran, und zwar in Form einer intimen Gedankenwelt, in der Fragmente von Rationalität treiben. Das innovativste Reale ist die Frucht der Träume (Elias, 1991), und kalkuliertes Handeln entsteht auf der Grundlage von Träumen.

Die diffuse Rationalität

Körper und Geist

Das zweigleisige Denken ist in hohem Maße in das Handeln involviert (Das Gehirn ist das »aufmerksame Publikum des Körpers«, Damasio, 1995, S. 219), und zwar als kritischer Faktor. Es macht Reformvorschläge und demontiert die Mechanismen, die der Körper wieder in Gang bringen will; Selbstreflexion und Automatismen fechten einen fortwährenden Kampf aus. Mal siegt die eine, mal die andere Seite. Und beide stützen sich auf ihre jeweils spezifischen Qualitäten. Das Denken spielt mit Überraschungseffekten und hat den Vorteil großer Schnelligkeit und Beweglichkeit sowie großer Kraft (die zwar unsichtbar ist, aber, wenn es sich durchsetzen kann, plötzlich alles andere unter sich erdrückt). Der Körper hingegen setzt auf die Kontinuität und das Gewicht des bereits Bestehenden, die ihn für Kritik unempfänglich machen. Er scheint über einen entscheidenden Trumpf zu verfügen: Im normalen Reich der Alltagsgesten ist das Handeln mit einem Schutz vor allzu großem Scharfsinn versehen – Gewohnheiten öffnen sich ihm nur widerwillig und allenfalls einen Spalt breit. Das Denken scheint somit gegenüber dem Gewicht des Konkreten einen schweren Stand zu haben und machtlos zu sein, solange es hinter den Kulissen bleibt. Tritt es jedoch auf die Bühne, verwandelt es sich urplötzlich und erweist sich bei manchen Gelegenheiten sogar als allmächtig. Durch welches Wunder gelingt ihm dieser radikale Stellungswechsel? Es sind zwei Arten von Wundern. Das erste ist ein äußeres: ein Sandkorn im Getriebe, eine Krise, etwas Unvorhergesehenes haben den schönen Ablauf der Gewohnheiten, den Tanzrhythmus ins Stocken gebracht. Das zweite Wunder ist ein inneres: Ein Zukunftsentwurf wurde so erfolgreich herbeigeträumt, daß er ins Reale einfließen und damit eine Möglichkeit finden konnte, aus seinem Schattendasein herauszutreten.

Dieses ununterbrochene Spiel zwischen Körper und Geist schlägt sich mit jedem graduellen Sieg des einen oder anderen im Grad der Öffnung und Beeinflußbarkeit bestimmter Gewohnheiten nieder. Der Körper ist pausenlos damit beschäftigt, die Gewohnheiten (alle) abzuschotten, während der Geist sich darum bemüht, auf einige von ihnen Zugriff zu bekommen. Das Abschotten der Gewohnheiten findet dadurch statt, daß der Raum, den der Körper einnimmt, vergrößert wird. Der Körper integriert neue Gesten und Dinge und vergrößert damit seine Handlungsbereiche.

Was bleibt vom rationalen Subjekt noch übrig?

Wenn es umgekehrt dem Denken gelingt, sich durchzusetzen, dann zieht sich der körperliche Raum zusammen, die Welt der vertrauten Dinge wird zu etwas Äußerlichem und Kühlem, und die Handlungsfähigkeit geht zurück. Dabei kann die Einschränkung der Handlungsfähigkeit über einzelne Gewohnheiten hinausgehen und im Extremfall zu völliger Unbeweglichkeit und zur Reduktion des Körpers auf das reine Denken führen. Bei Arlette erringt das kritische Denken einfach zu oft den Sieg: »Wenn ich nicht weiß oder es nicht schaffe zu wissen, ob ich dies oder jenes machen muß oder nicht, dann kann ich einfach nicht nachdenken, solange ich noch mit einer Sache beschäftigt bin. Ich muß dann erst mal innehalten und mich irgendwo hinsetzen, um nachzudenken. Aber das macht es dann eher noch schwerer, die Sache wieder in Angriff zu nehmen.« Das läßt einen besser verstehen, warum allzu großer Scharfsinn beim Handeln lieber außen vor gelassen wird.

Die Verwirrung der Gefühle

Das Denken und der Körper bilden ein gegensätzliches Paar, das sich eindeutig analysieren läßt: Sie befinden sich in ständiger Auseinandersetzung und stecken sich umgekehrt proportional gegenseitig ihre Grenzen ab. Doch in diese saubere Analyse (die für den Forscher so herrlich ist) spielt unglücklicherweise ein dritter Faktor mit hinein, der im Gegensatz dazu ganz besonders unberechenbar und voller Ambiguitäten ist: die Empfindungen.

Auf den ersten Blick scheint die Rolle der Empfindungen gar nicht so kompliziert zu sein: Sie kommen als Vermittlerinnen ins Spiel, sorgen gewandt für die nötigen Anpassungen und glätten die Fronten zwischen Körper und Denken. Obwohl ihre Intervention durchaus massiv ausfallen kann, wären sie also nur Mittelsmänner, ein Faktor zweiten Ranges und qualitativ weniger wichtig als die Gewohnheiten und die Reflexion. In Wahrheit jedoch verfügen sie über einen grenzenlosen Ehrgeiz und schmieden pausenlos neue Komplotte, um gegen die harte Rationalität anzutreten und das kalte Denken zu entthronen. Als gute Intrigantinnen zögern sie auch nicht, ein doppeltes Spiel zu spielen (indem sie ihre Rolle als Vermittlerinnen erfüllen, zugleich aber auch auf eigene Rechnung tätig werden), was das Durcheinander noch erhöht. Im übrigen ist es schwierig, reine Vernunft und Empfindungen eindeutig auseinanderzudividieren. »Die Reflexion, die Emotion und die Aktion sind nicht von einander zu trennen« (Montandon, 1996, S. 269). Häufig setzen sich Entscheidungen auf der Grundlage eines Kompromisses zwischen dem scheinbaren Vermittler und dem kritischen Denken durch. Die Bemühungen der Empfindungen gehen eher dahin, ihre eigene relative Macht zu stärken, als die Rationalität vollständig zu ersetzen. Auch mit den Gewohnheiten spielen sie ein doppeltes Spiel. Sie präsentieren sich als Verbündete, die im selben Kampf zusammenstehen: der Ausdehnung des körperlichen Raumes. Und in der Tat verleihen sie dem Handeln durch das Vergnügen, die Anmut der Bewegungen oder den Ärger die nötige Dynamik. Doch es ist kein Verlaß auf sie, und sie können ganz plötzlich zu anderen Bündnispartnern überwechseln, indem sie einen kritischen Gedanken ins Spiel bringen, die Automatismen schwächen und damit den körperlichen Raum schrumpfen lassen. In solchen Situationen enthüllen die Empfindungen ihre geheime Kraft. Dann sind sie die Herrscherinnen über das Spiel.

Wenn es den Empfindungen gelingt, Gedanken ins Spiel zu bringen, die ihnen unterworfen sind, dann können sie sogar von Anfang an eine dominante Position besetzen. Das sind zum einen Gedanken, die aus kleinsten Detailhandlungen entspringen, aus der Berührung mit Dingen, die drei Elemente in sich vereint: einen Sinn, einen Gegenstand und ein »Bewußtseinspotential« (Varela, Thompson, Rosch, 1993, S. 172). Zum anderen aber auch Gedanken, die den Ausgangspunkt für große Strategien bilden, Gedanken, die aus Träumen entsprungen sind, dem Lieblingsterrain der Gefühlswelt. Doch nicht immer besetzen die Empfindungen diese dominante Position. Ein Gedanke kann auch ohne die Hilfe von Empfindungen aufkommen, durch aufwendige Verkettungen oder als Gedankenblitz, also logische innere Schlußfolgerungen oder aufgrund einer von außen kommenden Informationsentladung. Ob sich ein Gedanke nun von selbst oder mit Hilfe der Emotionen entwickelt – in jedem Fall kommt es unmittelbar zu einer Konkurrenz zwischen den beiden Intelligenzmodi des Handelns.

Die sinnliche Intelligenz ist emotional, intuitiv, neigt zum Impliziten und ist holistisch; die Intelligenz des Geistes ist analytisch und kalkulierend, sie funktioniert deduktiv und neigt zum Expliziten, und sie trennt die Probleme voneinander, um sie zu lösen. Beide haben ihre ganz besonderen Qualitäten, die je nach Kontext die eine oder die andere überlegen sein lassen. Die Intelligenz des Körpers ist leistungsfähiger, wenn es darum geht, Entscheidungen zu treffen (was wir später noch sehen werden); die rationale Intelligenz ist imstande, eine Brücke zwischen dem Individuum und der Gesellschaft zu schlagen, denn ihre objektivierende Haltung macht genau an dem Punkt mit dem gesellschaftlichen Kontext gemeinsame Sache, an dem er am stabilsten ist, nämlich an seinen kollektiv geteilten, wohlbegründeten Fundamenten. Indem sich das kritische Denken auf diesen Kontext stützt, gelingt es ihm schließlich, sich doch noch gegenüber den Empfindungen durchzusetzen. Der Körper bemüht sich, sich im Alltagshandeln mit einem Minimum an geistigem Aufwand durchzusetzen, aber das gelingt ihm nur, solange er allein ist. Sobald das Individuum von anderen umgeben ist, sobald es den Fragen anderer Menschen ausgesetzt und mit Institutionen konfrontiert ist, ist es gezwungen, den Sinn seines Handelns explizit zu machen und auf der Grundlage einer stärker objektivierenden Haltung Argumente zu entwickeln. Solange die Hinterfragung durch die Umwelt eher an der Oberfläche bleibt, genügt ein intuitives Urteil, einige »nur ansatzweise reflexive« und verallgemeinernde Sätze: Der Wein, den man zusammen mit Freunden kostet, hat eine schöne Farbe, einen guten Geschmack etc. (Bessy, Chateauraynaud, 1993, S. 145). Doch wenn die Fragen weiterbohren, läutet das Zur-Sprache-Bringen den Sieg der Objektivierung, des reinen Geistes über die Empfindungen ein. Gleichzeitig mit dem Rückzug der körperlichen Intelligenz schrumpft auch der körperliche Raum.

Dieses Hin und Her zwischen Gegnerschaften und Allianzen, das sich zwischen dem kritischen Denken und den Empfindungen abspielt, läßt sich auch jenseits des häuslichen Universums beobachten. Besonders anläßlich der großen Entscheidung der Partnerwahl spielt sich eine bemerkenswerte Auseinandersetzung zwischen den beiden ab. Ist diese Entscheidung erst einmal gefallen, gibt das Paar der häuslichen Intimität ihre spezielle Form, die von selbstverständlichen (routinisierten oder von der sinnlichen Intelligenz regierten) Verhaltensweisen dominiert ist. Doch auch die Entscheidung, die Beziehung einzugehen, kann keinen anderen Prinzipien gehorchen. Und dies um so weniger, als diese Entscheidung so schwierig ist (die Zahl der möglichen Kandidaten ist unendlich groß) und deshalb implizit bleiben und sich mit einer schwachen Rechtfertigung begnügen muß (auf die Gefahr hin, daß die Entscheidung in Frage gestellt wird). Daher die plötzliche und heftige Ausbildung eines Gefühls –

Die diffuse Rationalität

der Liebe, ja sogar der Liebe auf den ersten Blick –, wenn sich das Problem der Entscheidung stellt (Bozon, Héran, 1987). Die körperliche Intelligenz ist hier ganz in ihrem Element. Denn diese Entscheidung eignet sich besonders gut für eine sinnliche Wahrnehmung. Dies liegt auch daran, daß eine Beziehung heute mit dem physischen Verlangen und der sexuellen Begegnung beginnt. Somit trägt alles dazu bei, den Körper in den Vordergrund zu rücken und den kalkulierenden Geist zu verjagen und zum Untertauchen zu nötigen. Das scheinbare Ideal einer Beziehung besteht in der Ausdehnung eines vereinigten, gemeinsamen Körpers – aber nur scheinbar, denn das kalkulierende Individuum gibt sich nie vollkommen geschlagen (außer in den Momenten, in denen es zu einem besonders ausgeprägten Gefühlsausbruch oder körperlicher Verschmelzung kommt).

Die Dualität des inneren Miniaturkinos

Träumereien sind in ihrer Wirkung auf den Körper wie Empfindungen: voller Ambiguitäten. Im einen Moment noch unterstützen sie die Bewegungen des Körpers und tragen zu seiner räumlichen Ausdehnung bei, im anderen bringen sie kritische Gedanken ins Spiel. Alles fließt in einem extremen Durcheinander zusammen, und manchmal kommt es innerhalb eines Bruchteils einer Sekunde zu einem Hin- und Herwechseln zwischen Sequenzen der Bestärkung des Handelns und Sequenzen der Infragestellung (Varela, Thompson, Rosch, 1993). Wie wir gesehen haben, kann das Denken, wenn es stark ist, den Körper dazu zwingen innezuhalten. Eine gewöhnliche Träumerei hingegen geht oft mit einer repetitiven Tätigkeit einher: Die gleichmäßigen Bewegungen der Hände tragen dazu bei, daß die Gedanken frei auf Wanderschaft gehen (Leroi-Gourhan, 1987). Dies gilt ganz besonders auch für das Bügeln, am Beispiel dessen ich die Funktionsweise dieses inneren Miniaturkinos erläutern möchte. Rénata erzählt uns, daß zwischen dem Miniaturkino und ihren Gesten ein Zusammenhang besteht: »Wenn ich bügle, wandert mein Geist hin und her. Es ist diese Bügel-Bewegung, die das bewirkt.« Raphaël betont eher die Freiheit: »Du kannst dabei denken, woran du willst, du kannst an alles oder nichts denken.« Yolande spricht mehr von einem Gedankenkarussell: »Das dreht sich in aller Ruhe in meinem Kopf, man denkt an eine Menge

Was bleibt vom rationalen Subjekt noch übrig?

Dinge.« Dieses angenehme hin- und herwandernde Denken hat zunächst einmal die Funktion, einen abzulenken. »Ich versuche, an etwas anderes zu denken, nur nicht daran, daß ich gerade bügle« (Francine). »Ich denke extrem viel nach beim Bügeln. Ich weiß auch nicht so recht, was da passiert, es gibt da irgendeinen Auslöser. Nachzudenken bewahrt mich davor, daran denken zu müssen, daß ich gerade bügle, es läßt mich ausbrechen« (Constance).

In dieses innere Flucht-Kino mischen sich die unterschiedlichsten Gedanken. Für Yann beispielsweise ist das die Gelegenheit, sich mit den unangenehmen Fragen des Alltags zu befassen: »Ich denke an alles und nichts. Aber schon eher an Sachen, die mir Probleme bereiten. Da kommen mir meine Bankkonten in den Sinn, und ich überlege mir, wie ich es anstellen könnte, mein Konto auszugleichen.« Das Bügeln erlaubt es ihm, auf eine sehr unverbindliche Art über seine Probleme nachzudenken, ohne sie gleich lösen zu müssen. Und gerade auf diese Weise kommen ihm oft die erlösenden Ideen, brechen sich das kritische Denken oder eine Reform des Alltags plötzlich freie Bahn. Hinter der scheinbar so ruhigen Kulisse des Bügelns kann sich das Nachdenken in manchen Fällen als höchst effizient erweisen. Gleichzeitig erlaubt es einem, ausschnitthaft weite innere Reisen zurückzulegen und unversehens von einer konkreten, aktuellen Frage mittels Rückblenden ins frühere Leben hinüberzugleiten. Der Faden, der das Ganze zusammenhält, ist nichts anderes als die Identität, die sich hier in Konstruktion befindet. Célestine bringt diese Gedankensprünge und ihre Fähigkeit, sich beim Bügeln für unerwartete, hin- und herwandernde Gedanken zu öffnen, sehr gut auf den Punkt: »Ich denke dabei an viele verschiedene Dinge, das hängt von den Umständen ab, es kommt wie es kommt, einfach so, ohne daß ich weiß warum.« Wie Yann hat sie eine Vorliebe für »alles, was schief läuft«. Sie versucht, diese Gedanken beim Bügeln als wirksame Instrumente einzusetzen. Was sie aber auch nicht daran hindert, frei und ungezwungen in ihrem Inneren herumzureisen: »Das erlaubt es mir, über mein Leben nachzudenken, vor allem über bestimmte Abschnitte meines Lebens. Ich denke oft auf diese Weise über mein Leben nach.« Dann kann es sein, daß sich plötzliche und unerwartete Verknüpfungen ergeben und es zu einer Rückkehr in die Gegenwart kommt: »Wenn ich beispielsweise daran denke, wie ich einmal zu spät gekommen bin, fällt mir plötzlich wieder meine Wäsche ein. Das ist so eine Gedankenverkettung, die kommt einfach so.«

Die diffuse Rationalität

Verkettungen und Brüche

»Es kommt, wie es kommt«, sagt Célestine. Tatsächlich drängen sich die einzelnen gedanklichen Sequenzen ganz von selbst auf und reihen sich nach einem vollkommen chaotischen Prinzip aneinander. Das Gewirr aus traumartigen Gedanken ist unbeschreiblich. Da wird keinerlei Hierarchie beachtet, und der bodenständigste Gedanke kann die hochfliegenste Reflexion vertreiben. Es gibt keine Übergänge oder nur scheinbare; vorherrschend sind plötzliche Gedankensprünge. Markus Werner erzählt in seinem Roman *Die kalte Schulter* (1993), wie wir in diesem Gedankenkarussel reine Zuschauer bleiben, gebannt von diesem inkohärenten und kontrastreichen Kaleidoskop. Francisco Varela (1994) liefert den Schlüssel für das Verständnis dieser andächtigen Versenkung: Jenseits dieses sichtbaren Kinos existieren logische Reihungen. Dieses Kino ist das Produkt einer Vielzahl konkurrierender Sub-Prozesse, und verschiedene Agenten kämpfen miteinander um deren Durchsetzung. Was ihnen auch immer wieder gelingt, jedoch nur in kurzen, zusammenhanglosen Sequenzen. Dennoch hat das Individuum all die Geschichten gespeichert und knüpft jedes Mal wieder neu an den roten Faden an. Indem es das abgehackte Durcheinander seines inneren Miniaturkinos aus nächster Nähe verfolgt, konstruiert es seine Identität und gibt ihr den letzten Schliff. Indem es an den Verkettungen arbeitet, konstruiert es seine Einheit. Indem es in bestimmten Szenen erfinderisch und eigenwillig ist, gelingt es ihm, die Kontrolle über sein Schicksal zu erlangen.

Der Augenblick, in dem sich ein Gedanke durchsetzt, ist ganz wesentlich. Der Gedanke kann aus geistigen Tiefen (Traum oder vernunftmäßiges Denken) oder aus Empfindungen auftauchen, er kann von außen kommen oder durch einen Blick entstehen (Kaufmann, 1996), manchmal (eher selten) auch durch das Hören oder die Lektüre. Woher er auch kommen mag, er fließt in eine kleine Sequenz des Miniaturkinos ein und führt das Individuum in eine neue Mikro-Welt, die über ein eigenes Konkretisierungspotential verfügt. Das ist immer der erste Schritt zum Handeln – außer es ist ganz und gar inkorporiert oder automatisiert. Am Anfang ist da ein Gedanke (oder ein Bild), der sich in dem Miniaturkino festsetzt. Doch dieser Gedanke allein genügt nicht. Die Schaffung einer neuen Mikro-Welt ist nur möglich, wenn der siegreiche Gedanke in Geist und Körper Resonanz findet. Er muß sich in andere rivalisie-

Was bleibt vom rationalen Subjekt noch übrig?

rende Prozesse einfügen lassen und Kompromisse mit ihnen schließen, um Einfluß auf das Denken und Handeln nehmen zu können. Eine Entscheidung beruht nie auf einem einzigen, isolierten Gedanken; sie ist immer Teil eines ganzen Bündels sensomotorischer Koppelungen. Das Individuum hat mit Netzwerken sowohl ihre Schwäche als auch ihre Stärke gemeinsam: Es ist aus vielen Einzelteilen zusammengesetzt, aber es ist auch ein Bündnis.

Der Kern des Selbst

Je präziser in der Neurobiologie, den kognitiven Wissenschaften und der Psychologie die Analyse der mentalen Prozesse wird, um so unwahrscheinlicher wird die Vorstellung von einem einheitlichen und stabilen Selbst. Statt dessen tritt eine tumultartige geistige Tätigkeit auf den Plan: »Wahrnehmungen, Gedanken, Gefühle, Wünsche, Ängste und alle möglichen anderen Sorten von geistigen Inhalten jagen sich gegenseitig in einer unendlichen Hetzjagd hinterher, wie die Katze, die versucht, ihren eigenen Schwanz zu fangen« (Varela, Thompson, Rosch, 1993). Das Selbst ist kein fester Block, sondern eine chaotische Grauzone.

Der normale Mensch, der sich mit der heiligen Verpflichtung konfrontiert sieht, an sich selbst und sein Selbst zu glauben (Abramovski, 1897), kann die Vorstellung von seinem Ich als einem inneren Chaos nur schwer akzeptieren. Oder er besteht darauf, daß es zumindest eine Kommandozentrale gibt. Aber auch diese beruhigende Vorstellung wird von neueren Forschungen dementiert: Es gibt keinen Kern, oder zumindest existiert er nur virtuell (Varela, 1994).

Der Radikalismus Francisco Varelas stützt sich auf solide Experimente und Argumente. Dennoch bin ich versucht, mit meinen Schlußfolgerungen nicht ganz so weit zu gehen. Unsere Untersuchung hat gezeigt, daß das Individuum pausenlos mit seinen Gedanken und Handlungen beschäftigt ist, um in einer Umwelt, die es ständig durcheinanderbringen und aus der Bahn werfen kann, seine Einheit und Kontinuität zu konstruieren. Wir haben gesehen, auf welche Weise das Individuum dies tut: Es läßt sich in das Karussell seines Miniaturkinos hineinziehen, welches sich selbst wiederum heimlich in einer Myriade unterschiedlichster Prozesse wiederfindet. Doch selbst durch dieses Chaos hindurch, auf das das Individu-

Die diffuse Rationalität

um selbst kaum Einfluß hat, und trotz des unvorhersehbaren und fragmentierten Charakters der einzelnen Sequenzen, gelingt es ihm doch, sich entlang einer Linie zu hangeln, die einen Sinn ergibt. Das Individuum konstruiert tatsächlich eine relativ kohärente Identität. Hierzu stützt es sich weniger auf einen hypothetischen Kern als vielmehr auf sein Umfeld: die Institutionen, denen es angehört, seinen Interaktionsrahmen und die Gegenstände, die ihm vertraut sind, seine festen Rhythmen und Flugbahnen, seine inkorporierten Gewohnheiten und, *in fine*, seine schöne Lebensgeschichte, die es anderen und sich selbst erzählt. Historisch gesehen rückt dieses für das Selbst konstitutive Außen näher an das Individuum heran und ist in zunehmendem Maße eine Eigenproduktion. Während die Identität früher vom gesellschaftlichen Umfeld vorgegeben war, bildet sie sich heute zu einem immer größeren Teil in der geheimen Welt der Träume und Gedanken heraus, und dies auf eine freiere Weise. Aber noch immer demselben Modus entsprechend: durch äußere Ablagerungen, durch die kontrollierte Selbstexternalisierung.

Die Vorstellung von einem Kern des Selbst ist reine Illusion, das geistige Innere eine chaotische Grauzone. Doch indem es sich an den ihm vertrauten Orientierungspunkten entlanghangelt, gelingt es dem Individuum dennoch, so sein Handeln zu steuern.

XV. Die Emanzipation des Sinnlichen

Die Soziologie beschäftigt sich nur selten mit Emotionen und Empfindungen. Einige Autoren – und nicht die unbekanntesten – haben hier jedoch eine Ausnahme gemacht, etwa Norbert Elias. Allerdings ist es ihnen lange Zeit nicht gelungen, ihre Sichtweise durchzusetzen, daß emotionale Manifestationen mehr sind als Phänomene zweiten Ranges mit marginaler Bedeutung, die nicht in den Rahmen dieser Disziplin gehören. Wie jedoch Cléopâtre Montandon (1996) beobachtet, ist in dieser Frage seit einigen Jahren ein gewisser Stimmungswandel eingetreten, und immer häufiger werden Untersuchungen zu bestimmten Emotionen durchgeführt (Lewis, 1992; de Gaulejac, 1996) und entsprechende Theorien entwickelt (Kemper, 1978; Hochschild, 1989). Unser Wissen über die Emotionen, die uns im normalen Alltag begleiten, ist aber noch immer sehr gering, und nach wie vor ignorieren wir das »ungeheure emotionale Wissen, das in den Hohlräumen unserer Gesellschaften seine Wirkung entfaltet« (Montandon, 1996, S. 268).

Der Boomerang-Effekt

Als der Rationalismus im 19. Jahrhundert seinen Höhepunkt erlebte, schien er eine Entwicklung vor sich zu haben, der keine Grenzen gesetzt sind. Dank der Aufklärung, so schien es, würde alles immer klarer und wahrer werden, das Wissen würde sich immer mehr erhärten. »Wissenschaftlich« reimte sich damals auf »szientistisch«, »positivistisch«, »objektivistisch« und »evolutionistisch«. Dann jedoch schien langsam alles wieder unsicherer, vager und düsterer zu werden. Die Wissenschaft wurde bescheiden, fiel auseinander, wurde widersprüchlich und entdeckte Relativismus und Skeptizismus.

Zwei miteinander verknüpfte Elemente hatten zu dieser Wende geführt. Das erste könnte man den Boomerang-Effekt der Rationalität nennen. Denn mit genau den Werkzeugen, die die Aufklärung hervorgebracht hatte, wurde dank ihrer Effizienz unsere heutige komplexe Welt geschaffen, in der es mehr Fragen gibt als Antworten, eine Welt, in der die Werkzeuge, mit Hilfe derer sie entstanden

Die Emanzipation des Sinnlichen

ist, nutzlos geworden sind. Die reine und harte Rationalität hat selbst die Bedingungen für ihre eigene Verdrängung geschaffen.

Die gleiche Entwicklung läßt sich im Alltagsleben beobachten. Täglich stürzen auf den gewöhnlichen Menschen tausende von Fragen ein (Wie soll man seine Kinder erziehen? Für welche Lebensmittel soll man sich entscheiden? Für welche pädagogische Richtung? usw.). Die Wissenschaft schlägt ihm, mit Umweg über die Medien, eine unendliche Zahl divergierender Antworten vor, und es ist ihm selbst überlassen, seine eigene Wahrheit zu konstruieren. Diese widersprüchliche Komplexität ist unerträglich und erfordert zwingend eine Methode, um sie zu bewältigen und einfache, passende Lösungen zu finden. Das ist der Grund, warum das Reich des Alltagslebens der Wissenschaft im Hinblick auf diese Wende vorausgeeilt ist und ihr den Weg gezeigt hat, indem es ein zweites Element ins Spiel brachte: die sinnliche Intelligenz.

Die Wissenschaft gibt sich heute empfindsamer, bedient sich weicherer Methoden; intuitive und dynamische Kombinationen erlangen die Oberhand über statistische Systematisierungen. Verglichen mit der Revolution des Alltags, die seit mehr als einem Jahrhundert ihre Kreise zieht, sind diese Veränderungen in der Wissenschaft jedoch verschwindend gering. Das Erstaunliche ist, daß die ersten Anzeichen dafür (heimlich) bereits im Augenblick des triumphalen Höhepunkts des Rationalismus auftraten. Während also das kühle Wissen der reinen Kognition das Spiel ein für allemal gewonnen zu haben schien und sich beispielsweise die Vorstellung von einer »Haushaltswissenschaft« durchzusetzen begann, lernten die Körper, im Schatten dieses Geschehens, auf eine neue Weise mit ihren Erregungszuständen umzugehen (Corbin, 1992). Denn die Tatsache, daß das »Ancien Regime der Gesten« (Thullier, 1977) rissig wurde, hatte im normalen Leben schon sehr früh zu einer Krise im Hinblick auf mögliche Handlungsmodelle geführt. Dort, wo dank eines festen, kollektiven Rahmens früher die Tradition die Antworten gegeben hatte, mußte das Individuum nun selbst welche finden. Für diesen Zweck erwies sich aber die Rationalität als ungeeignet. Das Reich der Möglichkeiten mußte also um jeden Preis mit anderen Mitteln eingeschränkt werden, und nur die Ökonomie der Empfindungen erlaubte es, dieses Ziel zu erreichen. Insbesondere die zentrale Frage der Partnerwahl wurde hier zum gesellschaftlichen Experimentierfeld, und der Star unter den Gefühlen riß das Ruder an sich – die Liebe. Doch auch in der unspektakulären Welt der einfachen Haushaltsgesten entwickelte sich eine Vielzahl von – wenngleich bescheideneren – körperlichen Emotionen und Empfindungen.

Das Baby und der Experte

Wie ist diese Emanzipation des Sinnlichen zu interpretieren? Als Bedeutungsverlust der Intelligenz, als eine Rückwendung, eine gegen die Modernität gewandte Reaktion? Oder als eine neue Definition dieser Intelligenz, als Erfindung bisher ungekannter Intelligenzformen, als Überwindung eines ersten Stadiums der Modernität? Die herrschende Wahrnehmung von Intelligenz (abstrakt und computermäßig) läßt einen eher für den Bedeutungsverlust optieren – diese Art von Intelligenz befindet sich tatsächlich in der Krise. Doch wenn man das Denken auf eine einzige seiner Formen reduziert, und noch dazu auf diejenige, die vermutlich überholt ist, versagt man sich selbst, die Zukunft zu verstehen, die derzeit im Entstehen ist.

Die Gleichsetzung von Gehirn und Computer in den kognitiven Wissenschaften hat wesentlich zur Verschärfung dieses Wahrnehmungsfehlers beigetragen. Denken wurde lediglich als Kalkulationsfähigkeit gesehen. Doch das, was den Menschen am meisten ausmacht, ist darin nicht zu finden. Dieser Teil des Denkens, der durch den Computer ersetzbar ist, assistiert lediglich einer viel wesentlicheren Fähigkeit: der Kunst der Reduktion von Komplexität. Diese Kunst wird dank des subtilen Einsatzes scheinbar archaischer Systeme im Gehirn ausgeübt, die mit dem Körper und den Empfindungen zu tun haben (Damasio, 1995).

Manche Forscher in den Kognitionswissenschaften haben inzwischen erkannt, daß die komplexesten geistigen Funktionen nicht diejenigen des erwachsenen Experten sind, der ihnen lange Zeit als Modell gedient hat, sondern paradoxerweise diejenigen des Kleinkinds. Die intellektuellen Fähigkeiten, von denen dieses kleine Wesen zeugt, sind in der Tat erstaunlich, und zwar nicht nur aufgrund der Lerngeschwindigkeit, die es entwickelt, sondern auch aufgrund der Methode, derer es sich bedient. Indem es sich eine flexible und holistische Wahrnehmung zueigen macht, gelingt es ihm, mit der größten aller Schwierigkeiten zurechtzukommen, nämlich ausgehend von einer unförmigen Datenmasse oder manchmal nur einigen

Lichtpunkten Objekte mit Bedeutung zu bilden (Varela, Thompson, Rosch, 1993). Diese hohe Kunst der Reduktion und Interpretation ist einzig und allein einer massiven Regulierung des Denkens durch Empfindungen zu verdanken. Und das ist etwas, was das Baby, dessen Bewegungen noch so gut wie keinen gedanklichen Balast mit sich herumtragen, sehr gut kann, während der Erwachsene in dem bunt zusammengewürfelten und manchmal auch verstaubten Haufen von Theorien seine Zeit vergeudet und sich verirrt. Es stehen ihm alle Daten zu Verfügung – zu viele Daten. Und das Problem besteht darin zu wissen, wie sie zu verwenden sind.

Elliots endlose Welt

Antonio Damasio (1995) erzählt uns die Geschichte von Elliot, der karikaturistischen Antithese zum Kleinkind. Aufgrund eines Tumors hatte Elliot das Entfernen eines kleinen Stücks seines Gehirns im vorderen Cortex über sich ergehen lassen müssen. Die Operation war von Erfolg gekrönt, und er konnte seine gewohnten Tätigkeiten wieder aufnehmen. Doch merkwürdige Verhaltensstörungen zwangen ihn, ins Krankenhaus, in die neurologische Abteilung Professor Damasios, zurückzukehren, der ihn eingehend untersuchte. Elliots Intelligenz schien vollkommen intakt, er hatte einen hohen Intelligenzquotienten, und verschiedene Tests zeigten keinerlei Anomalien. Es schien lediglich so, als führte er bestimmte Arbeitsschritte, an denen er hängen blieb, »zu sorgfältig« aus, auf Kosten des übergeordneten Ziels (Damasio, 1995, S. 67). Antonio Damasio verfeinerte seine Diagnose und stellte fest, daß Elliot in Wirklichkeit regelrecht behindert war, sogar sehr schwer behindert, aber in bezug auf einen genau lokalisierbaren Punkt: die Entscheidungsfindung in persönlichen Fragen und im Alltagsleben. Er hörte nicht auf, Für und Wider verschiedener Entscheidungsmöglichkeiten gegeneinander abzuwägen und war völlig außerstande, einen Entschluß zu fassen. Oder er traf irgendeine beliebige Entscheidung, die seinem Umfeld völlig zuwiderlief. Der Defekt trat also in den letzten Phasen des Denkens auf: Elliot durchforstete die Fragen, aber er konnte zu keiner Entscheidung finden.

Im Laufe seiner Analysen fand Antonio Damasio noch eine weitere Störung: Die emotionalen Fähigkeiten Elliots waren drastisch eingeschränkt, und er hatte beinahe keine körperlichen Empfindungen mehr. Die Verknüpfung der beiden Aspekte lag auf der Hand: Es konnte in der Endphase des Nachdenkens zu keiner Komplexitätsreduktion mehr kommen.

Gefühle sind »kein Luxus« (Damasio, 1995, S. 181), sondern sie spielen in kognitiven Prozessen eine zentrale Rolle, insbesondere in der Endphase der Reduktion von Komplexität. »Jede Erfahrung ist von Natur aus ein Augenblick der Eingrenzung des Felds der Möglichkeiten« (Terrail, 1995, S. 21). Diese Eingrenzung vollzieht sich häufig ganz von selbst im Eifer des Gefechts: Die Macht der Gewohnheiten, der Schwung der Rhythmen und der Einfluß der Umgebung drängen das Handeln in eine bestimmte Richtung. Doch wenn dies nicht der Fall ist, sind die Empfindungen an der Reihe. Manchmal übernehmen sie im Alleingang – oder fast im Alleingang – das Ruder, nämlich dann, wenn der Gefühlsausbruch intensiv ist und »instinktiv« eine direkte Reaktion befiehlt. Manchmal sind sie aber auch in Begleitung, überlassen dem rationalen Denken die Hauptrolle und begnügen sich damit, auf diskrete (aber entschiedene) Weise zu intervenieren, um das Feld der Entscheidungsmöglichkeiten zu begrenzen und den Körper in Bewegung zu versetzen. Rénata hat lange gezögert, bis sie sich dazu entschließen konnte, eine Putzhilfe zu nehmen. Es gelang ihr einfach nicht, herauszufinden, was zwischen ihrem inneren Widerstand und dem Druck Jérômes der richtige Weg sein könnte: Die reine Rationalität war machtlos. Eines Tages wurde alles ganz einfach: »Ich habe gespürt, daß es einfach sein mußte, das kam urplötzlich, ganz von selbst, da hat sich irgendwas gelöst.«

An dieser Stelle wird es nötig, einmal zu klären, was der Unterschied zwischen Emotionen und Empfindungen ist. Ich habe diese beiden Begriffe manchmal ohne klare Abgrenzung, beinahe bedeutungsgleich verwendet. Doch es ist durchaus möglich, sie zu unterscheiden. Emotionen sind sehr intensive Augenblicke, die ins Bewußtsein dringen und von heftigen chemisch-psychischen Erschütterungen gekennzeichnet sind. In heftiger Angst oder Wut sind wir nicht mehr wir selbst, sondern unsere Emotionen haben die Macht über uns. Unter dem Begriff der Empfindungen hingegen lassen sich ruhigere und gleichmäßigere Wahrnehmungen fassen, die das reibungslose Funktionieren des Selbst nicht grundsätzlich in Frage stellen. In gewisser Weise wird die Wahrnehmung durch Empfindungen niemals vollständig ausgeschaltet, sondern ist in den Phasen zwischen emotionalen Schüben immer über die

Die Emanzipation des Sinnlichen

»Hintergrundzustände des Körpers« auf dem laufenden (Damasio, 1995, S. 207), um bestimmte Verhaltensweisen auszulösen oder dem Denken auf der Grundlage dieser diffusen Informationen beratend zur Seite zu stehen. So selten intensive Emotionen sind, so sehr lenken Empfindungen den normalen Ablauf des Lebens. Sie verhelfen dem Denken zu seinen Schlußfolgerungen.

Die Geschichte Elliots ist in mehr als einer Hinsicht erhellend, nicht zuletzt in folgender: Je stärker Probleme mit dem persönlichen Bereich zu tun haben, desto schwieriger sind sie zu lösen. Abstrakte Fragen sind mit Hilfe von rein intellektuellen Verfahren viel leichter zu bewältigen, ihre Komplexität ist leichter reduzierbar. Das persönliche Leben hingegen muß der diffusen Komplexität der Wahrnehmung über Empfindungen Rechnung tragen (Daten, die zunächst also sowohl Komplexität reduzieren als auch verkomplizieren, bevor sie schließlich die Entscheidung erleichtern). Der Alltag wirft ein anderes Problem auf: Man kann nicht alles, was mit dem persönlichen Leben zu tun hat, von allen Seiten kritisch beleuchten, sondern muß imstande sein, zu denken ohne zu denken, was eine wirkliche Kunst für sich ist. Und die körperliche Intelligenz ist das Meisterstück dieser Kunst.

Die Kultur der Emotionen

Norbert Elias hat gezeigt, daß das moderne Individuum Ergebnis zunehmender Unterdrückung und Kontrolle der Emotionen ist. Auf den ersten Blick besteht zwischen dieser These und der Vorstellung von einer Emanzipation des Sinnlichen ein Widerspruch. Doch wenn man genauer hinsieht, fällt das Urteil weniger eindeutig aus. Denn im Gegensatz zu Albert Hirschmann (1987), für den die Leidenschaften im Laufe der historischen Entwicklung (scheinbar durch das Interesse) verdrängt wurden, räumt Norbert Elias den Emotionen weiterhin einen Platz ein. Daß er manchmal zwischen Unterdrückung (die auf die Auslöschung abzielt) und Kontrolle (die auf das Lenken abzielt) hin- und herschwankt, liegt daran, daß seine Untersuchung sich überwiegend mit einer Epoche befaßt, in der der gesellschaftliche Zwang das zentrale Element war. Wenn er von der zeitgenössischen Gesellschaft spricht (Elias, Dunning, 1994), werden seine Aussagen genauer: Verändert haben

Was bleibt vom rationalen Subjekt noch übrig?

sich vor allem die (meist verinnerlichten) Modalitäten der Emotionskontrolle, nicht aber die Intensität der Emotionen.

Am Ende seines Lebens konnte Norbert Elias die wachsende Bedeutung des Körpers und emotionaler Manifestationen in der Gesellschaft nicht mehr übersehen, und er machte sich an ihre Analyse. Seine wichtigste Schlußfolgerung war die, daß diese emotionalen Manifestationen den Kompensationsbereichen zuzurechnen sind, die durch die von der Selbstkontrolle ausgelöste Frustration notwendig geworden sind, und daß sie katharsische Wirkung haben (Elias, Dunning, 1994). Obwohl diese These zweifellos richtig und interessant ist, scheint sie mir nicht ausreichend. Zu Emotionen kommt es in spezifischen Momenten des Abreagierens, aber sie sind eben auch mitten im alltäglichen Handeln präsent. Gerade die Verinnerlichung der Kontrolle ermöglicht es, die Emotionen (unter ständiger Überwachung) freizusetzen und mit ihren Bewegungen zu spielen. Dies ist um so notwendiger, als die Rationalität alleine angesichts der zunehmenden Komplexität des Alltags völlig überfordert wäre. Es sind die Empfindungen, die den Ton angeben.

Die Empfindungen werden also in mehrfacher Hinsicht (durch das Bedürfnis, sich abzureagieren, die Beschleunigung und Vervielfachung der eingehenden Botschaften, die Notwendigkeit der Entscheidungsfindung) in eine zentrale Rolle gedrängt, treten auch tatsächlich auf die Vorderbühne und bilden einen guten Nährboden für eine Gefühlskultur. Die Gesellschaft stopft sich mit Tönen, Bildern und Gerüchen voll, das Individuum wird über die Ohrmuschel beschwichtigt, aus dem Augenwinkel gelenkt und von der Nasenspitze geleitet. Die Musik gibt den Schritten und Träumen den Takt vor, die Ästhetik verpackt das Alltägliche, der Körper wird heilig gesprochen und Liebesgeschichten und Dramen werden massenhaft abgespult. Auch noch die geringste Bewegung und der kleinste Gedanke baden in einem Meer von emotionalen und sinnlichen Wahrnehmungen, von den subtilsten und kultiviertesten, wie dem Kunstempfinden, bis zu den ungehobeltsten und archaischsten, Sexualität und Gewalt. Die Sexualität, als erste Vorlage der Emotionskultivierung, wird immer mehr zum Geheimnis der Geheimnisse: Man kann gar nicht mehr aufhören darüber zu reden, um das Mysterium der neuen Intelligenz dieser Welt zu lüften (Foucault, 1987). Die Gewalt erobert Bildschirme und Sportstadien (in der sublimierten Form des Wettkampf-Spektakels). Denn der moderne Mensch braucht diese Aufregung, um zu spüren, wie sein Körper vibriert, genauso, wie er die Überbewertung des Sexuellen braucht. Einfache, starke, zutiefst körperliche Gefühle taugen nicht dafür, den Durst nach sinnlicher Wahrnehmung zu stillen. Diese neue Gefühlskultur bedarf jedoch auch einer ausgeprägten Fähigkeit zur Selbstkontrolle. Empfindungen spielen zwar eine zentrale Rolle, doch sie müssen im Rang einfacher Werkzeuge verbleiben. Man muß die Kunst beherrschen, zutiefst zu erzittern, ohne sich grenzenlos gehen zu lassen. Man muß in der Lage sein, sich mitreißen zu lassen, aber gleichzeitig die Kontrolle über die Richtung zu bewahren. Man muß es verstehen, die sinnliche Kultur zu pflegen, den Körper zu kontrollieren und sich gleichzeitig seiner zu bedienen, um das gefühlsmäßige Denken immer mehr zu verfeinern. Weder zu lahm noch zu lebhaft: Es gilt, die Emotionen genau zu dosieren.

Und morgen das Irrationale?

Wohin entwickelt sich unsere Welt? Die Wissenschaft verliert an Härte, sie mäandert freudig zwischen vagen Logiken und Chaostheorien hin und her, die Wahrheit wird ungewiß, die Moral relativ. Der Triumph des Relativismus läßt uns eine Geschichte ohne Zukunft entdecken. Die immer längeren Ketten der Mediatisierung lassen am Horizont das Bild einer neuen, virtuellen Wirklichkeit aufsteigen. Und als Krönung des Ganzen überschwemmen das Emotionale und das Sinnliche das Denken. Innerhalb eines Jahrhunderts hat die reine Vernunft ihren Platz am Gipfel gegen den am Pranger ausgetauscht; das Irrationale treibt seine Blüten.

Doch eigentlich haben sich nur die Formen der Intelligenz verändert; sie behält das Kommando oder müßte es zumindest behalten.

Die großen Verliererinnen unter den Handlungsmodellen sind die Tradition und mit ihr auch die Gewohnheiten, die sich nicht mehr gleichmäßig von Generation zu Generation reproduzieren können. Die komplexen und sich ständig weiterentwickelnden Handlungsabläufe erfordern immer mehr und schwierigere Improvisationen und Entscheidungen (Lahire, 1996). Diese werden mit Hilfe der Empfindungen getroffen, die für das Handeln einen entscheidenen Platz bekommen und sich sämtliche Bereiche zu erobern scheinen. Und das Denken? Wird es von den Gefühlen über-

Was bleibt vom rationalen Subjekt noch übrig?

schwemmt? In erster Linie lernt es, mit ihnen zu hantieren und sie einzusetzen. Auch wenn das Denken im Moment der Entscheidung selbst wenig Einfluß zu haben scheint, bereitet es sie doch vor, streut hier und da einige Körnchen Vernunft ein, die, sobald der Kontext günstig ist, zu sprießen beginnen. Im Moment der Entscheidungsfindung geben die Gefühle den Ausschlag, aber langfristig ist die gedankliche Arbeit wesentlich für die Vorbereitung von Kursänderungen und Reformen des größeren Handlungsrahmens. Die wachsende Reflexivität ist eine zentrale Tatsache des historischen Prozesses (Dubet, Martucelli, 1996).

Auch in bezug auf wissenschaftliches und technisches Wissen sollte die Entdeckung, daß die Rationalität in ihrer veränderten Form wenig präsentable Aspekte aufweist, nicht in übertriebener Weise zu ihrer grundsätzlichen Infragestellung führen. Das Denken ist bedeutsamer, als es den Anschein hat. Natürlich kommt die Erkenntnis mehr schlecht als recht voran, ohne klare Richtung und mit Hilfe von Werkzeugen, die sich (nach und nach) als erbärmlich erweisen, obwohl man sie doch einst für so prächtig hielt. Und natürlich ist sie eine Form der Sinnproduktion die, wie jede andere, den Moden und Mächten unterstellt ist (Latour, Woolgar, 1988). Auf ihre Weise schreitet sie aber dennoch voran und schafft es, sich zaghaft durchzusetzen – das sollte nie vergessen werden. Pierre Lemonnier (1996) erzählt die Geschichte vom »Enten-Flugzeug«, dessen erste Zeichnungen vom Anfang dieses Jahrhunderts stammen. Achtzig Jahre lang wurde der Entwurf, von dem Berechnungen zeigten, daß er funktionsfähig war, an den Rand gedrängt oder sogar belächelt, weil er vom Kanon des Normalen abwich und nicht dem entsprach, was in der kollektiven Repräsentation ein Flugzeug sein konnte. Nach zahlreichen Umwegen und Rückschlägen konnte sich schließlich doch das durchsetzen, was er an Wahrem enthielt. Kurzfristig sind die emotionalen und gesellschaftlichen Kontexte der Sinnproduktion entscheidend, aber auf lange Sicht verfügt die Rationalität über die nötige Zeit, um sich einzuschleusen, und über die Mittel, sich dennoch ihren Platz zu erobern.

Die Emanzipation des Sinnlichen

Die Fundamente der Pyramide

Nach Ansicht von Arnold Gehlen (1986) verweisen Emotionen auf eine ferne Vergangenheit der Spezies, als Bewegungen noch ausschließlich instinktiv waren und von somatischen Auslösern in Gang gesetzt wurden, die der Wahrnehmung unterworfen waren. Seines Erachtens läßt sich die Menschheitsgeschichte zu einem gewissen Teil als die fortschreitende Trennung von Verhaltensmodellen und Emotionen beschreiben. Im Verlauf dieses Prozesses erlangten die Emotionen in bezug auf das direkte Handeln eine immer größere Autonomie, die soweit ging, daß sie sogar rein kontemplativen Charakter erlangen konnten, wie etwa im ästhetischen Genuß. Das von André Leroi-Gourhan entliehene Bild der Pyramide erlaubt es, darüber hinaus zu verstehen, daß parallel zu dieser Entwicklung der ursprüngliche Emotionstyp, der in den archaischen Schichten des menschlichen Seins eingeschrieben ist, weiterhin wirksam bleibt, und zwar in elementaren körperlichen Reflexen: wenn wir Hunger, Angst oder Schmerzen haben. Und außerdem in Kontexten, in denen die gesellschaftlich vorgegebenen Rahmen oder unsere Gewohnheiten so schwach ausgeprägt sind, daß mehr oder weniger kontrollierte Triebe die Oberhand gewinnen.

Als Erben einer fernen Vergangenheit (die in uns noch immer aktiv ist) partizipieren die Empfindungen und Emotionen auch an den allermodernsten Entwicklungen: Sie sind gleichzeitig am Fundament und an der Spitze der Pyramide zu finden.

Selbstverständlich spielen sie für die körperliche Intelligenz und die sinnliche Wahrnehmung, die immer wichtiger und leistungsfähiger wird, eine zentrale Rolle. So ist etwa das Einfangen eines Bildes durch den Blick in der Lage, Botschaften zu übermitteln, ohne daß das bewußte Gehirn in Aktion treten müßte (Sauvageot, 1994). Aber auch in der Grauzone unseres Miniaturkinos sind Empfindungen sehr wichtig, weil sie bestimmte Gedankenkombinationen festhalten, leistungsfähige Verknüpfungen entstehen lassen und mit Hilfe einer holistischen Wahrnehmung den Informationsüberfluß reduzieren. Ein guter Einsatz der Empfindungen könnte als die neue Kunst des Denkens bezeichnet werden.

Was bleibt vom rationalen Subjekt noch übrig?

Der Kreislauf der Empfindungen

Die unterschiedlichen Typen von Emotionen und Empfindungen durchlaufen verschiedene und komplexe Kreisläufe, über die wir nur wenig wissen. Selbst bei kurzen, theoretisch einfachen Kreisläufen werden bereits Differenzierungen nötig: Die kurze, heftige Emotion, ein Erbe aus früheren Zeiten, löst instinktiv eine Bewegung des Körpers aus, während die implizite, unterschwellige und damit modernere Empfindung sich oft damit zufrieden gibt, eine Information zu übermitteln. Lange Kreisläufe weisen eine noch größere Vielfalt und Komplexität auf. Die Kombinationen werden unentwirrbar, wenn sich Empfindungen auf Dauer einem Wechselspiel von Bildern und Gedanken überlassen. In diesem Fall wird es nahezu unmöglich, genau zu sagen, was Ursache und was Wirkung ist, die Empfindungen oder die Gedanken.

Im klassischen Schema verhalten sich Empfindungen und Emotionen wie treu ergebene Assistenten (wenn sie nicht die ärgerlichen Tendenz hätten, ein Doppelspiel zu spielen und auf eigene Rechnung zu agieren), und zwar in verschiedenen entscheidenden Phasen: Sie reaktivieren eine Erinnerung, verleihen den Gedanken Wärme und Farbe, dem Drehbuch einen Sinn, und sie geben der Inszenierung eine Richtung. Und zuletzt schreiben sie das Ende der Geschichte, indem sie den Entscheidungsprozeß zum Abschluß bringen. Betrachten wir beispielsweise diese typischen Abläufe, die wir als Miniaturkino kennengelernt haben. Dort kommen Empfindungen zum Einsatz, um die Validität von Hypothesen zu testen: Man stellt sich eine bestimmte Szene vor, um dann durch holistische Intuition und körperliche Reaktionen die Richtigkeit einer entsprechenden Entscheidung zu »erspüren«. Als ob die Empfindungen dem Gehirn wesentliche zusätzliche Informationen lieferten, die ihren Ursprung im Körper haben. Aber erinnern wir uns auch an den »spontanen Impuls«. Obwohl er auf direktem Wege vom Körper auszugehen scheint, ist es doch die vom Individuum selbst definierte Reinlichkeitsnorm, die die Bedingungen dafür schafft, daß er ausgelöst wird. Der Körper ist hier lediglich ein Werkzeug und die Empfindung letztlich die Frucht eines langen Konstruktionsprozesses, im Rahmen dessen das Denken in vorderster Linie steht. Die Empfindungen befinden sich mitten im Herzen des Geistigen; das gilt für Erkenntnisprozesse (Mach, 1991) ebenso wie für Handlungslogiken.

Die Emanzipation des Sinnlichen

Der größte Fehler besteht darin, Empfindungen und Kognition, Körper und Geist trennen zu wollen. Der zweitgrößte darin, zu glauben, Empfindungen seien nur von zweirangiger Bedeutung. Ganz im Gegenteil: In den entscheidenden Momenten der Erfindung des Lebens, im Geheimen des Miniaturkinos, vollbringen Gedanken und Empfindungen ihr Werk Seite an Seite. So wird dann die Arbeit an den Empfindungen zu einer geistigen Arbeit, die untrennbar mit dem Denken verknüpft und Teil dessen ist, was den Menschen zu dem macht, was er ist.

Schlußfolgerungen

Es gibt verschiedene Arten, Soziologie zu betreiben. Meine Methode besteht darin, von einer Untersuchung, einem konkreten Forschungsfeld auszugehen, um daraus Hypothesen zu gewinnen, an denen ich mit dem Ziel arbeite, ihnen einen möglichst allgemeinen Charakter zu verleihen (Kaufmann, 1996e). Die Detailbeobachtungen und trivialen Anekdoten in diesem Buch könnten den Eindruck vermitteln, daß es sich um eine empirische Forschung handelt. Das wäre aber eine falsche Einordnung, denn mein Ziel und mein Streben sind eindeutig theoretischer Natur, worauf auch der Untertitel dieses Buches hinweisen soll. Doch es handelt sich um eine spezielle Theorie, und die relativ ungewöhnliche Art und Weise, wie sie erarbeitet wurde, bedarf zweifellos einiger Erklärungen und Anwendungshinweise.

Theoretische Konzepte werden hier nicht in gebrauchsfertiger Form geliefert. Sie sind direkt aus dem Leben gegriffen und deshalb selten umfassend formalisiert; sie abstrahieren auch nicht vollständig von der beobachteten Wirklichkeit. Doch obwohl ihnen noch die Erde des Forschungsfelds an den Sohlen haftet, sind sie (in einem mehr oder weniger fortgeschrittenen Stadium) stets zu diesem Idealpunkt der Abstraktion unterwegs. Wichtig ist die Richtung, in die marschiert wird. Anselm Strauss (1995) hat dieser Art und Weise, theoretische Konzepte zu entwickeln, einen Namen gegeben: die *Grounded Theory*, die Theorie, die von unten kommt und in den Tatsachen wurzelt. Die Forschungsarbeiten, die sich darauf stützen, haben eine Besonderheit: Sie sind, mehr als andere, auf zwei verschiedenen Ebenen lesbar. Der Leser kann entweder den konkreten Beschreibungen und Detailargumentationen folgen und das Buch als Analyseinstrument für vielfältige Situationen verwenden (wenn nicht gar als Reisebericht von fremden Innenleben oder als praktischen Verhaltensleitfaden). Aber er kann auch eine theoretisch orientierte Lektüre vornehmen. Diese setzt jedoch ein Vorwissen und vor allem eine gewisse Anstrengung voraus. Denn er muß tatsächlich selbst das entstehende theoretische Konzept von der Erde des Konkreten befreien, um es auf seine eigenen Fragestellungen und sein eigenes Forschungsfeld anwenden zu können. Die *Grounded Theory* erlangt ihre wirkliche theoretische Dimension nur aufgrund der Gunst (und der Arbeit!) ihrer Leser, die auch Theoretiker sein wollen.

Diesen kleinen methodologischen Exkurs habe ich mir aus folgendem Grund erlaubt: Wenn es an das Verfassen der Schlußfolgerung geht, bin ich immer ein wenig ratlos. Was soll man in eine Schlußfolgerung packen? Die hohe Schule der wissenschaftlichen Abhandlung lehrt uns, die wichtigsten Aspekte des Textes noch einmal in Erinnerung zu rufen. Die hehren Grundsätze der großen Werke raten uns, dieses reine Resümee bereits in die Einleitung zu packen (nur schlechte Fernsehserien haben ein allzu berechenbares Ende). Und das literarische Genie sieht in dem allem nur eine Pflichtübung und zieht für den Schluß eine Kür in aufgelockertem und ästhetisch wertvollem Stil, ein Augenzwinkern, ein Bild vor. Umgekehrt kann einen Kleingeistigkeit dazu verleiten, all jenes in den Schluß zu packen, was man an anderer Stelle nicht unterbringen konnte, aber nicht ungesagt bleiben soll.

Zu dieser Vielfalt möglicher Inhalte gesellt sich im Fall der *Grounded Theory* noch ein weiteres Element der Unsicherheit: ihre beiden verschiedenen Leserschaften mit ihren höchst unterschiedlichen Erwartungen. In dem Augenblick, in dem mit wenigen Worten noch einmal *das* hervorzuheben ist, was in Erinnerung bleiben soll, besteht die Gefahr, daß das eine eine Publikum sein Buch darin nicht mehr wiederfindet und sich verraten fühlt. Da ich mich weder für das eine noch das andere, also nicht für diesen Verrat entscheiden konnte, habe ich mich entschlossen, zwei verschiedene Schlußfolgerungen zu schreiben. Das ist zwar keine Antwort auf alle meine Fragen und Zweifel (was gehört in eine Schlußfolgerung?), aber zumindest bin ich durch dieses unentschlossene Vorgehen einigermaßen beruhigt.

Theoretische Schlußfolgerung

Der Mensch hält sich für frei, für den Herrn über sein eigenes Schicksal, während er doch nur Spielball der gesellschaftlichen Strukturen ist. Seit ihren Anfängen tobt in der Soziologie (wie auch in vielen anderen Sozial- und Geisteswissenschaften) diese Auseinandersetzung zwischen den Anhängern des Determinismus und denen des freien Willens – oder genauer gesagt: die Opposition zwischen verschiedenen Schulen, die unausweichlich dem einen

Schlußfolgerungen

oder dem anderen Lager zugeordnet wurden (dem der angeeigneten Dispositionen oder dem der souveränen Rationalität). Seit einigen Jahren beginnt sich diese Scholastik der Extreme etwas zu lokkern. Eine neue Generation von undogmatischen Soziologen hat es sich in den Kopf gesetzt, darüber hinauszukommen. Und hierfür gibt es nur einen möglichen Weg: die Mitte. Dieser Mittelweg bedeutet nicht Ökumenismus, sondern macht es möglich, an einem Element zu arbeiten, das theoretischen Fortschritt erlaubt, nämlich an den konkreten Verzahnungen von Determinismen einerseits und individueller Kreativität andererseits.

Manche Themen eignen sich mehr als andere für die Analyse dieser Verzahnungen, wie zum Beispiel die Identität (de Singly, 1996) oder die Sozialisation (Dubar, 1991) und ganz besonders das Handeln. Denn letzteres spielt sich in Kontexten ab, die das gesellschaftliche Umfeld ausmachen, ist aber gleichzeitig von einem Subjekt belebt, das voller Leben, Träume und Gedanken steckt. Das ist der Grund, weshalb die Baustelle, die sich in Frankreich derzeit im Bereich der Handlungstheorien auftut, so vielversprechend ist. Immer mehr Arbeiten beschäftigen sich mit diesen Verzahnungen, über die man noch so wenig weiß. Luc Boltanski (1990), Laurent Thévenot (1994) oder Philippe Corcuff (1996) entwickeln eine Aufgliederung in verschiedene Handlungsregime; Bernard Lahire (1996) analysiert die praktischen Modalitäten der Reflexivität; Jean-Pierre Terrail (1995) stellt sich die Frage nach den Prozessen, über die der Akteur selbst die Determinationen reaktiviert; François Dubet (1994) isoliert die Erfahrung als Kombination von Handlungslogiken, die den Akteur mit dem System verbinden etc. (ganz zu schweigen von den Bemühungen Pierre Bourdieus, der innerhalb seines theoretischen Rahmens versucht, dem Akteur einen aktiveren Part zu überlassen.)

Dieses Buch fügt diesem gemeinsamen Werk einen bescheidenen Baustein hinzu. Obwohl es von einem sehr begrenzten Untersuchungsterrain ausgeht (der Haushaltstätigkeit), haben viele Schlußfolgerungen eine größere Tragweite, die vielleicht sogar in alle Bereiche des Handelns hineinreicht, zumindest aber in das, was man das alltägliche Handeln nennen könnte, welches mit den einfachen Gesten des Alltagslebens zu tun hat – somit also immerhin die häufigste Form des Handelns.

Der wichtigste Beitrag dieses Buches liegt zweifellos in einem Element, das von den Handlungstheorien häufig ignoriert oder

Schlußfolgerungen

nicht so stark berücksichtigt wird – selbst von den fortgeschrittensten und innovativsten: der Rolle des Körpers. Nicht des abstrakten, sondern des realen Körpers aus Fleisch und Blut. Der Körper ist in der Soziologie nicht vollkommen abwesend. Wie andere Bereiche wird er in einer besonderen Subdisziplin behandelt (Le Breton, 1992). Doch jenseits dieses Spezialgebiets verschwindet er, und es gelingt ihm tatsächlich, sich unsichtbar zu machen (oder zumindest in den Hintergrund zu rücken), wenn die Theorie vom Handeln redet (das doch nichts anderes ist, als der in Bewegung versetzte Körper) oder die Inkorporierung eines *Habitus* und die Inkorporierung von Dispositionen (die nichts anderes sind als körperliche Routinen) anspricht. Außerdem werden in den verschiedenen Handlungstheorien, die den Menschen auf sein Bewußtsein reduzieren, auch die großen Reichtümer des gesellschaftlichen Gedächtnisses vernachlässigt.

Und dabei ist der Körper doch von so zentraler Bedeutung. Sowohl für die Seite der Determinismen als auch für die der Freiheit.

Der Körper (oder, wenn man das bevorzugt, das archaische Gehirn) ist zunächst eben genau der Ort der Inkorporierung, der Sedimentierung von Gewohnheiten. Wir haben gesehen, wie komplex, wenn nicht gar beliebig ihr erstmaliges Abspeichern sein kann. Der siegreiche Ausgang einer einzigen Schlacht genügt, um es einer Gewohnheit zu erlauben, sich einzunisten. Wenn sie sich dann erst einmal niedergelassen hat, ist alles Weitere weniger problematisch: Sie kann dort über Jahre, wenn nicht gar auf unbestimmte Zeit verharren, selbst wenn sie zu allem anderen in Mißklang steht. Sie kann weiterhin das Handeln determinieren, selbst wenn es sich um eine Speicherung handelt, die fälschlicherweise vollzogen wurde. In der Regel wird eine dissonante Gewohnheit von der Vorderbühne verjagt und in die Tiefen eines schlafenden Gedächtnisses verdrängt. Dort wartet sie darauf, daß ihre Stunde schlägt und sie die Gelegenheit hat, reaktiviert zu werden. Aber es ist auch möglich, daß sie sich erfolgreich einen Platz innerhalb von Handlungsabläufen bewahrt, indem sie im Fahrwasser anderer Gewohnheiten mitschwimmt und sich zwischen ihnen versteckt. Denn Gewohnheiten sind nicht in statischen Stapeln einzeln abgelegt wie Waren in einem Zwischenlager, sondern innerhalb mentaler Schemata genauso in Bewegung wie der Körper. Und wenn sie reaktiviert werden, dann haben sie das auch Bewegungen und

Schlußfolgerungen

Rhythmen zu verdanken. Wie André Leroi-Gourhan so schön sagt: Das Körpergedächtnis ist ein rhythmisches Gedächtnis.

Die inkorporierten Schemata sind keine stabilen Daten. Sie gleiten ständig zwischen den Kulissen und der Bühne hin und her und schließen in Handlungsabläufen wechselnde Bündnisse. Es gibt niemals zwei völlig identische Tage. Auch die einzelne Gewohnheit, die lediglich unter Laborbedingungen isoliert werden könnte, ändert sich je nach Kontext und öffnet sich mal mehr, mal weniger kritischem Hinterfragen. Merkwürdigerweise nimmt also die Rationalität, dieses Fundament der Freiheit des Akteurs, im tiefsten Inneren des Körpers Gestalt an, nämlich in Form von Tausenden kleinster Zusammenstöße mit borniertem Automatismen. Und sie beruht auf der hartnäckigen Arbeit daran, Gewohnheiten aufzubrechen, welche der Körper laufend wieder versucht gegen sie abzuschotten. Der Körper ist durch den Aufbau von Schemata, die er abspeichert, nicht nur der Bewahrer der Identität, sondern auch der Garant für die Handlungsfähigkeit, die jederzeit vom Denken wieder zerstört werden könnte. Er wendet sein ganzes Gewicht auf, um Infiltrationen durch das Bewußtsein zu bekämpfen, den Handlungsabläufen ihren Fluß zurückzugeben, dem Tanz seinen Schwung, und um das Leben leichter zu machen. Hier kommen wir nun wirklich zum zentralen Punkt und dringen in die Geheimnisse der Determinismus-Freiheit-Alchimie ein. Denn an diesem Punkt verliert der Körper-Geist-Gegensatz selbst jede Bedeutung. Wenn eine Gewohnheit aufgebrochen wird, geschieht das zunächst selten mit Hilfe des klaren Bewußtseins, sondern es ist vielmehr das sinnliche Denken, das die Bresche schlägt. Dieses jedoch bildet sich im Körper, inmitten eines emotionalen und empfindungsmäßigen Durcheinanders und gerade in Abwendung von der reinen Vernunft. Es ist verblüffend festzustellen, daß innerhalb dieser Grauzone des Sinnlichen keines der beiden Extreme vorzufinden ist, zumindest nicht in den Hauptrollen: weder die determinierenden Strukturen noch der rationale Akteur.

Natürlich ist nicht alles im eigenen Körper zu finden; das gesellschaftliche Gedächtnis ist auch noch anderweitig gespeichert: in anderen Körpern und anderen Gehirnen, in Institutionen und Herrschaftssystemen, in Räumen und Gegenständen, in Bildern und Schriften. Diejenigen Elemente, die einem am nächsten sind, eignet man sich jedoch an, und zwar über ein Verfahren, das wir gesehen haben, als es um die Gegenstände ging: über die Ausdeh-

Schlußfolgerungen

nung des körperlichen Raumes. Also wieder der Körper, der in der Lage ist, sich über seine biologischen Grenzen hinaus auszudehnen. Weniger naheliegende Elemente, Determinationen, die von außen kommen und der eigenen Geschichte fremd sind, setzen sich nicht automatisch durch, sondern dann tritt der Körper oft als Vermittler auf. Ein bemerkenswerter Fall ist hier die Übernahme von Normen (Kaufmann, 1996). Wenn sie nicht explizit sind (insbesondere an Orten, die scheinbar so frei und offen sind), beobachtet der Blick ihre Umsetzung in der Praxis und versorgt den Körper mit diesen Informationen. Dies wiederum löst eine allgemeine Empfindung aus, die die Bedeutung der Handlungsweise anzeigt: Jeder »fühlt«, was man tun kann und was nicht. Das Bewußtsein kommt nur dann ins Spiel, wenn sich dieser Mechanismus als nicht ausreichend erweist.

Auch auf Seiten der Freiheit spielt der Körper eine zentrale Rolle, was noch erstaunlicher ist. Denn schließlich haben wir gesehen, wie er einschreitet, um Entscheidungen einen Riegel vorzuschieben. Ohne die entsprechenden Empfindungen verliert das Individuum seine Fähigkeit, die Initiative zu ergreifen. Natürlich ist wirkliche Reflexivität rational und kritisch. Nichtsdestotrotz beruht sie auf einer impliziten und emotionalen Intelligenz, ohne die sie sich nicht entwickeln kann. Schlimmer noch: Im Augenblick der Entscheidung (dem für die Freiheit des Akteurs entscheidenden Augenblick) erweist sich das sinnliche Wissen (also der Körper) als von herausragender Bedeutung.

Ohne es zu wissen, formuliert das Indiviuum selbst seinen künftigen Handlungsrahmen neu. Indem es im Alltag, wenn es in aller Eile handelt, seine Handlungsabläufe zusammenbastelt, gibt es den inkorporierten Strukturen, die später seine Schritte lenken werden, ihre Form. Und dies alles spielt sich im wesentlichen im Inneren seines Körpers ab, Tag für Tag, Geste für Geste, anläßlich der kleinsten Lappalie und im jämmerlichen Reich der Scheuertücher und Putzlappen. Dabei lehnt es sich einmal mehr auf die Determinismus-Seite, indem es einen Automatismus verstärkt, einmal mehr auf die Seite der Freiheit, indem es einen anderen in Frage stellt.

Die meisten Theoretiker finden, daß der lebendige und konkrete Körper nicht viel hergibt. Er ist schwer greifbar und voller Emotionen. Er würde nicht in ihre theoretischen Gebäude passen, die wie Kathedralen konstruiert sind. Doch die Rationalität macht in

Schlußfolgerungen

der Form, wie sie sich im Alltag präsentiert, auch nicht viel mehr her – es wäre ihr wohl peinlich, wenn sie wüßte, wie überschwenglich in den Akademien von ihr gesprochen wird. Denn das Hauptwerkzeug der menschlichen Freiheit prahlt nicht. Von der Rationalität wird erwartet, daß sie im konkreten Handeln die Gestalt eines Plans, einer Strategie annimmt. Doch Pläne und Strategien entstehen aus ganz gewöhnlichen Träumereien, aus dem Miniaturkino, das uns insgeheim wiegt. Dort, in diesen flüchtigen, manchmal ein wenig verrückten Bildern keimen die Sprößlinge, die morgen vielleicht aufgehen, Determinismen durchbrechen und die Zukunft erfinden werden. Doch nicht jeder möchte mit den Routinen brechen, die Zukunft selbst erfinden und die Freiräume für individuelle Kreativität vergrößern.

Praktische Schlußfolgerung

Warum überhaupt mit den Routinen brechen? Was kann uns die angebliche Freiheit wirklich geben? Und was wäre das Leben ohne diese Lappalien, die uns tragen? Würde man nicht das völlige Durcheinander und einen langsamen Untergang riskieren, so wie Arlette und Carole? Doch sollte man sich umgekehrt Rénata zum Vorbild nehmen? Den Arbeitsrhythmus so sehr beschleunigen, Anzahl und Effizienz der Bewegungen so sehr erhöhen, daß dem Kopf keine Minute mehr für sich selbst bleibt und sich das ganze Leben auf diese Bewegungen, diese Automatismen reduziert? Wo liegt die wirkliche Wahrheit des Lebens? Und was sollte man eher tun: die Zahl der Tanzschritte zurückschrauben oder sie erhöhen? Den Rhythmus beschleunigen oder verlangsamen? Was sollte man vorziehen: die Improvisation oder die geregelte Harmonie?

Jeder hat so seine eigene Vorstellung zu dieser Frage. Manchen könnte nach der Lektüre dieses Buches die Kraft, die einen in den Haushaltstanz hineinzieht, Angst machen: Selbst wenn er so manches kleine Vergnügen birgt – läuft man nicht Gefahr, auf diese Weise ein anderes, phantasievolleres, leichteres und reicheres Leben zu verfehlen? Doch genauso kann auch die umgekehrte Position bezogen werden: Welchem Trugbild rennt man hinterher, wenn man glaubt, man könne Töpfe und Besen einfach so hinter sich lassen? Den Alltag zu hassen, bringt nur neuen Haß hervor und schließlich Unglück. Die Weisheit besteht darin, sich mit den

Schlußfolgerungen

Dingen abfinden zu können und sich sein Glück mit dem, was ist, zu bauen.

Der Soziologe ist genauso sehr Mensch wie alle anderen und hat so seine eigenen Vorstellungen. Auch ich habe die meinen, die ich aber nicht verraten werde. Denn man kann immer wieder einen verheerenden Mißbrauch von Positionen erleben. Trotz des Drucks, dem der Forscher (insbesondere seitens der Medien) ausgesetzt ist, darf er sich allerhöchstens ausnahmsweise in den ungewissen Bereich praktischer und moralischer Ratschläge begeben. Er kann Analyseinstrumente liefern, doch jeder muß sein Leben so führen, wie er es für richtig hält.

Da ich mich also nicht direkt zu Wort melden kann, habe ich mich entschlossen, es zwei Schriftstellern zu überlassen. Der eine spricht durch den Mund einer seiner Figuren, der andere im eigenen Namen, und sie bringen zwei gegensätzliche und gleichzeitig exzessive, da extreme Meinungen zum Ausdruck.

Ich werde mit Jonathan Noël beginnen, dem traurigen Helden aus Patrick Süskinds Roman *Die Taube*. Ein winziger Vorfall, eine Taube vor seiner Tür, steht am Beginn einer schrecklichen Reihe von Folgen, die nach und nach das Netz seiner Existenz zerstören.

»Du hast Monsieur Roedels Limousine verpaßt, fuhr es ihm wieder durch den Kopf. Was noch nie geschehen ist und was nie hätte geschehen dürfen, ist heute dennoch passiert: Du hast die Limousine verpaßt. Und wenn du heute die Limousine verpaßt, dann verpaßt du vielleicht morgen den ganzen Dienst, oder du verlierst den Schlüssel zum Scherengittertor, und nächsten Monat wirst du schimpflich entlassen, und eine neue Arbeit findest du nicht, denn wer stellt einen Versager ein? Von der Arbeitslosenhilfe kann kein Mensch leben, dein Zimmer hast du bis dahin ohnehin längst verloren, es wohnt eine Taube darin, eine Familie von Tauben bewohnt, beschmutzt und verwüstet dein Zimmer, die Hotelrechnungen steigen ins Unermeßliche, du betrinkst dich aus Kummer, trinkst immer mehr, vertrinkst dein gesamtes Erspartes, verfällst dem Suff auswegslos, wirst krank, verluderst, verlausest, verkommst, wirst aus der letzten, billigsten Absteige verjagt, du hast keinen Sou mehr, du stehst vor dem Nichts, du stehst auf der Straße, du schläfst, du wohnst auf der Straße, du scheißt auf die Straße, du bist am Ende, Jonathan, vor Jahresfrist noch bist du am Ende

Schlußfolgerungen

und wirst als Clochard mit zerlumpten Kleidern auf einer Parkbank liegen wie er da, dein verlotterter Bruder!«

Für Jonathan besteht kein Zweifel: Hier liegt das Geheimnis des Lebens, in dem ganz gewöhnlichen Schatz einer bestehenden Ordnung, dem Tag für Tag geduldig ein weiterer kleiner Baustein hinzugefügt wird. Nicht nur, daß man nirgendwo nach etwas anderem suchen sollte, sondern schon das kleinste Körnchen Wahnsinn, der kleinste Schritt, der von den anderen abweicht, könnte gefährlich sein und das ganze Gebäude zum Einsturz bringen. Man muß daran bauen, unablässig daran bauen und es stabilisieren. Und dann (aber erst dann) kann man die Früchte des vollbrachten Werkes genießen, die einfachen Augenblicke auskosten, sich vom Alltag liebkosen lassen, sich am Fleisch und Blut der Dinge erfreuen. So hatte Jonathan beispielsweise gelernt, eine enge Beziehung zu seinem Zimmer zu pflegen: »Es war und blieb Jonathans sichere Insel in der unsicheren Welt, es blieb sein fester Halt, seine Zuflucht, seine Geliebte, ja, seine Geliebte, denn sie umfing ihn zärtlich, seine kleine Kammer, wenn er abends heimkehrte, sie wärmte und schützte ihn, sie nährte ihn an Leib und Seele, war immer da, wenn er sie brauchte, und sie verließ ihn nicht.«

Raymond Carver erzählt in seinem Roman *Les Feux* eine völlig andere Geschichte, die Geschichte seines eigenen Lebens. An jenem Tag in Iowa City war er, wie jeden Samstagnachmittag, im Waschsalon, beladen mit der Wäsche seiner ganzen Familie, und wartete darauf, daß eine Waschmaschine frei wurde. Und wie es der böse Zufall wollte, reihte sich ein unangenehmer Vorfall an den anderen und wandte sich gegen ihn: Jedesmal, wenn er dachte, er sei nun endlich an der Reihe, ruinierte irgendein neues Ereignis seine Pläne. Das war zu viel, er explodierte innerlich. Und sah plötzlich in einer Art Geistesblitz sein Leben vor sich, so wie er es noch nie gesehen hatte.

»Ich war völlig außer mir, einer ohnmächtigen Wut ausgeliefert, die mir die Tränen in die Augen trieb, aber ich erinnere mich, daß mir der Gedanke kam, daß nichts, was mir auf dieser Welt widerfahren war, auch nur annähernd so wichtig sein und mein Leben so sehr auf den Kopf stellen konnte, wie die einfache Tatsache, zwei Kinder zu haben. Und verstanden zu haben, daß sie für immer mir gehörten, und daß ich niemals aufhören wür-

de, ihnen gegenüber diese Beziehung aus totaler Verantwortung und ewig währender Furcht um sie zu haben.
Das ist wirklicher *Einfluß*, von dem ich hier spreche. Eine Wirkung, die der des Mondes auf die Gezeiten gleicht. Aber das kam mir einfach so in den Sinn, wie der eisige Windhauch, der hereinströmt, wenn das Fenster plötzlich weit aufspringt. Bis zu diesem Augenblick hatte ich in der Vorstellung gelebt, daß, ohne genau zu wissen wie, schon alles recht werden würde, daß nichts von dem, was ich mit meinem Leben anzustellen gehofft hatte, unmöglich war. Aber in diesem Augenblick im Waschsalon habe ich plötzlich verstanden, daß das nicht stimmte. Ich habe verstanden (was hatte ich nur vorher denken können?), daß das Leben, das ich führte, ein armseliges, chaotisches Leben war, zu dem kaum Licht durchdrang.«

Das Leben, das er sich erträumte, war ein anderes. Und mitten in dem Traum, da war ein Brodeln, da waren Bilder und Worte, die ihn weit weg trugen und sich einen Weg bis in seine Hand bahnten, die vor Ungeduld kribbelte: Er träumte davon zu schreiben. Und er schrieb. Aber sehr wenig, blieben ihm doch nur wenige Augenblicke zur freien Verfügung, denn die vielen Aufgaben, die es seit der Geburt der Kinder zu erledigen gab, ließen wenig Freiraum. Die Tatsache, daß seine Zeit so knapp bemessen war, schlug sich in dem nieder, was sein Stil werden sollte: trockene, knappe Sätze, eher Novellen als Romane. Sie löste aber auch Verbitterung in ihm aus, eine Verbitterung über dieses andere Leben, das er nie gehabt hatte, und darüber, daß diese Kraft, die er in sich spürte, nie zum Ausdruck kommen konnte. Seine Verbitterung war so groß, daß er nicht nur die Umstände verfluchte, sondern seine Situation auch den Menschen, den Kindern, seinen eigenen Kinder zum Vorwurf machte. »Natürlich hatten wir auch glückliche Momente; einige Freuden und Zufriedenheiten des reiferen Alters, die nur Eltern kleiner Kinder erleben können. Aber ich würde dennoch lieber sterben als das alles noch einmal durchzumachen.«
Angesichts solch frevelhafter Verzweiflungsschreie könnte man sich selbst damit beruhigen, daß man sich sagt, man würde selbst nie und nimmer in solche radikalen Extremhaltungen verfallen, also wie Jonathan nur noch nach der Routine zu streben, oder aber seine eigenen Kinder unter dem Vorwand abzulehnen, daß sie unter dem Gewicht des Alltags die Freiheit zermalmen.

Schlußfolgerungen

Doch ist sich dieser »man« (der es sich in seinem normalen Leben in der Mitte, weitab von den Extremen, so gut eingerichtet hat) seiner wirklich so sicher? Gab es nie eine Situation, in der er sich nach dem Frieden der Routine sehnte? Das wäre seltsam. Und hat er nicht wenigstens ein einziges Mal von der Freiheit geträumt? Das wäre erstaunlich. Wir sind alle ein wenig Jonathan und ein wenig Carver, die Füße auf der Erde und den Kopf in den Wolken. Auch wenn die jeweiligen Anteile unterschiedlich groß und die Kombinationen verschieden sind.

Ganz zu schweigen davon, daß die beiden Aspekte gar nicht unbedingt immer einen Gegensatz bilden. Der Beweis: Wenn man gut arbeitet, effizient und entschlossen, aber auch nur das tut, was wirklich sein muß, dann lastet der Alltag schließlich weniger stark auf einem, die Freiräume werden größer und man schafft es, nach den Sternen zu greifen. Doch um dorthin zu gelangen, muß man paradoxerweise die Dinge (und die Menschen) des Alltagslebens lieben, mit dem Kunterbunt der heimischen Welt verschmelzen, Lust und Vergnügen dafür freisetzen und mit Leib und Seele bei der Sache sein.

Zur Methode

Die Hauptuntersuchung beruhte auf Interviews, die nach der Methode des verstehenden Interviews (Kaufmann, 1999) bei 27 Haushalten durchgeführt wurden. Die Interviewarbeit und die Analyse der Tonbänder wurde unter anderem mit direkten Beobachtungen der Personen in ihrer Wohnung gekreuzt, welche gesondert notiert wurden (Beobachtungsprotokolle).

Die Beobachtung steuert eine andere Perspektive bei. Sie spricht auf eine andere Weise zum Forscher, liefert nicht dasselbe Material und zeigt die Person in einem anderen Licht. Manche haben daraus die Schlußfolgerung gezogen – und das ist derzeit sehr »in« –, daß sie dem Interview überlegen und der Wahrheit näher ist, weil sie die Lügen der sprechenden Person entlarvt (Peneff, 1990; Weller, 1994). Ich glaube, das ist ein Irrtum. Die Beobachtung sagt einfach nur etwas anderes, und sie sagt es auf eine andere Weise. Ein gutes Interview hingegen kann intime Wahrheiten enthüllen (Kaufmann, 1999), die durch die Beobachtung nur schwer zugänglich sind.

Schlußfolgerungen

Bei uns spielten die Beobachtungen eine im Vergleich zu den Interviews sekundäre Rolle und dienten vor allem der Kontrolle und der methodischen Diversifikation. Auf die gleiche Weise habe ich noch ein drittes Werkzeug eingesetzt, nämlich Briefe von Hausfrauen, oder genauer gesagt, von Büglerinnen. Dieses Material ist ganz ungeplant entstanden. Ich hatte in der Zeitung *Ouest-France* einen Artikel und in der Zeitschrift *Femme actuelle* eine kleine Randnotiz geschrieben, in denen ich die Relativität und Beliebigkeit von Empfehlungen hinsichtlich der richtigen Handgriffe beim Bügeln herausstellte. Viele Frauen fühlten sich zwar durchaus geschmeichelt von der Tatsache, daß sich hier ein Akademiker mit dem Bügeln beschäftigte, fühlten sich aber auch in ihren grundlegenden Selbstverständlichkeiten in Frage gestellt – was mir eine Fülle von Briefen einbrachte. Ihre Empörung hatte die Betreffenden dazu gebracht, zur Feder zu greifen, obwohl sie doch – zumindest in vielen Fällen – das Schreiben nicht gewohnt waren, worauf auch in mehreren Briefen hingewiesen wurde. »Warum nehme ich mir plötzlich diese Zeit, einen Brief an einen Unbekannten zu schreiben, obwohl ich doch das Schreiben hasse und mich das leere Blatt vor mir regelrecht lähmt, und dann noch zu einem so stacheligen Thema wie dem Bügeln? Ich weiß nicht, ob ich die Antwort je kennen werde« (Frau D.).

Von den insgesamt 38 meist ausführlichen Briefen (bis zu zwölf eng beschriebene Seiten), die ich erhalten habe, wurden zwölf aufgrund ihres großen Informationsreichtums und ihres signifikanten Inhalts für die Untersuchung verwendet. Zusätzlich zu den Interviews und Beobachtungen stellen sie ein sehr spezielles, aber interessantes Material dar. Sie sind nicht ganz repräsentativ für die heutigen Konzeptionen und Techniken des Bügelns. Denn das Reich des Bügelns ist in zwei verschiedene kulturelle Universen aufgeteilt: diejenigen, für die das Bügeln ein Vergnügen ist, und diejenigen, für die es eine »Plackerei« ist. Frau K. und Frau R. gehören zwei Welten an, die einander so fremd sind, daß man kaum glauben kann, daß sie von ein- und derselben Sache reden. Frau K. bügelt »voller Leidenschaft auch das kleinste Geschirrtuch« und ist geradezu begeistert angesichts der Aussicht auf ein Tischtuch, das zu stärken ist. Bei Frau R. hingegen ist die Abneigung beim Gedanken an das Bügeln so groß, daß »allein schon der Anblick des Bügeleisens« ihr »die Kehle zuschnürt, Angst und Sehstörungen« auslöst. Zu solchen Extremfällen mit derart intensiven physischen Empfin-

Schlußfolgerungen

dungen kommt es natürlich eher selten, aber nichtsdestotrotz ordnen sich fast alle relativ deutlich dem einen oder dem anderen Lager zu. Nun haben uns aber fast ausschließlich Angehörige des einen Lagers Briefe geschrieben, also Frauen, für die das Bügeln ein Vergnügen ist, ein wichtiger Akt, der eine hohe Kompetenz erfordert, auf die sie stolz sind. Die anderen Frauen, für die das Bügeln vor allem eine »Plackerei« darstellt, empfanden keine Motivation, lange Briefe über das Bügeln zu schreiben (ein paar haben uns kurze Rachebriefe geschickt). Diesem ganz speziellen Material wurde ein angemessener Platz im Gesamtzusammenhang zugewiesen, und es wurde vor allem dort verwendet, wo es am nützlichsten war: bei der Beschreibung bestimmter technischer Details und zur Enthüllung der heimlichen Freuden, die mit Haushaltstätigkeiten verbunden sein können.

Genauso, wie Beobachtungen im Vergleich zu Interviews eine andere Funktion erfüllen, sprechen auch die Briefe auf eine andere Weise zum Forscher und ermöglichen eine andere Analyseperspektive. Auch sie könnten der Kritik ausgesetzt sein, sie seien weniger wahr, weniger authentisch, und auch in diesem Fall wäre das ein Irrtum. Natürlich sind sie von ihrer Form her zunächst nicht sehr vielversprechend: Der schriftliche Ausdruck ist besonnen, überlegt, häufig in einem akademischen Sinne erzwungen und somit ganz anders als die spontanen Aussagen, die man in Interviews sammelt. Deshalb habe ich mich auch dazu entschlossen, einen deutlichen Unterschied zwischen den Quellen zu machen: Die Verfasserinnen von Briefen werden nicht beim Vornamen genannt, sondern mit dem eher protokollartigen »Frau X.« oder »Frau Y.« bezeichnet. Doch man sollte sich von der Form nicht irritieren lassen; sie ist lediglich Ausdruck eines ganz bestimmten Typs von Material, das seine Schwächen hat, aber auch enorme Schätze birgt, und zwar insbesondere die folgenden:
– Die Situation und Haltung der Personen, die schreiben, ist von der Bemühung und dem Wunsch gekennzeichnet, sich selbst systematisch zu erklären. Ihr schülerhafter, manchmal sogar schwülstiger Schreibstil ist häufig nichts anderes als Ausdruck dieses Bemühens und ein Indikator für die Ernsthaftigkeit der Antworten. Die Beschreibungen sind dichter als in den Interviews (welche zwar manchmal sehr präzise werden, aber nur zu einzelnen Punkten), besser gegliedert und klarer. Das langsamere Tempo beim Schreiben läßt mehr Zeit zum Nachdenken; was an Spontanität verloren

geht, wird an Klarheit und Gliederung der dargestellten Daten dazugewonnen.
– Ein eher paradoxer Umstand ist, daß die Arbeit der Selbstanalyse, die über Briefe transportiert wird, in manchen Punkten freier ist und mehr in der Tiefe schürft als das, was mit anderen Methoden gesammelt werden kann. Die Tatsache, mehr Zeit zum Nachdenken zu haben, geht also keineswegs zu Lasten der Aufrichtigkeit, im Gegenteil. Entsprechend der Logik des intimen Tagebuchs kann der Akt des Schreibens einen Katharsiseffekt haben und dem Forscher wahre Schätze enthüllen.

Jede Methode und jeder Materialtyp hat seine Stärken und Schwächen. Es besteht kein Anlaß, sie auf einer abstrakten Ebene zu hierarchisieren, und es ist sogar verurteilenswert, sich auf fanatische Weise dem einen oder anderen Lager zuzurechnen, um dann Angriffe auf das gegnerische Lager zu starten. Viel besser ist es, das, was jede Methode und jeder Materialtyp an Wertvollem beizutragen hat, zu verstehen und entsprechend zu verwenden.

Die Personen

Agnès
26 Jahre alt, verheiratet, Angestellte
Zwei Kinder
Wohnung
»Ich kann Unordnung nicht ertragen, das geht einfach nicht. Selbst wenn ich den ganzen Tag auf allen Vieren durch die Wohnung kriechen müßte, um alles aufzuheben, was die Kinder fallen lassen, würde ich das tun.«

Arlette
28 Jahre, geschieden, arbeitet bei einem Reinigungsunternehmen
Sozialwohnung
»Am Anfang ging es noch, ich kochte sogar liebend gern. Inzwischen lasse ich immer mehr die Zügel schleifen. Langsam aber sicher ... die ganze Hausarbeit ... heute gibt es nichts mehr, was ...«

Augustine
74 Jahre, Witwe, Rentnerin
Kleines Haus auf dem Land
»Jeder hat so seine Kniffe, das lernt man nicht aus Büchern.«

Schlußfolgerungen

Bernadette
48 Jahre, verheiratet, Angestellte (der Ehemann leitender Angestellter)
1 Kind
Ein Haus im Großraum Paris
»*Also mir ist das egal, wenn es staubig ist. Aber wenn dann jemand kommt, mit dem Finger über die Möbel fährt und sieht, daß es staubig ist, dann ist mir das schon peinlich.*«

Blanche
53 Jahre, Tagesmutter
2 Kinder
Sozialwohnung
»*Vielleicht gibt es welche, die hätten da was dran auszusetzen. Aber ich bin einfach so, und das ist auch gut so, ich kann nicht anders sein.*«

Carole
36 Jahre, verheiratet, Angestellte im öffentlichen Dienst
Sie kümmert sich außerdem um die Bar, die ihr Mann betreibt.
3 Kinder
Schlafzimmer im ersten Stock, das Familienleben spielt sich in der Bar ab.
»*Ich war richtig penibel in meinem Haushalt. Heute laß ich alles eher schleifen.*«

Célestine
82 Jahre, Witwe, ehemalige Lehrerin
Wohnung
»*Die Zeit ist mir eine Last, ich habe zu viel Zeit, ich habe einfach zu viel Zeit!*«

Christelle
28 Jahre, verheiratet, Sekretärin auf einer Halbtagsstelle
1 Kind
Wohnung
»*Kochen macht Spaß, man hat Lust, den anderen eine Freude zu machen, ich koche für die anderen.*«

Schlußfolgerungen

Constance
34 Jahre, verheiratet, arbeitslos
2 Kinder
Wohnung im Stadtzentrum
»*Es kostet mich einiges, mich dranzumachen, aber wenn ich erstmal dabei bin, dann ist es o.k., dann wird das durchgezogen!*«

David
32 Jahre, verheiratet, Lehrer
1 Kind
Mieter eines Hauses auf dem Land
»*Je weniger Zeit ich habe, um so mehr bringe ich zustande. Wenn ich für etwas noch zwei Tage Zeit habe, bin ich völlig ineffizient.*«

Éliane
49 Jahre, nichteheliche Lebensgemeinschaft (nach einer Scheidung), Angestellte im öffentlichen Dienst
Wohnung
»*Man kann nicht gerade sagen, daß es ein Vergnügen ist, aber es gefällt mir schon, wenn alles erledigt ist.*«

Ferdinand
57 Jahre, Witwer, Rentner
Sozialwohnung im Stadtzentrum
»*Ich habe die Fackel übernommen, aber ich bleibe nur ein Stellvertreter; so wie früher wird es nie mehr sein.*«

Francine
47 Jahre, verheiratet, Angestellte auf einer Halbtagsstelle
Großes Haus mit Swimmingpool
»*Man ist gezwungen, den Haushalt zu machen. Oder sagen wir: man zwingt sich dazu, ihn zu machen.*«

Hugues
25 Jahre, nichteheliche Lebensgemeinschaft, Student
2 Kinder
Wohnung
»*Es ist schon komisch, das kam einfach so von selbst, das ist zu einem richtig guten Augenblick geworden, ich muß mich gar nicht dazu zwingen, ich habe Lust dazu, es macht mir Spaß.*«

Schlußfolgerungen

Irénée
30 Jahre, verheiratet, leitende Angestellte in einer Vermittlungsagentur für Hauspersonal
3 Kinder
Wohnung im Stadtzentrum
»*Wenn ich sage, daß Abstauben für mich eine noble Tätigkeit ist, werden sich alle darüber lustig machen, aber für mich ist das wirklich so.*«

Lola
22 Jahre, nichteheliche Lebensgemeinschaft, Studentin
Kleine Wohnung
»*Also das ist dann wirklich toll, dieser riesige Stapel von Taschentüchern, alle sauber geordnet und auf die gleiche Größe zusammengelegt, und wenn ich die dann in meinen Schrank lege, das ist wirklich ein toller Moment ...*«

Maïté
40 Jahre, verheiratet, Kauffrau
1 Kind
Wohnung
»*Ich habe nie richtigen Spaß daran, es ist einfach nur, daß man eben gerne ein sauberes Haus hat.*«

Marc
28 Jahre, verheiratet, Buchhalter
1 Kind
Wohnung
»*Da haben sich einfach bestimmte Gewohnheiten eingeschliffen, ohne daß man sich groß Fragen gestellt hätte. Es ist einfach so.*«

Marcel
54 Jahre, geschieden, Arbeiter
2 Kinder
Sozialwohnung
»*Man darf das nicht so verbissen sehen, sonst verbringt man sein ganzes Leben damit.*«

Schlußfolgerungen

Marie-Alix
37 Jahre, nichteheliche Lebensgemeinschaft, leitende Angestellte
2 Kinder
Haus im Großraum Paris
»*Es gab da wirklich so eine Verlagerung in Richtung Beruf, ich bin immer mehr in den Beruf gerutscht. An manchen Abenden suche ich nach einem Vorwand, um nicht nach Hause zu gehen.*«

Mauricette
23 Jahre, verheiratet, Hausfrau (ihr Mann ist Arbeiter)
1 Kind
Sozialwohnung
»*Manchmal fragt man sich, ob man es schaffen wird. Aber man muß es schaffen, man muß es einfach machen.*«

Patricia
34 Jahre, verheiratet, Sekretärin (im Mutterschaftsurlaub)
3 Kinder
Sozialwohnung
»*Das ist, als würde man die Seiten eines Buches umblättern. Man beginnt ein neues Kapitel und entdeckt, wie es weitergeht. Zu Anfang weiß man noch nicht so recht, doch dann richtet man sich darauf ein und wird zu einer richtigen Familie, wie alle anderen auch. Das ist normal.*«

Raphaël
27 Jahre, lebt allein, Graphiker
Einzimmerappartement
»*Also ich bin wirklich noch nicht so richtig in der Sache drin. Das ist nicht so schlimm, weil ich ja noch jung bin. Aber später so weiterzumachen, das wäre wirklich nicht normal.*«

Raymonde
52 Jahre, verheiratet, pensionierte Landwirtin
Großer Bauernhof
»*Früher hatte ich wirklich enorm viele Sachen aus Messing, aber ich habe fast alles eingewickelt und in eine Schublade gepackt. Früher habe ich auch jede Woche meine Fenster geputzt, jetzt nur noch einmal im Monat, und es ist mir egal.*«

Schlußfolgerungen

Rénata
47 Jahre, verheiratet, Eigentümerin eines Friseursalons
verheiratet mit **Jérôme**, 24 Jahre
Haus auf dem Land
»*Ich habe ein enormes Energiepotential, ich schaffe es, mich um alles gleichzeitig zu kümmern. Und darüber hinaus liebe ich das auch noch.*«

Yann
33 Jahre, lebt allein, Handwerker
Sozialwohnung
»*Jetzt suche ich die ideale Frau ... haha, ich meine natürlich: ich suche die ideale Putzfrau.*«

Yolande
54 Jahre, verheiratet, Invalide (früher Buchhalterin)
Große Wohnung der gehobenen Klasse
»*Man muß es eben machen, also macht man es, und fertig.*«

Literatur

Abramowski, E. (1897), »Les bases psychologiques de la sociologie«, *Revue internationale de sociologie*, No. 8, 9, 10.
Bachelard, G. (1975), *Poetik des Raumes*, Berlin, Ullstein.
Baudrillard, J. (1991), *Das System der Dinge. Über unser Verhältnis zu den alltäglichen Gegenständen*, Frankfurt a. M. / New York, Campus.
Bekkar, R. (1995), *Cycle de propreté, espaces et pratiques*, rapport de recherche, IPRAUS-Direction de la construction.
Berger, P., Luckmann, Th. (1997), *Die gesellschaftliche Konstruktion der Wirklichkeit. Eine Theorie der Wissenssoziologie*, 14. Aufl., Frankfurt a. M., Fischer.
Bessy, C., Chateaureynaud, F. (1993), »Les ressorts de l'expertise«, *Raisons pratiques*, Nr. 4, »Les objects dans l'action«.
Bertaux-Wiame, I., Gotman, A. (1993), »Le changement de statut résidentiel comme expérience familiale«, in: Bonvalet, C., Gotman, A. (Hg.), *Le logement, une affaire de famille*, Paris, L'Harmattan.
Boltanski, L. (1990), *L'Amour et la Justice comme compétences. Trois essais de sociologie de l'action*, Paris, Métailié.
Bonvalet, C. (1990), »Accession à la propriété et cycle de vie«, in: Bonvalet, C., Fribourg A.-M. (Hg.), *Stratégies résidentielles*, Paris, INED-MELTM.
Boullier, D. (1992), »Modes d'emploi: réinvention et traduction des techniques par l'usager«, in: Gras, A., Joerges, B., Scardigli, V., *Sociologie des techniques de la vie quotidienne*, Paris, L'Harmattan.
Bourdieu, P. (1978), *Entwurf einer Theorie der Praxis. Auf der ethnologischen Grundlage der kabylischen Gesellschaft*, Frankfurt a. M., Suhrkamp.
Bourdieu, P. (1987), *Sozialer Sinn. Kritik der theoretischen Vernunft*, Frankfurt a. M., Suhrkamp.
Bozon, M. (1996), »Amour, désir et durée, cycle de la sexualité conjugale et rapport entre hommes et femmes«, document INED.
Bozon, M., Heilborn, M.-L. (1996), »Les caresses et les mots. Initiations amoureuses à Rio de Janeiro et à Paris«, *Terrain*, Nr. 27.

Literatur

Bozon, M., Heran, F. (1987), »La découverte du conjoint. 1: Évolution et morphologie des scènes de rencontre«, *Population*, Nr. 6.

Caillé, A. (1995), »Rationalisme, utilitarisme et anti-utilitarisme«, in: Gérard-Varet, L.-A., Passeron, J.-C., *Le Modèle et l'enquête. Les usages du principe de rationalité dans les sciences sociales*, Paris, École des hautes études en sciences sociales.

Camic, C. (1986), »The matter of habit«, *American Journal of Sociology*, Bd. 91, Nr. 5.

Caradec, V. (1993) *La Retraite conjugale*, Thèse pour le doctorat de sociologie, sous la direction de François de Singly, Université Paris-V.

Caradec, V. (1996), »L'aide ménagère: une employée ou une amie?«, in: Kaufmann, J.-C. (Hg.), *Faire ou faire faire? Famille et services*, Rennes, Presses universitaires de Rennes.

Carver, R. (1991), *Les Feux*, Éditions de l'Olivier.

Castel, R. (2000), *Die Metamorphosen der sozialen Frage. Eine Chronik der Lohnarbeit*, Konstanz, UVK.

Certeau, M. de (1988), *Kunst des Handelns*, Berlin, Merve.

Chombart de Lauwe, P.-H. (1977), *La Vie quotidienne des familles ouvrières*, Paris, Éditions du CNRS.

Cicchelli, V. (1994), »Comment le mariage change le couple«, communication aux *Premières Journées du CERSOF*, Université Paris-V.

Commaille, J. (1996), *Misères de la famille, question d'État*, Paris, Presses de la Fondation nationale de sciences polituques.

Connein, B., Jacopin, E. (1993), »Les objects dans l'espace«, *Raisons pratiques*, Nr. 4, »Les objects dans l'action«.

Connerton, P. (1998), *How Societies Remember*, Cambridge, Cambridge University Press.

Corbin, A. (1995), *Pesthauch und Blütenduft. Eine Geschichte des Geruchs*, 5. Aufl., Frankfurt a. M., Fischer.

Corbin, A. (1986), »Le grand siècle du linge«, *Ethnologie française*, Bd. 16, Nr. 3.

Corbin, A., (1992), »Das Geheimnis des Individuums« und »Intimität und Vergnügen im Wandel«, in: M. Perrot (Hg.), Von der Revolution zum Großen Krieg, Frankfurt a. M., Fischer (= Ariès, P., Duby, G. (Hg.), *Geschichte des Privaten Lebens*, Bd. 4).

Corcuff, Ph. (1996), »Théorie de la pratique et sociologies de l'action. Anciens problèmes et nouveaux horizons à partir de Bourdieu«, *Actuel Marx*, Nr. 20.
Coupée, C. (1994), *Le Rapport au temps dans les interactions familiales*, Mémoire de maitrise de sociologie, Université Rennes-II.
Cyrulnik, B. (1989), *Sous le signe du lien*, Paris, Hachette.
Cyrulnik, B. (1993), *Les Nourritures affectives*, Paris, Odile Jacob.
Damasio, A. (1995), *Descartes` Irrtum. Fühlen, Denken und das menschliche Gehirn*, München, List.
Déchaux, J.-H. (1993), »N. Elias et P. Bourdieu: analyse conceptuelle comparée«, *Archives européennes de sociologie*, Bd. XXXIV.
Déchaux, J.-H. (1995), »Orientations théoriques en sociologie de la famille: autour de cinq ouvrages récents«, *Revue française de sociologie*, Bd. XXXVI, Nr. 3.
Déchaux, J.-H. (1996) »Les services dans la parenté: fonctions, régulations, effets«, in: Kaufmann, J.-C. (Hg.), *Faire ou faire faire? Famille et services*, Rennes, Presses universitaires de Rennes.
De Giorgio, M. (1996), »Raccontare un matrimonio moderno«, in: De Giorgio, M., Klapisch-Zuber, C., *Storia del matrimonio*, Rom-Bari, Laterza.
Delbes, C., Gaymu, J. (1995), »Le repli des anciens sur les loisirs domestiques. Effet d'âge ou de génération?«, *Population*, Nr. 3.
Denefle, L. (1992), »De la division sexuelle du travail domestique. L'exemple de l'entretien du linge«, *Les Cahiers du LERSCO*, Nr. 14.
Desjeux, D., Berthier, C., Jarraffoux, S., Orhant, I., Taponier, S. (1996), *Anthropologie de l'électricité. Les objects électriques dans la vie quotidienne en France*, Paris, L'Harmattan.
Djider Z., Lefranc, C. (1995), »Femme au foyer: un modèle qui disparait«, *INSEE Première*, Nr. 403.
Dodier, N. (1993), »Les arènes de l'habiletés«, *Raisons pratiques*, Nr. 4, »Les objects dans l'action«.
Douglas, M. (1987), *Reinheit und Gefährdung. Eine Studie zu Vorstellungen von Verunreinigung und Tabu*, Frankfurt a. M., Suhrkamp.
Douglas, M. (1990), »La connaissance de soi«, *La revue du MAUSS*, Nr. 8.
Douglas, M. (1991), »The idea of a home: A kind of space«, *Social Research*, Bd. 58, Nr. 1.

Literatur

Douglas, M., Isherwood, B. (1979), *The World of Goods*, New York, Basic Books.
Dubar, C. (1991), *La Socialisation. Construction des identités sociales et professionelles*, Paris, Armand Colin.
Dubet, F. (1994), *Sociologie de l'expérience*, Paris, Le Seuil.
Dubet, F., Martucelli, D. (1996), »Théories de la socialisation et définitions sociologiques de l'école«, *Revue française de sociologie*, Bd. XXXVII, Nr. 4.
Dumont, L. (1967), *Homo hierarchicus, le système des castes et ses implications*, Paris, Gallimard.
Elias, N. (1975), *La Dynamique de l'Occident*, Paris, Calmann-Lévy.
Elias, N. (1979), *Über den Prozeß der Zivilisation*, 2 Bde., Frankfurt a. M., Suhrkamp.
Elias, N. (1991), *Die Gesellschaft der Individuen*, Frankfurt a. M., Suhrkamp.
Elias, N. (1991), *Mozart. Zur Soziologie eines Genies*, Frankfurt a. M., Suhrkamp.
Elias, N., Dunning E. (1994), *Sport im Zivilisationsprozess*, Münster, Lit.
Elster, J. (Hg.) (1985), *The Multiple Self*, Cambridge, Cambridge University Press.
Elster, J. (1995), »Rationalité et normes sociales. un modèle pluridisciplinaire«, in: Gérard-Varet, L.-A., Passeron, J.-C., *Le Modèle de l'enquête. Les usages du principe de rationalité dans les sciences sociales*, Paris, École des hautes études en sciences sociales.
Eneau, D., Moutardier, M. (1992), »Radioscopie du budget des ménages«, *INSEE Résultats*, Nr. 218.
Favrot-Laurens, G. (1996), »Soins familiaux et soins professionels«, in: Kaufmann, J.-C. (Hg.), *Faire ou faire faire? Famille et services*, Rennes, Presses universitaires de Rennes.
Filiod, J.-P. (1996), »``Ça me lave la tête``. Purification et ressourcements dans l'univers domestique«, *Ethnologie française*, Nr. 2, »La ritualisation du quotidien«.
Foucault, M. (1987), *Der Wille zum Wissen. Sexualität und Wahrheit I*, Frankfurt a. M., Suhrkamp.
Fox, R. (1972), *Anthropologie de la parenté. Une analyse de la consanguinité et de l'alliance*, Paris, Gallimard.

Fraisse, G. (1979), *Femmes toutes mains. Essai sur le service domestique*, Paris, Le Seuil.
Gacem, K. (1996), *Les Propriétés individuelles dans la chambre conjugale*, Mémoire de maitrise de sociologie, dirigé par François de Singly, Université Paris-V Sorbonne.
Garfinkel, H. (1967), *Studies in Ethnomethodology*, New Jersey, Prentice-Hall.
Gaulejac, F. de (1996), *Les Sources de la honte*, Paris, Desclée de Brouwer.
Gehlen, A. (1986), *Anthropologische und sozialpsychologische Untersuchungen*, Reinbek, Rowohlt.
Glaser, B., Strauss, A. (1967), *The Discovery of Grounded Theorie*, Chicago, Aldine.
Gotman, A. (1995), *Dilapidation et prodigalité*, Paris, Nathan.
Goubert, L.-P. (1986), *La Conquête de l'eau*, Paris, Robert Laffont.
Granovetter, M. (1973), »'The strength of weak ties«, *American Journal of Sociology*, 78(6).
Gregson, N., Lowe, M. (1994), »Waged domestic labour and the renegotiation of the domestic division of labour within dual career household«, *Sociology*, Bd. 28, Nr. 1.
Grimler, G., Roy, C. (1990), »Activités domestiques: faire, acheter, faire faire ou ne pas faire«, *INSEE Prémier*, Nr. 109.
Halbwachs, M. (1985), *Das kollektive Gedächtnis*, Frankfurt a.M., Fischer.
Heller, G. (1979), *Propre en ordre*, Lausanne, Éditions d'en bas.
Heran, F. (1967), »La seconde nature de l'habitus. Tradition philosophique et sens commun dans le langage sociologique, *Revue française de sociologie*, Bd. XXVIII, Nr. 3.
Hess, R. (1996), *Der Walzer. Geschichte eines Skandals*, Hamburg, Europäische Verlags-Anstalt.
Hirschman, A. O. (1974), *Abwanderung und Widerspruch. Reaktionen auf Leistungsabfall bei Unternehmungen, Organisationen und Staaten*, Tübingen, Mohr.
Hirschman, A. O. (1987), *Leidenschaften und Interessen. Politische begründungen des Kapitalismus vor seinem Sieg*, Frankfurt a.M., Suhrkamp.
Hirschman, A. O. (1988), *Engagement und Enttäuschung. Über das Schwanken der Bürger zwischen Privatwohl und Gemeinwohl*, Frankfurt a.M., Suhrkamp.

Literatur

Hochschild, A. R. (1989), *Das gekaufte Herz. Zur Kommerzialisierung der Gefühle*, Frankfurt a. M., Campus.
Javeau, C. (1992), »La socialisation au monde informatique: la rencontre „jeunes-enfants-ordinateurs" dans la vie quotidienne«, in: Gras, A., Joerges, B., Scardigli, V., *Sociologie des techniques de la vie quotidienne*, Paris, L'Harmattan.
Kaufmann, J.-C. (1995), *Schmutzige Wäsche. Zur ehelichen Konstruktion von Alltag*, 3. Aufl., Konstanz, UVK.
Kaufmann, J.-C. (1993a), *Célibat, ménages d'une personne, isolement, solitude: un état des savoirs*, Bruxelles, Rapport pour la commission des communautés européennes.
Kaufmann, J.-C. (1993b), »Théorie du bernard-l'ermite«, *Autrement*, Nr. 35, »La rencontre«.
Kaufmann, J.-C. (1996), *Frauenkörper – Männerblicke*, Konstanz, UVK.
Kaufmann, J.-C. (Hg.) (1996a), *Faire ou faire faire? Famille et services*, Rennes, Presses universitaires de Rennes.
Kaufmann, J.-C. (1996b), »Lettres d'amour du repassage«, *Ethnologie française*, Nr. 1, »Culture moderne et modernité«.
Kaufmann, J.-C. (1996c), »Le mensonge de Colette«, in: Wittner, L., Welzer-Lang, D., *Les faits du logis*, Lyon, Aléas.
Kaufmann, J.-C. (1996d), »Portes, verrous et clés: les rituels de fermeture du chez-soi«, *Ethnologie française*, Nr. 2, »La ritualisation du quotidien«.
Kaufmann, J.-C. (1999), *Das verstehende Interview*, Konstanz, UVK.
Kellerhals, J. (1995), »Plaidoyer pour une étude des territoires de la famille«, *Les cahiers de sociologie de la famille*, Nr. 1, »Les espaces de la famille«.
Kemper, T. (1978), *A Social Interactional Theory of Emotions*, New York, Wiley.
Kopytoff, I. (1986) »The cultural biography of things: commoditization as process«, in: Appadurai, A. (Hg.), *The Social Life of Things: Commodities in Cultural Perspective*, Cambridge, Cambridge University Press.
Lahire, B. (1996), »Éléments pour une théorie des formes socio-historiques d'acteur et d'action«, *Revue européenne des sciences sociales*, Bd. XXXIV, Nr. 106.

Literatur

Larroque, M.-T. (1986), »Le linge de maison dans les trousseaux du Pays D'Orthe au XIXe siècle«, *Ethnologie française*, Bd. 16, Nr. 3.

Latour, B. (1993), »Le topofil de Boa-Vista«, *Raisons Pratiques*, Nr. 4, »Les objects dans l'action«.

Latour, B. (1995), *Wir sind nie modern gewesen. Versuch einer symmetrischen Anthropologie*, Berlin, Akademie Verlag.

Latour, B., Woolgar, S. (1988), *La Vie de laboratoire. La production des faits scientifiques*, Paris, La Découverte.

Le Breton, D. (1992), *La Sociologie du corps*, Paris, Presses universitaires de France.

Le Goff, O. (1994), *L'invention du confort. Naissance d'une forme sociale*, Lyon, Presses universitaires de Lyon.

Lemel, Y. (1996), »La rareté relative des aides à la production domestique«, in: Kaufmann, J.-C. (Hg.), *Faire ou faire faire? Famille et services*, Rennes, Presses universitaires de Rennes.

Lemonnier, P. (1996), »Et pourtant ça vole! L'ethnologie des techniques et les objets industriels«, *Ethnologie française*, Nr. 1, »Culture moderne et modernité«.

Leroi-Gourhan, A. (1987), *Hand und Wort. Die Evolution von Technik, Sprache und Kunst*, Frankfurt a. M., Suhrkamp.

Lewis, M. (1992), *Shame, the Exposed Self*, New York, Free Press.

Löfgren, O. (1996), »Le retour des objets? L'étude de la culture matérielle dans l'ethnologie suédoise«, *Etnologie française*, Nr 1, »Culture matérielle et modernité«.

Mach, E. (1991), *Die Analyse der Empfindungen und das Verhältnis des Physischen zum Psychischen*, Nachdr. d. 9. Aufl. 1922, Darmstadt, Wissenschaftliche Buchgesellschaft.

Marenco, C. (1992), *Manières de table, modèles de mœurs*, Cachan, Éditions de l'ENS.

Martin, C. (1996), »Les solidarités familiales: débat scientifique, enjeu politique«, in: Kaufmann, J.-C. (Hg.), *Faire ou faire faire? Famille et services*, Rennes, Presses universitaires de Rennes.

Martin, C., Le Gall, D. (1998), Familienbiographische Passagen, Rekompositionslogiken und Formen ehelicher Regulierung«, in: Meulders-Klein, M.-T., Théry, I. (Hg.), *Fortsetzungsfamilien. Neue familiale Lebensformen in pluridisziplinärer Betrachtung*, Konstanz, UVK.

Martin-Fugier, A. (1979), *La Place des bonnes. La domesticité féminine à Paris en 1900*, Paris, Grasset.

Maunaye, E. (1995), »Les marques du passage. La chambre après le départ des enfants«, *Dialogue*, Nr. 127.
Mauss, M. (1989), *Soziologie und Anthropologie*, Frankfurt a.M., Fischer.
Montandon, C. (1996) »Processus de socialisation et vécu émotionnel des enfants«, *Revue française de sociologie*, Bd. XXXVII, Nr. 2.
Moreau de Bellaing (1988), *La Misère blanche. Le mode de vie des exclus*, Paris, L'Harmattan.
Mormiche, P. (1990), »Les ménages et leurs meubles. Enquête biens durables-ameublement 1988«, *INSEE-résultats*, Nr. 109 (*Consommations-modes de vie*, Nr. 18).
Muxel, A. (1995), »Les lieux dans la mémoire familiale: conquête et poétique de l'espace«, *Les cahiers de sociologie de la famille*, Nr. 1.
Muxel, A. (1996), *Individu et mémoire familiale*, Paris, Nathan.
Norman, D. (1993), »Les artefacts cognitifs«, *Raisons pratiques*, Nr. 4, »Les objets dans l'action«.
Peneff, J. (1990), *La Méthode biographique*, Paris, Armand Colin.
Perrot, M. (1981), »La ménagère dans l'espace parisien au XIXe siècle«, *Les Annales de la recherche urbaine*, Nr. 9.
Perrot, M. (1992), »Rollen und Charaktere«, in: Ariès, P., Duby, G. (Hg.), *Geschichte des Privaten Lebens*, Bd. 4, Von der Revolution zum Großen Krieg (hg. v. M. Perrot), Frankfurt a.M., Fischer.
Pezeu-Massabuau, J. (1983), *La Maison espace social*, Paris, Presses universitaires de France
Queiroz, J. de, Ziolkovski, M. (1994), *L'Interactionisme symbolique*, Rennes, Presses universitaires de Rennes.
Rapoport, J. L. (1993), *Der Junge, der sich immer waschen musste. Wenn Zwänge den Tag beherrschen*.
Rosselin, C. (1994), »La matérialité de l'objet et l'approche dynamique-instrumentale«, in: Warnier, J.-P., *Le Paradoxe de la marchandise authentique*, Paris, L'Hermattan.
Roussel, L. (1989), *La Famille incertaine*, Paris, Odile Jacob.
Sauvageot, A. (1994), *Voirs et savoirs, esquisse d'une sociologie du regard*, Paris, Presses universitaires de France.
Schmitt, J.-C., (1992), *Die Logik der Gesten im europäischen Mittelalter*, Stuttgart, Klett-Cotta.

Segalen, M. in Zusammenarbeit mit Chevalier, S. de, Le Wita, B., Monjaret, A., Schweitz, A.(1990), »*Être bien dans ses meubles*«. *Une enquête sur les normes et les pratiques de »consommation« du meuble*, Centre d'ethnologie française (Rapport pour la Mission du patrimoine ethnologique), Paris.

Segalen, M., Bromberger, C. (1996), »L'objet moderne: de la production serielle à diversité des usages«, *Ethnologie française*, Nr. 1, »Culture matérielle et modernité«.

Semprini, A. (1995), *L'Objet comme procès et comme action. De la nature et de l'usage des objets dans la vie quotidienne*, Paris, L'Harmattan.

Simmel, G. (1989), *Philosophie de la modernité*, Lausanne, Payot.

Singly, F. de (1987), *Fortune et infortune de la femme mariée*, Paris, Presses universitaires de France.

Singly, F. de (1990), »L'homme dual. Raison utilitaire, raison humanitaire«, *Le Débat*, Nr. 61.

Singly, F. de (1991), »L'amour coupable«, *Sciences humaines*, Nr. 9.

Singly, F. de (1993), *Parents salariés et petites maladies d'enfant. Le congé pour l'enfant malade*, Paris, La Documentation française.

Singly, F. de (1994), *Die Familie der Moderne. Eine soziologische Einführung*, Konstanz, UVK.

Singly, F. de (1996), *Le Soi, le couple et la famille*, Paris, Nathan.

Strauss, A., Corbin, Juliet (1995), *Grounded Theory: Grundlagen Qualitativer Sozialforschung*, Weinheim, Psychologie Verlags Union.

Stassen, J.-F. (1995), »Utilisation de la caravanne sédentarisée comme seconde résidence: espaces et significations«, *Les Cahiers de sociologie de la famille*, Nr. 1, »Les espaces de la famille«.

Sue, R. (1994), *Temps et ordre social*, Paris, Presses universitaires de France.

Süskind, P. (1990), *Die Taube*, Zürich, Diogenes.

Terrail, J.-P. (1995), *La Dynamique des générations. Activité individuelle et changement social (1968/1993)*, Paris, L'Harmattan.

Théry, I. (1996), »Famille: une crise de l'institution«, *Notes de la fondation Saint-Simon*, Nr. 83.

Thévenot, L. (1993), »Essai sur les objets usuels«, *Raisons pratiques*, Nr. 4, »Les objets dans l'action«.

Thévenot, L. (1994), »Le régime de familiarité«, *Genèses. Sciences sociales et histoire*, Nr. 17, »Les objets et les choses«.

Literatur

Thuillier, G. (1977), *Pour une histoire du quotidien au XIXe siècle en Nivernais*, Mouton, Paris-La Haye.
Tisseron, S. (1995), *Psychoanalyse de l'image. De l'imago aux images virtuelles*, Paris, Dunod.
Tisseron, S. (1996), *Le Bonheur dans l'image*, Le Plessis-Robinson, Les empêcheurs de penser en rond.
Varela, F. (1994), *Ethisches Können*, Frankfurt a. M., Campus.
Varela, F., Thompson, E., Rosch, E. (1993), *L'Inscription corporelle de l'esprit. Sciences cognitives et expérience humaine*, Paris, Le Seuil.
Vigarello, G. (1992), *Wasser und Seife, Puder und Parfüm. Geschichte der Körperhygiene seit dem Mittelalter*, Frankfurt a. M., Campus.
Warnier, J.-P. (Hg.) (1994), *Le Paradoxe de la marchandise authentique*, Paris, L'Harmattan.
Weber, M. (1980), *Wirtschaft und Gesellschaft. Grundriss der verstehenden Soziologie*, 5. rev. Aufl., Tübingen, Mohr.
Weller, J.-M. (1994), »Le mensonge d'Ernest Cigare. Problèmes épistémologiques et méthodologiques à propos de l'identité«, *Sociologie du travail*, Nr. 1.
Werner, M. (1993), *Die kalte Schulter*, München, dtv.
Zarca, B. (1990), »La division du travail domestique. Poids du passé et tensions au sein du couple«, *Économie et statistique*, Nr. 228.

édition discours

Klassische und zeitgenössische Texte der französischsprachigen Humanwissenschaften

Herausgegeben von Franz Schultheis und Louis Pinto

Band 1
Edmond Goblot
Klasse und Differenz
Soziologische Studien zur modernen französischen Bourgeoisie

Band 2
Jean-Claude Kaufmann
Schmutzige Wäsche
Zur ehelichen Konstruktion von Alltag

Band 3
François de Singly
Die Familie der Moderne
Eine soziologische Einführung

Band 4
Louis Pinto/Franz Schultheis (Hg.)
Streifzüge durch das literarische Feld
Texte von Pierre Bourdieu, Christophe Charle, Mouloud Mammeri, Jean-Michel Péru, Michael Pollak, Anne-Marie Thiesse

Band 5
Emile Durkheim
über Deutschland
Texte aus den Jahren 1887 bis 1915

Band 6
Michael Pollak
Wien 1900
Eine verletzte Identität

Band 7
Marie-Therèse Meulders-Klein/ Irène Théry (Hg.)
Fortsetzungsfamilien
Neue familiale Lebensformen in pluridisziplinärer Betrachtung

Band 9
Pierre Bourdieu et al.
Das Elend der Welt
Zeugnisse und Diagnosen alltäglichen Leidens an der Gesellschaft

Band 10
Jean-Claude Kaufmann
Frauenkörper – Männerblicke

Band 12
Pierre Bourdieu
Vom Gebrauch der Wissenschaft
Für eine klinische Soziologie des wissenschaftlichen Feldes

Band 14
Jean-Claude Kaufmann
Das verstehende Interview
Theorie und Praxis

Band 23
Pierre Bourdieu
Gegenfeuer
Wortmeldungen im Dienste des Widerstands gegen die neoliberale Invasion